갈라진 땅에 선 예수

조헌정 목사 통일 에세이

갈라진 땅에 선 예수
Jesus Standing on the Divided Land

2021년 6월 15일 초판 1쇄 발행

지은이 | 조헌정
펴낸이 | 김영호
펴낸곳 | 도서출판 동연
편 집 | 김구 박연숙 전영수 정인영 김율 디자인 | 황경실
등 록 | 제1-1383호(1992. 6. 12.)
주 소 | 서울시 마포구 월드컵로 163-3
전 화 | (02)335-2630 전 송 | (02)335-2640
이메일 | yh4321@gmail.com
블로그 | https://blog.naver.com/dong-yeon-press

Copyright ⓒ 조헌정, 2021

ISBN 978-89-6447-657-4 03040

조헌정 목사
통일 에세이

갈라진 땅에 선 예수

— 조헌정 지음 —

동연

우리가 함께한다는 것은

길 위에 서면 불행에서 행복까지의 거리를 상상합니다. 불의에서 의로움까지의 거리 또한 생각합니다. 혼란에서 평화까지의 거리도 가늠해 보곤 합니다. 길 위에 서면 혼자 묵상하고 둘이 대화하고 셋이 모여 노래를 부릅니다. 여럿이 모일수록 보다 아름다운 삶을 열망하고 그 열망은 더 깊은 바람이 됩니다. 그 길 위에서 우리의 벗 조헌정 목사를 만났습니다.

지금까지 우리는 거친 길을 걸었습니다. 농촌현장, 노동현장, 민주현장, 통일현장, 생태현장 등 수세대에 걸쳐 일어날 만한 사실들이 불과 얼마 안 되는 사이에 우리의 시선과 외침에 스미고 녹아서 길 위의 사건들로 화하였습니다. 우리는 고통과 기쁨과 모든 경험이 즉각적이고 절대적인 힘이 되어 이 현장에서 저 현장으로 넘나들었습니다.

그 길을 모르는 이에게는 아득한 이야기들이 다시금 곱씹으면 조금은 쓰고 떫은 맛이 덜어지는 듯합니다. 그때는 뭐 하나 되는 것이 없어서 서로 부둥켜안고 울기만 했는데, 지금도 그다지 달라진 것이 없는데 달고 고운 맛도 납니다.

그래서 이제는 지쳤고 손 떼고 싶다 하지 못하고 안 하게 되고,

만나지 않고서는 못 배깁니다. 마음을 드높여도(exalt) 이제는 더이상 안 되는 것이라고 돌아서려는 순간, 영혼에 이끌려서(exult) 어느덧 발걸음을 그리로 향하게 됩니다. 믿음으로 만났으니 우리의 기억 훨씬 너머에 있는 본향을 향해 다시금 회상(anamnesis)의 발걸음을 하는지도 모릅니다. 우리가 함께하는 곳이 어디 길뿐이겠습니까.

조헌정 목사의 글은 길 위에서만큼이나 정겹고 뜨겁습니다. 믿음을 가진 사람은 기장 중요하고 본질적인 종교적 약속을 이해하고 실천에 옮겨야 한다고 믿습니다. 그의 글 속에서 "한 손에는 성서를, 다른 한 손엔 신문을" 들고 오늘 우리의 상황을 정확하게 응시하고 성서를 이해하는 그의 깊은 눈길에 마주치게 됩니다. 여전히 격렬한 갈등과 불안한 기운이 드리운 갈라선 이 땅에서, 그는 통일을 예수신앙의 핵심으로 삼고 온 존재로 끌어안고 있습니다. 누구도 흉내 내기 어려운 기독교인의 예언자적 길입니다.

그는 자유와 해방을 향한 변혁과 저항을 복음의 본질로 강조합니다. 동시에 기독교적 복음으로서 자유와 해방이 통일과 대립하는 것이 아니라 결합된 것이라고 봅니다. 통일을 방해하는 불의한 권력은 무엇인가, 우리에게 평화를 위한 저항의 의지가 있는가, 우리는 사회경제적으로 차별 없이 자유를 누리고 있는가, 우리는 정의로운 삶을 살고자 하는가, 우리는 서로 사랑하는가, 우리는 어떠한 길에서 함께 할 수 없는가… 이러한 물음에 맞서는 장애들이 우리의 병폐임을 성서를 통해 알려줍니다.

오늘의 시점에서 통일이라는 궁극의 지향뿐 아니라 우리의 현실을 인식하고 세계의 문제까지 숙고하고 안목을 넓히는 데 그의 글은 좋은 참고가 됩니다. 그래서 그의 글을 읽는 것은 길 위에서 그와 함께하는 것만큼이나 즐겁습니다. 그의 단어 하나, 문장 하나 속에서 우리가 거기에 함께 있었다는 것이 짙게 묻어나니 그의 글이 나의 말이 되고 나의 삶이 됩니다. 그가 말하는 '통일'이 '함께하는 것'으로 읽히기도 합니다.

함께하는 것은 대단합니다. 물론 홀로서도 기뻐할(喜) 수 있지만 함께하는 것만이 즐겨할(樂) 수 있다고 말하듯이, 공자도 예수도 부처도 함께하는 것이 가장 즐거운 것이 아니겠느냐고 시대의 간극 너머로 말해 줍니다. 다산 정약용을 만난 백정 김석태도 그러했겠죠. 노예처럼 살던 백성(民)이 존재다운 바의 인간(人)이 되는 것처럼, 눈길 하나 표현 하나 안에 사랑이 가득 담긴 것을 느꼈을 때, 맘을 넘는 영이 뛰는 그 무언가에 벅차올랐을 것입니다. 바로 이 사람이 나와 함께 한다는 것을 알았을 때 얼마나 가슴은 설레고 영혼은 뛰놀고 했을까요.

라므네(Lamennais)도 그러했습니다. 자유를 외치다 실현되니 평등을, 평등을 바라다 구현되니 박애를. 그렇게 금방 떠나는 것을 이해하지 않던 세태도 뒤늦게서야, 버린 것이 아니라 쇄신(aggiornamento) 안에서 늘 함께하고자 한 것임을 깨닫고, 그의 주검 앞에서 이 지평과 저 지평의 모두가 동지였노라고 고백하는 것을 보면….

슬퍼할 때 슬퍼해 주고(contriste) 아파할 때 아파해주는(compassion) 그 삶의 자리가 결코 헛되지 않은 까닭도 바로 여기에 있을 것입니다. 누군가가 그렇게 함께한다면 말입니다. 우리가 함께했던 고단하고 지난한 세월은 짧은 단맛을 뒤로 숨기고 다시금 우리를 기다릴지 모릅니다. 하지만 쓰고 떫은 무언가가 도사린다 해도 우리는 어느 길에서든 와락 서로를 끌어안고 갈 것입니다.

거기 끝자락에 비록 짧더라도 달고 고운 우리 안의 초월(transcendental)과 우리 너머 초월(transcendent)이 우리를 반겨 맞이할 것입니다. 우리가 함께한다는 것은 바로 그러합니다.

문규현 신부

그것은 실로 제게 「새복음」(New Gospel)이었습니다.

성서를 새롭게 보게 했고, 읽게 했고, 품게 했다는 데서 하는 말입니다. "새로운 깨달음"보다 큰 자산이 어디 있겠습니까?

조헌정 목사님의 글을 읽으면서 감사했습니다. '새복음'을 누구보다 먼저 만났다는 사실 때문이었습니다. 목사님의 '추천의 글' 요청을 받았을 때 이미 글공부 많은 목사님의 책 간행에 추천서를 쓸 수 있겠는가? 하며 처음에는 망설였습니다.

하지만, 목사님의 글 〈갈라진 땅에 선 예수〉 전문을 받아 읽고 있는 지금은 전혀 딴 맘입니다. '내가 역시 복 있는 사람이다.'라며 감사하고 있습니다. 빈말이 아닙니다. 한국기독교는 물론 세계기독교의 진로에 큰 축복이 임한 것이라고 확신합니다. 특별히 어떤 부분을 들어 말씀드릴 수가 없습니다. 처음부터 끝까지 '새복음'이기 때문입니다.

목사님은 구약을 제1성서, 신약을 제2성서로 일컬었는데 저는 추후의 머뭇거림도 없이 목사님 글 〈갈라진 땅에 선 예수〉를 '제3성서'라고 말하고 싶습니다.

제 책 장엔 오직 한 질의 책이 있을 뿐입니다. 한길사에서 20권으로 출판한 '함석헌 전집'입니다. 하느님께서 제 책장의 허(虛)함을 아시고 한 권의 책을 잇대어 더 꽂아 주셨습니다.

저는 이글을 대하는 분들에게 일독을 권하는 게 아닙니다.
제3의 성서를 전하는 것입니다.

문대골 목사
한국기독교평화연구소 상임고문

목사님의 기도는 하늘에 퍼져 평화가 되었고
목사님의 발걸음은 땅에 쌓여 생명이 되었습니다.

기운이 뭉치고, 영혼이 스며든 헌신의 삶에
존경하는 마음을 전하고 저 또한 행복합니다.

원불교 정상덕 교무

기록은 잊었던 과거의 소중한 기억들을 다시 불러내어 우리 자신의 현재를 비춰보게 한다.

조헌정 목사님이 향린교회 담임목사로 계시던 당시 향린교회 교우들은 교회에서 예배만 드리고 앉아 있을 수 없어, 불의에 맞서서 수시로 현장에 나가서 싸웠다. 그때 목사님이 강단과 현장에서 선포하였던 내용을 글을 통해 다시 접하게 되니 그 상황들이 생생하게 되살아났다.

그중 하나가 우리의 기억 속에서 희미해진 평택 대추리 문제인데, 목사님의 글을 통해 다시 생각하게 되었다. 162가구가 살았던 평택 대추리에서 935일 동안 촛불시위를 계속하다, 결국 44세대만 남아 협상을 하여 노와리로 이주를 하게 되는데, 929일째 평택 대추리 천막 교회를 찾아가 선포된 목사님의 글을 보면서 노와리로 이주한 대추리 사람들에 대한 생각을 다시 하게 된 것이다. 그들이 이주하는 조건으로 요구했던 것은 이주 지역을 대추리로 명명하고, 생계를 해결하기 위해 상업용지 8평을 제공받는 것이었는데 아직도 이 두 가지가 실행되고 있지 않다. 일제 강점기에 일본군 기지가 세워지면서 한번 쫓겨나고, 해방 후 미군이 기지를 확장하면서 다시 쫓겨났으며, 미군이 평택으로 이전하면서 다시 한번 더 쫓겨난 주민들, 이들은 이주문제로 마을이 둘로 갈라져 서로 원수가 되었고, 마을회관 건물과 토지 등 3억 8,000만 원 상당의 공동재산을 분쟁으로 해결하지 못해 국가로 귀속할 수밖에 없는 상황이 되었다. 한반도 분단이 가져온 미군 주둔 문제는 대추리 문제뿐만 아니라 소성리 사드 문제로 이어지고 있다.

이 책에 실린 글들이 다루고 있는 주제는 분단이 해결되어 한반도에 평화가 찾아올 때까지는, 우리가 지속적으로 생각하고 고민해야 하는 문제들이다.

목사님에게 한반도 분단이 얼마나 심각한 문제이고, 북한과 건강한 관계를 만들어 한반도의 평화와 통일을 이루는 것이 얼마나 소중한 것인지 책에 실린 글들을 통해 다시금 생각하게 된다.

또한, 목사님의 글을 보면 한반도에서 국가보안법의 굴레 속에서 자신도 모르게 자기 검열을 하고 있는 우리들의 편협하고 좁은 생각들과는 달리, 목사님은 넓고 유연한 태도로 분단 문제와 북한을 바라보고 있는 것을 알 수 있다.

1부 통일을 향한 여정과 2부 분단 상황에서의 성서 읽기는 향린교회 임기를 마치신 후의 글이라 더 흥미를 가지고 읽었다. 특히 이 중에서도 손정도 목사님에 대해서는 이름 정도만 알고 있었는데, 목사님의 글을 통해 여러 가지 새로운 사실을 알게 되었다.

목사님의 글을 보면 '한 손에는 성서를, 다른 한 손에는 신문을 들고 살아가라'를 그대로 실천하는 것을 알 수 있다. 성서를 현실의 상황에 맞추어 이해하기 쉽게 설명하기 때문에 기독교인이 아니더라도 글을 읽고 이해하는데 아무런 문제가 없을 것으로 생각한다.

뒤표지의 십자가는 평화통일주일을 맞이할 때마다 목사님이 향린교회 강단에서 보여주었던 것으로, 대한민국과 조선민주주의인민공화국 남북화해의 상징으로 만들어, 볼 때마다 이 십자가가 분단시대를 살아가고 있는 우리에게 목사님이 만든 최고의 걸작품이라고 생각한다.

〈갈라진 땅에 선 예수〉를 통하여 목사님의 한반도 분단에 대한 문제의식과 한반도 평화와 통일에 염원이 많은 사람과 공유되었으면 한다.

향린교회 협동장로 홍영진

머리말

사건으로서의 '말씀'

　지금도 신학자들과 신학도들에게 깊은 영향력을 끼치고 있는 20세기의 위대한 신학자 칼 바르트(Karl Barth, 1886-1968)는 그리스도인들을 향해 '한 손에는 성서를, 다른 한 손에는 신문을 들고 살아가라.'라는 유명한 신앙선언을 하였다. 이 삼천 년 전에 기록된 성서의 이야기(텍스트)를 오늘 우리의 상황(컨텍스트)에서 읽는 해석의 작업을 해야 한다는 말이다. 다시 말하면 성서가 기록된 당시의 사회정치역사적 상황은 물론 오늘 내가 살아가는 사회정치역사 현실에 대한 정확한 인식 없이 성서를 읽는 것은 잘못된 신앙임을 지적한 것이다.

　그런데 오늘 남한교회에는 하느님 말씀은 변함이 없다는 말에 근거해서 성서의 문자를 무작정 그대로 믿거나 자기 생각과 삶에 부담 없는 편한 방식대로 믿는 기독교인이 너무 많다. 그러다 보니 교회는 세계기독교 선교 역사상 유례가 없을 정도로 짧은 시간 안에 크게 성장했지만, 교회가 사회에 미치는 영향력은 미미하고, 오히려 기독교를 '개독교'로 경멸하는 반기독교 분위기가 남한 사회 안에 뿌리 깊게 내리고 말았다. 설상가상 코로나19 유행병을 맞아 신앙의 자유라는 이름 아래 방역 당국의 권고를 무시하는 막무가내의 신앙으로 말미암아 교회가 유행병을 더욱 크게 번지게 하는 진원지로 비난받는 상황에 이르고 말았다.

왜 이런 현상이 생겨났을까? 한마디로 말해 너무나 비대해진 개신교회의 자기 황홀감에 빠진, 일종의 오만병 때문이다. 근본 원인은 성서의 말씀을 '인간의 언어로 기록된 역사적인 문서'로 이해하지 않고 '하늘에서 뚝 떨어진 변하지 않는 문자'로 이해했기 때문이다. 여기에 덧붙여 성서의 '말씀'을 히브리인들의 사고방식에 따라 동적인 언어로 이해하지 않고, 그리스인들의 사고방식에 따라 정적인 언어로 이해하는 것도 원인이다.

태초에 '말씀'이 있었다(요한복음 1장 1절). 그러나 이 말씀은 책에 새겨진 문자를 뜻하는 말씀이 아니라, 신이 인간의 육신을 입고 세상 안으로 들어오는 사건의 말씀이었다. 창세기 1장에서의 하느님의 말씀 또한 무(無)에서 유(有), 혼돈에서 세상을 창조하여내는 변혁의 힘(power)으로서의 말씀이다. 인간 역사 안에 사건(event)을 일으키는 창조변혁의 원천이었다. 따라서 태초에 '말씀'이 있었다고 이해하기보다는 태초에 '사건'이 있었다고 이해하는 것이 보다 정확한 성서 이해이다.

필자는 50년 가까운 세월을 성서를 연구하며 선포하는 목회자로 살아왔다. 무엇보다도 단순히 교회 건물 안에만 머물지 않고 교회 건물 밖, 내가 몸담고 살아가는 사회 현장에 살아 있는 말씀을 통해 사건을 일으키도록 노력하여 왔다. 특히 예수 그리스도가 오늘의 남한 땅에 살았다면 우리에게 들려주었을 말씀은 무엇일까를 항상 고민했다.

현재 남한은 자랑스러운 것도 많지만, 자살률이 세계 최고이다. 단순한 1위가 아니라 십 년 전부터 1위였으며 OECD 국가 평균의 두 배 이상이고 그 격차는 점점 커지고 있다. 5, 60년대 그 가난한 시절에도 자살자가 거의 없었거늘, 1인당 국민소득 4만 불 달성이라고 하는 오늘의 이 풍요로운 시대에, 도대체 왜 이렇게 자살자가 늘어만 가는 것일까? 겉으로 보면 자살은 개인의 선택사항인 것 같지만, 마치 코로나바이러스와 같이 사회적 질병이 개인에게 영향을 주기 때문이다. 그 주된 원인은 분단이다. 자살률 2위 국가 또한 분단국가인 사이프러스인 것을 보면 이는 의심의 여지가 없다.

우리는 태어나면서부터 평생 미워할 원수를 안고 태어난다. 한 번도 가본 적 없고 만난 적 없어도 우리는 우리의 동족을 죽도록 미워하도록 교육을 받는다. 만약 사랑의 대상으로 삼으면 그때부터 '빨갱이'가 된다. 누군가를 죽도록 미워하다 보면 자기도 모르게 생명 자체를 경시하게 되어 어려움에 처하면 너무나 쉽게 생명을 포기하고 마는 것이다. 예수께서는 한 생명이 천하보다 귀하다고 말씀하셨다. 이 분단병을 치유하는 일이 무엇보다 중요하고 급한 일이다. 그러기 위해서는 통일에 대한 신념을 다져야 하고 통일을 방해하는 것이 무엇인지를 분명히 깨달아야 한다.

1장은 최근 언론에 기고한 글이고 2장은 2019년 한해 '분단상황에서 본 성서해석'이라는 제목으로 〈기독교사상〉에 연재했던 글을 모은 것이다. 3장과 4장은 향린교회(2003-2017) 재임 시절 강단과 민중 사건이 일어난 역사의 현장에서 직접 선포된 말씀들이다. 필자의 부임 이후 향린교회에서는 최소 일 년에 한 번 이상 분단 아픔의 현장 곧 평택 대추리, 파주 무건리, 성주 소성리와 같은 장소를 직접 방문하여 주민들과 함께 예배를 드렸으며, 이 외 5·18 광주민주항쟁, 세월호 참사와 같은 정의와 평화 문제를 중심으로 하늘 뜻을 펼쳤다.

어떻게 보면, 때 지난 과거의 사건을 왜 다시 꺼내는가? 라고 반문할 수도 있겠다. 그건 2017년 독일 종교청 산하 베를린박물관에서 루터의 종교개혁 500주년을 기념한 *The Luther Effect*라는 책에서 한국교회를 언급하면서 향린교회를 정의·평화·생명의 하느님 나라 실현을 위한 하나의 대안교회로 제시하고 있기 때문이다.

책 출판과 관련하여 고마움을 전해야 할 사람들이 있다. 기고 글을 싣도록 허락해 준 〈기독교사상〉, 〈씨올의 소리〉, 〈민중의 소리〉, 향린교회에서 목회 동반자로서 뿐만이 아니라 기고 글에 신학적 조언을 해준 한문덕, 고상균 목사 그리고 도서출판 동연의 김영호 사장과 편집을 맡아주신 박연숙, 정인영 선생이다.

더 나아가 요동치는 역사 속에서 함께 하늘뜻을 펼쳤던 향린교회 교우들, 나의 신학 사고 형성에 큰 영향을 주신 스승들, 특히 김재준, 함석헌, 문익환, 서남동, 안병무, 문동환 교수님과 목회의 길잡이가 되어 주신 홍근수 목사님 그리고 내가 태어나기 전부터 나의 목사됨을 위해 기도하신 조부님(조승제목사, 1969년 작고)과 부모님(조응래 장로 2013년 작고, 김옥녀 권사 2021년 작고) 그리고 향린교회 부임 이후 많은 시간을 떨어져 지내야 했던 가족들을 기억하며 이 책을 세상에 펼친다.

조헌정

차례

일러두기

1. 이 책에서 인용된 성서 구절은 〈공동번역〉과 〈새번역〉을 기준으로 하고 있다. 다만, 하나님의 칭호는 하느님으로 표기한다. 하나는 '무한히 크다'라는 뜻의 '흔'에 뿌리를 두고 있지만, 현재 대부분 개신교인에게는 숫자 '하나'를 의미하는 유일신 신앙을 뜻한다. 세계에서 일어나는 대부분의 전쟁은 종교 간의 갈등에서 출발하고 이 갈등의 뿌리에는 상대를 인정하지 않는 유일신 신앙이 있다. 특히 기독교, 이슬람교, 유대교는 같은 뿌리에서 출발했지만, 이 유일신 신앙으로 인해 서로 대립하면서 세계 평화에 큰 위협이 되고 있다. 한국개신교회도 60년대 초까지는 '하느님'을 쓰다가 유일신을 강조하고 전통 민속신앙과의 차별화를 위해 '하나님'을 선호하게 되었다. 대화와 소통, 화해와 상생의 시대를 맞아 한국개신교회가 배타적인 상징성이 강한 '하나님'이란 칭호 대신 '하느님'을 사용하는 것이 바람직하다.

과거 서구 교회는 17세기 영국의 한 수도사가 자의로 'Jehovah'(여호와)라 번역하였는데, 이를 제임스 성경이 인용하다 보니 이 칭호가 오랜 기간 표준으로 내려오다가 약 140여 년 전부터 성서학자들의 공통된 의견에 따라 서구 교회는 모두 야훼(Yahweh) 혹은 야웨(Jahweh)로 바꿔 불러오고 있다. 그런데 가장 최근 번역판인 표준새번역 개정판은 여전히 '여호와' 칭호에 묶여 있으면서 이러한 모순을 피하기 위해 이를 '주'로 번역하였다. 이는 본래 이스라엘 백성들이 인간의 더러운 입술로 거룩한 하느님을 부를 수 없다는 신앙에서 '야훼'라고 부르는 대신 '주'(히브리어: 아도나이)라고 부른데 기인하고 있다. 하지만, '야웨'(JHWH)라는 네 개의 히브리어 자음으로 구성된 유대교 신의 상징언어를 21세기의 이성과 과학의 시대인 오늘날에도 여전히 '주'라고 번역함은 지나친 일이다.

2. 성서의 인명과 지명 등의 표기는 대체로 새번역 성경에 따랐으나, 이집트만은 옛 표현인 애굽으로 고쳐 부른다. 성서에서 이집트는 부정적 의미로 사용되는데, 오늘날의 국가 이집트와 구별하기 위함이다. 또한, 신/구 바빌로니아는 특별한 경우가 아닌 한 바빌론으로 명기한다.

3. 진보적인 서구 성서학계에서는 오래전부터 구약성서(舊約聖書, the Old Testament)와 신약성서(新約聖書, the New Testament) 대신 제1성서(혹은 히브리성서)와 제2성서(혹은 그리스성서)라고 불러왔다. 현대 교회는 그 효력이 상실되었다는 의미를 뜻하는 '구약'(옛 언약)이라고 부르면서도, 여전히 개인에 의해 자의로 선택된 몇 개의 구절들을 '하느님의 말씀'이라고 주장하는 모순을 드러내고 있다. 구약성서 안에는 우리가 지켜야 할 신약(새로운 약속, new promises)의 말씀이 있는가 하면, 신약성서 안에도 우리가 버려야 할 구약(오래된 약속, old promises)의 말씀이 있다. 따라서 이 책에서는 세계교회의 흐름을 따라 구약성서는 제1성서로, 신약성서는 제2성서라고 부른다.

4. 민족분단이라는 모순과 갈등 구조 속에서 현재 북은 남을 '남조선'이라고 부르고, 남은 북을 '북한'이라고 부르고 있다. 상호 존중의 의미에서 이 책에서는 '남한'과 '북조선'이라는 용어를 사용한다.

5. '한반도'라는 용어는 일제 강점기에 도입된 식민지 사고의 잔재이다. 따라서 이 책에서는 '한강토'라는 용어를 사용한다.

6. 본문에 사용된 문양은 "문화포털"에서 제공하는 전통문양을 활용하였다.

1부

통일을 향한 여정

미국(迷國)은 어디를 향해 가고 있는가? | 왜 '개독교'라 불리는가 | 코로나 19와
남북(생태)통일 | 늦봄 문익환 목사의 사상과 신학

미국(迷國)은
어디를 향해 가고 있는가?*

들어가면서

필자는 역사학자도 아니고 미래학자도 아니다. 신학을 공부한
진보적인 목사로서, 무엇보다도 한강토(한반도)의 평화적 통일을
염원하는 사람이다.[1] 70년대 초 한국신학대학에서 김재준, 함석헌,
문익환, 문동환, 안병무 선생님들의 가르침을 통해 사회와 민족 문
제에 눈 뜨기 시작했고 철책선 소총수 복무를 통해 민족분단의 아
픔을 직접 체험했다. 이후 미국에서 24년간의 목회와 이민 생활에

---

* 필자는 오래전부터 미국을 뜻하는 한자어로 이 단어를 써왔다. 美國으로 불리게 된 이유는
'아'메'리카 소리에 따른 중국어 표기 때문이다. 美의 발음이 '메'였다. 일본은 이를 米로 표기
한다. 그래서 어떤 이들은 미국을 '쌀국'이라고 부르기도 한다. 필자는 오래전 오키나와의 평
화운동가들과 함께 미군기지 주변을 둘러보다가 저들이 걸어놓은 플랭카드 '米'國이란 단
어 밑에 갈 지(之)자를 그려넣어 저들에게 웃음을 선사한 적이 있다. 그러고 보니 부탁받은
글의 제목이 너무나 적절하다. 「씨올의 소리」 2020, 가을호 기고 글(결말에 최근의 사태를
첨부함).

서 분단이 가져다준 국제적인 모욕과 수치를 경험하고 고국에 돌아와 홍근수 목사 후임으로 향린교회에 부임하였다. 그때는 2003년 5월, 효순·미선 양의 사망 1주기를 맞아 남한 사회 내에서 반미운동이 한층 격렬해지던 시기였다.

향린교회는 영화 〈1987〉에도 등장하는 민주화운동2의 중심 교회로 1953년 5월 기성교회에 실망한 30대 청년 10여 명이 새로운 신앙공동체를 꿈꾸며 시작하였다. 그 중심에는 함석헌 선생과 각별한 사상적 교류를 하였던 안병무가 있었다. 그런데 바로 같은 달 남한 기독교 최대 세력인 〈조선장로교단〉은 미국 선교사들의 독선과 모략에 의해 기장과 예장이라는 최대 분열의 아픔을 겪는다. 관건은 1939년 김재준 목사가 세운 조선신학교 운영권 문제였다. 뜻대로 되지 않자 김재준 목사를 자유 신학자, 이단으로 몰고 갔다. 대구 총회에서 김재준 목사 축출과 관련된 안건들은 매번 6, 7표 차이로 패배했다. 당시 투표권을 행사했던 미국 선교사 총대가 25명이 넘었으며, 그들은 이미 총회 시작 전부터 교통이 불편했던 당시 자신들의 뜻에 동조했던 총대들만 그들의 차량과 미군 지프차를 이용해 실어 날랐다. 오히려 당시 장로교 목사의 절대다수가 김재준 목사를 지지하고 있었다. 이 얘기를 서두에 하는 이유는 본 글의 주제가 미국이고 국토분단이 미국에 의해 주도적으로 진행되었던 것과 마찬가지로 오늘날 200개가 넘는 장로교단을 양산케 한 첫 번째 교회 분열 또한 미국 선교사들에 의해 일어난 것임을 밝히기 위함이다.3

태생적으로 폭력에 기초한 나라

흔히 미국은 영국의 청교도들이 신앙의 자유를 찾아 건설한 나라라고 말한다. 그러나 이는 초기 이민자의 소수에 불과하다. 다수의 유럽 백인 이민자들은 종교적인 이유라기보다는 고국에서 살아가기 힘든 '탈유럽인'('탈북자'와 같은 개념에서) 곧 바닥 민중들과 범죄인들이었다. 신대륙의 발견자라고 일컬어지는 콜럼버스(Christopher Columbus)와 아메리고 베스푸치(Amerigo Vespucci)는 금을 찾아왔으며 이후에 온 유럽인들 또한 목적이 비슷했다. 수천만 명에 이르는 원주민을 학살하고 북미와 남미의 거대한 땅을 빼앗았다. 미국만 해도 대략 천만 명의 아메리칸 원주민들이 학살당했다. 이를 미국 역사에서는 '서부개척시대'(American Frontier)라고 부른다. 본래 Frontier는 1800년대 원주민과 백인 거주자 사이의 물리적 경계를 의미했다. 이 용어는 후에 미국 땅에 사는 모든 사람은 하나의 아메리카 정신으로 통일되어야 한다는 의미로 변화한다. 소위 말하는 다양한 인종이 하나로 개화되어야 한다는 멜팅팟(Melting Pot) 이론의 근거를 제공하고 나아가 원주민들 또한 개화의 대상이 된다. 곧 원주민들의 땅을 빼앗는 정당성을 제공한 것이다. 이는 마치 일제가 조선을 무력으로 점령하고 내선일체(內鮮一體)를 주창하는 것과 같다. 현재 아메리카 원주민들은 보호구역(Indian Reservation)이라는 철장 아닌 철장 속에 갇혀 지내고 있다.[4]

1776년 영국으로부터 독립한 이후 멕시코와의 전쟁을 통해 남부 텍사스 일대와 서부 캘리포니아의 지역을 빼앗음으로 내륙의 국경을 확정 짓는다. 이어 스페인과의 전쟁을 통해 푸에토리코, 괌, 쿠바와 필리핀5을 식민지로 만든다. 이어 러시아로부터 알래스카를 사들이고 하와이왕국을 멸망시켜 50번째 주로 편입시킴으로 오늘의 미국이 형성되었다.

1914년 제1차 세계대전이 일어났을 때, 미국은 양측에 전쟁물자를 공급하는 장사꾼으로 남아있기를 원했다. 그러나 독일이 상선을 공격함에 따라 뒤늦게 참전하고 이 전쟁을 통해 경제 강국으로 떠오른다. 전쟁물자 대량생산시스템은 자동차산업을 비롯한 대기업들이 급속하게 성장하는 계기를 만들었지만, 결국 대규모 실업을 유발하고 경제공황에 빠진다. 이때 뉴딜정책 등 정부 주도의 경제 활동을 통해 이를 극복하면서 세계 자본주의의 중심국가로 우뚝 서게 되었고, 소련의 공산주의 블록과 맞서게 된다. 다시금 제2차 세계대전을 통해 미국의 산업구조는 '전쟁무기·대량생산구조'(Military-Industrial Complex, 軍産複合體)6로 확대되면서 뒤로 물러설 길을 잃게 된다. 1961년 아이젠하워 대통령은 퇴임 연설에서 처음 이 용어를 사용하면서 이러한 '산업구조'를 제어하지 못하면 결과적으로 미국은 물론 전 세계인들의 자유와 인권을 침해하는 결과를 가져올 것이라고 경고한다. 사실 한국전쟁이 바로 이러한 미국의 전쟁산업구조로 인한 첫 번째 희생자였다.

전쟁이 끝났다고 해서 수많은 무기생산 공장들이 한꺼번에 문을 닫을 수는 없다. 대규모 실업을 통한 경제공황을 이미 겪은 바 있다. 포탄은 창고에 차고 넘치게 된다. 포탄에도 유효날짜가 있다. 소비시장이 필요했고 여기에 조선이 후보지로 선정이 된다. 김일성 정권이 남침함에 있어 가장 두려운 것은 미국의 참전과 히로시마와 나가사키에 떨어진 원자폭탄이었다. 당시 남북정부는 모두 상대를 무력으로 점령하는 '통일 전쟁'을 공공연히 주장했다. 미국 정부는 북조선이 침략준비를 거의 마쳐가고 있음을 알고 있었다. 그럼에도 불구하고 군대를 철수시킬뿐더러 1급 군사비밀을 세계에 천명한다. 1950년 1월 12일 프레스센터에서 당시 국무장관 에치슨은 조선반도가 미국의 군사방어선 밖에 있다고 말하며7 전쟁이 일어나도 개입하지 않겠다는 선언을 한다. 이를 믿은 북조선은 소련과 중국의 동의를 얻어 전면전을 개시한다.8 미국은 UN 결의를 통해 전쟁 개시 3일 만에 참전한다. 이후 중국의 개입으로 1년이 지나간 즈음 전선은 원래의 38선에서 정체가 된다. 그러나 휴전조약은 북조선의 재촉에도 불구하고 2년을 더 지루하게 끌게 된다. 이 기간 미국은 무수한 폭탄을 북조선 전역에 떨어뜨린다. 평양은 1제곱미터당 평균 세 발의 포탄이 떨어졌으며 국가산업시설은 거의 완전히 파괴되고 만다. 포탄을 싣고 평양 상공을 날아간 한 미군 조종사는 "There is no more target, roger"라고 관제탑에 보고하는가 하면 휴전 직후 한 미군 장성은 이제 북조선은 구석기시대로 돌아갔다는 말을 한다.9

한강토는 지정학적 위치상 미국과 일본의 해양 세력과 소련과 중국의 대륙 세력이 맞부딪히는 접점에 위치한다. 미국이 세계패권을 유지하기 위해서는 러시아와 중국이 태평양에 진출하는 것을 막는 것이 무엇보다도 중요하다. 미국은 국가안보상 절대로 한강토를 포기할 수 없다. 경제로만 보더라도 남한과 일본, 대만 이 세 나라의 무기 수입 또한 엄청나다. 이 때문에 '대북 적대 정책' 또한 변하지 않는다. 한국전쟁보다 훨씬 더 길고 혹독한 전쟁을 치른 베트남과도 평화조약을 체결했지만, 한강토에서는 평화조약은커녕 종전선언조차 이루어지지 않고 있는 근본 이유이다. 9·11 음모설도 존재하지만, 중동의 모든 전쟁의 배후에는 이러한 경제 논리가 자리 잡고 있다. 테러와의 전쟁이 아닌 경제 살리기 전쟁이다.10 이러한 전쟁광들을 네오콘(Neo-Conservatives)이라고 부르며 하노이 북미 협정을 방해한 볼턴(John Robert Bolton)이 대표적 인물이다.

인종차별의 뿌리

사실, 군산복합체로 인한 폐해는 미국 밖에서만 일어나는 것이 아니다. 미국은 매년 3만 명 이상이 총기로 숨지고(이 중 5천 명은 어린아이들이다) 있다. 주기적으로 학교와 쇼핑몰 등지에서 대규모 무차별 총기살해가 일어나도 총기규제라는 말은 그때뿐 정치인 어느 누구도 이를 추진할 힘이 없다. 왜냐하면 총기협회(National Rifle Association)가 가진 막강한 정치력 때문이다. 최근 뉴욕주 검찰에서 총기협회 임원들의 재정 비리를 조사하자 트럼프 대통령은 당장 총기 소지에 호의적인 텍사스주로 본부를 옮기라고 말하였다. 미국에서 목회할 때 백인들의 가정을 방문하면서 거실에 진열된 총기들을 보면서 깜짝깜짝 놀라고는 했다. 마치 우리가 난(蘭)과 도자기를 수집하듯이 저들은 총기를 수집하고 있다. 총기는 미국인들의 삶의 일부이다. 이는 무엇을 의미하는가? 폭력이 이들의 뇌리와 삶

속에 깊게 뿌리내려 있음을 말한다.

지금 미국은 백인 경찰의 폭력에 의해 죽임을 당한 흑인으로 말미암은 크고 작은 〈Black Lives Matter〉 투쟁운동이[11] 전국 곳곳에서 석 달째 계속되고 있으며 때때로 방화, 약탈이 동반한다. 정규군인들이 투입되고 경찰들의 자기방어는 곧장 또 다른 폭력을 유발하게 된다. 왜냐하면, 개인의 총기 소유가 너무나 쉽기 때문이다. 경찰폭력은 경찰이 폭력적이라기보다는 사회구조 자체가 폭력적이기 때문에 발생하는 것이다. "칼을 쓰는 자는 칼로 망한다"(마태 26:52)라는 예수의 말씀은 저들의 성서에는 존재하지 않는다.

사실 트럼프의 대통령 당선은 미국인들의 의식 수준이 얼마나 낮은지를 여실히 보여주었으며, 트럼프는 지난 4년 가까운 임기 동안 트윗과 브리핑을 통해 뒤틀린 언어를 사용하여 세계를 양분시키고 자국민을 얼마나 기만하고 있는지 모른다.[12] 이로 인한 미국 내부의 갈등과 반목은 최고조에 이르고 있다. 히틀러처럼 분리 통치(Divide and Rule) 전략에 악마적 천재성을 발휘하고 있다. 난 솔직히 말해 '악의 화신'(化身)이라고 부르고 싶다.[13] 사실 그가 애당초 코로나 방역에 대해 보건책임자의 조언을 따랐더라면 미국은 지금과 같은 최악의 사태를 피할 수가 있었다. 지금도 마스크 착용은 개인의 자유라고 말하면서 재선을 위해 상업시설과 학교의 문을 열도록 종용하고 코로나 유행병이 통제되고 있다고 거짓말을 밥 먹듯이 한다. 심지어는 곧 있을 대선 투표에서 주에 따라 우편투표제도를 도입하고 있는데, 이의 결과를 받아들이지 않겠다는 곧 대선 결과에 불복종하겠다는 엄포를 공공연히 하고 있다. 12년간 트럼프 개인 변호사였던 Michael Cohen은 최근 감옥에서 나와 회고록을 곧 출판 예정인데, 여기서 트럼프의 성 문란과 '러시아 게이트'는 사실이라고 말하면서 트럼프는 결코 쉽게 백악관을 떠나지 않을 것이라고 말한다.

트럼프 개인을 떠나 미국의 근본 문제는 무엇인가? 앞에서 말한 군산복합체의 검은 손(네오콘)과 헌법이 보장하는 개인 무기 소지를 근간으로 한 폭력적 구조이다. 두 번째는 세계에서 가장 높은 빈부격차이다. 500명 상위 부자들이 미국민 전체 하위 50%보다 더 많은 부를 소유하고 있다. 퓰리처상을 받은 바 있는 언론인 크리스토퍼 린 헤지스(Chris Hedges)는 이러한 미국의 정치제도를 민이 주인이 되는 민주주의가 아닌 자유를 빙자한 laissez faire(방임주의)이자 소수 부자의 Oligarchy(과두정치)와 Kleptocracy(절도정치)라는 말로 정리한다. 그리고 여기에 미국교회는 이러한 사회현실에 대해 예언자적인 태도를 보이지 않고 외부로는 로마 제국이 그랬듯이 '미국은 위대하고 영원할 것'이라는 패권국가(America First Imperialism)의 환상을 계속 심어주는 국가종교로 전락했으며, 내부로는 물질 욕망 충족의 바알신앙(cult)으로 타락하였다는데 더 큰 문제가 있다. 달리 말해 해결책이 없다는 말이다.

CNN의 사회고발 프로그램 중 'United Shades of America'(USA, '미국의 집단 그늘')란 연재물이 있는데, 곧 코로나 특집을 방영한다. 미국은 유럽 전역과 아시아를 합친 숫자보다 더 많은 확진자와 사망자라는 치욕스러운 현실을 고발할 것이다. 트럼프를 'Imperial President'(제국 대통령)라고 부른다. 필자가 보기에 이번 시리즈의 제목은 'United Shame of America'(미국의 집단 수치) 혹은 'United Suicide of America'(미국의 집단 자살)로 바꾸는 것이 적당해 보인다.

이제 미국은 국가 신뢰를 잃었으며 정부 지도력은 코로나와 더불어 바닥에 이르렀다. 긴급재난기금의 약효가 떨어지는 내년 초쯤에는 경제 또한 파탄에 이를 것으로 보고 있다. 여기에 대안으로 민주당 대통령 후보 바이든 전 부통령과 흑인/아시아계 여성인 카말라 해리스(Kamala Harris)[14] 상원의원을 부통령 동반후보자로 내세움으로 반전을 노리고 있다. 트럼프는 즉각 해리스를 "세금 인상, 국방비 삭감, 셰일가스 채굴 반대, 화석연료 반대, 의료 사회화" 등을 주장하고 있다며 '급진좌파'로 규정했다. 그러나 이는 그의 말일 뿐, 바이든이 대통령이 된다고 해도 실제로는 오바마 대통령 시대로 되돌아가는 것으로 그칠 것이다. 헤지스(Hedges)가 말한 대로 트럼프는 단지 커튼을 거두어 그간 감추어져 있던 부정의와 부패의 현실을 드러내는 역할만을 담당했을 따름이다.

나가면서

글을 이렇게 운명론적으로 끝낼 수는 없기에 두 가지를 전제로 미국에 실낱같은 희망을 걸어본다. 첫째는 해리스(Harris)가 차차기 대통령이 되고 연임을 한다는 가정이다. 이는 일단 그가 존 F. 케네디와 같은 신선하면서도 강렬한 인상을 보여주고 있고, 또 여성 지도력에 대한 시대적 요구가 있기에 어느 정도 가능하다고 본다. 그러나 그렇다 하더라도 네오콘의 폭력적인 구조의 힘을 이겨 낼지는 여전히 의문이다. 말만 던지고 무력하게 주저앉은 제2의 오바마가 될 것인지? 아니면 케네디처럼 암살을 당할 것인지? 여기에 관건은 깨어있는 시민의 힘이다. 마르틴 루터 킹 목사의 바람처럼 "양심세력의 연대"(Consciousness Coalition) 곧 우리가 이루어냈던 촛불시민항쟁이 일어나느냐에 달려 있다.

둘째는 미국의 변혁은 내부와 외부가 함께하는, 곧 줄탁동시(啐啄同時)가 되어야 한다. 이 점에서 중국을 쉽게 떠올리겠지만, 중국은 또 하나의 제국이라는 관점에서 근본의 문제를 해결할 수 없다. 중국의 부상은 오히려 미국 내부의 결속만을 다지게 함으로 변혁의 속도를 늦출 뿐이다. 필자는 이 외부의 힘을 북조선으로 보고 있다.

이를 비유적으로 설명하기 위해 예수의 비유 말씀을 하나 든다. 매우 잘 알려진 비유이지만, 동시에 가장 잘못 알려진 비유이기도 한 겨자씨의 비유이다. 가장 작은 씨앗이 자라서 새가 깃들만큼의 큰 나무로 성장한다는 것을 하느님 나라 혹은 교회 성장에 관련한 얘기로 해석하지만, 실상은 정반대되는 비유이다. 겨자는 맛을 내기 위한 특수작물로 당시 들판 지천에 널려 있었다. 죽어라~ 농사를 지어도 빚이 계속 늘어만 가는 상황에서 소작인이 할 수 있는 최후의 살 길은 도주였다. 이게 오천 명 혹은 사천 명 급식 기적 이야기의 사회적 배경이다. 그런데 어떤 농부가 도망을 가보았자 결국 변화하는 것은 하나도 없다는 사실을 깨닫는다. 지주와 로마와 헤롯 정부 그리고 예루살렘 성전이 거두어가는 엄청난 세금착취라는 '악의 체제'에 저항하는 길에 어떤 것이 있는지 고민을 한다. 그리고 겨자씨를 밭에 뿌려 농사를 아예 망치고 만다. 이게 한두 명에 불과하다면 하나의 웃음거리로 끝나겠지만, 만약 집단행동이 일어난다면 상황은 완전히 달라진다. 야생 겨자는 빠르게 확산하고 한번 뿌려지면 쉽게 제거하기 어려운 식물이다. 결국, 지배계층은 빚을 탕감하고 소작료를 낮출 수밖에 없다.

필자는 북조선의 핵무기를 세계평화를 위한 일종의 겨자씨로 보고 있다. 정치적인 용어로는 brinkmanship(벼랑끝전술)이다. 핵무기는 혼자만 갖고 있다면 위협이 되겠지만, 여럿이 소유하고 있다면 무용지물이 된다. 아니 강자에게는 별 의미가 없지만, 약자에게는 강자를 무릎 꿇게 할 최대의 무기가 된다. 핵무기는 경제봉쇄로는 절대 해결되지 않는다. 먹는 것은 줄이면 되고 나눠 먹으면 된다. 함께 굶는 일은 고통이 되지 않는다. 목숨이 먹는 것보다 더 소중하기에 봉쇄로는 해결이 되지 않는다. 협상을 통해 쌍방이 동시에 폐기하는 방식 외에 다른 길은 없다. 남한의 몇 사람이 내 견해에 동의할지는 알 수 없지만, 북조선은 세계 핵무기 폐기 운동에 기수 역할을 할 것이라고 본다. 가끔 북조선에서 김일성 주석의 유훈이 핵무기를 갖지 말라는 것이었다고 말을 하는 이유가 그것이다. 만약 북조선의 바람대로 세계 핵무기 해체가 일어난다면 이를 기점으로 미국은 물론 모든 나라가 자신들의 군산복합체 구조를 조금씩 해체해 나가는 단서가 생길 것이다. 이제 코로나 이후 시대(AC, After Corona)를 맞아 인류는 환경에 의한 '집단몰살'(ecocide) 위기에 직면해 있다. 기존의 정상을 비정상으로 여기고, 새로운 정상(New Normal)을 창출해야 하는 절체절명의 시대에 돌입하고 있다. 자국 우선주의 정책만으로는 결코 살아날 수가 없다. 왜냐하면, 바이러스는 국경선이 어디에 있는지를 모르기 때문이다. 대유행병(팬더믹)을 방어하기 위해 모든 나라가 국경을 폐쇄한다면 끝까지 살아남을 나라는 북조선밖에 없다. '앞선 자가 뒤에 서고 뒷선 자가 앞선다'라는 예수의 말은 이를 두고 하는 말일까?

미국의 대통령선거 이전에 본 글을 쓴 이후 2개월이 지난 지금 미국은 엄청난 혼돈에 휩싸여 있다. 첫째는 코로나 상황이다. 코로나로 인한 고통과 위기는 세계 모든 국가가 겪는 일이지만, 특히 미국은 세계 제일의 확진 국가(2위인 인도보다 두 배 이상 높고 인도는 미국보다 인구수는 세 배가 높다)이자 동시에 최고의 사망률 국가이다(2위 국인 브라질보다 두 배 이상이 높다). 미국은 그동안 세계 최고의 의술과 병원 시설을 자랑해왔지만, 그 실상이 여실히 드러나고 말았다. 둘째는 트럼프는 대선 이후 패배를 인정하지 않고 계속해서 선거부정 의혹을 제기하여 60개 이상의 소송을 제기하였지만, 자신이 임명한 공화당 계열의 연방판사들마저 증거 부족을 근거로 모두 기각시켰다. 법적으로 선거부정 제기가 불가능 하자 이제는 갖가지 방식을 통해 민중 폭동을 획책하였다. 그 결과 2021년 1월 6일 상하국회 의원들이 최종 판결을 하는 자리에 수만 명의 군중이 모였고, 이 자리에서 그들을 향해 자신의 승리가 도둑맞고 있다는 발언을 하여 민중 폭동을 일으키고 말았다. 그리하여 수천 명의 백인이 의사당을 습격하여 시설을 파괴하고 점령하는 사태가 일어났다. 이 과정에서 경찰 1명을 비롯한 5명이 희생을 당했으며 자유민주주의 선두국가로서의 위신이 완전히 망가지고 전 세계에 커다란 웃음거리를 선물하고 말았다.

이로 인해 트럼프는 미국 역사상 최초로 두 번째 탄핵을 당하였고 이제는 세금포탈과 성폭행에 관련하여 주정부의 조사가 진행 중이다. 또한, 트위터를 비롯한 SNS 계정들이 모두 취소되는 수모를 당했다. 또한, 올해와 내년 트럼프 재단이 운영하는 골프장에서 개최하기로 했던 PGA 골프시합이 줄줄이 취소되었다. 미연방수사국(FBI)은 제2의 국회의사당 점거를 비롯한 미 전역 50개 주의 의사당이 폭도들에 의해 공격당하는 위험에 처해 있음을 경고하면서 이를 전쟁(WAR)이라는 단어로 명시하고 있다.

새로운 대통령 바이든 정부에 의해 폭력과 갈등의 상처를 보듬고 화합의 길로 나아갈 것인지 아니면 예수의 말씀처럼 폭력으로 세워진 나라는 결국 폭력으로 망하는 모습을 보게 될 것인지 2021년 새해를 맞아 미국은 그야말로 절체절명의 위기에 서 있다.

왜 '개독교'라 불리는가*
세계교회협의회(WCC) 부산 총회에 참석한 소회

지난 10월 30일부터 11월 8일까지 부산에서 역사적인 세계교회 모임이 있었다. 1948년 창설되어 7년에 한 번 대륙별로 장소를 옮겨 모이는 세계교회협의회(World Council of Churches 이하 WCC) 10차 총회가 모인 것이다. 아시아에서는 인도에 이어 두 번째 주최국으로 세계 350여 개 교단 공식대표 830여 명을 비롯하여 외국인 등록자 2,000여 명 국내 등록자 6,000여 명이 함께 한 개신교의 최대 모임이다. 총회라는 이름으로 모이긴 하지만, 축제 성격이 훨씬 강한 모임이다. 흔히 WCC를 에큐메니칼(Ecumenical)이라 부르는데, 이는 "온 지구상에 거하는 만물"(All Inhabitants on Earth)을 뜻하는 '오이쿠메네'(οικουμενε)라는 성서 희랍어 단어에 기초하고 있다. 이는 2, 3백 년에 한 번 그 기회가 돌아오는 모임이다.

필자는 WCC의 지부 격인 한국기독교교회협의회(National Council

---

* 2013년 세계교회협의회(WCC) 10차 부산 총회 참석 소회.

of Churches in Korea 이하 NCCK)[15]의 화해통일위원장으로서 한반도평화통일분과의 어드바이저로 참석하였다. 필자는 1990년 서울에서 모인 WCC 주관 '정의와 평화, 창조보존'(Justice, Peace & Integrity of Creation)이라는 지구 자연 환경문제를 다루었던 특별대회와 7년 전 브라질에서 모인 9차 총회에 옵서버로 참가한 경험이 있으며, WCC 산하 국제회의에 여러 차례 참여한 경험이 있다. 이 글은 총회 참석의 보고라기보다는 필자의 개인적 견해가 다분히 담긴 소회(素懷)의 기록이다.

WCC 비판과 오해

한국교회는 짧은 기독교 역사에 비해 급작스럽게 성장한 교회로 잘 알려져 있다. 130년 선교역사(천주교는 230년)에 현재 약 15~18%에 달하는 개신교인과 10%에 달하는 천주교인이 있다. 이를 합치면 전체 인구 4분의 1에 해당한다. 세계 50대 교회 중 절반이 서울에 있다. 이런 급성장의 배경에는 두 개의 시기가 있다. 첫째는 선교 초기 1907년을 전후한 시기이다. 교회사가들은 흔히 이 시기를 평양을 중심으로 한 회개운동의 결과라고 말하지만, 사회학적으로 말하면 이 시기는 일본의 식민지지배가 노골화된 시점으로 서구 기독교를 하나의 피신처로 여겨 사람들이 몰려든 것이다. 둘째는 60년대에 일어난 수출주도형 공장으로 몰려온, 곧 고향을 떠난 사람들이 갖는 심리적 불안감과 이와 더불어 교회들이 개인의 물질욕망을 부추긴 결과이다. 요즘은 경제성장의 한계 그리고 시민비판

정신으로 말미암아 교회들이 한계에 부딪혀 있고 대형교회들의 자녀세습이나 목회자들의 윤리적 탈선 등등의 문제로 교회는 커다란 위기에 직면해 있다.

현재의 노년층 교인들이 자연 감소하게 되면 쇠락은 필연적이다. 이는 현대인들의 반종교적인 경향 때문만은 아니다. 왜냐하면, 지난 10년 동안 남한 개신교회는 감소하는 반면, 천주교와 불교는 계속 성장하고 있기 때문이다. 그리고 세계적으로 보더라도 북반부 교회들이 쇠퇴하는 반면, 아프리카와 남아메리카 지역의 남반부에서 교회는 빠른 속도로 성장하고 있기 때문이다. 남한교회 쇠락의 근본 원인은 반공 이념과 숭미라는 이데올로기화한 보수 신앙의 틀에 갇혀 있기 때문이다. 이 글 말미에 다시 언급하겠지만, 바로 이런 폐쇄적 신앙으로 인해 이번 총회를 반대하는 사람들의 믿기 어려운 폭력적 행동들이 일어난 것이다.

WCC에 대한 오해와 반대는 남한교회가 유독 심한데 단일교회운동, 용공주의 그리고 다원주의라는 비난이다. 단일교회운동에 대한 비판에 대해 "WCC는 단일교회(super church)도 아니고, 세계교회(world church)도 아니고, 사도신경에서 말하는 "하나의 거룩한 교회(Una Sancta)도 아니다"라고 분명히 밝히고 있다. 단지 "회원 교회들이 서로 접촉하고 그리하여 교회 일치 문제에 관한 연구와 토론을 촉진하도록 하는 데 있다. 회원이 된다고 해서 교회 일치의 본질에 관한 어떤 특정한 교리를 수용해야 하는 것을 의미하지 않는다"라고 밝히고 있다.

두 번째는 용공주의에 대한 오해이다. WCC는 1948년 제2차 세계대전 이후 미소를 중심으로 냉전체제가 굳어지자, 세계평화를 위해 시작했다. 이때 소련의 정교회나 동유럽 공산주의 국가들의 교회와도 대화를 지속하였는데, 이를 오해한 결과이다. 특히 남한은 6, 70년대 박정희 군사독재정권하에서 WCC가 남한의 인권과 민주화운동에 대해 지원을 하였는데, 이때 군사정부가 WCC를 용공주의 단체로 몰았다.

세 번째는 종교 간 평화 없이 세계평화는 불가능하다고 하는 믿음 아래 WCC는 세계의 여러 종교지도자와 대화하는 운동을 하고 있는데, 이를 다른 종교에도 구원이 있음을 인정하는 다원주의라고 공격하고 있다. 물론 이들 중에는 다른 종교의 구원을 인정하는 사람들도 있다. 그러나 다수는 각 종교 간의 특성을 상호인정하는 열린 입장을 갖고 있는 것에 불과하다. 남한의 대다수 보수교회는 이웃 종교와의 대화를 거부하고 16세기 서구 교회가 그러했듯이 강압적인 식민지식 포교를 전도나 선교의 바른 방식으로 오해하고 있다.

필자는 유독 남한교회만의 극단적인 보수화는 남북분단에 기인하고 있다고 보고 있다. 전시 작전 통수권 없는 분단구조는 계속하여 미국으로부터 신무기를 사들일 수밖에 없도록 하고, 한편으로는 원수를 사랑하라는 예수의 말씀을 외치면서도 동시에 북이 멸망하기를 바라는 이중적 신앙인으로 살아갈 수밖에 없게 만들고 있다. 매카시적 사회 분위기로 인해 천안함이나 NLL과 같은 문제에 합리적인 물음조차 차단되고 있다.

예수 사후 초대교회를 보면 가진 것을 모두 내어놓고 필요에 따라 사용하는 신앙공동체를 이루었었다. 이는 분명 함께 소유하고 함께 나누는 공산주의 이념과 하등 다른 바 없다. 그런데 남한의 많은 교회가 초대교회로 돌아가자고 말하지만, 이러한 공동소유와 나눔에 대해서는 침묵하고 있다. 왜냐하면, 빨갱이로 몰리기 때문이다. 공동소유와 나눔은 인류가 지향하는 이상사회의 모습이지만, 남한에서만은 빨갱이 사상이 되고 만다. 교회가 절름발이로 살아갈 수밖에 없다.

예수는 분명 로마를 비롯한 여러 제국의 지배에 가장 강하게 저항하던 갈릴리의 억눌리고 가난한 민중들과 함께 먹고 마시면서 저들이야말로 다가오고 있는 하느님 나라의 주인임을 가르쳤다. 또한, 당시 절대로 여겨지던 율법의 재해석과 예루살렘 성전 숙청을 시도하였고 이로 인해 유대 종교권력자들의 모함으로 로마의 지배를 거부하는 정치범들에게만 시행하던 십자가 처형에 죽임을 당했다. 그러나 지금, 이 십자가 처형 안에 담긴 자유와 해방을 향한 변혁과 저항의 복음의 본질은 거의 사라지고 오직 개인의 영혼 구원만을 강조하는 '예수천국 불신지옥'이라는 변질된 구호만 외치고 있다.

WCC는 사회에 대한 복음적 입장을 분명히 밝혀 왔다. 예를 들면 1954년 제2차 에반스톤 총회에서는 인종주의와 식민주의가 심각한 문제로 대두되었다. 이때 총회는 "인종, 피부색, 종족을 근거로 사람을 차별하는 것은 복음과 교회의 본질에 위배 된다"라고 선언했고 이후 남아프리카 공화국의 인종분리정책(Apartheid)에 대해 분명한 입장을 취했다. 또한, 히틀러의 나치주의에 대한 독일 고백교회의 바르멘선언(Barmen Declaration) 또한 복음의 정치적 해석이 아닌 정치적 상황에 대한 복음의 신앙고백임을 분명히 하였다.

2주 전 천주교의 정의구현사제단 전구 교구가 행한 시국미사에
서 '박근혜 정권 퇴진'을 말하자 이에 대해 여당과 청와대는 종교의
정치 개입이라며 크게 반발하고 있다. 그러나 불의한 권력에 대한 기
독교인들의 예언자적인 외침은 성서의 핵심이다. 히브리 성서(구약)는
노예로 살아가던 히브리16인들이 애굽 제국의 지배로부터 탈출하는
엑소도스로부터 시작한다. 노예의 해방사건은 정치적 사건이지 종
교적 사건이 아니다. 왕국시대에 예언자들은 끊임없이 국가권력을
비판함으로 핍박을 받았다. 마찬가지로 예수의 하느님 나라 운동과
십자가 처형 사건은 종교적 사건이 아닌 정치적 사건이다. 복음서
저자들이 유대인들의 독립운동으로 말미암은 예루살렘 멸망 이후
로마 제국의 핍박을 피하고자 종교적 각색17을 했던 것이다.

평화열차

한국교회 입장에서 본 이번 세계 총회의 백미는 베를린 브란데
부르크 광장에서 출발하여 모스크바와 이르쿠츠크, 북경, 단동을
거쳐 인천, 서울, 부산으로 이어지는 23일간의 평화열차이다. 이는
본래 WCC의 공식행사로 시작하지는 않았고, NCCK가 주관한 행
사였다. 그런데 130여 명의 참가자 중 절반이 15개국에서 온 외국
인들이었고 후에 총회 석상에서 그 기록영상물이 두 번이나 방영됨
으로 공식화되었다. 독일교회와 러시아정교회의 협력 아래 세미나
등 다양한 행사를 가졌다. 본래 평양 통과를 위해 NCCK는 다양한
통로로 이를 타진했고, 그때마다 북으로부터 긍정적인 답변을 얻었

다. 그리고 조선그리스도교연맹으로부터 이를 위한 협의를 위해 두 번이나 공식적인 초청장을 받았었다. 그러나 그때마다 남북경색을 이유로 통일부가 허락하지 않았다. 매우 아쉬운 대목이다.

한강토(한반도) 평화와 통일 성명서

총회의 핵심 모임에 Ecumenical Conversation이라는 21개의 주제별 모임이 있었다. 이는 4일간의 집중적인 토론을 통해 결과를 총회의 공식문서로 발표하는 것이다. 그중 하나가 한강토 평화와 통일에 관한 것이었고, 필자 또한 발제자 중의 한 사람으로 참여하였다.[18] 그리하여 세 장 길이에 달하는 성명서가 총회 폐회 하루 전 뜨거운 박수로 채택되었다. 여기에는 외세에 의한 분단의 역사와 통일의 당위성 그리고 WCC가 그간 남북교회의 만남을 위해 노력했던 일들과 NCCK가 주관했던 여러 일이 얘기되었고, 이후 현재 교착상태인 남북교회의 만남과 화해 통일을 위해 WCC 회원 교회들의 구체적인 실천 사항들이 열거되어있다. 그중 획기적인 것은 한강토 지역에서의 국제적인 군사훈련을 중지하고 북에 대한 경제봉쇄정책을 철회하라는 것과 정전협정을 평화협정으로 전환하라는 요구이며 이를 위해 회원 교회들이 기도하고 노력한다는 사항이다.

그런데 이 과정에서 불미스러운 일이 생겨났다. 그것은 〈봉쇄정책 철회와 평화협정 전환〉이라는 문구를 빼라는 청와대의 압력이 들어온 것이다. 이는 WCC를 무시하는 무례하고도 불쾌한 일이었다. 있어서는 안 되는 일이 생겨난 것이다. 담당 국장으로부터 이 얘기를 듣고 나는 매우 부끄러웠다. 권력의 종교간섭이라는 6, 70년대 박정희 독재정권의 사고방식이 다시 생겨난 것이다. 그때 압력을 견디지 못했든지 아니면 평소 생각이 그러했는지는 알 수 없지만, 총회 영접위원장이었던 K 목사가 총회를 마치는 감사 인사를 하기 위해 올라간 연단에서 '한국교회는 박근혜 정권의 자유민주주의를 지지하고 북에 대한 경제봉쇄정책을 지지한다'라며 총회의 결정을 뒤집는 개인 발언을 하고 만 것이다. 이는 정부의 개입을 노골적으로 드러낸 추악한 장면이자 한국교회가 세계교회에 웃음거리가 되어버린 사건이다. 이를 다룬 기사의 제목과 같이 '자기가 차린 밥상을 스스로 뒤엎는' 매우 몰지각한 일이었다.

임진각 방문과 총대 6명 교회 방문

이번 총회의 또 하나 특별한 행사는 주말을 맞아 총대들이 임진각을 방문하고 여러 교회에 흩어져 교인들의 집에 하룻밤을 머무는 일이었다. 필자가 시무하는 향린교회에도 6명의 외국인 총대들이 교인들의 집에서 머문 후 주일예배에 참여하였다. 이때 총회가 개회 예배 시에 가졌던 총회의 공식 5개국 언어로 된 대륙별, 지역별의 기도문을 나눠주고 이를 재현하였다. 향린교회는 국악 예배라는 점 때문에 외국 교인들이 자주 참석하고 있지만, 6명의 총대와 교인들이 돌아가며 세계가 안고 있는 여러 문제를 구체적으로 기도함으로 세계적 안목을 갖게 된 귀중한 시간이었다.

마당과 국악 예배 워크숍

총회 기간에는 일반 사람들이 참여해도 볼거리가 무척 많았고, 배울 것도 대단히 많았다. 마당이라는 전시장을 통해 거의 100여 개의 다양한 주제들이 책자나 소품 전시를 통해 소개되었고, 특히 태평양 지역의 교회들이 보여준 민속춤과 노래는 많은 사람의 관심을 불러일으켰다. 워크숍을 통해 회원 교회들의 다양한 주제와 관심들이 제시되었는데, 한국교회가 주최한 것으로는 위안부, 관동 대지진 학살에 관련한 것이 있었다. 특이한 사항으로는 남한에서의 원전을 반대하는 목회자들이 고리원전 앞에서 40일간의 연속단식에 이어 총회 기간에는 다른 나라의 총대들과 함께 원전 반대 촛불 기도회를 하기도 했고, 전시장 안에서는 이를 알리는 천막을 치기도 했다. 후쿠시마 원전폭발 사건 이후 세계 3위의 원전국이면서 세계적 추세와는 정반대로 움직이는 남한 정부에 대한 시책을 고발하고자 한 것이다.

또 하나의 특색 있는 워크숍은 필자가 섬기는 향린교회가 담당한 '국악 예배 소개와 에큐메니칼 영성 연대'(Korean Traditional Hymns in connection with the Ecumenical Spirits)라는 것이었다. 한 교회가 워크숍을 담당하는 일은 극히 드문 일이다. 그러나 한국에서 진행된 총회에서 20년간의 노력이 담겨 있는 국악 예배는 세계교회가 간절히 바라던 바였다. 보통 30명에서 50명 정도 참여하는 워크숍이지만, 국악 예배 워크숍에는 내외국인 200여 명이 참석했다. 한 외국인 참가자는 마치 천국에 다녀온 느낌이라는 발언도 했고, 북유럽 참가자는 지금 진행 중인 찬송가 편집에 국악 찬송 하나를 넣겠다는 얘기도 했다. 전통음악이 단순히 공연 차원이 아니라, 교회 음악을 통해 세계화되어가는 발판을 마련했다고 볼 수 있다.

소수자 우선 정책

WCC는 소수자 우선 정책을 갖고 있다. 여성과 청년 대표를 각각 30%를 갖도록 노력하고 있으며, 열흘간의 총회에 앞서 여성, 장애인, 청년, 원주민(이주민)의 4그룹이 먼저 3일간 공적인 대회를 하도록 하고 있다. 필자 또한 미국에서 한국인교회를 섬길 당시 소수자 우선 정책에 따라 영어나 미국교회에 대한 이해도가 부족했지만, 백인이 95%를 차지하였던 장로교 총회 위원회에서 일하기도 했고 동양인 목사로서는 처음으로 수도 노회 노회장을 역임하기도 했다. 한국교회의 여성이나 청년 리더십 부족은 심각한 상태이다. 신학대학 학생들의 여성 비율은 절반에 가깝지만, 목회자 안수 비율은 현저히 떨어지고 총회에 가보면 청년은 0%에 가깝고 여성 또한 겨우 10% 정도이다. 이 또한 강제 비율을 적용하기 시작한 최근의 일이고 가장 진보적이라는 기장 교단에서나 가능한 일이며 보수적인 교단들은 아예 장로와 목사 안수마저 거부하고 있다. 그런데 이런 교회들일수록 여성 교인 비율이 높다는 사실이다. 남성 지도자들에게 일차적인 책임이 있지만, 여성들 또한 양성평등 원칙이 실현되도록 더욱 분발해야 할 것이다.

안타까운 얘기 1

정사(正史)가 있다면 기록에 들어가지 못하는 야사(野史)도 있다. 그러나 정사를 바로 이해되려면 야사가 있어야 한다. 지금부터 말하고자 하는 부분은 야사이다. 처음부터 총회는 삐걱거렸다. 왜냐하면, NCCK를 중심으로 한 교회들이 오랫동안 준비한 후에 유치를 결정한 총회가 아니라, 몇몇 교회 지도자들에 의해 짧은 시간 안에 추진되었기 때문이다. 본래 이번 총회는 2천 년 전 '그리스도인들'이라는 명칭이 시작된 시리아의 다마스커스로 의견이 모이고 있었다. 그런데 남한교회가 갑자기 유치경쟁에 뛰어들었고, 남북분단이라는 정치적 상황과 다종교 사회 그리고 WCC 재정 곤란을 남한교회가 상당 부분 담당하기로 하고 유치를 하게 된 것이다. 솔직히 말하면 남한교회가 돈으로 총회를 사 온 것이다. 이 과정에서 일어난 얘기들은 다 말하기 힘들다. 결론적으로 말하면 이를 위해 남한 정부로부터 재정 보조를 받게 되었고 그러자 자연히 현재의 보수 정권과 연계된 한기총이라는 보수교회 단체로부터 견제를 받지 않을 수 없었다.

그래서 한기총 대표 H 목사와 WCC 준비위원장 K 목사의 주도 아래 WCC에 대한 한국교회의 의심을 풀기 위해 짧은 신학성명서를 발표하고 이에 NCCK 총무까지 서명하는 일이 생겼다. 이는 '다양성 안의 일치'라는 WCC의 에큐메니칼 신학을 부정하는 일이었기에 필자를 포함한 여러 신학자와 단체들이 이를 비판하게 되었다. 비판에 직면한 총무는 이것이 잘못된 판단에 의한 것임을 밝히고 이를 번복하자, H 목사와 K 목사는 다시 이를 확인한다면서 여러 목회자가 함께하는 어수룩한 서명 절차를 다시 갖기도 했다. 이로 인한 진보와 보수 진영 간의 신학 논쟁 후유증은 앞으로도 계속 이어질 전망이다.

안타까운 얘기 2

총회 유치와 관련하여 또 하나 안타깝게 생각하는 것은 만약 애초 WCC가 의도했던 대로 시리아의 다마스커스로 총회 장소가 결정되었으면 지금과 같은 시리아의 내전이 발생하지 않았을 것이라는 역사의 가정이다. 다마스커스로 결정되었다면 당연히 WCC는 내전 방지를 위해 최선을 다했을 것이다. 현재 3년 동안 지속되고 있는 시리아의 내전은 영국, 프랑스, 미국이 반군에 무기를 제공함으로써 유지되고 있다. 이 세 나라는 소위 말하는 기독교 국가로서 일정 부분 교회가 정치력을 발휘할 수 있는 나라들이다. 필자의 견해로는 총회 장소가 다마스커스로 결정되었다면 내전이 일어나지 않았을 것이다. 수십만의 사상자와 수백만의 피난민들이 생기지 않았을 수도 있었다는 얘기이다. 역사에 가정은 없다. 하지만, 한국전쟁이라는 결코 반복되어서는 안 되는 내전을 겪었던 우리로서는 못내 아쉬운 역사의 한 단면이다.

장소 또한 마찬가지이다. 한강토의 남쪽 끝인 부산으로 결정한 것도 특별한 이유가 없다. 벡스코라는 남한 최고의 시설을 자랑하는 국제회의장 시설과 그 주위에 있는 세계 최대로 기네스북에 올라있다고 하는 S 백화점과 필자와 같이 국제경험이 많은 사람도 눈이 커질 수밖에 없는 거대한 H 매장을 비롯한 즐비한 쇼핑상가, 거기에 해운대의 최고급 호텔들이 부산으로 선택된 이유였다. 편리와 욕망이라는 시장 자본주의적 입장에서 선택한 장소였다. 역대 총회는 대체로 작은 도시의 대학교 시설을 이용하여 진행했다. 이렇게 비싼 시설에서 해야 할 이유가 뭐냐는 여기저기에서 들려오는 총대들의 불만은 당연하였고, 백억이 훨씬 넘는 예산을 투여하고서도 십억 가까운 빚을 지게 된 것도 당연한 결과이다. 역대 총회 중 가장 호화스러운 총회였다.

남한 전체를 지역적으로 고려하여 중앙에 있는 대전을 정했더라면 훨씬 더 많은 기독교인이 참여했을 것이다. 혹은 지난 총회19와 같이 역사적 의미가 있는 도시를 찾아 민주화의 성지인 광주를 정했더라면 훨씬 그 의미가 컸을 것이다. 부산은 교회로만 본다면 보수화가 가장 심한 곳이다.

안타까운 얘기 3

총회가 열리기 몇 달 전부터 보수교회들의 반대 운동이 극렬하게 진행되었다. 반대 서명이 곳곳에서 진행되었고, 총회 전날 오후에는 벡스코 근처에서 경찰 추산 1만 오천 명에 달하는 보수신앙인들이 수십 대의 관광버스를 대절하여 반대 집회를 가졌다. 총회 기간 내내 대형스피커를 통해 총회를 방해하기도 하였다. 새벽부터 저녁 늦게까지 삼삼오오 길목마다 지키고 서서 처음에는 반대 팜플

렛을 나눠주다가 이를 받아가지 않자 '회개하라.' '사탄' 등등의 욕설에 가까운 소리를 질러대었다. 처음에는 필자도 외국에 온 손님들에게 이렇게 무례히 할 수 있나 하여 따지기도 하였지만, 막무가내인 저들을 안타까운 마음으로 바라볼 수밖에 없었다. 반대 집회에 30억 원의 돈이 뿌려졌다는 소문이 돌았다.

그룹별로 모이는 아침 성서공부 시간에 한 흑인 목사가 조금 전에 겪었던 이야기를 울먹거리며 전해주었다. 자신을 향해 'Satan!'이라고 하는 소리를 듣자, 그만 참을 수 없는 분노가 저 밑바닥에서부터 올라왔다고 한다(인종차별을 겪어온 흑인들의 입장에서 이 소리는 단순한 비난이 아니다). 그는 솟아오르는 감정을 참고 다가가서 '왜 그러느냐? 왜 예수 믿는 당신이 나를 향해 사탄이라는 그런 몹쓸 비난을 하느냐?'라며 사랑의 마음으로 대화를 시도했다고 한다. 영어 대화가 힘들었지만, 조금 지나지 않아 이 여인의 두 눈에서 눈물이 쏟아졌다고 한다. 아마도 위에서 누군가가 시켜서 했겠지만, 자신의 잘못에 대한 참회의 눈물을 흘렸다.

그런데 이보다 더한 일이 벌어졌다. 엄숙하면서도 축제 분위기속에서 폐회 예배가 한참 진행 중이었다. 설교자는 남아프리카 공화국의 성공회 백인 사제로서 흑백차별 반대 운동에 참여했다가 백인 극단주의자가 보낸 소포 폭탄으로 말미암아 한쪽 눈과 두 팔을 잃어버린 사람이었다. 그는 자신의 아픈 경험에 기초하여 매우 감동 어린 설교를 전했다. 누구에게나 희망이 솟았고, 성령의 감동이 왔다. 이제 모두가 한 형제자매임을 확인하는 애찬식을 가질 참이었다. 고요한 마음으로 눈을 감고 있는데 갑자기 외마디 비명소리가 들렸다. 눈을 들어보니 한 괴한이 단상으로 뛰어들어 마이크를 낚아채려다 경호원들에 의해 질질 끌려가고 있었다. 너무나 순간적이라 모두가 어안이 벙벙했다. 후에 단막 이벤트인 줄 알았다고 하는 사람도 있었다. 그러나 그건 명백했다. 반대자가 끝내 예배를 방해하기 위해 뛰어든 것이다.

갑자기 그동안 참고 지냈던 창피함과 낭패감이 일시에 몰려들었다. 아! 이게 무슨 꼴이란 말인가? 천 명이 넘는 세계교회 대표들이 모여 열흘 동안의 총회를 마무리하는 거룩하고도 기쁜 예배 시간에 무슨 꼴이란 말인가? 남한교회의 수치가 여실히 폭로되는 순간이었다. 너무너무 부끄러웠다. 그러면서 이 모든 폭력을 동반한 신앙인들의 반대가 남북분단으로 인한 흑백이념 대결에 그 뿌리가 있기에 분단의 서러움이 몰려왔다. 그리고 이 모든 것이 내 탓이라는… 내가 그래도 소위 교회 지도자 중의 한 사람이기에… 내 탓이라는 자책감이 몰려왔다. 그 순간 터져 나오는 울음을 참을 수가 없었다. 의자에 앉아 숨죽이며 통곡하다가 결국 바닥에 쓰러져 통곡하였다. 여러 사람이 와서 나의 등을 쓰다듬어 주었다. 예배는 소동으로 인해 잠시 중단되었고, 주위의 모든 시선이 내게 있었다. 이겨내야 했다. 끝을 잘 맺어야만 했다. 나는 주위 사람들을 향해 미안하다고 크게 세 번 큰절을 했다. 정말 용서해 달라고… 나를 보고 저 사람을 용서해 달라고… 여러 사람이 나를 포옹해주며 말했다. 내 잘못이 아니라고… 그러나 나는 고개를 좌우로 흔들었다. 아닙니다. 그건 교회 지도자인 내가 잘못 처신하고 잘못 가르쳐온 내 잘못입니다.

나가면서

　말도 많고 탈도 많은 부산 총회는 끝났다. 아니 세계교회 입장에서 본다면 남한교회의 분열상은 단지 세계교회가 직면한 여러 문제 중 하나에 불과했다. 사실 저들은 이보다 더한 일도 겪어온 것이다. 지금도 종교 간 박해는 계속되고 있다. 반대파들에 의해 모스크와 교회와 절이 불타고 있으며 서로 다른 종교인이라는 이유로 테러와 살상이 일어나고 있다.

　그럼에도 불구하고 남한교회는 WCC 총회를 통해 다시 한번 일어서야 한다. 〈생명의 하느님, 우리를 정의와 평화로 이끄소서〉라는 이번 총회의 주제가 그러했고, 예수께서 가르쳐주신 기도가 그랬던 것과 같이 우리는 '서로의 죄(빚)를 용서(탕감)하고 하느님의 나라가 이 땅에 임하도록' 최선의 노력을 계속할 것이다.

코로나19와 남북(생태)통일*

　세계는 지난 몇백 년 동안 유럽의 몇 개 나라와 미국의 힘에 의해 좌지우지 당해왔다. 공교롭게도 이 나라들이 기독교 국가인 관계로 인해 수천 년의 인류 기록 역사는 예수그리스도의 탄생 이전(BC, Before Christ)과 이후(AD, Anno Domim)를 시대 분기점으로 삼아 왔다. 물론 많은 나라가 우리나라의 단군력과 같이 독자적인 연대가 있기는 하지만, 세계적으로 공인받는 시대 표기법은 BC와 AD이다. 최근 들어 이 구분이 기독교 중심이라는 비판에 따라 BCE(Before Common Era)와 ACE(After Common Era)라는 표기를 사용하는 학자들이 많아지고 있다.

　오늘 세계는 코로나19라는 바이러스 역병을 겪으면서 그간 도저히 상상할 수 없는 변화와 위기를 겪고 있다. 사람들이 대책 없이 죽어 나가는 것은 물론 도시가 봉쇄되고 마스크 착용을 생활화하고

---

* 「민중의 소리」 기고 글, 2020년 5월 9일.

집안에만 갇혀 지내야 하는 사태가 벌어지고 있다. 직장은 물론 학교와 교회, 절을 포함하여 사람이 모이는 모든 시설이 폐쇄되는 상황에 이르렀다. 그렇다! 이 코로나19는 한강토 내에서 한미간의 전쟁연습 훈련을 중지하도록 했고, 예멘과 사우디아라비아를 비롯한 몇몇 분쟁지역에서의 전쟁을 멈추게 했다. 이런 중지가 얼마간 지속하다가 이전 상태로 복귀할지 아니면 생각보다 이 상태가 길게 계속됨으로 인해 새로운 대체 시스템이 구축될지 현재로서는 아무도 장담할 수 없다. 다행히 남한은 핸드폰 보급 확대와 전국민 의료보험 체계 그리고 촛불시민혁명에 이은 문재인 정권의 열린 통치방식에 힘입어 코로나19에 발 빠르게 대처하고 있어 세계사람들의 탄성을 자아내고 있다.

그래서 코로나 이전(BC, Before Corona)과 코로나 이후(AC, After Corona)라는 말이 유행하고 있는데 어쩌면 이 단어가 인류 역사를 새롭게 구분 짓는 또 다른 공식 용어가 될지도 모른다. 라틴어로 왕관을 뜻하는 코로나라는 단어는 본래 태양의 상층부 대기를 일컫는 용어인데, 코로나19의 바이러스 형태가 마치 왕관 같다고 해서 붙여진 이름이다. 지구는 태양계 일부일뿐더러 태양 없이는 인류는 물론 자연 생명 자체가 존재할 수 없기에 'BC'와 'AC'라는 단어로 인류 역사를 새롭게 구분 짓는 것은 매우 바람직하다고 하겠다.

필자는 기독교 목사로서 남북통일 운동에 힘쓰고 있기에 종교생태의 관점과 정치 역학의 관점에서 코로나19가 우리에게 미치는 영향에 대해 생각해 보고자 한다.

종교생태의 관점에서

코로나19의 발원에 관해서는 여러 이견이 있지만, 일단 박쥐에 의한 바이러스 감염이라는 데에는 큰 이견은 없는 듯하다. 실제로 5년 전 네이처 메디슨이라는 의학지에 발표된 논문에 의하면 중국 우한의 감염연구소와 미국 노스캐롤라이나대학 연구소는 공동으로 박쥐에서 추출한 코로나바이러스가 감염될 상황에 대비하여 백신 개발을 시도했었다. 지금 세계 언론은 우한의 야생 동물시장의 박쥐 전염설[20]에 치우쳐 있지만, 우리나라 사람들이 개고기를 먹거나 동남아시아인들이 고양이고기 혹은 일본인과 프랑스인들이 말고기를 먹는 것과 같이 중국 사람들이 박쥐를 비롯한 여러 야생동물의 고기를 먹어온 것은 매우 오래된 습관이다. 지금도 열대우림 지역이나 한대에서 살아가는 원주민들은 야생동물들의 고기를 자연스럽게 먹고 있다.

그런데 왜 하필이면 박쥐일까? 아직 과학적으로 증명된 바는 없지만, 생태학자들의 의견은 인간들의 무분별한 숲 개발로 인해 서식지를 잃어버린 동물들의 생존 보호 본능에 따른 새로운 바이러스 출현이라고 보고 있다. 얼마 전 CNN 방송에서는 코로나19가 "박쥐들의 스트레스" 때문에 생겼다는 말을 하였다. 필자의 소견 또한 지금은 박쥐이지만 다음에는 또 다른 야생동물들이 새로운 바이러스를 만들어 인간을 공격할 수도 있다고 본다.

인간의 의학이 복제 인간을 만들어 낼 수도 있다고 자부하여 왔지만, 이 보이지 않는 작은 바이러스에 무방비 상태로 피해를 보는 것을 보아 우리 인간이 그동안 너무 오만했던 것은 아니었는가 반문해 본다.

르네상스 이후 서구 과학주의는 인간의 이익과 편리를 최고의 가치로 두고 개발이라는 미명 아래 자연환경을 무차별적으로 파괴했다. 이로 인해 지구 생태계는 파괴되었고 온난화로 인한 수많은 폐해를 목격하고 있다. 이를 해결하고자 세계 정치지도자들이 함께 머리를 맞대고 해결책을 찾아보고자 했지만, 한번 돌아가기 시작한 국가주도의 개발주의 방식을 멈출 수는 없었다. 마치 자전거가 서면 넘어지듯이 멈추면 대 파국이 올 것으로 여겼다. 그리하여 부동산업자였던 시장주의자 트럼프는 대통령에 당선된 후 이런 경고를 비웃고 전임자들이 약속했던 탄소 감산 정책을 축소하기에 이르렀다.

그런데 이번 코로나19 방역에 있어 엄청난 허점을 드러냄으로 인해 트럼프는 현재 정치적 위기를 직면하고 있고 재선 가도에 빨간불이 켜지고 말았다. 물론 민주당의 바이든이 후임 대통령이 된다고 하더라도 얼마나 큰 방향 전환을 가져올지는 알 수 없다. 필자는 다만 정치지도자들이 이제는 도시 봉쇄가 아닌 지구 전체가 봉쇄당하기 전에 하루빨리 인간 중심의 개발 우선 정책에서 자연 중심의 생태환경 보호 정책으로 전환하기를 바라고 있다.

필요하다면 크레타 툰베리가 그랬듯이 촛불시민혁명을 전지구적으로 일으켜야 할 것이다.

정치 역학의 관점에서

앞에서 언급하였다시피 코로나19는 다른 무엇으로도 중지시킬 수 없었던 한미군사전쟁연습을 중지시켰다. 루스벨트 미 항공모함이 감염 확산으로 인해 운행을 중지할 수밖에 없었던 것처럼 아마 현재 세계의 모든 잠수함이 운행을 멈췄을 것이다. 첨단무기를 개발하는 일에 있어서 가장 앞서 있던 미국이지만, 마스크가 부족하여 간호사들이 뉴욕 길거리에 나가 도와달라고 하는 피켓을 들 정도로 미국 산업계는 큰 허점을 보이고 말았다. 자본주의는 돈이 나오는 곳에 자본이 투입된다. 어떤 자본가가 주식에 돈을 투자하는 대신 마스크 생산에 투자할까? 이는 국가가 담당해야 할 부분이다. 시장에 맡겨두면 아무도 하지 않는다. 우리나라나 중국은 공기 오염으로 인해 마스크산업이 그나마 활성화되었기에 이번 코로나 사태를 맞아 선방했던 것이다. 그렇지 않았다면 아프리카 어느 작은 나라에 외주를 주었을 것이다.

지금까지는 미국식 자본주의가 중국식 사회주의보다 낫다고 하는 생각이 지배적이었다. 남한과 북조선의 경제 비교에서도 이런 통념이 지배적이었다. 그러나 코로나19는 이런 통념을 깨트리고 있다. 코로나19로 광화문광장 집회가 금지되기 한 주 전 토요일 오후 광화문 거리를 지나가고 있는데, 한 보수교회 목사가 국가가 국민에게 일률적으로 돈을 지급하는 것은 자유주의를 위협하는 사회주의 정책이라고 맹비난하는 소리를 들었다. 그러자 다수의 교인이 아멘! 아멘! 하고 소리를 쳤다. 그런데 지금 어떤 목사가 나서서 국민 기본보조금 지급에 대해 사회주의라고 비판하며 나서지도 않고, 아멘! 하던 노인들이 그건 반자유주의적이기에 그 돈 안 받겠다고 하며 나서지도 않고 있다. 오히려 보수당에서는 선거를 앞두고 더 많이 주어야 한다면서 무책임한 소리를 외치고 있다. 미국이나 남한은 세계에서 빈부 차이가 가장 높은 나라이다. 이를 해결하는 것은 국가의 책무이고 가난한 자를 돌보는 일뿐만 아니라 평등은 예수 가르침의 핵심이다. 예수가 말한 비유 가운데에는 새벽부터 일한 일꾼이나 오후 늦게 일을 시작한 일꾼에게 하루치 일당인 한 데나리온을 주는 포도원 주인의 얘기가 있다.

통일의 관점에서 보면 개인 자유에 기초한 남한의 자본주의나 집단 평등에 기초한 북조선의 사회주의는 상대방의 장점을 통해 자신들의 단점을 보완해야 할 필요가 있다. 남한은 비록 돈은 많이 벌지만, 그 돈을 모두 아파트와 교육과 의료에 지출하고 있다. 북조선은 비록 질은 떨어지지만, 주거와 교육과 의료 일체가 무료이다. 미국은 세계 최고의 병원 시설과 의료 기술을 갖고 있다. 그러나 코로나19로 가장 큰 사망자를 낳고 있는 나라가 미국이다. 흑인들과 남미계 사람들의 사망률은 백인들보다 서너 배가 넘는다. 미국에서 초기에는 코로나 검사 비용을 보험료에서 지불하겠다고 하였지만, 보험 없는 사람이 너무 많아 지금은 무료로 돌렸다. 그러나 확진의 경우 병원 치료비는 여전히 비보험 국민에게는 엄청난 부담이 되어 검사 자체를 피하고 있어 감염 확산의 원인으로 지목받고 있다.

미국은 이제 신자유주의라고 불리는 극단의 시장 자본주의 정책을 전폭적으로 바꾸지 않으면 안 되는 위기에 봉착해 있다. 오죽하면 코로나19라는 생명 위기 속에서 화장지와 식품을 사재기하거나 총기를 구입하는 사람들이 갑자기 늘어났을까? 이는 폭동이 일어날지도 모른다는 공포 때문이다. 코로나19는 미국의 시장 자본주의 경제체제를 크게 위협하고 있다. 긴 안목으로 보면 미국의 군산복합체제는 바뀌어야 한다. 트럼프는 다급한 나머지 전쟁국방법을 발동시켜 무기를 만드는 회사들에게 마스크와 호흡기를 생산하도록 명령했다. 이게 일시적으로 끝나지는 않을 것이다. 왜냐하면, 코로나바이러스는 백신이 개발되면 독감이 그러하듯이 자기 증산 본능에 따라 이를 피하는 변종을 만들어가기 때문이다.

원론적으로 말하면 전쟁 또한 생명을 지키기 위한 하나의 방식이다. 그러나 핵무기는 말할 것도 없고 지금의 첨단무기들은 전쟁 발발 시 한쪽만의 승리로 끝나지 않고 양편 모두를 죽음으로 몰아넣게 된다. 목사로서 고백하건대, 그동안 인간들은 신이 경고하는 소리에 귀를 기울이지 않았다. 성공이라는 미명아래 한 평이라도 더 넓은 아파트와 배기통이 좀 더 큰 자동차 그리고 하나라도 더 높은 스펙을 쌓기 위해 밤낮없이 살아왔다. 그러자 신은 바이러스를 통해 모두가 집 안에 머물도록 했다. 그리고 우리로 하여금 사람이 정작 무엇을 위해 살아야 하는지 생각하도록 요구하고 있다. 소유(to have)가 아닌 존재(to be)를 묻도록 요구하고 있다. 그동안 한 공간 안에 사는 가족조차 얼굴을 마주하며 제대로 된 대화도 하지 못하고 살아오지 않았는가? 코로나는 놀랍게도 외국에 나가 살던 자녀들마저 집안으로 불러들이고 있다. 이제는 인류가 자성해야 할 때이다. 이렇게 계속 간다면 인류가 전멸할 수도 있다는 위기감을 가져야 한다.

역설적으로 코로나 위기는 남과 북의 대화를 촉진해 나갈 것이다. 왜냐하면, 바이러스는 철책 방벽으로 막을 수도 없고 휴전이라는 단어조차도 알지 못하기 때문이다. 하나의 작은 땅덩어리를 억지로 둘로 나누었음을 실감 나게 해주기 때문이다. '물 폭탄,' '불바다' 보다 더 센 코로나가 등장한 것이다. 핵, 사드 미사일 무기보다 더 무서운 '놈'이 나왔으니 우선 서로 협력해서 이를 막아내야 하지 않겠는가? 우리가 정상의 인간이라면 코로나19 이후 남북은 생존을 위해 생태통일의 길로 나서야 할 것이다.

늦봄 문익환 목사의 사상과 신학*

들어가면서

제가 오늘 문익환 목사님의 삶과 사상을 논하는 일은 약간 주제
넘은 일이긴 합니다. 문익환 기념사업회의 문영미 선생께서 저에게

---

* 문익환(文益煥, 1918.6.1.~ 1994.1.18.). 이 강연에서 신의 호칭은 공동성서 번역을 따라 '하느님'과 '야훼'로 부르고, 신구(新舊)라는 언어가 규정하는 무의식적인 위험성을 피하고자 구약성서는 제1성서 혹은 히브리 성서로 신약성서는 제2성서 혹은 헬라성서로 부른다. 필자가 군이 '하느님'을 선호하는 이유는 다음과 같다. '하나'는 '무한히 크다'라는 뜻의 '흔'에 뿌리를 두고 있지만, 현재 대부분 개신교인에게 이는 숫자 '하나'를 강조하는 유일신 신앙을 뜻한다. 아래 · 의 발음은 단전을 울리는 가장 깊은 소리이다. 아래 · 소리가 사라진 것은 참으로 불행한 일이다. 기호음성학의 입장에서 보더라도 'ㅏ' 소리 보다는 'ㅡ'소리가 아래 '·' 소리에 가깝다. 둘째, 평화신학의 입장에서 볼 때 기독교, 이슬람교, 유대교는 같은 뿌리에서 출발했지만, 상대를 인정하지 않는 유일신 신앙으로 인해 십자군 전쟁 이래 세계는 전쟁과 폭력이 그치지 않고 있다. 한국 개신교회도 1960년대 초까지는 '하느님'을 주로 쓰다가 유일신 강조와 토착 민속신앙과의 차별화를 위해 '하나님'을 선택하게 되었는데, 대화와 소통, 화해와 상생의 시대를 맞아 독단과 배타성이 내재하여 있는 '하나님'이라는 칭호 대신 '하느님'을 사용하는 것이 바람직하다고 본다. 국문학적으로 보더라도 '하나' 혹은 '둘' 숫자에 '님'자를 붙이는 것 또한 맞지 않는다. 현재 세계교회에서 '야훼' 혹은 '야웨' 대신 여호와(Jehovah)를 고집하는 나라는 남한 개신교가 거의 유일하다.

강연 부탁을 하셨을 때 사실 저로서는 선뜻 수락하기도, 그렇다고 거절하기도 쉽지 않았습니다. 수락하기 쉽지 않았던 것은 문익환 목사님과 개인적인 만남이 거의 없었기 때문입니다. 제가 한신대를 다니던 시절에 목사님은 공동번역성서 작업에 전념하고 계셨고, 이후 목사님께서 민주화와 통일운동을 시작할 즈음부터 돌아가실 때까지 저는 군 복무에 이어 미국에 거주하고 있었던 까닭입니다. 잠시 고국을 방문했을 때, 한두 번 인사를 드린 것이 만남의 전부입니다.

그러나 동시에 거절하기 또한 쉽지 않았던 것은 청년 시절부터 지금까지 통일의 과제는 언제나 제 신앙과 신학의 중심에 있었기 때문입니다. 저에게 있어 '통일'이라는 사회선교적 과제는 70년대 유신독재라는 격동의 시절 한신대 재학 중 김재준, 문동환, 안병무, 함석헌 등, 여러 훌륭하신 스승들의 영향을 통해 예수 신앙의 핵심으로 자리 잡았습니다. 또 군 생활 3년간의 철책선 근무로 민족모순을 더욱 뼈저리게 체험하였습니다. 이를 계기로 80년도 초 뉴욕 유니온 신학대학에서 해방신학적 방법론을 중심으로 남미, 흑인, 여성 관련 담론과 함께 역사적 예수 연구에 기반을 둔 민중신학과의 대화를 학문적 과제로 삼게 되었고, 오늘에 이르렀습니다.

문 목사님과는 감히 비교할 순 없지만, 그간 교회와 사회의 간극을 좁힘과 동시에 교회의 경계를 넘어 사회와 통일 운동에 깊게 관여하기 위해 노력해왔습니다. 그러다 보니 미국에서부터 '빨갱이 목사'로 불려왔으며 사람들이 간혹 문익환 목사님이 담임목사로 계셨다고 착각하는 향린교회 목사로 시무를 했으며, 문 목사님께서 초대 이사장을 지내셨던 전태일 기념사업회 이사장도 역임한 바 있으며, 6.15 남측위원회를 비롯한 여러 통일 운동 조직에 몸을 담고 있습니다. 몇 년 전에는 보수 교단에서 주최한 "한국교회를 빛낸 기독인들"이라는 신학 콘퍼런스에서 문 목사님에 대한 발제를 요청받았고, 그 내용이 책으로 엮어지기도 했었습니다. 전화로 요청을 받는 순간 이런 복합적인 일들이 제 머리를 한순간에 지나쳤습니다. 문 목사님과 더 가까워지는 계기로 알고 성큼 수락하였습니다.

　여러분들께서 다 아시다시피 내일 문재인 대통령과 김정은 위원장이 판문각에서 역사적인 만남을 갖게 됩니다. 세 번째 정상회담이긴 하지만, 앞서 두 번의 회담과 질적으로 구분되는 것은 단순히 정상 간의 만남을 넘어, 한강토의 진정한 평화 시대를 여는 종전선언과 평화협정이 논의될 예정이고, 곧이어 이를 매듭짓는 북미 정상회담이 6월 초로 잡혀있기 때문입니다. 물론 북미 정상회담의 결렬 가능성을 전혀 배제할 수는 없지만, 설사 무산된다 하더라도 평화통일을 향한 거보(巨步)는 결코 돌이킬 수가 없다고 봅니다. 왜냐하면, 이는 역사의 필연으로 문 목사님의 '통일은 다 됐어!'라는 30년 전의 카이로스적 발언이 오늘의 크로노스 시간 안에서 구체화하는 것에 불과하기 때문입니다. 강연자의 개인 발언이긴 하지만, 저는 '오클로스 민중 주체'의 역사적 관점에서 1980년대 중반, 재야 민주세력 최대 결집체인 민주통일민중운동연합(민통연) 의장으로 문 목사님께서 두 번이나 선출되었을 때, 당시 체육관의 거수기들에 뽑힌 관(官)의 대통령 대신 민(民)이 뽑은 대통령이라는 뜻에서 '민통령'이라 불렸던 것을 기억합니다. 29년 전 1989년 3월 28일 문 목사님은 방북을 통해 김주석과 통일방안 합의를 도출하기도 하셨

습니다. 그런 의미에서 문 목사님이야말로 첫 번째 남북정상회담의
주인공이라고 생각합니다.

오늘은 문 목사님의 삶을 소개하는 시간이 아니라 한신신학이라
는 학문적 테두리 안에서 진행되기에 이에 걸맞은 신학 논의를 위
해 문 목사님의 삶을 몇 가지 주제로 구분해 살펴보고자 합니다. 고
백건대 문익환 목사님의 삶과 사상을 신학이라는 하나의 구조 안으
로 엮어내려는 시도는 어리석은 일임에 틀림이 없으나, 신학 강좌
라는 주어진 조건이 그러한 것임을 이해해 주시기를 바랍니다.

1. 해방의 신학(Theology of Liberation)

해방의 신학과 문익환[21]

해방이라는 단어는 1945년 이래 우리 역사를 가로지르는 핵심
단어이며, 문익환 목사 또한 동참했던 민중신학의 중심명제이자 기
독교 성서 역사의 주요 언어이기도 하다. 따라서 문 목사님의 신학
사상을 해방의 신학으로 시작하는 것은 매우 타당하다. 『문익환 평
전』의 저자 김형수는 다음과 같이 묘사한다. "신학자로서, 목회자로
서, 시인, 번역가, 언어학자로서 그리고 무엇보다도 실천하는 예언
자로서, 문익환은 우리 시대의 중심에서 불꽃 같은 생을 살았다."
그가 심장마비로 갑작스러운 죽음을 맞아 대학로에서 진행된 노제
에서 그의 영정이 움직이자 누군가 격정을 못 이기고 큰소리로 외
쳤다. "이렇게 해서 20세기가 서울을 뜨는구나!" 문익환 목사는 단

순히 한국기독교장로회 교단 소속의 목사로서 사회선교와 통일 운동에 앞장선 사람이 아니라, 이 시대가 낳은 진정한 예언자였다.

목사님의 독특한 삶은 그의 독특한 가족 배경에 기인한다. 대한제국이 외세에 의해 풍전등화와 같이 흔들리던 1899년 2월 28일 관북의 네 가문 1백 41명은 북간도에 새로운 공동체를 만들어 나라를 일으킬 인재를 키울 것을 약속하고 함께 국경을 넘는다. 문익환의 고조부 문병규는 이 새 공동체의 웃어른이었다. 일본 강점기 북간도의 대통령으로 불렸던 김약연, 의사 안중근 등 당시 독립운동을 하는 사람치고 문 씨네 식객이 되지 않은 사람은 없었다. 이들 대부분은 기독교를 받아들였고 문익환의 아버지 문재린은 장로와 전도사를 거쳐 평양신학교 졸업 후 목사가 된다. 당시 캐나다 선교부는 미국 선교부와는 달리 장차 조선의 교회는 조선인의 손으로 운영되어야 한다고 여겨 유능한 인재를 눈여겨보고 있었는데, 문재린이 그 첫 수혜자가 되어 캐나다 유학을 하게 된다. 유학 후 용정의 한 교회를 섬기던 문재린 목사는 3.1 봉기에 가담했던 일로 일본영사관과 헌병대에 구속된 이후, 조선공산당 그리고 소련사령부에 차례로 체포를 당해 옥고를 치르면서 죽음의 문턱을 여러 차례 오간다. 이는 당시 북간도의 현실이 외세가 난무하는 살벌한 전쟁터였음을 보여주고 있으며, 이러한 국가폭력의 현장에서 문익환은 어린 시절을 보냈다.

문 목사님이 방북으로 인한 국가보안법 재판을 받을 당시 아버지 문재린 목사는 재판장에게 다음과 같은 글을 보낸다.

재판 시작하기 전에 내가 아들에게 부탁할 일이 있소. 아들은 72살이고

나는 95살이오. 익환아! 너는 우리 7천만 민족을 위해 일하고 감옥에 들어
갔으니, 예수님이 십자가를 매고 골고다를 향해 가는 심정으로 재판을 받
아라! 익환아, 그것을 기억해라!

그 아버지에 그 아들이었다. 그뿐만이 아니다. 문익환의 어머니
또한 젊은 시절 기독교 여성해방 운동에 힘입어 '고만네'라는 이름
을 버리고 김신묵이라는 새 이름을 갖는다. 이때 명동촌에서 믿을
신(信)자 돌림으로 이름을 갖게 된 여성이 50명이나 되었다고 하니
기독교 신(新)여성운동이 얼마나 활발하였는지를 짐작할 수 있다.
김신묵은 이 '신'자 여성들을 대표하는 사람으로 명동 여학교 동창
회장과 여전도사로 일하면서 용정 만세 시위에 참여한 지도자였다.
문익환과 동생 문동환 형제의 민족사랑은 바로 부모님으로부터 물
려받은 신앙의 유산이었다.

예수 가문 그리고 문익환 가문

이 대목에서 나는 문익환 목사를 '오늘의 (작은) 예수'로 이해하
면서 역사적 예수의 가문과 문익환의 가문을 연계해보려고 한다.
물론 역사적 예수라고 하지만, 복음서에 나타난 예수 가족 얘기는
극히 작은 몇 구절에 불과하기에 신학적 상상력을 더해 얘기하고자
한다. 달리 말하면 지금부터 하려고 하는 얘기는 서구의 전통 성서
해석 방법인 기록된 문자에서 오늘의 상황을 바라보는 '문자주
석'(exegesis) 방식이 아닌 오늘의 상황에서 성서를 바라보는 '상황

주석'(eisegesis) 방식이다. 강연자는 '문자주석'을 넘어선 '상황주석'이야 말로 예수께서 '사람이 곧 안식일의 주인이라'는 말씀과 '진리가 너희를 자유케 하리라'는 말씀에서 강조하시는바, 성서의 본문을 살아 움직이게 하는 진리 추구의 방식이라고 생각한다.

예수의 가족 또한 문익환의 가족과 같이 제국의 식민지 지배하에서 피압박민으로 살았다는 역사적 사실에서 출발한다. 예수 탄생에 관한 얘기는 마태복음과 누가복음에 나오는데 둘 다 동정녀 탄생을 말하지만, 마태는 아버지 요셉에게 초점을 맞추고 누가는 어머니 마리아에게 초점을 맞추고 있다. 여기서 우선 관심하는 것은 예수의 가족이 헤롯왕의 살해 위협을 피해 애굽으로 피신을 갔다는 마태의 얘기이다. 물론 마태는 그의 전체 신학 틀을 모세 오경에 맞추고 있기에 편집사적 관점에서 예수가 제2의 모세로서 로마 제국에 저항하는 해방의 역사를 펼쳐 나갈 메시아임을 암시하고 있다. 그런데 이를 보다 실(實) 역사적 입장에서 생각해 본다면 다음과 같은 추론이 어느 정도 가능할 것이다.

문익환의 고조부로 시작하는 가족사가 일제의 식민지배를 벗어나 대한민국의 독립을 꾀하기 위해 북간도로 이주하였듯이 예수의 가문 또한 요셉 이전 세대에 다윗 왕조의 회복과 독립을 꾀해 로마와 헤롯의 손길이 미치지 않는 갈릴리 지방 나사렛으로 이주한 것은 아니었을까? 아버지 요셉 또한 단순한 목수가 아니라 아들 예수에게 일정한 영향을 미친 독립운동가는 아니었을까? 물론 예수를 하느님의 아들로 보는 교리에 물든 사람이라면 필자의 얘기에 대해 코웃음을 치겠지만, 역사적 예수에 조금이라도 관심을 두는 사람이라면 해방을 염원하는 문익환의 정신세계가 부모님에게 뿌리내리고 있듯, 예수의 정신세계 또한 그의 부모님에게 뿌리내리고 있다는 것은 그리 큰 논쟁거리가 되지는 않는다고 본다.

지정학적 위치로 말미암아 팔레스타인의 역사는 언제나 한강토의 역사와 마찬가지로 외세로부터 끊임없이 압박과 지배를 받았다. 그래서 외세 어느 한쪽이 지배세력이 되면 유대는 다른 외세에 의존하여 독립과 해방을 추구해 왔다. 우리나라 근세 짧은 역사를 돌이켜 보더라도 중국이 지배세력으로 등장하였을 때는 갑오개혁이 보여주듯 일본에 기대어 독립을 유지하고자 했고, 일본이 지배세력이 되었을 때는 중국이나 러시아 혹은 미국의 세력을 빌리고자 했던 것을 우리는 잘 알고 있다.

예수 탄생 직전 유대왕국은 헬라 제국의 후예들인 북방 시리아의 셀류크스 제국과 남방 애굽의 프톨레미 제국 사이에서 갈팡질팡한 바 있으며, 예수 시대 또한 마찬가지였다. 북방 세력을 대표하는 로마 제국의 지배가 가시화되자 이미 바빌론 제국의 포로에서 해방을 안겨주었던 페르시아 제국의 후예인 파르티아 제국의 힘에 의지했고 이 희망은 동방박사의 출현으로 상징되었다. 그리고 한때 파르티아 제국은 로마 제국을 예루살렘에서 몰아낸 적도 있었고 이때 헤롯 대왕은 로마로 피신을 가기도 했었다. 따라서 요셉 가족의 애굽 피신은 단순한 도피로 보기보다는 문 목사님의 가족 이야기에 견주어 볼 때, 독립운동의 연장선으로 이해하는 것이 타당할 것이다. 복음서에서 요셉의 이야기가 갑자기 사라진 이유는 무엇일까? 예수의 신성을 드러내기 위함일까 아니면 요셉의 죽음 또한 십자가라는 정치적 죽음이었기 때문은 아니었을까?

어머니 마리아의 얘기로 옮겨가 보자. 신학자 피오렌자는 '주께서 여종의 비천한 신세를 돌보셨습니다'라는 기도에서 '비천한 신세'를 로마군에 의한 강간 임신을 암시한다고 말한다. 여기에 동의한다면 갈릴리 민중 전체가 가진 반제국 반식민 저항운동을 더 확신할수 있게 된다. 여기서 마리아가 노래하는 '마음이 교만한 자들을 흩으시고 권세 있는 자들을 내치시고 보잘것없는 이들을 높이시고 배고픈 사람은 배 불리고 부자는 가난한 사람으로 돌려보내셨다'라는 구절이 유대왕국의 독립과 민중혁명을 말하지 않는다면 무엇이란 말인가? 이는 단순한 희망 사항이 아니라, 그리 멀지 않은 과거에 마카비 형제들에 의해 실현된 바 있다. 어린 문익환이 고조부부터 이어지는 선조들의 투쟁 역사를 들었던 것처럼 어린 예수 또한 선조들의 영웅적인 투쟁 이야기를 들으면서 자라지 않았을까?

갈릴리가 마치 예루살렘의 유대 주류사회로부터 밀려난 변방이었듯이 북간도 또한 변방이었다. 변방은 밀려난 자들의 한이 넘치는 땅이지만, 이 한은 공동체적으로 해방의 새 역사의 꿈을 키우는 혁명의 용광로였다. 해방되기 전까지 문익환의 37년간의 삶은 로마 제국 당시의 갈릴리 예수가 33년간 겪었던 억압의 삶 그 자체였다. 따라서 예수가 그러했듯이 문익환 또한 출애굽으로서의 민족해방, 하느님 자녀로서의 인간 해방은 삶 자체의 지향이었다.

2. 시 신학(Poem Theology)

문익환의 다양한 신학 훈련

문익환은 27세의 나이로 후쿠오카 형무소에서 요절한 윤동주 그리고 반 박정희 유신정권의 상징적 인물이었던 사상계의 주필 장준하와 명동 은진학교 시절부터 절친한 친구 사이였다. 문익환은 평양 숭실중학교를 다니던 중 신사참배를 반대하는 시위를 하다 퇴학을 당한 후, 고향으로 돌아와 광명중학교를 졸업하고 일본 동경신학교에 입학한다. 평양신학교는 근본주의적이니 일본신학교에서 공부하라는 아버지의 권유 때문이었다. 당시 일본신학교에서는 성서비평학이 활발했는데, 축자영감설을 믿고 있던 문익환에게 성서비평학은 받아들이기 힘든 학문이었다. 하지만 "자신과 다른 생각을 경청하지 못하면 학문을 할 자격이 없다"라는 교수의 충고를 듣고 생각을 바꾼다. 이후 학병 거부로 인해 만주의 봉천신학교로 옮겼다가 해방 후 1947년 조선신학교(한국신학대학)를 졸업하고 안수받은 문 목사는 교회를 섬기다 미국 프린스턴 신학교로 유학을 떠난다. 그러나 한국전쟁이 발발하자 공부를 접고 귀국 자원입대하여 통역장교로 일하다 휴전 후 1954년 다시 프린스턴 신학교로 돌아가 공부를 마쳤다.

이후 한빛교회 초대 목사로 봉직하는 가운데, 한국신학대학과 연세대학교에서 구약학을 가르치면서 기독교사상을 비롯한 여러 지면에 설교와 글을 발표한다. 이어 뉴욕 유니온신학대학에서 1년간 공부를 한다. 공부한 신학교만 해도 만주, 일본, 미국의 모두 저명한 다섯 개 학교이다. 당시 이렇게 다양한 신학 훈련을 받은 사람이 또 있었을까? 이는 문익환이 처한 시대의 난국으로 인한 어쩔 수 없는 결과였지만, 어쩌면 그의 신학 또한 영혼처럼 자유로운 것임을 보여주는 것은 아닐까?

성서번역가 문익환

문 목사는 51세가 되던 1968년, 개역 한글판 번역이 한자에 대한 이해가 어려운 독자에게 이해가 어렵다는 판단하에 세계 최초 개신교·가톨릭 공동성서 번역 작업 책임위원으로 8년간 참여한다. 성서번역에 매진하기 위해 교회를 사임하고 히브리 성서의 40%를 차지하는 시를 공부하기 시작하여 56세에『새삼스러운 하루』라는 첫 시집을 낸다. 이 과정에서 문익환은 제국들의 침략과 압제 그리고 추방 속에서도 야훼 신앙을 고백했던 시편 기자들과 예언자들의 말씀 속에서 우리 한민족이 펼쳐가야 할 신앙과 희망을 발견하게 된다.

20세기 중반 '이야기 신학'(Narrative Theology)이라는 용어가 생겨났다. 이는 전통적인 모더니즘 시대의 체계 조직신학, 다른 말로는 신론, 그리스도론, 성령론, 구원론, 교회론, 종말론 등으로 구분되는 백과사전적 조직신학(Encyclopedia Systematic Theology)에 대비되는 '비체계로서의 신학'이라 할 수 있으며, 이야기 신학 혹은 '이야기 조직신학'(Narrative Systematic Theology) 등으로 명명

된다. 히브리 성서나 헬라 성서의 대부분은 이야기체로 구성되어 있다. 역사는 물론 모세 율법의 상당한 부분도 역사 이야기체로 기록되어 있는데, 이는 구전 전승의 단계를 거쳤기 때문이다. 동시에 복음서에서 예수의 말은 비유를 포함해서 대부분이 이야기체로 구성되어 있다. 이는 예수는 민중들의 언어로 하느님 나라 이야기를 전했으며, 복음서 기록 이전 순회 이야기꾼들에 의해 전승되고 선포됐기 때문이다.

한편, 문학은 크게 이야기와 시로 구분할 수 있다. 이야기 신학에 비교하는 '시 신학'(Poem Theology)이라는 용어는 아직 신학 세계 안에 자리 잡지 못하고 있다. 예수가 시인이었다는 주장은 많지만, 시 신학이라는 용어가 없는 것은 '신학'(theo + logos)이라는 학문 자체가 'logos'(말 곧 논리성)를 기반으로 하는 데 반해 시는 논리를 뛰어넘는 비논리성에 기초하기 때문이다. 신학이 반드시 논리학의 틀 안에 머물러야 한다고 하는 것은 서구신학의 주장이다. 이는 플라톤과 아리스토텔레스의 희랍의 논리성에 기초한 철학적 개념 때문이며, 하느님의 나라를 기독교 왕국(Christendom)으로 치환하려는 서구 기독교가 상대적으로 예수보다는 바울을 선호하여 왔기 때문이다. '예수신학'이라는 말은 없어도 '바울신학'이라는 말이 존재하는 것은 그 때문이 아닐까? 신학은 근본적으로 신의 절대 영역을 인간의 상대 영역인 언어로 제한하려 한다는 점에서 자체 모순이다. 오히려 문 목사님은 시야말로 과학적이라고 규정한다.

시작이란 이미지를 정확하게 그리고 그 이미지로 표현된 감정의 빛깔을 정확하게 파악해서 이에 맞는 말을 찾아내는 일에서 시작되거든요. 이점에 있어서 시는 철두철미 과학적이에요. 시는 언어의 예술이기 때문에 적절한 말이 없으면 새 말을 만들어도 돼요.[22]

인간 역사 속에서 시와 종교는 거의 같은 형태로 내려왔다. 예배의 무게 중심이 개신교에서는 설교에 있지만, 이를 제외한 찬송과 기도는 모두 시어(詩語)이다. 복음서의 헬라어를 예수가 사용했던 아람어로 역번역했을 때, 학자들은 예수의 언어가 본래 시어였다고 논증한다. 마태복음의 5~7장의 산상수훈의 언어들은 대표적이다. "저 공중의 새들을 보아라. 그것들은 씨를 뿌리거나 거두거나 곳간에 모아들이지 않아도 하늘에 계신 너희의 아빠께서 먹여 주신다. 너희는 새보다 훨씬 귀하지 않으냐? 저 들에 피는 꽃을 보아라. 그것들은 수고도 하지 않고 길쌈도 하지 않는다. 그러나 온갖 영화를 누린 솔로몬도 이 꽃 한 송이만큼 화려하게 차려입지 못하였다." 자연을 노래하는 글은 시어체일 수밖에 없을뿐더러, 비유 곧 이야기로 분류되는 예수의 짧은 비유 말씀들은 거의 대부분이 히브리 시의 특징인 대비형태로 구성되어 있다. 곧 이야기가 아닌 시인 것이다. 히브리 성서는 율법과 예언과 지혜 문학으로 구성되어 있다. 지혜 문학에서 가장 중요한 부분은 시편이다. 히브리 성서의 중 가장 많은 부피를 차지하는 예언서는 어떠한가? 대부분이 시어체이다. 결국, 히브리 성서의 40%가 시다. 성서의 시 신학을 오늘에 몸소 재현한 이가 문익환 목사님이다.

왜 목사님은 시를 그토록 사랑했는가? 시의 독특성은 무엇인가? 시는 대부분의 설교가 지향하는 일방적 방식인 가르침과 설득보다는 읽는 사람들이 스스로 돌아보게 만드는 여백이 있는 대화방식이다. 하나, 둘, 셋의 삼단논법을 통해 상대방의 입을 닫는 결론을 끄집어내려고 하기보다는 예상하지 못한 성찰의 단어를 통해 더욱 높은 단계인 깨달음의 세계로 상대를 끌어낸다. 그건 시인 자신이 경험하는 그 영적 혹은 신비의 세계가 언어로 결코 설명되거나 규정될 수 없기 때문이다. 문익환은 서구의 전통신학 훈련을 받은 신학자이긴 했지만, 본래 그의 품성이 갖고 있는 직관과 이상으로 말미암아 언어의 틀을 깨는 시인이 될 수밖에 없었다. 심지어는 조직신학 서적으로 분류되는 『히브리 민중사』도 매장마다 종국에는 시로 끝맺고 있다. 혁명은 감성이 주도하는 시적 통찰력에서 일어나지, 이성과 논리의 영역에서는 잘 일어나지 않는다.

시편 1편 번역 비교와 우리말로 신학 하기

시편은 무엇인가? 시편은 삶의 현실 앞에서 감정을 표현하는 운율을 담은 시이자 하느님과의 대화이자 기도이다. 시편은 새 역사를 향해가는 믿음 위에서 출발하며 시편 속에서 우리는 백성들의 울부짖음을 듣고 그들 가운데 현존하면서 생명과 자유를 위한 그들의 투쟁에 힘을 불어넣으시는 하느님을 발견한다. 그렇게 함으로 청중 자신의 삶과 역사 안으로 초대한다. 그렇다면 시어(詩語)가 우리의 가슴을 흔드는 순수 우리말일 때 그 효과는 극대화될 것이다. 문 목사님 또한 이 부분에 엄청난 노력을 했음을 알 수 있다.

시편 1편을 공동번역과 이전 개역한글과 비교해 보자.

(공동번역)	(개역한글)
복되어라. 악을 꾸미는 자리에 가지 아니하고 죄인들의 길을 거닐지 아니하며 조소하는 자들과 어울리지 아니하고, 야훼께서 주신 법을 낙으로 삼아 밤낮으로 그 법을 되새기는 사람. 그에게 안 될 일이 무엇이랴! 냇가에 심어진 나무 같아서 그 잎사귀가 시들지 아니하고 제철 따라 열매 맺으리 사악한 자는 그렇지 아니하니 바람에 까불리는 겨와도 같아, 야훼께서 심판하실 때에 머리조차 들지 못하고, 죄인이라 의인들 모임에 끼지도 못하리라. 악한 자의 길은 멸망에 이르나, 의인의 길은 야훼께서 보살피신다.	복 있는 사람은 악인의 꾀를 좇지 아니하며 죄인의 길에 서지 아니하며 오만한 자의 자리에 앉지 아니하고 오직 여호와의 율법을 즐거워하여 그 율법을 주야로 묵상하는 자로다 저는 시냇가에 심은 나무가 시절을 좇아 과실을 맺으며 그 잎사귀가 마르지 아니함 같으니 그 행사가 다 형통하리로다. 악인은 그렇지 않음이여 오직 바람에 나는 겨와 같도다. 그러므로 악인이 심판을 견디지 못하며 죄인이 의인의 회중에 들지 못 하리로다. 대저 의인의 길은 여호와께서 인정하 시나 악인의 길은 망하리로다.

시편은 노래로 하는 시이자 기도이다. 반복되는 운율과 박자가 중요하다. 시는 전체 내용도 중요하지만, 하나하나의 단어가 갖는 함축성은 더욱 중요하다. 시에서 단어 하나는 전체의 생명을 좌우하기도 한다. 개역과 공동번역의 첫 단어는 그 느낌이 얼마나 다른가? "복 있는 사람은"이라고 시작하면서 하나의 서술체로 변해가는 단어와 그냥 "복 되어라!" 하는 선언의 차이는

단순한 단어의 차이가 아니라 시 전체의 생명을 좌우하고 있지 않은가?

구조상으로 보더라도 개역은 '복 있는 사람은'으로 시작하여 '묵상하는 자로다/ 하리로다/ 같도다/ 못하리로다/ 망하리로다' 곧 '다.' '다.'로 끝나는 다섯 개의 문장으로 구성되어 있다. 딱딱하기 그지없다. 그러나 공동번역은 중간이 끊어지지 않는 한 문장으로 구성되어 있다. "복 되어라!" 하는 축복 시어로 시작하고 또 중간에 "그에게 안 될 일이 무엇이랴!" 하는 감탄 시어로 연결되면서 '다'(보살피신다)라는 결어는 끝에 딱 한 번 나온다.

문법적으로 보더라도 히브리어 원문에 충실하려면 1절의 의인이 악인의 길에 가까이 다가가는 세 개의 형용구는 점진적인 방식으로 번역이 되어야 하는데, 개역은 '좇지 않는다'라고 하는 강한 어조가 맨 앞에 등장하므로 이후의 '길에 서지 아니하며', '자리에 앉지 아니하고'가 갖는 의미가 퇴색하고 말았다. 반면 공동번역은 '가지 아니하고', '거닐지 아니하며', '어울리지 않는다'라고 번역함으로 점진하는 형태로 되어있어 역동감을 더하고 있다.

끝으로 시어를 보자. 개역의 "시절을 좇아 열매를 맺으며"와 "바람에 나는 겨와 같도다" 그리고 공동번역의 "제철 따라 열매 맺으리"와 "바람에 까불리는 겨와도 같아"를 비교하면 후자가 주는 표현의 생동감은 비할 바가 없다.

이후에 출간된 개역개정판과 표준새번역도 개역판과 크게 다르지 않다. 다만 표준새번역에서 약간의 변화를 추구하고 있는데, 예를 들면 "한갓 바람에 흩날리는 겨와 같다"라는 표현이다. 그러나 겨가 '흩날린다'라는 문구와 '까불린다'라는 문구를 비교해 볼 때, '까불린다'라는 표현이 우리말의 강점을 더 강하게 드러내고 있으며 겨가 악인을 상징한다는 점에서 더 깊은 신학적 단면을 드러내고 있다.

여러분이 알고 있듯 제가 시무했던 향린교회는 홍근수 목사 시절부터 지난 25년 동안 국악 예배를 드려오고 있다. 이에 관련하여서는 얘기할 게 많지만, 시편에 관련해서 한마디만 하고자 한다. 예배 시에 시편 교독문을 읽는데, 본인은 원 시편이 노래로 하는 것이기에 이를 국악풍의 짧은 가락으로 인도자와 회중이 교대로 부르는 형식으로 만들 것을 제안했고, 담당 교인들과 함께 작업을 통해 만들었다. 이때 만약 문 목사의 공동번역 시편이 없었더라면 많은 부분 생동감을 상실했을 것으로 생각한다. 여담으로 2013년 부산에서 열렸던 세계교회협의회 10차 총회에서 "The Korean Traditional Hymn in Connection with Ecumenical Spirituality"란 워크숍을 향린교회 단독으로 주최한 바 있었다. 당시 보통의 워크숍은 많아야 20~30명인데, 여기에는 200명이 참가 신청을 하고 큰 호응을 얻은 바가 있었다. 예배 전체 틀을 국악으로 바꾸는 일은 큰 노력이 필요한데, 일단 시편 교독문이라도 국악풍 가락에 공동번역의 시어를 사용하면 한국교회 개혁에도 상당한 열매를 맺을 것이라는 생각을 한다.

목사님의 회고에 따르면 중학생 시절 학교 문예지 편집 일을 맡았던 윤동주가 목사님에게도 시 한 편을 써내라고 하여 한편을 보냈더니 '이게 어디 시야'라면서 되돌려 받게 되면서 시는 자신과 관계없는 일이 되고 말았다고 한다. 그러나 성서 번역에 참가하면서 시를 쓰게 되는데, 상상하기를 만약 동주가 살아 있어서 시편 번역을 도와주었더라면 자신은 영영 시를 써보지 못했을 것이라고 회고하고 있다.[23] 문 목사님께서 히브리 성서 정신에 바탕을 두고 조선인의 정신과 감성을 융화하여 얻어지는 가락과 언어를 발굴함으로써 투명하고 섬세한 자신만의 고유한 시 세계를 구축한 것을 생각할 때, 역사의 모순을 느끼게 한다.

문익환의 짧은 시 두 편을 읽어보자.

<예수의 기도 6>[24]

새벽하늘 퍼렇게 멍든 가슴으로 와락 다가서시는 이시여
가까워지다 멀어지다 멀어지다 가까워지는 발자국 소리로
이 새벽에도 이 외로운 감방으로 찾아오시는 이시여
당신은 오직 사랑일 뿐이어
늘 슬픔이시군요
당신은 오직 진실일 뿐이어
늘 슬픔이시군요
당신은 오직 희망일 뿐이어
늘 슬픔이시군요
당신은 오직 자유일 뿐이어
늘 슬픔이시군요

당신은 우리의 노래만 들어도 목이 메이시죠

우리의 기도만 들으면 눈앞이 캄캄해지시죠
아—
우리는 아침저녁으로
당신의 슬픔에 얻어맞으며
노래도 잃고 기도도 막히는 바닷가 모래알들에 지나지 않는가요

<익히 잘 아는 꿈을 비는 마음>[25]의 시작 부분

개똥 같은 내일이야
꿈 아닌들 안 오리오마는
조개 속 보드라운 살 바늘에 찔린 듯한 상처에서
저도 몰래 남도 몰래 자라는
진주 같은 꿈으로 잉태된 내일이야
꿈 아니곤 오는 법이 없다네

감옥신학(Prison Theology)

감옥신학이라는 용어는 문 목사님의 삶을 생각할 때, 결코 빼트려서는 안 되는 부분이기에 실험 삼아 붙인 용어이다. 감옥은 마치 성서의 예언자들이 광야에 나가 하느님의 음성을 더 깊이 듣고 깨달았듯이 오늘의 시대에 하느님을 더 깊이 만나는 현존의 장소이다. 그래서 감옥은 인간의 자유를 빼앗는 장소이지만, 오히려 신앙인들에게 있어서는 역설적으로 영혼의 자유를 훈련하고 자신을 성숙시켜 나가는 장소가 되는 것이다. 이는 마치 성서에서 예수, 모세,

엘리야 등 수많은 예언자가 하느님의 부름을 들었던 광야와 같은 곳이다.

1975년 공동성서 번역 작업을 마쳤을 즈음, 문익환은 박정희 유신독재정권 반대 운동에 핵심 인물이었던 죽마고우 장준하의 의문에 찬 죽음을 맞게 된다. 그때 그는 장준하의 못다 한 삶을 이어갈 것을 다짐한다. 다음은 장준하의 3주기에 그를 추모하며 감옥에서 쓴 시이다.

<산중 고혼아> 중에서[26]

우리는 네 앞에서 눈물을 흘리며
부끄러운 부끄러운 눈물을 펑펑 쏟으며
하나 되리라
네 마음으로 네 사랑으로
하나 되어 죽으리라
부나비처럼
불 속에 뛰어들어
너를 얼싸안고
신나게 춤추며 죽으리라
어둠과 탐욕을 비웃어 주면서
통일 조국을 목이 터지게 노래하면서

1976년 문익환은 3.1명동구국선언 성명서를 작성하는 주역을 담당함으로 첫 번째 옥고를 치른다. 나이 59세였다. 그의 호는 '늦봄'이다. 다른 사람에 비해 역사에 대한 늦은 자각을 고백하는 언어였지만, 동시에 뜨거운 여름을 준비하고자 하는 하느님의 부름을 상징하는 호이기도 하다. 이후 김대중 내란음모 사건 등으로 인해 5번의 옥고를 더 치렀으며 이후 17년간 이어진 투쟁의 삶 가운데 감옥 안의 기간이 11년 반, 감옥 밖의 기간이 5년 반이었다.

사실 문 목사님 자신이 존경했던 디트리히 본회퍼 목사님의 저항 신학이 남한 땅에서 그대로 재현되고 열매를 맺게 되었다. 본회퍼 목사의 옥중서신은 70년대 민족과 민중을 사랑했던 신학도들에게는 하나의 성서와도 같은 역할을 했는데, 80년대 신학도를 비롯한 수많은 사람에게 문익환의 옥중 글들 또한 중요한 역할을 했다. 신영복, 서승 선생을 비롯한 여러 옥중 글들이 우리 시대의 역작으로 많이 남아 있지만, 문 목사님의 옥중서신은 더욱 의미가 크다고 본다. 고난이 삶의 열매를 만들어낸다고 하는데, 1973년 첫 시집을 낸 이후 나온 10여 권의 저서 모두가 감옥 생활에서 얻은 결과물이다.

감옥신학은 새로운 용어로 들리지만, 사실 바울서신의 일부가 감옥 안에서 쓰였기에 성서 일부 자체가 감옥신학이다. 로마 제국의 핍박을 받았던 시절의 남은 초대그리스도인들의 글이 감옥신학 일부이고 유대인들의 아우슈비츠 관련 글들 또한 감옥신학 일부이며 소련을 비롯한 공산주의 국가들이 기독교인들을 핍박하고 옥에 가두었을 때, 생겨난 모든 글이 감옥신학이다. 옥중 서간은 관제봉함엽서로 제한되기에 아무리 작게 쓴다 하더라도 그 내용은 압축적일 수밖에 없으며 엽서이기에 공개서한의 형식을 갖는다.

감옥에서 봄길 아내에게 보낸 글 일부이다.

오늘 새벽 무슨 꿈을 지금 아무리 생각해도 깜깜한데, 그 꿈이 어제 새벽 꿈의 고민을 풀어 준 것만은 지금도 뚜렷해요. 그게 뭐냐고 하면 이런 거였소. 호세아 사랑의 고민은 결코 하느님과 사람의 상징만은 결코 아니라는 것이었소. 고멜의 배신, 그 배신을 끌어안는 호세아의 가슴 에이는 아픔, 그것은 사람을 사랑하시는 하느님의 사랑을 포함하는 모든 사랑의 실체라는 걸 이틀 새벽 꿈이 나에게 깨우쳐 주었군요. 이것이 내가 법정에서 말한 성속의 이원론의 완전한 극복인 거죠. 가톨릭에서 생각하듯 그것만이 성체가 되는 것은 아니구요, 밥상에 오르는 모든 밥이 예수의 몸인 거구요. 그리고 그것은 그래도 농민들의 살덩어리, 그들의 피눈물, 사람답게 살아야 하는 그들의 소원인 거죠. 그리고 그것이 하느님의 마음, 하느님의 소원인 거구요. 호세아서의 해석이 리얼하게 새로워졌으니, 오늘 감방 생활도 또 하나 커다란 축복이 되었군요. 감사 감사.[27]

3. 예언자 신학(Theology of Prophets)

제사장적 전통과 예언자적 전통

로마의 세네카는 일찍이 종교의 본질을 꿰뚫는 말을 했다. "종교는 범인들에게는 진실로 보이고 현자들에게는 거짓으로 보이며 권력자들에겐 이용의 대상으로 보인다." 여기에 종교의 위험성이 숨어 있다. 종교는 크게 두 개의 기능이 있다. 제사장적 기능과 예언자적 기능이다. 기독교와 다른 종교와의 분명한 차이점을 들라고 한다면 그건 한마디로 예언자적 전통이라고 할 수 있다. 제사 혹은 예배라는 형식을 통해 찬양과 기도를 하느님께 올리고 개인적인 위로와 축복을 비는 제사장적 전통은 어느 종교에나 다 있다. 그러나 민족 전체를 향한 회개의 촉구 그리고 약자 보호 우선에 따른 사회정의 실현을 외치면서 국가권력과 박제화된 종교 권력을 비판하고 저항하는 예언자적 전통은 히브리인들의 역사에서 두드러진다. 주위 대부분 종교가 권력자들의 편에 서서 그 권력이 신에게서 온 것임을 옹호하는 국가종교의 형태로 나아갔지만, 여호수아와 사사기(판관기)는 애굽을 탈출하여 가나안 땅에 들어온 히브리 노예들이 국가종교의 틀은 물론 왕권마저 거부하고 계급 없는 새로운 신앙공동체를 세워가고자 하는 노력을 보여주고 있다. 정의와 자유와 평등의 가치 실현 이것이 예언자들이 지향했던 하느님 나라이며 이것이 성서가 말하는 가나안의 축복의 실체인 것이다. 필자는 아브라함의 축복 또한 탈도시화에서 이루어지는 유목 평등공동체의 삶으로 이해하고 있다.

복음서 또한 이 점에서 매우 분명하다. 네 개의 복음서 모두 세례 요한의 이야기로 시작한다. 세례 요한은 엘리야의 생전 모습을 띠고 로마의 식민지 시대에 광야의 예언자로 등장한다. 엘리야는 북왕국 이스라엘이 가장 부유했던 시절인 아합왕 시대에 국가권력에 저항한 예언자이다. 야훼 하느님의 뜻에 따라 아랍 가문의 통치를 끝장내고 새로운 왕조를 세운 인물로 예언자들을 대표한다. 세례 요한 또한 로마 제국의 허수아비였던 헤롯왕의 비행을 공개적으로 비난함으로 옥에 갇히고 끝내 참수형을 당한다. 엘리야와 세례 요한은 국가권력 비판이라는 예언 활동에서 그 맥을 같이 한다. 가장 먼저 쓰인 마가복음은 예수께서 세상에 나온 시기를 '요한이 잡힌 뒤에'(1장 15절)라고 말한다. 곧 마가는 예수를 부당한 국가 권력을 비판했던 엘리야와 세례 요한의 예언자 전통을 이어받았음을 분명하게 적시하고 있다.

누가복음 또한 예수께서 이 땅에 오신 목적을 예언자 이사야의 글을 통해 분명하게 밝히는데, "주님의 영이 내게 내리셨다. 가난한 사람에게 복음을, 포로 된 사람들에게 해방을, 눈먼 사람들에게 눈뜸을 선포하고, 억눌린 사람들을 풀어주고 주님의 은혜의 해를 선포하게 하셨다"(4장 18, 19절). 여기서 핵심단어는 '은혜의 해'이다. 이는 레위기에서 일곱 번의 안식년 다음에 오는 50년째의 희년(Jubilee)을 말한다. 희년은 처음 분배받았던 땅을 되찾는 해이며 모든 빚을 탕감받고 노예 또한 해방해 집으로 돌려보내는 해이다. 곧 희년은 국가 권력에 기초한 불평등한 모든 사회적 경제적 요소들을 제거하고 새롭게 시작하는 혁명(革命)의 해인 것이다. 프랑스의 성서학자 트로크메는 예수가 당시 명목상의 희년을 구체적으로 실현하기 위해 공생애를 시작하였음을 학문적으로 규명하고 있다.

이러한 성서의 전체 맥락에서 볼 때, 문 목사님이 온 힘을 기울여 참여했던 민주화와 평화통일 운동은 단순한 사회 운동이 아니라, 히브리 성서의 예언자적 전통을 이어가는 오늘의 신앙 운동이었으며, '당신의 나라가 이 땅에 임하도록 하는' 예수의 갈릴리 하느님 나라 운동의 연장이었다.

고난받는 예언자 예레미야와 문익환

40대 초반 목사님이 월간지 기독교사상에 2년에 걸쳐 기고한 글의 제목을 보면 예레미야라는 한 예언자에 완전히 '필'(feel)이 꽂혀 있는 것을 볼 수 있다. 필자도 이명박 정권 초기 하늘뜻펴기(설교)를 통해 문서 예언자 전체를 연속하여 다루고 이를 출간한 바 있지만, 예레미야 한 사람에게 2년 동안 몰입했다는 것은 너무나 특이한 일이다. 예레미야는 누구인가? 모태에서부터 하느님의 말씀을 대언하는 자로 그리고 민족의 운명을 세워나가는 예언자로 불림을 받은 사람이다. 곧 아버지 문재린 목사님의 뒤를 잇는 문익환 자신의 운명적인 삶을 그대로 말해주는 예언자이다. 예레미야는 눈물의 예언자란 별명을 가질 정도로 감수성이 예민한 사람이며, 다른 예언자들과는 달리 권력자들에 의해 옥고를 치르고 백성들의 조롱거리가 되는 수모를 당하는 예언자이다. 문 목사님은 이미 18년 후에 일어날 자신의 운명을 미리 내다본 것은 아니었을까?

예레미야가 유대 종교지도자를 향해 피를 토하는 회개를 촉구하였듯이 58년 전 1960년 4.19혁명 직후 〈기독교사상〉에 학생들의 거룩한 희생을 언급하면서 기독교의 반성을 촉구하는 〈기독교도 아편이 된다〉란 글을 남겼다.

'기독교도 아편이다'라는 단언 명제에 나는 찬동하지 않겠다. 그것은 사실
이 아니므로! 그러나 이 땅의 그리스도인들이 기독교 중독증에 걸려 있는
것만은 틀림없는 사실일 것이다. 물론 나 자신을 포함해서. 그 첫 증상은

죄에 대한 불감증이다. 둘째는 움직여야 할 몸이 반드시 움직여야 할 때 움직이지 않는다는 것이다.

그 원인으로는 첫째 종교성(religiosity)의 그늘 아래서 인간성(humanity)이 죽어 버렸다는 것이다. 예수 그리스도는 우리에게 또 하나의 종교를 주러 오신 것이 아니다. 그는 종교의 타성(inertia)에서 우리를 해방시켜서 참사람-하느님께 지음 받은 대로의 참사람-으로 회복해 주시려고 참사람-둘째 아담-으로 오신 것이다. 기독교가 이것을 무시하고 자체의 권한과 자리만을 생각하는 한 종파(cult)로 전락해버리면, 공산주의자들에게 아편이라는 낙인을 찍혀도 변명할 길이 없는 것이다.

둘째는 우리의 생에서 '온통'(tatality)이 결여되어 있다는 것이다. 교회로서도 개인으로서도 우리는 하나의 전체로서 존재하지 못하고 있는 것 같다. '옹근 교회' '옹근 사람'이어야 생명을 건전하게 지탱할 수 있을 터인데, 우리는 분열되어 버리고 말았다. 교계의 분열은 한국교회를 마비 상태에 떨어뜨리고 말지 않았는가?

셋째로 지적해야 할 원인은 '은총'의 남용이다. "우리는 죄인이다. 하느님의 은총으로밖에는 구함을 받을 길이 없다." 이것은 그리스도교의 기본적인 생의 태도이다. 그런데 이것이 자신의 부정을 덮는 아름다운 보자기로 사용되는 것이다. 하느님과 사람 앞에서 심판도 받기 전에 자신이 다 용서하고 깨끗이 치워버리고는 다른 부정을 위한 준비를 하는 것이다. 그리스도인들이 능글맞은 철면피로 보이는 까닭이 실로 여기 있는 것이다. 이외에도 율법주의, 타계주의 같은 것을 원인으로 지적할 수 있겠다. 4월 혁명의 무서운 충격으로도 한국교회가 그 중독증에서 깨어나지 못한다면 우리에게는 더 무서운 충격이 주어지고야 말 것이다.

지금 남한교회의 현실이 어떠한가? 세계 기독교 역사상 유례없이 급성장한 교회요, 세계 최대 50대 교회 중 절반이 서울에 있음에도 불구하고 지금 남한 개신교의 현실은 어떠한가? '기독교'가 '개독교'로 '목사'가 '먹사'로 '평신도'가 '병신도'라고 조롱당한 지 오래이며 젊은이들이 교회에 등을 돌린 지 오래다. 20년 전 천만 명이 넘나다던 개신교 숫자는 현재 육백만 명 정도로 줄었으며 이백만 명 가까운 신도들이 교회 주변을 맴돌며 약속의 땅을 바라는 '가나안 신자'(안나가 신자)들이다. 현재 대다수를 차지하고 있는 고령 신자들이 사라지는 15~20년 후에는 현재의 절반인 3백만 명으로 줄어들어도 전혀 이상할 것이 없다. 문 목사님이 60년대에 행했던 예언자적인 외침이 그간 8, 90년대 교회의 성장하는 굉음에 눌려있었지만, 남한 개신교의 쇠퇴 내지는 몰락이 분명한 지금 우리는 그의 예언의 소리가 적중하고 있음을 깨닫는다.

4. 민중신학(Minjung Theology): 히브리 민중사

민중신학이란 항목은 앞서 언급한 해방의 신학 그리고 예언자신학과 겹치는 부분이 있다. 그러나 따로 구별하여 설명하는 것은 문 목사님의 말년의 역작인 『히브리 민중사』가 지닌 신학적인 독창성과 세계 신학계에서 남미의 해방신학과 더불어 민중신학이 가진 무게감 때문이다. 이 책이 절판되었다가 올해 문 목사님 탄생 100주년을 맞아 복간되었다는 것도 매우 뜻깊은 일이다.

흔히 제1성서를 이스라엘 민족의 역사로 이해한다. 성서공부를 진행하다 보면 신도들은 우리 민족의 역사를 놔두고 왜 다른 민족의 역사를 공부해야 하느냐는 질문을 종종 하곤 한다. 이에 대한 가장 분명한 답이 문익환의 『히브리 민중사』이다. 『히브리 민중사』는 제1성서가 하나의 민족사가 아니라 세계 모든 약소민족이 강대국에게 또는 한 나라의 밑바닥 민중이 지배 권력으로부터 겪는 억압 가운데, 야훼 하느님께서 어떻게 해방의 역사를 이끌어내는가를 보여주고 있다. 함석헌이 『뜻으로 본 한국역사』에서 이스라엘 민족사와 한국 민족사를 민족 수난이라는 한 단어로 묶어내었듯이 목사님 또한 유대민족과 한국민족을 '히브리'라는 한 단어로 묶어내고 있다. 히브리 민중사는 제1성서 전체를 민중 해방의 이야기로 풀어낸 역사 파노라마이자 야훼 하느님의 인간 역사 개입의 본질을 드러낼 뿐더러 목사님 자신의 고난에 찬 삶을 노래한 가슴 풀이다.

우선 히브리라는 단어는 고대 서남아시아에서는 핏줄로 이루어진 하나의 민족을 지칭하는 단어가 아닌 밑바닥 계층을 일컫는 사회 용어였음을 여러 문헌이 그 사례를 밝히고 있다. 먼저 성서에 등장하는 히브리 또한 그 쓰임새를 보면 특정한 사회계층을 일컫는 것을 볼 수 있다(창 43:32, 고후 11:22). 히브리와 같은 어근을 가진 '하비루'라는 용어는 고대 중동의 기원전 18세기 기록에서는 용병 혹은 강도 떼로 나온다. 또 15세기 기록에서는 '하비루들의 신들'로 등장함으로 국제조약 체결의 증인으로 나타나기도 하며 애굽의 기록에서는 왕의 전리품으로 혹은 해방 혁명군으로 기록되기도 한다. 하비루는 시대와 장소에 따라 각기 달리 지칭되면서, 전쟁포로, 노예, 용병, 강도 떼, 해방군, 소작농, 떠돌이, 더부살이 등의 다양한 계층으로 말해진다. 목사님은 이를 총체적으로 파악하여 "결국 히브리는 종족 혈족으로 단위를 이루는 배타적인 칭호가 아니라 자주적인 주격으로 해방되어야 할 밑바닥 계층이자 정치·경제·사회적인 약자들을 포함하는 총칭"이라고 규정한다(30쪽 이하).

그리하여 가나안 정복은 여호수아가 이끄는 하비루 부대와 가나안 내부에서 반애굽의 기치를 들고 일어선 농민해방군으로서의 하비루가 합세한 해방전쟁으로 이해한다. 목사님은 여기서 '난 발바닥으로'라는 유명한 시를 읊으며 하비루의 저항정신을 자신의 현존으로 끌어온다(42~43쪽).

<하느님>

이 눈을 후벼 빼 보시라구요
난 발바닥으로 볼 겁니다
이 고막을 뚫어 보시라구요
난 발바닥으로 들을 겁니다
이 코를 틀어막아 보시라구요
난 발바닥으로 숨을 쉴 겁니다
이 입을 봉해 보시라구요
난 발바닥으로 소리칠 겁니다
단칼에 이 목을 날려 보시라구요
난 발바닥으로 당신 생각을 할 겁니다
도끼로 이 손목을 찍어 보시라구요

난 발바닥으로 풍물을 울릴 겁니다

창을 들어 이 심장을 찔러 보시라구요

난 발바닥으로 피를 철철 쏟으며 사랑을 할 겁니다

장작더미에 올려놓고 발바닥에 불 질러 보시라고요

젠장 난 발바닥 자죽만으로 남아

길가의 풀포기들하고나 사랑을 속삭일 겁니다

십계명에 대한 해석은 더욱 놀랍다. "십계명은 단순한 도덕률이 아닙니다. 그건 모세의 등허리에 패인 열 줄 핏자국입니다. 성난 시나이산 가슴 터지며 내뿜는 불꽃입니다. 아니, 그건 불꽃처럼 뒹구는 하비루 노예들의 살점들이었습니다. 다시는 억울하게 짓밟히고 억눌리고 착취당하고 죄 없이 맞아 죽는 일이 없어야 한다는 살점들의 아우성이 바로 십계명이란 말입니다. 이 아우성이, 이 요구가 바로 야훼 하느님이 모세를 시켜 세우려는 새 공동체의 정신이요 뼈대가 아니겠습니까?"(109쪽).

이어 유일신 신앙 또한 해방과 자유의 정신을 실현하기 위한 신앙 지키기 운동이었지, 이웃 종교를 부정하는 배타적인 교리가 아니었음을 설파한다. "어렵게 터득한 유일신 신앙이 지배자의 종교가 되면서 배타적인 독선에 빠져 독재의 이데올로기가 되어 온 겁니다. 하느님의 말씀이라는 성서도 잘못 이해하면 침략전쟁을 거룩한 전쟁으로 정당화하고 급기야는 독재를 뒷받침해주는 이념이 되는 것입니다"(114쪽).

창세기 2장의 선악과 열매에 대한 해석 또한 (제국) 권력자의 흑백논리의 시각 안에서 보는 점은 정확하다. 곧 (권력자의) 선악 판단이 독선이 되어 (민중) 생명이 이에 짓눌려 짓밟히게 된다는 것이다. 그런데 이어지는 가인의 아벨 형제 살해 해석에도 같은 흑백논리를 적용하는 일에서는 선뜻 동의하기 어렵다(144쪽). 오히려 이는 농부로 상징되는 집단정착 문명 곧 땅을 사유화하고 부를 확대해나가는 도시의 제국성(가인)이 양치기로 상징되는 땅을 공유하고 부의 확대를 스스로 절제해야 하는 '유목 생명공동체(아벨) 파괴의 관점'에서 해석하는 것이 옳지 않을까?

> 북방 이스라엘은 62년 동안 세 번이나 반란이 일어났고 세 왕이 비명으로 죽어가는군요. 어쩌면 분단 44년에 걸친 이 남쪽의 역사를 보는 것만 같군요. 거기 비해서 남쪽 유다는 세 왕이 세습으로 대를 이어 가거든요. 다윗 왕조가 확고한 지배권을 유지해 내려갔다는 말이 되겠습니다. 평양 정권이 확고한 지배권을 유지해 내려온 것과도 같은 느낌이 들지 않습니까? 이는 하비루 두목 다윗의 전통이 예루살렘이라는 뚜렷한 상징과 난공불락의 도성과 함께 지속될 수 있었던 반면 북쪽 이스라엘에는 중앙집권이 확고하게 형성되어 있지 않았기 때문 아니겠습니까?[28]

남북왕국의 분열 역사를 통해 한강토(한반도)의 역사를 읽는다. 확고한 통치 지배권을 세웠다고 해서 역사의 정당성이 자동으로 부여되는 것은 아니지만, 우리는 김일성 주석을 다윗으로, 주체사상을 다윗의 전통으로 보는 유혹을 이겨낼 수가 없다. 역으로 상황 주석을 해 본다면 남한이 확고한 통치 지배권을 확립하지 못한 이유가 일제

식민지지배 청산에 대한 불충분과 외세의 간섭이라면 이는 북 왕국의 정치적 혼란의 이유가 무엇인지에 대한 간접 설명이 될 것이다.

이스라엘의 예언자들을 보고 있노라면 한국의 무당들 생각이 가슴을 아프게 짓누르며 머리에 떠오르는 건 웬일일까요? 무당들이란 사회에서 존경받지 못하면서도, 오히려 천대를 받아가면서도 그걸 탓하지 않고, 남의 아픔을 짊어지고 그걸 풀어주는 걸 천칙으로 알고 살아가는 사람들이거든요(166쪽).[29]

목사는 한(恨)의 사제(司祭)여야 한다는 말은 서남동의 말이긴 하지만, 누구의 말이 중요한 것은 아니다. 모두가 감옥에서 민중의 한을 직접 체험했기 때문이다.

문익환은 예언자들의 중요한 점을 신학에서 말하는 말(logos)이 아닌 몸짓, 몸부림으로 보았다. 해방을 갈구하는 민중의 저항 의지의 표현으로 본 것이다. "꿈틀거리는 격정이 먼저이다. 거기서 말이 터져 나오면 그 말이야말로 역사를 변혁시키고 새 질서를 줄 수 있는 말인 거죠"(169쪽). 필자는 이 '새 질서를 줄 수 있는 말'이란 다름 아닌 목사님께서 이한열 열사의 장례식장에서 29명 열사의 이름을 부르는 외침이었다고 본다. 모든 이를 전율에 떨게 하는 그 외침은 하느님의 몸부림이요 땅의 뜨거운 저항이었다.

아모스 2장 9~12절에 나오는 짧은 구절을 통해 나실인의 해방 전승과 예언자들의 해방 전승을 비교하고 이사야서 유목민들의 해방 전승을 언급하면서 이를 장소에 연계하여 언급하는 부분에서 그 누구에게서도 보지 못한 문 목사님만의 번뜩이는 통찰력과 혜안을 느낀다. 곧 자원하여 몸을 하느님께 바친 나실인들을 출애굽 역사의 연장 선상에서 사막을 떠도는 반 농경사회의 해방운동가로, 예언자들은 주로 농경문화를 기반으로 한 해방운동가로, 유목민들은 광야의 초원지대에서의 해방운동가로 보는 관점이다(190~191쪽). 이사야가 그리는 새 하늘과 새 땅 곧 사자와 어린 양과 늑대와 염소가 함께 뒹굴며 새끼 사자가 송아지와 함께 풀을 뜯는 새 역사 창조의 장소를 사막과 농경 지대의 경계 선상에 있는 광야로 말하는데, 그렇다면 이 광야 유목민이 사막의 나실인 그리고 농경시대의 예언자들과 어떻게 구별되는지는 더 이상의 설명이 없어 못내 아쉽다.

구원에 있어 '오직 믿음만으로 의롭게 된다'는 루터의 개혁교리는 오늘날 남한교회의 핵심 가르침인데, 이에 대한 오해에서 기인하는 교회의 폐해가 점점 커지고 있다. 이 믿음만의 교리는 바울이 로마서에서 강조하고 있는 가르침으로서, 이는 본래 예언자 하박국에 기인하고 있다. "의인은 그의 믿음으로 말미암아 살리라"(개역, 합 2:4). "의로운 사람은 그의 신실함으로써 살리라"(공동). 여기서 공동번역으로 읽으면 큰 오해가 없는데, 개역으로 읽으면 이 믿음에 대한 해석에 따라 전혀 다른 결과가 나온다. 여기서 문익환은 오늘의 교회가 하박국 예언자의 본래 뜻을 잘못 해석하고 있다고 이의를 제기한다. 그 본래 뜻은 '힘을 하느님이라고 믿는 사람들, 힘이 정의라고 믿고 설치는 사람들을 무서워 말라. 힘의 횡포—그건 옳지 않은 거야.' 이런 뜻이죠. 하박국은 악에 항거해서 소신껏 살아가는 사람에게만 열리는 세계를 환상으로 보았던 겁니다. 곧 하박국이 말하고자 했던 의인 신앙이란 '눈 딱 감고 믿는' 현실도피의 신앙을 말하는 것이 아니라 '눈을 와짝 뜨고 믿는' 현실 역사 참여의 신앙을 말하는 것이라고 강조한다(269쪽).

『히브리 민중사』는 예언자들의 해방 전통이야말로 성서의 일관된 중심 사상임을 밝히고 있다. 곧 '서구백인 남성 신학자'들이 지난 이천 년 동안 애써 외면해온 성서 안의 핵심인 밑바닥 민중의 역사를 찾아낸 것이다. 문익환을 통일지상주의자 혹은 그래서 민족지상주의로 말한다. 그러나 그의 사상의 뿌리에는 하비루 곧 민중 해방 사상의 실현을 꿈꾸는 데 있다.

문 목사님의 뒤를 이어 가는 후학들이 담당해야 할 두 가지 신학 작업을 얘기하고자 한다. 우선 중도에서 그친 예레미야와 예레미야 이후 바빌론 포로기의 에스겔과 제2, 3 이사야 그리고 포로 귀환 이후의 에스라와 느헤미야까지 다룸으로 히브리 민중사를 완성하는 일이다. 필자는 박사학위 논문으로 바빌론 포로기의 문서들을 민중신학적 관점에서 추구한 바 있다. 그리고 민중신학의 폭넓은 소개와 발전을 위해『히브리 민중사』를 영어로 번역 출판하는 일이다. 사실 민중신학은 80년대 초 여러 학자의 짧은 논문들을 모아 영문으로 번역된 책 한 권 외에 특별한 책이 없어 매우 아쉬웠었다. 그런데 얼마 있지 않아 국내외 소장 조직신학자들의 논문을 엮은 Minjung Theology Today라는 책이 곧 출판된다고 한다. 반가운 소식이다. 그러나 무엇보다도 중요한 것은 민중신학 제1세대 학자들의 역작들이 세계 신학계에 소개되는 것이다. 제2성서 민중신학자 안병무의 책이 올해 안에 영문으로 출판될 예전에 있다. 따라서 문 목사님의『히브리 민중사』를 번역 출판할 때에 비로소 민중신학의 전체가 소개되는 것이다.

5. 통일신학(Theology of Reunification)
: 주체사상과의 대화

통일의 시급성

남한은 현재 타의 추종을 불허하는 세계 제1의 자살률 국가이다. 국민소득은 계속 올라가고 국가안보는 신무기로 계속 튼튼해지는 데도 불구하고 이런 전쟁 아닌 전쟁상태가 계속되는 것은 무슨 이 유일까? 그건 남북분단이 만들어 낸 반생명 반평화 죽음의 기운이 한강토를 덮고 있기 때문이다. 이는 단순한 가설이 아니라 세계 자살률 2위 국가가 같은 분단의 비극을 겪고 있는 사이프러스임을 알때 더욱 분명하다. 그렇다면 우리 안의 99마리 양보다 우리 밖의 한마리의 양을 더 소중히 여기라는 예수님의 말씀을 생각할 때, 교회의 복음 사역은 남북화해와 평화통일에 그 초점이 맞춰져야 한다. 38년 전 서울대 신입생 환영 예배에서 행한 문 목사님의 하늘뜻펴기를 들어보자.

대한민국의 국시가 민주주의인데 그렇다면 우리가 추구해야 할 민주주의는 '민족을 통일하는 민주주의'가 아닌가요. 요새 저같이 민족통일을 말하는 사람을 관변측에서는 뉴레프트라고 부르는 모양이지만, 저는 그런 건일소에 붙일 겁니다. 정부의 마음에 들지 않으면 빨갱이라고 몰아붙이고 때려잡는 칼은 한 번도 우리의 목을 떨어뜨리지 못했어요. 저는 국토분단을 고정하고 민족분열을 심화시키는 민주주의는 그것이 아무리 좋은 것이라도 거부할 거예요. 이것이 이 땅에서 신앙을 사는 길이라고 저는 믿고 있어요. 민족을 통일하는 민주주의-그것은 무엇일까요? 그것은 두말할 것 없이 휴전선으로 갈려 있는 민족의 통일이지요. 그러나 그것이 단순히 휴전선의 철폐를 말하는 것은 아닙니다. 국민이 지배자와 피지배자로 갈려 있는 한, 휴전선의 철폐만으로는 민족이 통일되지 않아요. 민족통일의 실체는 휴전선의 철폐가 아니라, 우리의 국토인 이 한반도에서, 백두산에서 한라산에 이르기까지 온 나라에서 지배자-피지배자의 관계를 몰아내는 일입니다. 이렇게 자유인으로서 주권을 행사하는 민족의 주체적인 자기주장의 함성 앞에 휴전선은 여리고성처럼 무너지고 말 것입니다.[30]

3차 남북정상회담을 앞두고 우리 대부분이 장밋빛 환상에 젖어 있지만, 여기서 우리는 휴전선의 철폐를 넘어서 지배자—피지배자의 관계를 몰아내는 일이 통일의 실체라고 하는 목사님의 말에 귀를 기울여야 할 것이다. 여기서 목사님이 지적하는 일차적 지배자는 미국이지만, 지금은 여기에 동승하고 있는 시장자본주의 하의 투자 자본가들을 언급하지 않을 수 없다. 노동자들이 비정규직 소모품으로 전락하고, 도시개발이라는 이름으로 빈민들은 점점 더 외곽으로 밀려나는 젠트리피케이션이 심화하고 있다. 또 목사님의 발언 가운데 우리가 주의 깊게 읽어야 할 부분은 '백두산에서 한라산에 이르기까지 온 나라에서'라는 단서이다. 북조선 또한 이러한 비판에서 벗어날 수 없다는 것이다. 여기서 우리는 민족 우선의 NL주의와 민중 우선의 PD주의를 양자택일이 아닌 양자합일의 정신으로 이해해야 할 것이다.

통일신학이란 단지 통일의 필연성을 주창하는 신학이 아니라, 남과 북의 이념과 체제가 하나로 통일이 되는 신학을 말한다. 쉽게 말해 남쪽의 자본주의에 기초한 자유사상과 북쪽의 사회주의에 기초한 평등사상이 만나는 신학이어야 한다. 물론 남이라고 해서 모두가 자유로운 것은 아니다. 자유를 누리는 사람들은 돈과 권력을 가진 소수이고, 다수는 성공의 자유라는 미명하에 돈과 권력의 노예가 되어 살아가고 있다. 마찬가지로 북의 평등 또한 상당 부분 제한적이다. 지역적으로는 평양 그리고 계급적으로는 10%에 해당하는 당원과 관료들에게 부가 편중되어 있다. 97년 처음 평양을 방문하면서 느꼈던 것은 자본에 물들기 시작하는 관료들이었다. 지금은 훨씬 더 심화되어 있다. 그러나 이러한 자체 모순에도 불구하고 필자는 남쪽의 신자본주의와 북쪽의 신사회주의가 함께 만나 어우러지는 새로운 경제체제야말로 이 세계를 구원할 새로운 경제모델이 될 것이라고 확신하고 있다. 함석헌 선생이 말한 대로 '세계사의 하수구'인 한강토 수난의 역사는 세계를 구원하게 될 것인데, 필자는 이 세계 구원은 바로 남과 북이 만나 창출해 내는 새로운 정치사회 경제체제라고 본다.

오늘 문 목사님이 살아계신다면 어떤 얘기를 하고 어떤 신학적 작업을 진행할 것인가? 이미 해외에서는 여러 차례 시도된 바 있지만, 그건 민중신학과 주체사상의 만남이라고 본다. 여기서 필자는 주체사상이라고 말하지만, 이미 80년대 브리태니커 사전은 〈World

Religion〉이라는 항목에서 북의 주체사상을 세계 8위의 '주체종교'로 분류하고 있다. 필자는 1997년 이후 2014년까지 3, 4년 주기로 다섯 차례 평양을 다녀온 바 있는데, 곳곳에 붙어 있는 여러 구호를 통해 변화하는 사회 이념을 엿보게 된다. 김일성 주석 사망 이후 첫 방문에서 "주석은 영원히 우리와 함께하신다" 등등의 구호를 보면서 이는 기독교의 부활과 별다른 바 없다는 것을 느꼈었다. 지금도 김정은 위원장이 핵 개발 중단 내지 핵 폐기를 말하면서 그 정당성의 근거로 김주석의 유훈을 언급하는 것은 북조선이 유사종교 사회 체제를 갖고 있음을 말해주고 있다. 흔히 우리는 이런 얘기를 들으면 '김일성 개인숭배 사상'으로 치부하고 마는데, 이는 북에서 기독교를 향해 '주 예수 개인숭배 사상'에 불과하다고 주장하는 것과 비슷한 얘기가 되고 만다. 교회가 이천 년 전 예수의 사상과 행동을 오늘의 시대에 맞게 재해석하듯이 북 또한 수십 년 전의 김일성의 사상과 행동을 오늘의 시대에 재해석하고 있다. 물론 교회에도 문자 근본주의자가 있듯이 북에도 그런 근본주의자들이 있을 것이다. 남에서 '예수 천당 불신 지옥'을 외치는 이단들이 있듯이 북에도 그런 이단들이 충분히 있을 수 있다. 우리는 하나의 극단의 예를 갖고 전체를 속단하는 잘못을 저질러서는 안 될 것이며, 탈북자들이 하는 얘기를 전적으로 신뢰해서도 안 될 것이다. 북에서 비판하는 기독교는 미국의 제국성을 대변하는 국가종교로서의 비판이 우선이지 기독교 자체에 대한 비판은 아니다.

민중신학과 주체사상과의 대화

이제 시급하게 준비해야 할 통일신학의 과제는 민중신학과 주체사상과 만남이다. 문제는 북은 기독교에 대해 어느 정도의 이해를 하고 있으나 남은 '빨갱이 덫'에 걸려 주체사상에 대해 아는 것이 전무하다고 말할 수 있다. 아니 오히려 순우리말인 '동무' 대신 한자어 '친구'를 사용해야 하고 '인민'(人民)이란 좋은 단어 대신에 '민중'(民衆)이라는 애매모호한 단어를 사용해야 했으며 주체(主體)라는 단어 자체를 사용하지 못하는 비 주체성에 휘둘리며 살아온 것이다. 남에서 가장 선호하는 민주주의는 어떻게 실현되는가? 그건 민(民)의 주체인 백성 한 사람 한 사람이 자신의 삶에 주인이 되는 곧 주체(主體)의 실현 외에 다른 것이 아니다. 민중신학과 주체사상과의 대화는 오히려 30년 전 한때 해외에서 진행된 적이 있을 뿐이다.

기독교도 비판할 게 많듯이 주체사상도 비판할 게 많다. 그러나 일단 저들의 주장에 귀를 기울여 보자. 상대를 있는 그대로 인정하지 않고 어떻게 진정한 통일을 이루겠는가? 화해와 평화를 말하면서 내 것만 옳다고 하는 편견에 사로잡혀 있다면 진정한 통일은 일어나지 않는다. 80년대 김일성종합대학의 교수로 "주체사상과 기독교"라는 과목을 가르친 바 있는 홍동근 목사도 주체사상의 매력을 정치혁명의 맑스주의를 넘은 도덕철학과 종교성에 있다고 말하였다. 따라서 주체사상을 주체종교 내지는 주체신학으로 읽는다 해도 크게 문제가 되지 않을 것이다.

주체사상은 맑스주의처럼 기독교에 대해 적대적이거나 생소하지 않다. 해방 직후 맑스주의자들이 무신론과 유물사관을 가지고 기독교를 관념론이라고 조소하고 인민의 아편으로 치부하였을 때 (김일성 주석은) 이념적 반대나 적대의식을 표시하지 않았다. 반대로 토착적인 따뜻함과 인간적인 정을 느끼게 하여 좋다. 맑스주의도 차이점을 거두고 공통점만을 찾으며 기독교와 사촌 사이까지 갈 수 있다는 발언을 하였다.[31]

(가로 안은 필자의 첨가)

이 배경에는 김일성 자신이 어렸을 때, 외가 특히 어머니 강반석 집사의 영향 아래 교회를 다녔으며 아버지 김형직 또한 기독교 학교인 숭실중학교를 졸업했다. 김형직 사후, 그의 절친인 손정도 목사 가정에서 양아들로 같이 자라났던 이가 김일성이다. 그리고 김일성의 외삼촌 강량욱 목사는 초기 수상을 지낸 바도 있다. 적어도 김일성에게 있어서 기독교와 공산주의는 함께 갈 수 있는 사상이었다. 서구 기독교가 세계패권 제국주의와 결별하고 약소민족의 독립과 해방을 위해 함께 투쟁하는 조선의 기독교로 탈바꿈할 수 있다면 얼마든지 가능한 일이었다. 김주석은 여러 차례 남에서 온 목사님들에게 식사 기도를 부탁하였다고 하지 않는가? 여기에서 우리는 민중신학과 주체사상과의 접점 가능성을 찾아볼 수 있다.

주체사상의 기본 교리는 다음과 같다.[32]

(1) 사람 중심의 사상 — 주체사상의 사람 중심 사상은 기독교의 하느님 중심 사상과는 반대개념으로 들리지만, 불트만이 지적했듯

이 '신학은 인간학이다'라는 관점에서 얼마든지 접점이 가능하다.

(2) 민족 자주성의 신앙 ― 민족 자주성의 신앙 또한 역사적 예수의 하느님 나라 운동 관점에서 보면 예수 운동의 실체이기도 했다.

(3) 공산주의 사회의 열망 ― 공산주의를 논할 때 원론적 의미에서 마르크스의 유물사관과 주체사상은 구분할 필요가 있다. 왜냐하면, 역사의 주체를 물질이 아닌 사람에 두고 있기 때문이다. 그리고 사도행전 2장에 나타난 공동으로 재산을 소유하고 필요에 따라 나눠 쓰는 초기교회의 모습은 공산주의의 원형이지 않은가?

(4) 혁명가적 풍모― 혁명가적 풍모는 헤롯왕을 여우로 비웃고 유대 사회 지배의 근간인 예루살렘 성전에 들어가 채찍을 휘두르며 상을 뒤집어엎고 종교장사꾼들을 쫓아내고 성전을 장악하는 모습이야말로 과연 혁명가적 풍모가 아닌가?

이러한 기독교와 주체사상의 대화를 만약 문 목사님의 〈히브리 민중사〉의 민중신학과 인민의 삶을 극대화하고자 하여 사회주의로 탈바꿈하고 있는 북조선의 주체신학으로 그 폭을 더욱 좁힌다면 둘 사이의 간극은 훨씬 더 좁아질 것이다. 필자는 목사님께서 지금 살아계신다면 분명히 이 작업을 하실 것이라고 생각하며 앞으로의 통일시대를 바라보면서 한신신학이 각별한 관심을 갖고 진행하여야 한다고 본다. "민중신학과 주체사상 연구소"(가칭)를 설립하는 것을 제안한다. 10년 전 홍근수 목사께서 〈기독교와 주체사상과의 대화〉라는 과목을 개설했을 때, 등록 학생 미달로 취소된 바 있지만, 이번의 한신신학의 광맥을 찾아가는 연속강좌가 하나의 행사로만 그치지 않고, 새로운 시대를 열어갔던 김재준 목사님과 송창근 목사님 그리고 문익환 목사님의 유지를 이어 반드시 이런 연구소가 세워질 수 있기를 간절히 소망한다. 문 목사님은 '역사를 산다는 것은 벽을 문으로 알고 부딪히는 것'이라고 말씀하셨는데, 이것이 바로 벽을 문으로 알고 부딪히는 일이라고 생각한다.

6. 나가면서

출애굽의 하느님은 당신의 이름을 묻는 모세에게 '야웨흐 아세르 야웨흐'라고 답하신다. '나는 곧 나.'라고 번역되는 이 말을 필자는 크게 두 가지로 이해한다. 첫째는 '백성들 사이에 거하는 신의 현존성'이고 둘째는 '인간의 언어로 규정 받지 않는 곧 이름이 없는 신의 자율성'이다. 늦봄 문익환은 이러한 하느님의 본질적 형상을 가장 잘 보여준 분으로 하느님이 이 땅에 보내신 예언자였다. 미국의 퀘이커 봉사회는 1992년 문익환 목사를 노벨평화상 후보자로 천거하기도 했다.

끝으로 그의 평생의 반려자 박용길 장로를 언급한다. 그는 남편이 가는 '늦봄' 길을 함께 가겠다는 뜻에서 '봄길'이란 아호를 짓고 명동 구국 선언에서부터 뜻을 같이하며 십자가 수난의 길을 걸었다. 남편을 대신하여 1995년 김일성 주석의 1주기에 방북을 하였고 이로 인해 구속당했으며 그의 뒤를 이어 '통일맞이 칠천만 겨레 모임'의 대표를 역임하기도 하였다. 십자가의 고난을 통해 부활과 생명의 역사를 한강토에 펼쳐 보인 자랑스러운 부부였다.

『문익환 평전』은 다음의 문장으로 문 목사님의 삶을 정리한다.

그로 인해 우리는 잘못된 수치심 없이 저 아득한 21세기의 나날들을 다시
들여다볼 수 있게 되었고, 또 분단·전쟁·국가폭력 같은 두려운 단어들
이 아닌 따뜻한 언어로도 우리의 역사를 기록할 수 있다는 사실을 배웠다.
어떤 악조건 속에서도 인간의 품위를 잃지 않고 꿈과 사랑을 보여준 그의
업적 덕분에 새로운 세대는 다른 눈으로, 더 잘, 더 자유롭게, 더 정직하게
자기들의 시대를 껴안을 수 있게 되었다.[33]

1 현재 필자는 향린교회에서의 14년 임기를 마치고 <예수살기>, <6·15남측위>, 인터넷언론 <민플러스>, <전쟁반대평화실현 국민운동본부>, <함석헌기념사업회> 등의 여러 사회선교 분야에서 일하고 있다. NCCK 화해통일위원장, 전태일재단 이사장, 평화통일연구소 이사장 등을 역임하였다.

2 6월 항쟁의 중심 역할을 한 <국민운동비상본부>가 발족한 장소이기도 하다.

3 이보다 앞서 신사참배문제로 인한 고신파 분열이 있긴 하였지만, 이는 부산지역을 중심으로 한 소수파 분열이었다.

4 보호구역을 벗어나면 특별생활보조금 혜택이 사라진다. 그 돈으로 저들이 보호구역 안에서 할 수 있는 일은 도박, 술, 마약뿐이다. 갱(Gang)폭력과 성폭력이 빈번하게 발생하는 지역 이다.

5 1905년 태프트-가츠라 비밀협정(Taft–Katsura agreement)을 통해 미국은 일본의 조선 지배 를 그리고 일본은 미국의 필리핀 지배를 상호 인정한다. 이 협정이 있고 난 직후 을사늑약이 일어난다.

6 원래는 'War-Industrial Complex'였다.

7 Acheson line: 애치슨은 워싱턴 내셔널 프레스 클럽에서 열린 전미국신문기자협회에 참석하 여 <아시아의 위기>라는 제목으로 연설하면서, 소련과 중국의 영토적 야욕을 저지하기 위한 미국의 극동방위선을 재확인하는 발언을 했다. 여기서 그는 태평양에서 미국의 극동방위선 을 알류샨 열도-일본-오키나와-필리핀을 연결하는 이른바 '애치슨 라인'으로 결정한다고 발표한다.

8 1950년 6월 22일 서부 전선 일대에서 남한 군대가 38선을 넘어 북조선의 해주 지역을 침공하 였다는 증언들이 있다. 단독정부 수립 후 38선 근처에서는 매우 많은 국지전이 있었다.

9 7월 27일 휴전협정 발효일 당일 미군은 모든 민간인 차량을 강제동원하여 수원의 포탄창고로 부터 전선에 운반하여 포에 물을 부어 식혀가며 모조리 소비한다.

10 천안함 침몰 사건도 여기에 포함된다. 애당초 미국국무부는 북조선의 소행이 아님을 밝혔 다. 그러나 이후 침묵을 하게 되는데, 여기에는 한미군피아들의 이권이 맞아 떨어졌기 때문 이다. 필자는 침몰 사건 직후 우연히 시청한 미상원의원 청문회를 통해 남한이 F35 전투기 를 최초로 구매하는 국가가 될 것임을 그해 가을부터 설교와 강연에서 공공연히 말했다. 이 는 언론에 '신예전투기'라는 단어가 등장하기 1년 전이었고 박근혜 정부가 F35 전투기를 구매하겠다고 발표하기 2년 전이었다.

11 19~29세 흑인 남성의 경우에는 대학생보다 감옥 수감자가 더 많은 현실이다.

12 그는 코로나바이러스를 China Virus라고 말하며 KungFlu(쿵후에 빗대어)라고 조롱한다.

13 필자는 그가 대통령 후보 시절보다 10년 전 라디오 토크쇼에서 한 발언을 듣고 너무나 놀랐으며 그래서 절대 당선되지 않을 것이라고 보았다. 그건 '한 침대에서 두 명의 여성과 함께 놀았다.'라는 자랑이었다.

14 아버지는 자메이카인, 어머니는 인도인이다.

15 NCCK는 9개 교단이 회원으로 참여하지만, WCC에 회원으로 참여하는 교단은 예장 통합, 기장, 감리교, 구세군 4개 교단뿐이다.

16 히브리는 어원을 보면 하비루라는 당시 근동의 노예나 떠돌이와 같은 최하위계층을 칭하는 사회적 용어였다. 그러나 후기 문헌에서 이는 민족개념으로 변해 현재는 이스라엘 민족과 동일한 의미로 사용되고 있다.

17 십여 년 전 월터 윙크라는 신학자로부터 원수 사랑 이야기에 담겨 있는 세 가지의 경우 곧 오른뺨을 치거든 왼뺨을 돌려대고 겉옷을 달라거든 속옷을 주고 오리를 가자거든 십리를 가라는 말씀이 모두 로마 제국하에서의 지배자와 피지배자 사이에 일어나는 실제의 경우임을 알았을 때, 필자는 엄청난 충격을 받았다.

18 여기서 발표한 필자의 영문과 한글 번역 글은 향린교회(www.hyanglin.org) 홈피에 실려 있다.

19 9차 총회가 열렸던 브라질의 포르테 알레그레는 주수도이지만, World Social Forum이라고 하는 신자유주의와 군사 패권주의에 저항하며 대안적 정의 체제를 모색하는 NGO들의 집합체인 세계적인 기구가 시작하고 그 본부가 있는 도시이다. 지구환경과 경제의 관점에서 대안 도시로 일컬어지고 있는 도시이다.

20 최근 WHO 중국방문단은 우한이라고 결정지을 수 있는 분명한 증거는 발견할 수 없다고 공식적으로 발표했다.

21 여기에서부터는 학문적 논의의 용이성과 발제문의 간결성을 위해 간혹 평어체를 사용함을 밝힌다.

22 문익환, 『하나가 되는 것은 더욱 커지는 일입니다』 (삼민사, 1991), 139.

23 문익환, 『혁명의 해일』 (청노루, 1988), 118.

24 문익환, 위의 책, 36.

25 문익환, 『꿈을 비는 마음』 (실천문학사, 1992).

26 김지형·김민희 『통일은 됐어』 (지성사, 1994), 134.

27 문익환, 『하나가 되는 것은 더욱 커지는 일입니다』 (삼민사, 202).

28 문익환, 『히브리민중사』 (정한책방, 2018), 152.

29 같은 책, 166.

30 문익환, 『통일은 어떻게 가능한가』 (학민사, 1984), 136.

31 선우학원·홍동근 공저, 『주체사상과 기독교』 (북미주체사상연구회, 1990), 78.

32 같은 책, 78.

33 김형수, 『문익환 평전』 (실천문학, 2004).

2부

분단 상황에서 성서 읽기

예수 족보 안에 숨어 있는 빨갱이들 | 두 개의 서로 다른 창조 이야기 합류와 한 강토 통일 | 희년(안식년) 제도와 토지공(共)개념 | 예수와 민족 그리고 민족주의 기독교의 '부활신앙'과 북조선의 '영생사상' | 이스라엘 왕국 분열과 한반도 분단 이스라엘·유다 분쟁과 한국전쟁 | 예수의 분단 장벽 허물기 | 초대교회와 북조선 가정교회 | 멘토링: 손정도 목사와 김성주 | 가인과 아벨 그리고 손원일과 김일성

예수 족보 안에 숨어 있는
빨갱이들

마태복음 1:1-17

> 아브라함의 후손이요, 다윗의 자손인 예수 그리스도의 족보는 다음과 같다.
>
> ...
>
> 야곱은 마리아의 남편 요셉을 낳았고 마리아에게서 예수가 나셨는데 이분을
> 그리스도라고 부른다. 그러므로 아브라함에서 다윗까지가 십사 대이고, 다
> 윗에서 바빌론으로 끌려갈 때까지가 십사 대이며 바빌론으로 끌려간 다음
> 그리스도까지가 또한 십사 대이다(마 1:1-17).

　복음서에는 예수의 족보가 두 곳에 나온다. 마태복음 1장과 누가
복음 3장이다. 이 두 복음서는 마가복음과 동일한 시각에서 기록되
었다고 하여 '공관(共觀, Synoptic)복음서'라고 불리지만, 두 족보의
차이는 매우 크다. 마태는 아브라함에서 시작하여 예수로, 곧 과거
에서 현재로 내려오는 전통적인 방식을 따르지만, 누가는 반대로 현
재에서 과거로 거슬러 올라가는 혁명적인 방식을 선택한다. 그리하
여 예수에서 올라가기 시작하여 아브라함, 여기에 그치지 않고 노

아, 무드셀라, 에녹, 아담, 심지어는 하느님까지 족보에 포함 시킨다. 이런 차이에 대해 신학적으로 마태는 유대인 기독교인을, 누가는 이방인 기독교인들을 대상으로 하여 복음서를 기록하였다고 설명할 수 있다. 다시 말해 마태는 예수를 유대인의 한 사람으로 이해한 데 반해, 누가는 세계(로마 제국)인의 한 사람으로 이해했다는 뜻이다.

그런데 아브라함과 예수 사이의 족보를 살펴보면, 언급되는 조상들의 이름이 다를 뿐만 아니라 대(代) 수조차 상당한 차이가 난다. 한 사건에 대한 서술이 세 공관복음서 내에서 차이가 있다는 점을 감안한다면, 상이한 족보는 신학적 차이 곧 독특성으로 이해할 수 있다. 더 나아가 우리는 인류의 기원과 역사에 관하여 성서와 인문학 사이에 엄청난 괴리가 있음을 잘 알고 있다. 이 또한 창조론과 진화론의 대립으로 이해하기보다는 서로를 보완하는 신학과 과학의 독특성으로 이해하는 것이 옳다. 신학은 왜(why)를 질문하지만, 과학은 어떻게(how)를 질문하기 때문이다. 따라서 우리는 예수의 족보를 '사실로서의 역사'(historie)가 아닌 '해석된 역사'(geschichte)의 관점에서 접근해야 함을 알 수 있다.

마태가 족보를 기록한 이유 중 하나는 예수가 정통 유대 가문의 후손임을 주장하기 위함이다. 예수 시대에 갈릴리 출신이라 함은 곧 하류 계층을 의미한다. 요한복음 1장에서 빌립은 나다나엘에게 이렇게 말한다. "내가 오늘 나사렛 출신의 예수를 만났는데, 그분이 우리 조상들이 기다려온 분이다. 같이 가보자." 나다나엘이 반문하기를 "나사렛에서 무슨 선한 것이 나겠느냐?" 마태는 예수가 아브라함의 후손일 뿐만 아니라 다윗의 후손임을 강조하는 것이다.

그리고 이보다 더 중요한 사실은 이 족보의 대 수가 정확히 40이라는 것이다. 마태의 족보 마지막 부분에서 아브라함에서 다윗까지 14대이고, 다윗에서 바빌론으로 끌려갈 때까지 14대이며, 바빌론으로 끌려간 다음 그리스도까지 14대라는 구절 때문에 전체가 42대라고 생각하기 쉽지만, 다윗과 바빌론이 앞뒤로 반복되기에 42에서 2를 빼면 40이 되고, 실제 그 수를 세어보아도 40대이다.

성서에서 40이라는 숫자는 무엇을 의미하는가? 출애굽을 한 히브리 노예들이 광야에 머문 기간이 40년이고, 모세가 시내 산에 올라 십계명을 받기까지 기도한 날이 40일이다. 선지자 엘리야가 갈멜 산에서 아합왕과 이세벨 왕비의 거짓 예언자들을 물리친 후에 이세벨의 칼날을 피해 호렙산에 이르기까지 광야를 걸어간 기간이 40일이다. 예수께서 요한으로부터 세례를 받은 후 광야에 나가 금식하며 기도한 날이 40일이다. 변화산상에 등장하는 세 명의 인물이 모두 광야 40일 기도와 직접 연계된다.

광야(廣野)는 히브리어로 '미드바르'(מדבר)이다. 여기에서 '미'(מ)는 장소를 뜻하는 접두어이고, 히브리어 어근 '다바르'(דבר)는 말씀 혹은 언약을 뜻한다. 이 단어는 창세기 1장에서 하느님께서 세상을 '말씀'으로 창조하셨다고 서술할 때 사용된 바로 그 단어이다. 곧 '다바르'는 무에서 유를 창조해내는 하늘의 말씀이다. 따라서 우리말로 '광야' 혹은 '빈들'로 번역된 이 히브리어 단어는 인간이 살아갈 수 없는 허허벌판을 의미하는 것이 아니라, 인간의 역사에 변혁을 가져오는 하늘의 말씀이 임하는 시공간(時空間)을 뜻한다.

모세, 엘리야, 예수는 모두 40일간의 광야 기도생활을 거쳐 새 역사의 주역으로 나섰다. 이런 시각에서 보면 애굽 제국의 압제에서 벗어난 히브리 노예들이 광야에서 40년 동안 머무른 것 또한 단순히 고통스러운 훈련 기간이 아니라 새 역사를 창조하기 위하여 새 인간이 되는 은총의 기간으로 이해해야 한다. 노아의 홍수가 40일 주야로 계속되었다는 이야기도 단순히 홍수를 통한 심판을 넘어 노아의 가족을 통한 새역사 창조에 그 방점이 있는 것이다. 마태는 예수의 족보를 40대로 정리함으로 예수 그리스도를 통한 하느님의 새로운 창조 역사가 시작하고 있음을 묵시적으로 선포하는 것이다.

족보의 여인들을 통해 드러나는 마태의 고발

마태의 족보에서 또 하나 중요한 사실은 이 족보에 여성의 이름이 등장한다는 사실이다. 과거 우리나라도 그러했지만, 이천 년 전 유대 사회에서 여성은 온전한 사람으로 인식되지 않았다. 그래서 사람의 숫자를 셀 때 여성은 제외하였고, 랍비들은 성전에서 하루 세 번 기도하면서 여성으로 태어나지 않음을 감사했다. 그런데 이러한 남존여비 사회에서 마태는 하느님의 아들로서 메시아로 칭송받는 예수 그리스도의 족보에 여성의 이름을 넣었다. 그것도 한 사람이 아닌 네 사람을 넣었다. 게다가 이들은 평범한 여성이 아니라 당시 사회에 커다란 스캔들을 불러일으킨 여인들이었다.

첫 번째로 등장하는 여성은 다말이다. 다른 여성은 몰라도 다말의 이름만은 결코 예수의 족보에 나타나서는 안 되는 사람이었다. 왜냐하면, 다말의 아들은 남편과의 사이가 아니라 시아버지 유다와의 사이에서 나왔기 때문이다. 유다에게는 세 아들(엘, 오난, 셀라)이 있었다. 유다는 이주를 하면서 가나안 여인 다말을 며느리로 맞아 큰아들 엘과 결혼을 시킨다. 그러나 큰아들은 "주님께서 보시기에 악하므로"(창 38:7) 자식 없이 죽게 된다. 그러자 당시 풍습에 따라 둘째 아들 오난이 형수인 다말과 결혼을 하였는데, 그 또한 야웨의 분노를 사는 바람에 자식 없이 죽는다. 그러자 유다는 셋째 아들 셀라마저 죽을까 두려워하여 셀라가 장성한 후에 결혼시키겠다는 말을 하고 며느리를 친정으로 돌려보낸다. 그러나 시아버지 유다는 장성한 셀라를 다말에게 줄 의향이 없었다. 그러자 다말은 창녀로 분장한 후 유다와 관계를 맺어 아들을 낳게 되었다. 배후 역사와 그 과정에 관한 이야기를 읽어보면 전혀 이해가 안 되는 것은 아니지만, 이는 결코 일어나서는 안 될 불륜 관계이다. 설사 어찌어찌하여 일어났다 하더라도 필사적으로 감추어야 할 사건이다. 그런데 마태는 유다가 며느리 다말을 통해 자식을 얻었다는 사실을 분명하게 기록하고 있다.

두 번째 여성은 라합이다. 라합은 본래 여리고성의 기생이었다. 여호수아가 보낸 정탐꾼을 보호해준 대가로 그녀의 일가족이 죽음을 면했을 뿐만 아니라 예수의 족보에 이름이 오르게 된 것이다.

세 번째 여인은 모압 여인 룻이다. 룻은 유대 땅에 기근이 들어 모압 땅으로 피난온 한 유대인 가족의 며느리가 된다. 룻은 남편과 자식을 잃고 고향으로 돌아가는 시어머니 나오미를 따라 베들레헴까지 와서 보아스를 만나 다윗 왕의 아버지인 이새를 낳는 복을 받는다. 그런데 룻은 보아스와 정식으로 결혼한 후에 관계를 맺은 것이 아니라, 추수 기간에 (술에 취한) 보아스가 혼자 자고 있을 때 살며시 이불 속으로 들어갔다. 후에 정식으로 결혼을 하긴 하였지만, 이는 19금(禁)에 속하는 이야기이다.

네 번째로 등장하는 여인은 다윗 왕의 후처로 솔로몬을 낳은 밧세바이다. 그런데 마태의 족보에는 '밧세바'라는 이름 대신 '우리아의 아내'라고 기록되었다. 다윗은 자신의 충성스러운 부하 우리아 장군이 전쟁터에 나가 왕과 왕국을 위해 전투하는 동안 권력으로 그의 아내 밧세바를 취하였다. 물론 이 부정한 행위는 후에 나단 선지자의 우회적 비판을 통해 다윗이 그 죄를 회개하기에 이른다. 그러나 둘 사이에 태어난 첫 번째 아들은 불륜의 대가로 죽음을 맞이한다. 중요한 것은 마태는 당시 유대인들에게 성인으로 추앙받는 다윗의 죄를 보다 확실하게 밝히기 위해 앞의 세 경우와 같이 '다윗은 밧세바에게서 솔로몬을 낳고'라는 방식으로 기록하지 않고, '우리아의 아내에게서' 솔로몬을 낳았다고 기록한 것이다.

이는 요즘 말로 하면 미투 고발이다(#MeToo, '나도 당했다'). 오늘날의 미투운동은 2006년 미국의 여성인권운동가 타라나 버크가 시작했다. 그러나 진정한 창시자는 마태이다. 마태는 시아버지로부터 출산의 권리를 박탈당한 다말, 남성들의 성적 노리개로 전락한 기생 라합, 떨어진 이삭을 주워 먹고 살아야 했던 가난한 과부 룻, 다윗의 욕망의 희생자가 되었을 뿐만 아니라 그로 인해 남편의 비참한 죽음까지도 받아들여야 했던 밧세바, 이렇게 네 여인의 이름을 믿음의 조상 아브라함으로부터 하느님의 아들 예수 그리스도에게로 이어지는 40대(代)의 역사 속에 일부러 집어넣음으로 성폭력을 고발하고 있다.

더 나아가서 이 여인들은 이방 출신이었다. 다말과 라합은 가나안 사람이었고, 룻은 모압 사람, 밧세바는 헷 사람 우리아의 아내였다. 아브라함과 예수 그리스도의 족보 속에 들어와서는 안 되는 불결한 여인들이었다. 이들은 유대민족의 순수성을 더럽히는 일종의 빨갱이들이었다. 예수 이전부터 유대인들은 모세 율법을 준수하고 아브라함의 자손으로서 할례를 받고 예루살렘 성전 예배를 통해 야웨를 따를 때만이 구원받는다는 선민사상을 굳게 붙잡고 있었다. 이 사상은 당시 유대 사회를 지탱하는 가장 중요한 이데올로기였다. 마태는 아브라함의 순수한 혈통이라는 것이 얼마나 허위에 찬 것인지를 폭로하고 있는 셈이다. 빨갱이 여인들의 피가 자신들의 핏줄 속에 흐르고 있음을 고백하고 있는 것이다. 이방 민족은 유대 민족과 단지 종교적으로 구별될 뿐만 아니라 정치 군사적으로는 적대적 관계였다. 마태는 네 명의 문제 많은 이방 여인들의 이름을 아브라함과 예수의 족보에 삽입함으로써 예수 그리스도로부터 시작하는 새로운 역사는 아브라함의 자손인지 아닌지에 따라 구별하고 차별하는 '배타의 역사'가 아닌, 서로 다른 것들이 하나로 뭉쳐지는 '화해와 포용의 역사'임을 말하고 있다.

사도행전 10장에서 베드로는 환상을 경험한다. 여러 동물이 담긴 바구니가 내려오고 그 동물들을 잡아먹으라는 하늘의 음성을 듣는다. 그런데 거기에는 율법에서 부정하다고 규정한 동물들이 담겨 있었다. 그래서 그는 먹기를 꺼려하였다. 그때 하늘에서 다시 음성이 들려왔다.

"하느님께서 깨끗게 한 것을 더럽다고 하지 말라." 베드로는 이같은 일을 세 차례 경험한다. 베드로는 이 환상의 뜻이 무엇인지 생각하던 중, 가이사랴에 거주하는 로마 백부장 고넬료가 보낸 사람의 초대를 받는다. 베드로는 고넬료의 집에 가는 것이 하늘의 뜻임을 깨닫는다. 베드로가 고넬료의 집에 방문하여 예수 그리스도의 화해의 복음을 전하자 성령이 임하고 방언의 사건이 일어난다. 그곳에서 베드로는 세례를 베푼다. 이 사건은 예루살렘 마가의 다락방에서 일어났던 오순절 성령 강림 사건의 재현이다. 곧 예수 안에서 유대인과 이방인의 구별이 없음을 보여주고 있다.

민음의 조상 아브라함으로부터 예수 그리스도에 이르기까지의 족보에는 우리로서는 상상할 수 없는 부끄러운 역사가 담겨 있다. 이 여인들은 당시 사회의 가장 밑바닥 계층의 사람들로서 소외받고 차별받는 민중의 한 사람이었다. 다말은 시아버지의 부권(父權)에 눌려 자신의 권리를 주장할 수 없었고, 라합은 남성들의 성노리개였다. 또한, 룻은 이방 여인 과부였으며, 밧세바는 비록 아들 솔로몬이 왕으로 등극하게 되지만 다윗에게 겁탈을 당하고 충직한 남편이 간교한 권력에 의해 죽게 되는 일을 운명으로 받아들일 수밖에 없었던 한(恨) 많은 여인이었다. 이들이 아브라함과 예수의 족보에 포함된 일은 한마디로 예수께서 말씀하신 '꼴찌가 첫째 되는 역사 뒤집힘'과 다름없는 혁명에 가까운 일이었다. 또한, 마태복음 3장에서 세례 요한이 바리새인들과 사두개인들을 향해 외친 "이 독사의 자식들아! 회개에 합당한 열매를 맺어라! 아브라함이 우리 조상이라고 생각하지 말아라. 하느님은 이 돌들로도 능히 아브라함의 자손이 되게 하실 수 있다"라는 구절의 구체적인 예이다.

선민사상에 사로잡힌 유대인들을 향한 마태의 족보 고발 사건은 유대인들의 신앙과 사회 이념을 뒤흔드는 폭탄선언이었다. 마태의 메시지는 예수 그리스도를 통해 선포되고 이룩되는 새로운 하느님 나라는 유대 민족이 아닌 다른 민족들 역시 구원의 반열에 포함되어 있다는 신학적 선언이기도 하다. 한마디로 차별과 배타의 역사가 아닌 화해와 포용의 역사 창출을 선포하고 있다.

이 메시지는 오늘 우리에게 무엇을 말하는가? 우리 사회에 만연한 지연과 학연 그리고 빈부에 따른 차별의 현실을 끝내야 한다는 의미로 읽어야 하지 않을까? 이념이 다르다는 이유로, 피부색이 다르다는 이유로 발생하는 차별과 혐오를 없애야 한다는 뜻으로 받아들여야 하지 않을까? 남한 사회에는 100만 명이 넘는 외국인이 있다. 특히 동남아시아에서 온 피부색이 다른 사람들을 우리는 어떻게 대하고 있는가?

또한, 연변 동포나 북조선 동포에게 어떤 태도를 보이고 있는가? 현재 남한에 살고 있는 탈북자들 가운데 상당수는 사회로부터 받는 차별을 견디다 못해 기회가 허락된다면 다시 북조선으로 돌아가고 싶어한다.

앞으로 남북관계는 엄청나게 빠른 속도로 개선될 것이다. 그러나 북조선에 대한 우리의 고정관념은 쉽게 바뀌지 않고 있다. 알게 모르게 교육받고 습득한 북조선에 대한 적대감은 여전히 우리의 생각과 사회 안에 남아 있으며 특히 교회 안에 깊숙이 뿌리내려 있다. 무신론을 주창해온 북조선의 공산주의와 기독교 신앙은 함께할 수 없다는 전제를 갖고 있기 때문이다.

그러나 마태가 족보에서 네 여인의 이름을 밝히 드러내지 않았다면 예수 시대의 유대인들은 다른 신을 믿는 이방 족속과는 함께할 수 없다는 고정관념을 계속 유지하였을 것이다.

화해와 통일의 시대를 맞아 우리 기독교인들이 취해야 할 복음의 자세는 무엇일까? 변화의 21세기를 맞아 북조선 또한 변화하고 있다. 사회주의를 제창하고 헌법에 종교의 자유 조항을 삽입하였다. 물론 우리가 이해하는 종교의 자유와는 차이가 있다. 만약 우리가 마태가 족보에서 말하고자 했던 구원의 포용과 통합 사상을 받아들일 수만 있다면 이런 차이는 얼마든지 극복할 수 있을 것이다. 만일 마태가 오늘 이 한강토 땅에 다시 태어난다면 그는 새로운 하느님 나라의 시대를 바라보며 오늘의 시대를 구원할 메시야의 족보를 어떻게 기록할 것인가? 상상만으로도 우리의 마음은 부풀어 오른다.

두 개의 서로 다른 창조 이야기 합류와 한강토 통일

창세기 1:1-3:24

한 처음에 하느님께서 하늘과 땅을 지어내셨다. 땅은 아직 모양을 갖추지 않고 아무것도 생기지 않았는데, 어둠이 깊은 물 위에 뒤덮여 있었고 그 물 위에 하느님의 기운이 휘돌고 있었다. 하느님께서 "빛이 생겨라!" 하시자 빛이 생겨났다(창 1:1-3).

당신의 모습대로 사람을 지어내셨다. 하느님의 모습대로 사람을 지어내시되 남자와 여자로 지어내시고 하느님께서는 그들에게 복을 내려주시며 말씀하셨다. "자식을 낳고 번성하여 온 땅에 퍼져서 땅을 정복하여라. 바다의 고기와 공중의 새와 땅 위를 돌아다니는 모든 짐승을 부려라!(창 1: 27-28).

야훼 하느님께서는 동쪽에 있는 에덴이라는 곳에 동산을 마련하시고 당신께서 빚어 만드신 사람을 그리로 데려다가 살게 하셨다(창 2:8).

유대인들은 새해 첫날 창세기의 창조 이야기를 묵상하는 신앙 전통이 있다. 창조 이야기의 신학적 해석을 통해 오늘날 한강토의 새로운 미래를 조명해보자.

창세기에 나타나는 두 창조 이야기(1:1-2:3, 그리고 2:4 하반절-3장)는 그 언어나 내용은 물론이고 신의 이름이 다르다는 점에서 완전히 서로 다른 전승을 갖고 있다. 한글 성서는 '하느님'[1] 그리고 '야훼(여호와) 하느님'으로 번역하여 이 둘의 차이를 느끼기 어렵지만, 히브리어로는 '엘로힘'(Elohim)[2]과 '야훼'(Yahweh)[3]로 전혀 다르다. 흔히 원역사(pre-history)로 일컬어지는 창세기 1~11장은 주로 제사장 문서(Priestly Writings)와 야훼 문서(Jahwist Writings)로 이루어져 있다. 제사장 문서는 바빌론 포로기 이후 사제들에 의해 전승된 문서를 의미하고, 야훼 문서는 신의 이름이 '거룩한 네 글자'(JHWH)로 표기되었기 때문에 야훼 문서라고 불린다.[4]

히브리 성서(Bible)[5]는 본래부터 종교 경전이 아니라 히브리 혹은 이스라엘이라는 특수한 집단들의 이야기를 후에 신앙의 관점에서 재편집(redaction)한 것이다. 두 개의 창조 이야기 또한 고대 메소포타미아 지방의 창조 이야기인 '에누마 엘리쉬'(the Enuma Elish)와 이집트의 창조이야기를 기초로 재구성되었다는 것이 신학계의 검증된 학설이다.

첫 번째 창조 이야기

우선 7일이라는 창조의 시간 설정이 고대 바빌론 제국의 문화를 반영하고 있다. 여기서 하루는 신앙의 시간으로 역사 변혁의 하늘 시간 곧 카이로스($\kappa\alpha\iota\rho\acute{o}\varsigma$)를 뜻하는 것이지, 물리적 의미의 시간인 크로노스($\chi\rho\acute{o}\nu o\varsigma$)를 의미하지 않는다. 세대주의자들은 이 하루를 천년으로 계산하여 지구의 역사를 6,000년으로 말하는데 이는 물론 잘못된 것이다. 한 주간을 7일로 계산하는 방식은 해, 달 그리고 육안으로 구별되는 5개의 별을 기초로 하며, 고대 중국에서도 같은 방식을 사용했다. 곧 7은 우주를 형성하는 완전 숫자였던 것이다. 그리고 수학에서는 아라비아 숫자인 십진법을 따르고 있지만, 고대 히브리인들은 12라는 숫자를 기본으로 하고 있었다. 그들은 1년을 열두 달로 구분하였음은 물론 민족의 뿌리를 열두 지파로 보고 있다. 민수기 7장을 보면, 하느님께 제사드릴 때 열두 마리의 황소를 열이틀에 걸쳐 드리고 있다.[6]

보다 흥미로운 사실은 창조의 기원을 여는 창세기 1장 1절은 7개의 히브리어 단어로 구성되어 있고, 2절은 그 배수인 14개의 단어로 구성되어 있다는 점이다. 후렴처럼 반복되는 "그대로 되니라", "하느님이 보시기에 좋았더라"라는 어구 또한 7번 등장한다. 게다가 이를 히브리어로 읽으면 운율이 척척 맞아 떨어진다. 달리 말해 이는 창조주 하느님을 찬양하는 시(詩)였으며 아마도 사제들이 예배를 시작하며 읊었던 경배시였을 가능성이 높다. 따라서 창세기 1장은 시편과 같이 시어(詩語)를 살려 번역을 하고, 많은 여백을 남겨두는 시의 형태로 편집하는 것이 창세기 저자의 의도를 살리는 옳은 방식이다. 더욱 놀라운 것은 '창공/하늘', '땅'이라는 단어가 각각 7의 3배수인 21회 나오고, '엘로힘'은 7의 5배수인 35회 등장한다. 이뿐만이 아니다. 창조 이야기를 결말짓는 2장 1절부터 3절까지의 문장 또한 모두 35개의 단어로 구성되어 있다. 창세기 1장의 저자는 하느님이 그러했듯이 언어의 천재이자 놀라운 수학자였다. 문학적인 관점에서 보자면 이 얼마나 놀랍고 멋들어진 작품인가? 만약 김소월이나 윤동주의 시가 다른 나라 언어로 번역되어 읽힌다면 그 뜻이 얼마나 온전히 전달될 수 있을까? 그런 의미에서 우리가 창세기 1장이 주는 영적 감동을 온전히 느끼는 일은 아마 불가능할 것이다.

비록 히브리 성서의 창조 이야기가 바빌론의 창조신화에서 출발하고 있지만, 둘은 완전히 다르다. 바빌론 신화에서는 신들 사이의 복잡한 투쟁의 결과로 이 세상이 만들어졌지만, 성서에서는 유일하신 하느님께서 모든 것을 말씀으로 단번에 창조하신다. 1장의 저자는 크게 두 가지를 강조한다. 그것은 바로 모든 사람(남자와 여자)이 '하느님의 형상'을 띠고 태어났다는 사실과 7일째는 하느님이 쉬셨으니, 모두가 쉬는 '안식일'이라는 사실이다.

하느님의 형상

모든 인간이 하느님의 형상(Imago Dei)을 띠고 태어났다는 말은 크게 세 가지 뜻이 있다. 첫째, 모든 인간은 신의 아들딸로 존중받아야 한다는 뜻이고, 더 나아가 이는 곧 노예해방과 남녀평등을 외친 인권선언이라고 할 수 있다. 고대에 하느님의 형상을 지닐 수 있는 유일한 사람은 통치자인 왕이었다. 애굽의 '바로'가 그러했고, 바빌론 제국의 왕들이 그러했다. 그런데 고대 히브리인들은 절대왕정의 세계에서 바빌론의 포로(노예)인 자신들 또한 신의 형상을 띠고 태어났음을 주장한 것이다. 이 선언은 단순한 신인동형론(神人同形論)을 넘어서 계급타파, 사회 혁명적 주장이었다.

둘째, 하느님의 형상을 지닌 인간은 하느님의 청지기 역할을 담당해야 한다는 뜻이다. 하느님은 인간을 향해 생육하고 번성하라는 축복과 함께 땅을 정복하고 땅의 모든 생물을 다스리라는 지배 명령을 내린다. 하지만 필자는 여기서 히브리어의 '카바쉬'(כבש)와 '라다'(רדה) 두 단어를 고대의 군사적 지배문화를 반영하는 '정복'과 '다스리다'로 번역하는 것은 잘못이라고 본다. '하느님 형상'이 내포하듯이 창세기의 창조 이야기는 바빌론 군사제국의 지배문화에 대한 비판을 품고 있으므로 군사제국의 언어로 창조 이야기를 해석하는 것은 그 정신에 위배 된다. 하느님 형상 이야기는 하느님이 보시기에 좋은 세상을 그대로 유지하라는 청지기 직분을 말하는 것이다.

서구신학에서 이 구절을 군사적 용어로 잘못 번역한 나머지 유럽 기독교 국가들은 하느님의 이름으로 아시아, 아메리카, 아프리카 대륙을 침략하여 원주민들을 마구 학살하고 노예로 삼았을뿐더러 자연을 인간의 욕망을 충족시키는 정복의 대상으로 삼아 마구 착취하였다. 그리하여 오늘날 지구 생태계는 인류뿐만 아니라 생명 자체가 살아갈 수 없는 극단의 상황으로 치닫고 있다. 따라서 성서의 '정복'과 '다스리라'라는 단어는 보존(保存)과 공존(共存)이라는 생태론적 관점에서 새롭게 해석되고 번역되어야 할 것이다.

셋째, 하느님 형상은 안식일 제정과 연결된다. 7일째에 하느님이 쉬셨듯 하느님의 형상을 띠고 태어난 자신들 또한 쉴 권리가 있음을 선언한 것이다. 당시 바빌론 제국의 노예들은 동물과 같이 쉼 없이 일해야 했다. 쉴 권리가 없는 노예들이 안식일을 주장한 것이다. 이는 곧 노예해방선언이었다. 안식일(שבת, 샤바트)은 단순히 종교적인 의미에서 교회에 나와 하느님께 예배하는 것으로 그치는 날이 아니다. 이 땅에 살고 있는 남녀와 주종(主從) 사이의 차별 구조를 깨는 창조 회복의 날이 되어야 한다. 유대인들은 안식일이 시작하는 저녁에 '샤바트 샬롬!'이라고 서로 인사한다. 흔히 평화로 번역되는 히브리어 '샬롬'(שלום)은 온전한 상태를 뜻한다. 곧 안식일은 하느님이 보시기에 좋았다는 원래의 온전한 창조를 회복하기 위한 날이다. 안식일은 후에 안식년과 희년(Jubilee)의 모체가 된다. 예수는 공생애 출발과 함께 이 희년(은총의 해)을 선포하신다(눅 4:19).

두 번째 창조 이야기

첫 번째 창조 이야기에서 사람은 6일째에 마지막으로 창조된 반면, 두 번째 창조 이야기에서는 다른 모든 피조물에 앞서 제일 먼저 창조된다. 그리고 1장에서와 같이 그냥 하느님의 말씀으로 창조되는(ברא) 것과 달리 아담(אדם)은 흙(אדמה)으로부터 빚어진다. 야훼로부터 생기를 부여받긴 하지만, 1장처럼 하느님의 형상을 닮지는 않는다. 그리고 아담의 갈비뼈7로부터 여인 하와가 만들어진다. 2장의 두 번째 창조 이야기는 인간이 에덴동산8 중앙에 있는 선악과나무의 열매를 따 먹는 범죄를 저지름으로 낙원에서 추방당하고, 남자는 죽도록 땅을 일구어야 하는 노동으로 고생하고, 여자는 해산의 고통을 받게 된다는 이야기로 이어지는데, 이것은 두 번째 창조 이야기의 매우 중요한 지점이다. 야훼는 인간이 생명나무의 열매를 선택하기를 바랐지만, 뱀의 유혹을 받은 인간은 선악과의 열매를 선택하는 범죄를 저질렀다고 말한다.9

여기에서 '선악을 알게 하는 나무'는 무엇을 뜻할까? 성서에서는 선과 악을 분별하는 지혜를 갖도록 하는 것이 인간 교육의 목적이다. 잘못 해석하면 선악과 금지 명령이 야훼께서 도덕적 판단력을 상실한 어리석은 인간이나 혹은 무조건 순종하는 노예형 인간을 원하셨다는 말로 이해될 수도 있다. 물론 이렇게 해석할 수는 없다. 그렇다면 선악과 금지 명령은 무엇을 의미하는가? 흔히 이 본문을 해석하면서 원죄를 '신과 같아지려는 교만'(hubris)이라고 말한다. 하지만 어차피 인간이 신이 될 수 없는 것은 너무나 당연한 사실인 즉, 단순히 반인본주의로 해석하는 것은 선악과 금지 명령을 너무 단순화시키는 것은 아닐까?

이 이야기가 고대 절대왕정 시대에서는 어떤 의미를 가졌을까? 선과 악의 기준은 시대와 장소에 따라 달라지기 때문에 사실 선악은 상대적 개념이지 절대적 개념이 아니다. 당시 신탁(信託)의 이름으로 선과 악이 결정되는 최종 결정권은 누가 갖고 있었을까? 불과 300년 전 프랑스의 왕 루이 14세는 "짐이 곧 국가이다"라는 말을 했다. 곧 선악과 금지 명령은 인간 일반을 향한 명령이 아닌 절대권력에 대한 경계였다. 즉 선과 악을 제 마음대로 규정하는 절대권력에 대한 비판의 뜻으로 읽어야 한다. 바울 이래 서구신학계는 이를 죄의 기원, 소위 원죄론으로 설명하고 있는데, 원죄론은 구원에서 인간이 지닌

선에 대한 실천 의지를 빼앗아버린다는 함정이 있다. 이는 오늘날 남한교회가 직면한 부패와 타락의 원인이기도 하다.

하나로 합류된 창조 이야기와 한강토

두 개의 창조 이야기는 메소포타미아라는 장소와 바빌론 포로시대라는 같은 시공간을 배경으로 하지만, 서로 다른 계층에 의해 전승됨으로 완전히 다른 이야기가 되었다. 그 차이는 이러하다. 첫째, 1장은 사제들에 의한 안식일 제정이 핵심이지만, 2장은 평민 계층 지도자들에 의한 절대권력을 향한 비판과 제어(制御)가 핵심이다. 둘째, 1장이 인간이 신의 형상을 타고났다는 성선설(性善說)을 말한다면, 2장은 원죄론을 말하며 성악설(性惡說)의 입장을 갖는다. 셋째, 1장이 7이라는 우주 숫자에 맞춘 시간(時間) 구조 이야기라면, 2장은 에덴동산 안에서 일어나는 공간(空間) 구조 이야기이다. 넷째, 1장의 주인공은 처음부터 끝까지 철저하게 하느님인 반면, 2장은 야훼로 시작하지만, 이어지는 에덴동산에서의 주인공은 선악과를 둘러싼 아담과 하와이다.

이와 같이 두 문서는 사제와 평민, 성선설과 성악설, 공간과 시간, 하느님과 인간이라는 대비되는 입장을 갖고 있다. 그러나 문헌의 역사로 보면 1장의 기사는 2장의 기사보다 수백 년 후에 나왔다. 곧 1장의 P전승 집단[10]은 2장에 나타난 신과 인간 그리고 세계에 대한 비판적 입장에 대한 반론으로 나온 것이다. 그리고 창세기의 최종 편집자는 대립하는 두 개의 창조 이야기를 하나의 이야기로 재구성하였다.

이를 한강토의 분단상황에 비추어보자. 남과 북은 70년 넘게 단절된 상태로 살아오다 보니 여러 면에서 상당한 차이가 있다. 경제적으로 볼 때, 남쪽은 자본주의, 북쪽은 사회주의를 따른다. 인류 역사의 큰 흐름으로 보자면, 남쪽은 개인의 자유를 중시하는 개인주의, 북쪽은 평등을 중시하는 집단주의이다. 통치 이념에서도 남쪽은 미국식 기독교 사상에 많은 영향을 받은 반면, 북쪽은 소련의 마르크스주의에 많은 영향을 받은 조선식 주체사상을 갖고 있다. 결론은 이러한 사회체제와 이념의 다름 속에서도 어느 한쪽이 다른 한쪽을 잡아먹는 흡수통일을 배제하고 서로가 공존하는 평화통일을 추구해야 한다는 사실이다. 이는 곧 모든 분야에서 서로의 장점을 받아들이는 제3의 길로 나아가야 한다는 것을 의미한다.

김대중, 노무현, 문재인 정부를 지내면서 남과 북은 새로운 남북 평화 시대를 열었다. 천 년 이상을 하나의 왕국으로 살아온 민족이지만, 외세의 개입 때문에 전쟁을 겪은 남과 북이 서로 화해하고 하나의 국가로 나아가는 일은 결코 쉽지 않다. 그러나 1장의 전승집단(P)과 2장의 전승집단(J)이 JP라는 새로운 제3의 전승집단으로 엮어지듯이 우리 또한 남북의 차이를 넘어 제3의 통일의 길로 나아가야 할 것이다. 그 구체적인 내용은 단순히 정부끼리의 대화가 아닌 전 민족 차원에서 다양한 대화를 통해 하나하나 만들어가야 할 것이다.

희년(안식년) 제도와 토지공(共)개념*

문제 제기

2018년 남북정상회담이 세 차례 진행되면서 한강토에 평화 분위기가 조성되자 북에서 땅문서를 갖고 내려온 일부 기독교인들이 땅을 되찾고 싶어 한다는 이야기를 들었다. 같은 의도에서 2018년 미국장로교(PCUSA) 소속 한인노회들이 북조선 땅에 있던 미국장로교 소유 부동산을 되찾기 위한 총회 헌의안 을 내놓기도 하였다. 물론 이는 상식 밖의 일이요, 입장을 바꿔 생각하면 말도 안 되는 일이기에 당연히 부결되었지만, 세상 사람도 아닌 기독교인들이 왜 이러한 비상식적인 발상을 하는 것일까?

그것은 땅의 소유에 대한 우리의 뿌리 깊은 자본주의적 사고, 즉

---

* 공개념을 한자어 公槪念 대신 여기서는 함께 공유한다는 共槪念으로 쓴다. 공산주의(共産主義)의 한자어 '공산'(共産) 개념과 맥을 같이 한다. 왜냐하면, 1차 산업 시대인 농업사회에서 생산의 기초는 땅이었기 때문이다.

한 개인이 땅을 영구히 소유할 수 있다는 사고방식에서 온 것이지만, 어쩌면 성서에 그 뿌리가 있는지도 모른다. 야훼 하느님께서 저 먼 타국 갈대아 지방의 우르에서 새로 이주해온 아브라함에게 가나안의 땅을 주시겠다는 '복의 근원' 선언이 있었고, 이후 애굽에서 노예로 400년 이상을 살았던 아브라함의 후손들이 여호수아의 영도 아래 다시금 가나안땅에 들어와 그 땅에 살던 사람들을 쫓아내고 땅을 차지하였다. 이를 성서 구절에서 '지파 분배'로 설명했기 때문이 아닐까 생각한다.

창세기 12장에서 펼쳐지는 아브라함의 이야기는 "네 고향과 친척과 아비의 집을 떠나 내가 장차 보여 줄 땅으로 가거라. 나는 너를 큰 민족이 되게 하리라"라는 말로 시작된다. 아버지 데라와 함께 갈대아 우르를 떠나 하란을 거쳐 가나안 땅에 도착한 그는 그 땅의 이주민이자 이방인이었다. 그런데 하느님은 다짜고짜 아브라함에게 땅을 준다. 공짜로 땅을 얻은 사람에게는 복이 되겠지만, 원주민들에게는 더없는 저주이다. 강탈을 축복으로 선언하는 하느님은 정의로운 분일까? 성서의 다른 이야기와 마찬가지로 아브라함의 이야기 또한 많은 부분이 삭제되어 있고 신앙의 관점에서 편집되어 있다.[11]

결론적으로 말하면 아브라함은 갈대아 곧 메소포타미아 지방 수메르 제국의 제3왕조인 우르 제국의 후예였다. 아버지 데라가 왕으로 있을 때 신흥 바빌론 제국의 침략을 받아 나라가 멸망하자, 그를 따르는 무리와 함께 피신하여 오늘날 터키 남부 지방인 하란 근처에서 제2의 우르 제국을 세웠다. 지금도 하란과 그 근처 도시인 우르에 가면 그 흔적을 볼 수 있다. 그러나 하란까지 쫓아온 바빌론

제국 군대에 의해 데라는 하란에서 죽고 아브라함은 다시금 피난길에 오른다(창 12:32).12

아브라함은 가나안에 와서도 왕국 회복의 꿈을 품고 살아간다. 그가 318명의 사병을 거느리고 있었다는 구절이 이를 증명해준다. 기근이 들어 먹을 것도 부족한 가나안 땅에서 그가 무엇 때문에 이렇게 많은 사병을 거느렸겠는가? 어느 날 작은 왕국들 사이에 연합 전쟁이 일어나고 소돔성에 살던 조카 롯과 그의 가족들이 포로가 되자 아브라함은 군대를 끌고 가서 네 왕국의 연합군을 물리치고 롯과 그의 가족들을 구출해내고 많은 노획물을 획득한다. 이는 아브라함의 세력이 가나안 지역에서 가장 강했다는 증거이다.

그런데 아브라함은 이러한 일련의 과정에서 왕국의 회복이 하늘의 뜻이 아님을 깨닫는다. 설사 자신이 바빌론 제국을 무너뜨리고 조상들의 우르 제국을 회복하더라도 패망한 바빌론 제국의 후예들이 또다시 공격하는, 끝없이 반복하는 제국 침략 역사의 모순성을 깨닫는다. 그리고 이 포기의 상징이 바로 자신의 뒤를 잇는 아들 이삭을 번제물로 바친 행위이다. 이는 고대 종교의 인간 희생제물의 역사를 보여주는 이야기가 아니라 혈연가족 중심의 침략 제국주의 세계관에서 인류가족 중심의 평화연대세계관으로 변화하는 아브라함의 깨달음을 설명하는 극적인 이야기이다. 이것이 바로 성서가 본래 말하고자 하는 '복의 근원'의 핵심사상이다.

제1성서의 핵심사상

땅의 소유권 문제는 21세기를 살아가는 오늘의 현대인들에게나 수천 년 전 고대인들에게나 동일한 욕망의 원천이요 부의 기반이다. 이로 인해 수많은 전쟁과 분쟁이 발생한다. 그렇다면 과연 성서는 땅의 소유권 문제에 대해 어떤 입장을 취하고 있는 것일까?

땅에 관한 가장 분명한 말씀은 모세 율법에 등장하는 '희년'에 관한 말씀이다. 희년은 땅을 쉬도록 하는 안식년이 7번 지난 다음 해 곧 50년째가 되는 해를 말한다. 레위기 25장 23절에서 하느님은 이렇게 말씀하신다. "땅은 아주 팔아 넘기는 것이 아니다. 땅은 내 것이요, 너희는 나에게 몸 붙여 사는 식객에 불과하다." 땅의 주인은 하느님임을 분명히 말씀하신다. 오늘날도 그러하지만, 토지는 가축과 함께 부와 권력을 보증해주었다. 그러하기에 땅은 모든 나라에서 신의 대리자인 왕의 소유였다. 왕은 자기가 원하는 사람에게 땅의 사용권과 수익권을 양도해 주었다. 그러나 이것 또한 영원한 것은 아니었다. 만약 반역죄를 저지른다면 다시 왕의 소유로 되돌릴 수 있었다. 그러나 유대는 사정이 달랐다. 아합왕이 왕궁 옆에 있는 나봇의 포도원을 폭력으로 빼앗을 수밖에 없었던 이유이다(왕상 21장).

희년제도는 매우 독특하였다. 희년과 희년 사이의 49년 동안은 개인의 권리가 보장되었다. 땅을 사고팔 수도 있었다. 그러나 희년이 되면 이 모든 권리를 포기해야 했다. 왜냐하면, 희년이 되면 토지의 소유권은 가나안 정착 시에 분배받은 원래의 지파에게로 돌려주어야 했기 때문이다. 이렇게 해서 균형을 잃어버린 부의 재분배가 일어난 것이다. 적어도 가난이 대물림되지 않도록 했던 것이다. 물론 땅을 많이 소유한 부자들에게는 어찌 보면 억울한 일이었을 것이다.

그러나 그들이 아브라함의 한 자녀라는 넓은 의미의 가족공동체 정신을 갖고 있었다면 그리 억울한 일은 아니었을 것이다. 희년의 근거는 안식년에 있고, 안식년의 출발은 안식일이다. 안식일은 창세기 1장에서 6일간의 천지창조를 마감하는 하느님의 '쉼'에 있지만, 이는 인간과 같이 하느님께서도 6일간의 노동으로 인한 육신의 피곤함을 풀기 위해서 쉬었다는 의미는 아니다. 이 쉼은 완성의 의미이다. 하느님이 모든 삶의 주인임을 선포하는 상징이다. "이렛날은 너희 하느님 야훼 앞에서 쉬어라.… 너희는 애굽땅에서 종살이하던 일을 생각하여라. 너희 하느님 야훼가 억센 손으로 내리치고 팔을 뻗어 너희를 거기에서 이끌어 내었다. 그러므로 너희 하느님 야훼가 안식일을 지키라고 너희에게 명령하는 것이다"(신 5:14-15).

7일마다 반복되는 안식일을 통해 자신의 삶이 온전히 하느님의 은혜임을 깨닫고 그럼으로써 자신의 소유 또한 모두 하느님의 선물임을 각인하는 것이다. 그리하여 7년째가 되는 안식년에는 토지를 쉬도록 하였고, 히브리 사람 간의 모든 빚은 면제되었으며, 히브리 종은 해방되었다. 다만 이방인들은 이 면제에서 제외되었다.

그렇다면 과연 이런 일들이 고대 유대 사회에서 실제로 일어났을까? 실제로 일어났다면 얼마 동안이나 진행되었을까? 경제의 근본은 인간의 욕망 충족에서 출발한다. 열심히 일을 했음에도 그 결과가 자신에게 돌아오지 않는다면 사람들은 열심히 일할 필요를 느끼지 않는다. 그러나 반대로 가진 자에 대한 통제가 이루어지지 않는 극단의 부익부 빈익빈 사회라면 더는 갈 곳이 없는 가난한 사람들은 자신의 생명을 지켜내기 위해 끝내 폭력을 동반한 혁명을 추구하게 될 것이다. 따라서 자유와 평등이라는 인간 삶에 있어 가장 중요한 이 두 주제는 적절한 지점에서 균형을 맞추어야 한다.

마카베오상 6장 53절을 보면 기원전 162년에 유다인들은 시리아의 침략에 대해 시온산 방어를 포기할 수밖에 없었던 이유를 이렇게 말한다. "그해는 안식년인데다가 이방인들 사이에서 살다가 유다로 돌아온 동포들이 남은 식량을 다 먹어 버렸기 때문에 식량이 떨어졌다." 역사가 요세푸스도 이 사건에 대해 똑같이 말하고 있다. 또 미쉬나 7장 8절의 소타(SOTAH)에 따르면 이전의 안식년, 즉 기원후 40~41년의 안식년은 헤롯대왕의 손자인 아그립바 1세에 의해 특별히 장엄하게 진행되었다는 구절도 나온다.[13] 또한, 랍비 압라부의 기록에 의하면 기원후 2세기에 팔레스타인에 남아 있던 정통 유다인들이 안식년을 지킨 기록도 있다.[14] 이상을 종합하면 우리는 예수 시대에도 안식년 제도가 잘 지켜지고 있음을 볼 수 있다. 그런데 이것이 얼마나 광범위하게 진행되고 있었는지에 대해서는 잘 모른다. 왜냐하면, 로마 정부의 입장에서 보면 안식년은 세금이 전혀 거두어지지 않는 해를 의미하고, 더구나 노예해방과 땅의 되돌림은 노예제와 개인 사유제를 근간으로 운영되던 로마 정부의 체제를 흔드는 일로써 결코 허용할 수 없었기 때문이다.

예수의 하느님 나라 운동의 핵심

이런 역사에 대한 추측과 기록 사이에서 누가가 전하는 예수의 나사렛 회당 선포의 의미를 되새겨보자. 예수는 예언자 이사야의 글을 인용하여 자신이 추구하는 하느님 나라 운동의 실체를 이렇게 선포하였다. "주님의 성령이 나에게 내리셨다. 주께서 나에게 기름을 부으시어 가난한 이들에게 복음을 전하게 하셨다. 주께서 나를 보내시어 묶인 사람들에게는 해방을 알려주고 눈먼 사람들은 보게 하고, 억눌린 사람들에게는 자유를 주며 주님의 은총의 해를 선포하게 하셨다." 여기서 '은총의 해'는 희년을 말한다.

희년은 4가지 지침을 규정하고 있다. ① 땅을 쉬게 함, ② 빚을 면제함, ③ 노예들을 해방시킴, ④ 조상 원래의 땅을 회복함. 가난한 자들이나 눌린 자들은 대체로 빚진 자들이다. 포로 되고 눌린 자들 또한 가난으로 인해 종살이하는 사람들을 말한다. 눈먼 자는 시각장애인을 뜻하는 말은 아니었을 것이다. 그렇다면 청각 등 다른 장애자들은 제외되기 때문이다. 여기서 말하는 눈먼 자는 땅과 빚과 노예 소유라는 자기 욕심에 사로잡힌 자를 두고 하는 말이다. 예수는 이러한 사회개혁 내지는 혁명에 가까운 일을 이루기 위해 부름 받았다고 선언한다.

예수를 믿고 따르는 자들로서 우리 기독교인들은 성서의 이러한 희년 정신을 오늘 남한 사회에서 어떻게 실천할 수 있을까? 남한의 경제가 부흥하기 시작한 1980년대 이래 부동산투기는 커다란 사회적 이슈가 되었다. 인터넷에는 다음과 같은 기사 제목이 두드러지게 나타난다. "부자 상위 10%가 남한 전체 부동산 절반 소유", "땅부자 100명이 서울시 면적 50% 차지", "국민 절반이 무주택자, 그러나 상위 1%는 평균 7채 소유." 과연 이것이 예수께서 바라는 사회일까? 예수 믿는다고 해서 부자 되지 말라는 법은 없지만, 사회의 부조리나 이웃의 가난과 고통에 대해 무관심한 사람이 예수의 제자가 될 수는 없을 것이다. 그리하여 이런 부조리를 개선하고자 종종 토지공개념 논의가 있지만, 그 실천은 요원하게만 느껴진다.

남과 북의 차이를 극복하는 문제

이 글을 시작하면서 제기한 문제로 되돌아가자. 남한은 개인의 부동산 소유가 무한정 보장되어있는 자본주의체제로 운영되고, 북조선의 경우 땅의 소유권은 국가가 갖고 개인은 사용권만 있는 사회주의 체제로 운영되고 있다. 사실 개인 토지의 사유권을 인정하지 않는 나라는 북조선 외에 중국, 이스라엘, 쿠바, 베트남 등 여러 나라가 있으며 인도를 비롯한 유럽 대부분 국가는 토지공개념 제도를 실현하는 여러 가지 법적 제도를 마련하여 운영하고 있다. 남한의 많은 사람은 한강토의 통일이 이루어지면 남한식의 시장자본주의 체제로 통합될 것을 기대하고 있다. 반면 북조선은 사적 소유를 제한하는 사회주의 실현을 꿈꾸고 있다.[15]

물론 땅의 소유권 문제만을 두고 두 체제의 우월을 비교할 수는 없다. 다만 이 글의 주제에 국한하여 말하면, 땅에 대한 성서의 가르침에 더 가까운 체제는 북조선식 사회주의이다. 우리는 사도행전

2장에 나타난 초기 공동체는 가진 것을 모두 내어놓고 필요에 따라 쓰는 공유공비(共有共費)의 연대와 나눔을 우선시하는 사랑의 공동체였음을 알고 있다. 이제 한강토가 통일국가로 나아가는 험난한 여정에서 토지 소유의 문제는 가장 큰 걸림돌로 등장할 것이다. 그러나 만약 남과 북이 서로의 장점을 살려 제3의 경제체제를 만들어낼 수 있다면, 이는 전 세계적으로 심화된 빈부 구조를 넘어서고 예수의 희년정신을 실현할 것이다.

안식년의 땅 휴식에 관한 필자의 경험을 나누고자 한다. 필자는 1990년대 초반 안식년을 맞아 러시아 모스크바에서 약 두 달을 머문 적이 있다. 모스크바 대부분 주민은 두 달간의 여름휴가를 즐기기 위해 국가에서 부여받은 '다차'라고 불리는 일종의 교외 별장에 가서 머무는데, 그 당시 필자가 본 것은 별장이라기보다는 밭이 딸린 조그마한 원두막에 가까운 모습이었다. 이런 다차들이 울타리를 사이에 두고 수십 채가 연이어 있었으며, 그곳에서는 땅을 구분하여 가족들이 먹을 감자를 비롯한 여러 작물이 자라고 있었다. 그런데 가까이 가서 보니 그 땅들은 모두 7등분이 되어 있었고, 그중 하나는 아무런 작물도 없는 상태였다. 주위를 둘러보니 다른 다차의 땅 모두 그렇게 운영되고 있었다. 그때 큰 충격을 받았다. 필자는 오랜 기간 미국에 살면서 미국인 농부가 안식년 농지 휴식제를 실천하고 있다는 이야기를 들어본 적이 없다(물론 아미쉬와 같은 작은 신앙공동체 집단에서는 이를 행하고 있다). 기독교 국가라는 미국은 땅 안식년에 대한 실천이 하나도 없는데, 공산주의 국가 러시아에서는 국민이 자발적으로 이를 행하고 있었던 것이다.

어떻게 당신들은 하늘과 땅을 사고팔 수 있는 것인가? 그 생각은 우리에게 참으로 이상한 일이 아닐 수가 없다. ……우리는 이 땅이 사람에게 속해 있는 게 아니라, 사람이 이 땅에 속해 있다는 것을 알고 있다.

(1854년 미국 대통령 피어스가 파견한 백인 대표들이 스쿼미쉬 인디언들에게 그들의 땅을 팔라는 제안을 한 것에 대해 추장 시애틀이 남긴 답변)

예수와 민족 그리고 민족주의

역사적 사건의 명칭 문제

올해 3.1독립만세사건 100주년을 맞이하면서 헌법에 명시된 3.1운동의 명칭을 '3.1혁명'으로 바꾸자는 논의가 진행 중이다. 사실 이는 오래전에 정정되었어야 할 사안이다. 제헌헌법에도 3.1혁명으로 명시되어 있다. 역사에서 사건의 명칭은 그 사건을 규정하는 중요한 길잡이가 되기 때문이다. 예를 들어 1517년에 독일에서 시작된 루터의 기독교 개혁을 우리말로 종교개혁이라고 부르지만, 독일어나 영어권에서는 'Reformation'으로 명명한다. 대문자로 시작하는 '개혁'16이다. 그런데 이를 일본 메이지유신 시대에 '종교개혁'으로 번역했고, 우리 또한 별다른 성찰 없이 이를 그대로 따르고 있다.

그러나 '종교'라는 용어는 기독교뿐만 아니라 불교, 원불교, 유교, 천도교 등을 총체적으로 일컫는 일반명사이다. 입장을 바꿔 불교계에서 일어난 한 사건을 가리켜 '종교개혁'이라고 부르면 기독교 진영에서 납득하기 어려울 것이다. 중요한 역사적 사건의 명칭을 결정하는 문제에서 그간 널리 통용되었다는 이유만으로 잘못된 이름을 고집해서는 안 된다.

'3.1운동'을 영어로 직역하면 'the March First Movement'가 된다. 이 단어를 처음 접하는 영어권 사람들은 이를 3월 1일에 일어난 일종의 집단(스포츠) 운동으로 이해하기 쉽다. 우리말 '운동'이라는 단어가 주는 의미가 그렇지만, 'movement'라는 단어는 움직이는 행위를 뜻하는 생물학적인 단어이지 목숨을 내걸고 하는 투쟁과 저항의 정치적 용어가 결코 아니다. '3.1운동', '동학운동', '독립운동'과 같은 용어들은 일제가 우리의 독립저항 의식을 없애기 위해 붙인 일제의 잔재임을 깨달아야 한다. '동학운동'을 '동학혁명'으로 고쳐 부르게 되었듯이, '3.1운동' 또한 고치면 금방 부르게 된다. '혁명'(革命)이라는 단어가 주는 과격성 때문에 꺼리기도 하지만, 일제의 압제를 벗어나는 일이 혁명이 아니라면 도대체 뭐가 혁명이라는 말인가? 우리는 3년 전 광화문에서 일어난 시민촛불사건을 '촛불(시민)혁명'이라고 부르지 않는가? '독립운동'이라는 용어 또한 '독립혁명' 혹은 '독립투쟁'이라는 말로 바꿔 불러야 한다.

이번 글의 주제와 연관하여 생각하고 싶은 또 하나의 단어는 '민족주의'(nationalism)이다. 우리는 이 단어를 매우 긍정적인 의미에서 사용한다. 그런데 서양인들은 이 단어의 사용을 매우 꺼린다. 히틀러의 독일 민족주의를 연상시키기 때문이다. 강자가 말하는 민족주의와 약자가 말하는 민족주의는 그 함의하는 바가 사뭇 다르다.

강자에게 이 단어는 약소민족을 침략하고 지배하는 것에 정당성을 주는 용어이지만, 약자에게 이 단어는 외세의 침략을 저지하고 항쟁하도록 하는 연대로서의 정당성을 제공한다. 지난 세기 우리는 외세의 침략과 식민지배 속에서 끊임없이 민족주의를 말해왔고, 더욱이 미·소의 냉전으로 인해 해방과 더불어 분단이 일어났으며, 결국은 3년간의 동족상잔으로 인해 남북은 지난 70여 년을 원수로 살아왔다. 서로 다른 이념과 체제에도 불구하고 '하나의 민족'이라는 이유로 우리는 남북화해와 통일의 당위성을 말하고 있으며, 여기에 대해 이의를 제기하는 것은 거의 불가능하다.

필자는 신학대학을 졸업한 20대 초에 비무장지대(DMZ) 철책에서 3년간 군복무를 하였다. 그리고 형제를 향해 총을 겨누어야 하는 분단의 모순을 극복하는 일이야말로 이 땅에 하느님의 나라를 세우는 근본임을 깨달았다. 그러면서 이런 고민을 해왔다. '예수에게 민족은 어떤 의미였을까?'

오늘날 대부분의 그리스도인에게 역사적 예수(the Historical Jesus)는 하느님의 아들이자 구원의 주(the Savior Jesus)인 그리스도로 고백된 이후 사람들의 관심에서 사라졌다. 이성적으로 생각해 보면, 복음서에 기록된 신화적 요소를 제거하면 예수 또한 유대인의 한 사람으로 당시의 전통과 문화의 울타리 안에서 살아갔다는 것은 분명한 사실이다. 물론 성인이 되면서 로마 제국의 폭력성을 거부하고 평화를 지향하는 세계주의(cosmopolitanism) 의식을 갖게 되었다는 사실 또한 인정할 수 있다. 그러나 개인 없이는 집단이나 민족이 존재할 수 없듯이, 민족주의가 없는 세계주의 또한 없다는 것이 필자의 주장이다. 최근 크로산(J. D. Crossan), 호슬리(R. Horsley), 보그(Marcus J. Borg)와 같은 역사적 예수 연구자들은 예수 또한 한 인간으로서 당시의 유대인들과 같은 세계관을 갖고 있었음을 말하고 있으며, 이들의 새로운 관점은 복음서의 숨겨진 의미들을 밝히 드러내고 있다.

제1성서와 민족 그리고 민족주의

국어사전에서 '민족'(民族)은 "일정한 지역에서 오랜 세월 동안 공동생활을 하면서 언어와 문화상의 공통성에 기초하여 역사적으로 형성된 사회 집단, 인종이나 국가 단위인 국민과 반드시 일치하는 것은 아니다"라고 정의된다. 따라서 민족주의(民族主義)는 '민족에 기반을 둔 국가의 형성을 지상목표로 하고, 이것을 창건(創建)·유지·확대하려고 하는 민족의 정신 상태나 정책 원리 또는 활동'이라고 정의할 수 있다.

성서의 유대인들은 끊임없이 외세의 지배를 받아온 민족이다. 저들에게 민족주의는 외세로부터 자신들을 보호하고 하나가 되게 하는 요소였다. 고대사회는 제정일치(祭政一致) 시대로서 그 근본정신은 모세의 율법에 있었고, 그 장소는 법궤가 보존된 성전이었다. 사울 왕 시절에 법궤는 북왕국의 실로를 비롯한 여러 도시를 맴돌다가 다윗 시절 예루살렘에 정착하기 시작했으며, 솔로몬 시절 성전 완공과 함께 확고하게 자리를 잡았다. 그러나 솔로몬의 죽음 이후 왕국은 남북으로 갈라져 깊은 반목과 갈등을 겪었고, 결국 북왕국 이스라엘(에브라임)은 기원전 722년에 아시리아 제국에 의해, 남왕국 유다는 기원전 586년에 바빌론 제국에 의해 각각 멸망했다. 그로부터 수십 년의 세월이 흘러 야훼 하느님은 바빌론 그발 강가에서 예언자 에스겔에게 나타나 왕국이 회복될 것이라고 말씀하셨는데, 이때 단지 남왕국만의 회복이 아닌 남북 통일왕국의 회복을 말씀하신다. 무려 200년의 세월이 흘러갔음에도 하나됨을 주장하고 있다. 유대 민족주의가 제1성서 안에서 야훼 신앙의 핵심적 가치였음을 알 수 있다.

1960년대 남미의 해방신학 그리고 흑인신학에 이어 민중신학은 억눌린 자의 입장에서 성서를 다시 보기 시작했다. 이들 신학의 가장 큰 공헌은 출애굽이야말로 제1성서의 핵심 사건이며, 현재 민족의 의미로 사용되고 있는 '히브리'라는 단어의 정확한 사용 용례를 밝혀낸 일이다. '히브리'는 근동지역에서 '하삐루'와 어근이 같은 단어로 노예, 떠돌이, 도적떼 등의 사회계급을 일컫는 용어였고, 모세오경에서 '히브리'는 '노예' 출신 '떠돌이'를 의미하는 단어였다(신 26:5, "제 선조는 떠돌며 사는 아람인이었습니다").

제1성서에서 '민족'을 뜻하는 히브리 단어는 עם(암)이다. 이는 '하느님의 백성'으로 번역되며, 이방 민족을 말할 때는 גוי(고이)라는 단어가 사용되었다. 제2성서에서는 $\lambda\alpha\grave{o}\varsigma$(라오스)와 $\ddot{\epsilon}\theta\nu o\varsigma$(에트노스)가 주로 사용되었는데, 전자는 유대인을, 후자는 이방인을 뜻하였다[마가복음에서 강조된 단어 $\ddot{o}\chi\lambda o\varsigma$(오클로스)는 민중 혹은 사회 계급적 의미에서의 낮은 계층인 군중들이다]. 성서는 노아의 세 아들을 통해 세계의 모든 민족이 시작되었다고 고백한다. 이는 세계 민족이 하나의 형제임을 고백한 것이다. 그러나 바벨탑 범죄 사건을 통해 흩어져 반목하게 되었음을 말하고 있다. 또 다른 단어 '이스라엘'은 본래 야곱의 새 이름이었는데(창 32:28), 후에 이는 민족을 뜻하는 단어로 자리 잡았다. 본래 성서에서는 사울 왕 시절 실로 성전과 함께 '이스라엘'이라는 명칭이 등장하기 시작했다(삼상 11:15). 이외 지파 혹은 지역을 대변하는 '유대', '에브라임', '사마리아' 등의 표현은 민족을 대신하는 단어로 혼용되었다.

이스라엘이라는 이름이 야곱에서 출발하고 성전과 함께 시작하였다는 사실은 본래 이스라엘이 여러 민족 가운데 하나가 아닌 야훼 하느님의 뜻을 실천함으로 다른 민족을 야훼 하느님에게로 선도할 책임을 가진 선민임을 뜻하였다. 이는 예언자들이 매번 강조하는 하느님의 뜻이었다. 그리하여 이스라엘이 다른 민족과 구별되었다는 의미에서 '거룩한 민족'으로 불리었다.

그러나 이 선도적 의미를 가진 '구별'로서의 '거룩의 정신'은 이후 성전이 권력의 중심이 되고 율법의 본래 정신이 하나의 법으로 굳어지면서 '우월'과 '차별'로 변질되고 말았다. 이후 이스라엘은 예수 당시 민족 우월주의를 넘어 민족 폐쇄주의로 굳어지게 된다. 예를 들어 이사야 14장 2절은 단순히 이방의 압제로부터의 해방을 말하는 것에서 그치지 않고, 이스라엘을 사로잡고 억누르던 자들을 다스리게 될 것이라고 믿었다. 제국의 피해를 받았던 민족이 이제는 약자를 억압하는 또 다른 제국이 되려 하고 있다. 여기에 민족주의가 갖는 위험성이 있다. 오늘날 국가 이스라엘이 2,000년 이상을 살아온 팔레스타인 민족을 차별하고 억압하는 일은 야훼 하느님의 본래 정신을 위배하는 것으로 비판받아야 할 부분이다.

로마 제국에 반기를 드는 복음서의 표현들

'예수는 주님이시다'라는 교리적 관점에서 접근한다면 예수와 민족주의의 관계를 말할 수 없다. 반면 '예수는 그리스도이시다'라는 관점에서 접근한다면 이 질문은 어느 정도 타당성을 갖는다. 왜냐하면, 헬라어 '그리스도'는 히브리어 '메시아'의 번역어인데, 제1성서에서의 메시아는 본래 정치적 해방을 가져오는 사람으로 하느님으로부터 기름 부음을 받은 사람을 뜻하였기 때문이다. 그래서 이 명칭은 페르시아의 고레스 왕에게도 붙여졌다. 제1성서에서 이 단어는 다분히 민족주의적 틀 안에서 사용되었다. 따라서 우리는 복음서 저자들이 예수에게 이 칭호를 붙였을 때 다른 의미를 부여했다 할지라도 원래의 의미가 상당 부분 남아 있었다고 볼 수 있다.

복음서를 살펴보기 전에 우리는 복음서가 기록되던 당시의 정치·사회적 상황을 먼저 고려할 필요가 있다. 당시는 유대인들의 예루살렘 독립항쟁(66~70년)이 일어난 직후로서 로마 정부의 감시가 극심한 시기였다. 로마는 더 이상의 저항이 일어나지 않게 하려고 성전 돌 위에 돌 하나 남지 않도록 완전히 파괴했으며 감시하는 군대를 이곳에 두었다. 따라서 초기 예수공동체는 유대교와 연관성이 있다는 의심을 받지 않도록 극도로 주의하였고, 복음서 저자들은 예수가 정치적 게릴라들에게만 적용하던 십자가형을 받았지만 이를 비정치적으로 해석해야만 했던 것이다. 그러기에 복음서는 일관

되게 로마 정부에 우호적인 입장을 취하는 반면 유대교와는 적대적인 모습을 보인다. 대표적인 예가 빌라도 총독의 경우이다. 사도신조의 고백과는 달리 네 복음서 모두 그에게 예수 죽음의 책임을 돌리지 않고 있다. 잔혹한 통치자라는 역사적 사실과는 달리 복음서 안에서 빌라도 총독은 예수에게 죄가 없다고 말하고 예수를 풀어주고자 애쓰는 선한 사람으로 묘사되며, 심지어는 진리 추구자로 묘사되기까지 한다.

이외 식민지지배의 상징이라 할 수 있는 백부장은 유대인들의 친구로, 때로는 유대인들보다 더 좋은 신앙의 소유자로 묘사된다. 심지어 십자가 처형 당시 예수를 하느님의 아들로 고백한 사람은 3년을 동고동락한 제자들이 아니라 처형 책임자인 백부장이었다. 누가의 경우 아예 누가복음과 사도행전에서 로마 제국의 총독 데오빌로('하느님을 사랑하는 자'라는 뜻)에게 보내는 보고서 형태로 시작하고 있다. 따라서 우리는 이러한 시대적 상황을 고려하면서 복음서를 세심하게 살펴보아야 한다.

상식적으로 볼 때, 유대 지배자들과 적대관계에 있었던 예수가 로마정부에 호의적이었다는 가정을 받아들이기는 힘들다. 우리는 일제의 식민통치 경험을 통해 익히 알고 있듯이, 친일 앞잡이들은 미워하면서 그 배후에 있는 일제를 좋아할 수는 없다. 또한, 일제 총독이 조선의 지도자들이 모두 반대하고 미워하는 한 인물을 옹호하고 그를 변호하는 일은 있을 수 없다. 복음서는 이러한 모순을 갖고 있는 것이다. 그러나 복음서 곳곳에는 반로마적인 문구들이 숨어 있다. 겉으로 쉽게 드러나지는 않지만, 역사적 예수 연구자들이 이를 밝혀내고 있다. 대표적인 해석이 미국의 신약학자 윙크

(Walter Wink)의 원수 사랑이다.17 마태의 예수 탄생 설화에서 동방박사(Magi)는 페르시아 제국의 후속국가인 파르티아 제국에서 온 정부 관료를 상징한다. 이들의 등장으로 인해 헤롯과 예루살렘 성내가 술렁거렸다는 의미는 예수가 반헤롯, 나아가 반로마적인 색채를 띠고 있음을 전제한다. 또 마가복음 5장에서 무덤가에 있던 귀신의 이름 'λεγεών'(레기온)은 로마의 대대급 군단을 일컫는 군사 용어이다. 예수의 제자 가운데는 유대 독립을 위해 폭력 사용도 마다하지 않는 젤롯파 출신의 시몬도 있었고, 이보다 더 폭력을 정당시하는 시카리파 출신의 유다도 있었다.18

세금에 관한 질문에 예수는 '가이사의 것은 가이사에게, 하느님의 것은 하느님에게' 돌리라고 대답하였다. 당시의 시대적 상황은 정교분리가 가능한 상황이 아니었으며, 가이사 또한 신의 위치에 올라선 숭배의 대상이었다. 따라서 이 구절을 정교분리의 관점에서 해석하는 것은 적절치 않다. 당시 유대인들의 신앙에 따르면 (창조주) 하느님의 것이 아닌 것은 세상에 하나도 없으니 예수의 발언은 실상 반(反)가이사를 말하는 것이었다.

예수와 민족주의

마귀 들린 딸을 고치러 온 가나안(시로페니키아) 여인을 향해 예수는 "나는 길 잃은 양과 같은 이스라엘 백성만을 찾아 돌보라고 해서 왔다"(마 15:24)라고 하며 "자녀들이 먹을 빵을 강아지에게 던져주는 것은 옳지 않다"(막 7:26)라고 말했다. 예수의 민족 폐쇄주의적인 발언, 모욕적인 언사는 복음서 저자의 해석처럼 단지 그 여인의 믿음을 떠보기 위한 발언이었을까? 아니면 예수의 민족 정체성의 속내를 드러내는 발언이었을까? 복음서마다 약간의 해석은 다르지만, 유대인 예수가 유대인들의 구원을 위해 부름 받았다는 기조는 같다.

마태복음은 유대 민족주의에 가장 가까운 복음서이다. 1장부터 예수는 아브라함의 족보에 연계된다. 앞선 글에서 자세히 언급했듯이, 여기에는 혈통에 근거한 좁은 의미에서의 유대민족주의에 대한 비판이 숨어 있다. 마태는 유대 민족주의의 근간이 되는 모세의 율법에 기초하여 예수의 말씀을 다섯 개의 큰 틀로 정리한다. 물론 예수는 탈민족주의적 관점에서 모세의 율법을 새롭게 완성하는 분으로 설명된다. 그리하여 예수의 주 활동 무대인 갈릴리조차 이방 지역으로 간주된다(마 4:15). 예수는 자주 '다윗의 자손'으로 불리고 예루살렘에 입성할 때, 백성들은 "다윗의 자손이여"라고 환호한다. 십자가 머리 위에는 '유대인의 왕'이라는 명패가 붙기도 한다. 이에 대한 예수의 자기 이해는 알 수 없지만, 예수 자신의 나라는 이 세상에 속하지 않았다는 말을 되새겨볼 필요가 있다. 이는 초현실로서의 탈지구를 말하는 것일까? 아니면 (로마 제국의) 폭력적 방식을 배제하는 평화의 발언이었을까?

사실 예수 연구자들이 주장하듯이 복음서를 통해 예수의 실제 역사를 구현해 내는 일은 애초에 불가능하다. 다만 그간 우리가 교육받은 서구신학의 시각을 교정할 필요는 있을 것이다. 현재 남한에서 통일에 대해 가장 걸림돌이 되는 세력은 교회이다. 북조선을 사탄의 세력으로 보고 김정은 정권을 이 땅에서 사라져야 할 존재로 보고 있다. 북조선은 유엔의 회원국으로 한 형제자매이지만, 그들과의 대화 자체를 거부하고 있다. 이는 한국전쟁이라는 쓰라린 경험과 공산주의에 대한 편견 때문이다. 하지만 이는 과거일 뿐이다. 현재 마르크스의 교조적인 공산주의를 지향하는 국가는 없다. 변형된 형태로서 사회주의를 지향하는 몇몇 국가가 있고, 북조선 또한 사회주의를 표방한 지 오래되었고 세계와 함께하고자 하는 변화의 흐름 속에 있다. 1982년 북조선 헌법은 종교를 인정하고 있다. 물론 포교는 매우 제한적이다.

우리 앞의 민족주의

지금 우리는 평화통일이라는 거대한 부름 앞에 서 있다. 이는 어느 누구도 거역할 수 없는 세계사적인 흐름이자 민족의 요구이다. 성서 안의 민족주의를 가장 잘 이해할 수 있는 민족은 외세로부터 끊임없이 침략을 받고 지배를 당해본 경험이 있는 약소민족들이다. 침략을 일삼아온 유럽 내의 여러 민족은 성서의 민족주의를 제대로 이해할 수 없을뿐더러 관심도 없다. 그동안 서구 신학자들은 이런 부분과 관련한 질문들을 배제해왔다. 자신들이 가진 침략의 역사를 정당화하기 위해 예수를 세계주의(cosmopolitanism) 관점에서만 보고자 했으며, 선교적 관점에서 '하느님의 나라'를 '기독교 왕국' (Christendom)으로 축소하여 해석해왔다.

세계 선교는 분명히 예수의 명령이자 우리의 과제이다. 그러나 민족에 대한 정확한 이해가 없는 세계 선교는 가능하지도 않고 타당하지도 않다. 3.1혁명 100주년을 맞이하면서 남북통일의 관점에서 민족과 민족주의에 대한 기독교적인 성찰이 필요한 시점이다.

북조선은 90년대부터 평양 근처에 단군왕릉을 발굴하여 이를 크게 세우고 고조선과 고구려의 역사를 자신들의 역사로 재해석하는 작업을 계속하여왔다. 남한의 기독교 신학이 이를 어떻게 받아들일 것인가 하는 문제는 민족주의를 신학적으로 어떻게 해석할 것인가 하는 문제와 더불어 통일을 준비하는 그리스도인들에게는 매우 중대한 과제가 되었다.

기독교의 '부활신앙'과
북조선의 '영생사상'

부활의 역사성에 관련한 물음들

기독교 진리의 핵심이 되는 예수 그리스도의 부활 사건은 과학적으로는 증명할 수 없는 믿음의 사건이다. 부활하신 예수께서 지금 서울 상공을 훨훨 날아다닌다면 비기독교인들 또한 믿을 수 있겠지만, 이러한 일은 결코 일어나지 않고 있기 때문이다. 부활하신 예수께서 각각 다른 시간대에 각각 다른 장소에서 각각 다른 사람들에게 나타나셨다는 이야기를 바울과 복음서 저자들이 각기 전하고 있지만, 불행히도 당시 예수에게 적대적인 사람들, 즉 바리새인이나 사두개인이나 헤롯왕에게는 나타나지 않으셨다.

바울은 고린도전서 15장에서 부활하신 예수가 12제자와 형제 야고보, 그리고 바울 자신에게 나타나셨다는 증언 외에 오백여 형제에게 일시에 보이셨다는 증언을 하고 있는데 이 증언 역시 확인할 길은 어느 곳에도 없다. 사도행전에는 바울이 부활의 예수를 만나는 다메섹 사건을 세 차례나 언급하고 있는데, 문제는 함께 가던 일행 중 부활 예수를 경험한 사람은 바울이 유일했다는 점이다. 더욱 문제가 되는 것은 함께 가던 사람들이 9장 7절에서는 소리는 들었지만, 빛을 보지 못했다고 말하고 있는 반면에 22장 9절에서는 빛을 보기는 했는데 소리는 듣지 못했다고 하는 상반된 기록이다.

사실 지금도 교회 내에서 이러한 이적 현상은 심심찮게 보고되고 있다. 그중에서도 1917년 포르투갈 파티마 성지에서 일어난 성모 마리아 현현은 참으로 특이하다. 세 명의 어린 목동에게 5월 13일부터 매월 13일 모두 6번에 걸쳐 일어난 성모 마리아 현현은 지금도 말로 설명되지 않지만, 이들에게 일어난 삶의 변화는 너무나 분명하다. 당시 이들의 증언으로 사회적 문제가 일자 공권력이 개입하여 이들을 경찰서에 감금했다가 풀어주는 일까지 일어났는데, 이에 이들은 10월 13일에는 특별한 이적이 일어날 것이라는 예언을 전한다. 그러자 당일 파티마의 넓은 들판에는 7만 명의 군중이 모여들었는데, 그 가운데는 사진기를 들고 온 신문기자도 많았다. 모두 보는 가운데 대낮에 갑자기 먹구름이 몰려오고 비바람이 몰아치더니 갑자기 멈추고 맑게 갠 하늘 아래 태양이 춤을 추듯이 이리저리 움직이는 이적 현상이 일어났다. 반기독교 언론인들도 이 현상을 목격했으며 이를 보도했다. 그런데 이상한 것은 같은 장소에 있었던 소수의 가톨릭 신자들은 이러한 현상을 전혀 목도하지 못했다는 사실이다. 신앙고백 차원에서의 예수 부활은 얼마든지 주장하고 인정할 수 있다. 하지만 모두가 동의할 수 있는 객관적인 자연현상으로서의 예수 부활을 증명하기는 힘들다.

독일어에는 우리말로 '역사'(歷史)로 번역되는 두 단어가 있다. 하나는 사실로서의 역사를 뜻하는 'historie'이고, 다른 하나는 의미로서의 역사를 뜻하는 'geschichte'이다. 전자는 역사적 사실을 증명할 수 있는 객관(客觀)적인 실재(實在)로서의 과거를 말하고, 후자는 역사적 사실을 증명할 수는 없지만, 현재를 살아가는 사람들에게 큰 의미가 있는 주관(主觀)적으로 해석(解釋)된 과거를 말한다. 우리가 예수의 부활을 믿는다고 말할 때, 사람마다 그 믿음의 내용은 조금씩 다르다. 이는 해석된 역사, 즉 'geschichte'인 것이다.

부활이 역사적으로 일어난 사건이냐 아니냐의 문제 외에 부활을 신학적으로 어떻게 이해하는 것이 좋은가의 문제도 있다. 공관복음서는 죽은 회당장의 딸을 다시 살린 일과 장례 행렬 중이던 나인성 과부의 아들을 살린 일을 공통으로 증언하고 있고, 요한복음서는 죽은 지 4일이 지난 나사로가 무덤에서 걸어 나오는 부활 사건이 자세히 기록되어 있다. 예수의 부활과 이들의 부활은 무엇이 다른가? 이들은 부활했다가 다시 죽었지만, 예수는 영원히 살아계신다는 점이 다른 것인가? 그렇다면 예수 이외의 다른 이들의 부활은 부활이 아닌 예수의 말씀처럼 자다가 깨어났다는 의미에서 소생(甦生)이라고 불러야 하지 않을까? 이러한 소생 사건은 예수만 행했던 것이 아니고, 엘리야와 베드로와 바울 또한 같은 이적을 행한 바 있다. 이들이 다시 살아난 일은 예수의 부활과 근본적으로 어떤 차이가 있는 것일까? 예수의 부활은 바울의 주장처럼 '몸'($\sigma\tilde{\omega}\mu\alpha$)의 부활이었지만 저들은 단지 '육'($\sigma\acute{\alpha}\rho\xi$)의 소생에 그치고 말았던 것인가?

마가의 빈 무덤 이야기

복음서 중 가장 먼저 쓰인 마가복음은 16장 20절로 끝난다. 그런데 원래의 마가복음서는 16장 8절에서 끝나고, 9~20절은 후대 사본에서만 발견되는 내용이다. 후대에 덧붙여진 것으로 보이는 부분을 제외하고 나면, 마가복음에는 예수의 부활에 대한 직접적인 증언이 없다. 예수의 무덤을 찾아간 여인들이 빈 무덤을 보았다는 기록과 여인들이 무덤 속에서 부활하신 예수 대신 흰옷을 입은 한 젊은이를 보았다는 간접 증언만이 있다. 그 젊은이는 여인들에게 부활한 예수는 갈릴리로 먼저 가셨으니 그곳에 가서 만날 수 있으리라고 말하였다(6~7절). 이에 여인들이 몹시 놀라 떨며 무덤에서 도망하고 무서워하여 아무에게 아무 말도 하지 못했다는 기록(8절)으로 원래의 마가복음은 끝난다. 어찌 보면 부활의 역사성을 부인하는 듯한, 매우 애매한 마무리라고 할 수 있다. 이는 흔히 말하는 열린 끝맺음(open ending)이다. 마가복음서의 열린 끝맺음을 통해 우리와 하나가 되어야 할 다른 반쪽, 북조선 동포들과 신앙적인 대화의 가능성을 이어가 보고자 한다.

우선 부활하신 예수께서는 무엇이 그리 급하셨기에 이 여인들에게 모습을 보이시지도 않고 갈릴리로 먼저 가셨던 것일까? 그리고 이 이야기를 들은 여인들은 도대체 무엇이 두려워서 입을 닫아야만 했을까? 자연의 이치를 벗어나 죽은 사람이 다시 살아난 부활 그 자체에 대한 두려움이었을까? 아마 아니었을 것이다. 왜냐하면, 예수께서는 생전에 여러 차례 다시 살아날 것을 이미 예고했기 때문에 이 소식을 들은 사람은 놀라기는 했겠지만, 두려워하지는 않았을 것이다.

그렇다면 갈릴리에 가서 예수를 다시 만날 일이 두려웠던 것일까? 그럴 수 있다. 왜냐하면, 예수는 분명히 십자가 죽음으로 인해 완성하지 못한 하느님 나라 운동을 계속하실 것이고 자신들은 당연히 이에 동참해야 할 것인데, 그렇다면 박해는 피할 수 없는 일이기 때문이다. 마가복음은 예수의 고난과 십자가 죽음에 초점이 맞추어져 있을 뿐만 아니라 전체의 틀이 갈릴리와 예루살렘 간의 지리적 대결 구도로 확고하게 설정되어 있다. 갈릴리에 가서 부활의 예수를 만난다는 것은 예루살렘의 정치·종교·사회 기득권 세력들과 목숨을 건 신앙투쟁이 다시 시작된다는 것을 의미한다. 바로 이것이 마가가 의도한, 끝나지 않은 예수의 빈 무덤이 말하는 복음 이야기의 핵심이다.

북조선 바로 알기

남한 기독교는 북조선을 신을 부정하는 공산주의 국가로 여기고 있다. 따라서 북조선을 선교 대상지로 논할 수 있지만, 상대를 인정하는 대화 자체를 부정하고 있다. 한국전쟁 이후 북조선은 미국이 주도하는 세계질서에 의해 극도의 경제제재를 당함으로 인해 심한 어려움 속에 살아왔다. 북은 이를 타개하는 방식으로 대외적으로는 핵폭탄과 대륙간탄도미사일을 개발하여 대결 국면을 만들었고, 내부적으로는 주체사상 교육을 통해 김일성/김정일의 신격화를 강화해왔다.

그러나 이러한 암담한 현실에도 불구하고 우리 신앙인들은 예수의 복음 정신에 따라 북을 타도의 대상으로만 여기지 말고 대화의 상대로 인정하며 다가가야 할 것이다. 현실정치의 시각에서 보면 북조선은 유엔의 한 회원국으로 존재하고 있고, 지난 70여 년간 세계 여러 나라와 정상적인 외교 관계를 맺어오고 있기 때문이다. 최근의 북조선 김정은 위원장과 미국 혹은 베트남 최고지도자와의 만남을 우리는 '정상회담'이라고 부른다. 문재인 대통령과 김정은 위원장의 만남 또한 '정상회담'이라고 부른다. 이는 '조선민주주의인민공화국'이라는 국가의 실체를 인정한다는 말이다. 그런데 동시에 남한에는 '국가보안법'이 있어 북조선을 '반국가단체'로 규정하는 내부모순을 갖고 있다. 분단으로 인한 손실과 아픔이 크나큰 상황에서 우리 기독교인들은 앞장서서 통일을 향한 진솔한 대화를 시작해야 한다.

기독교와 주체사상[19]의 간략한 비교

북조선의 국가 이념은 주체사상(主體思想, Juchism 혹은 Juche Ideology)[20]이다. 주체사상은 맑스주의에서 출발하고 있지만, "맑스주의의 경제 중심의 유물론을 사람 중심의 유물론으로 발전시키면서 세계관뿐 아니라 종교나 윤리학에서 다루던 인생관, 생활관, 가치관 등을 모두 새롭게 흡수한 점이 다르다."[21] 북조선은 세계 공산사회주의 실현이라는 국가 정체성을 갖고 김일성 주석이 태어난 1912년을 주체 원년으로 삼고 있다. 이는 마치 세계 역사에서 예수 탄생을 기점으로 기원전(BC)과 기원후(AD)를 구분하는 것과 같다.[22] 곧 기독교인들이 예수에게서 모든 기원과 생명력을 찾듯이 북조선은 김일성 주석으로부터 나라의 기원과 생명력을 찾고 있다. 그런 의미에서 기독교에서 예수를 하느님의 아들로서 '예수 그리스도'라고 부르듯이 북에서는 김일성 주석을 '인류의 태양'으로 부르면서 '수령님'이라는 특별한 칭호를 붙이고 있다.[23] 또한, 북에서 성서에 해당하는 경전은 『세기와 더불어』라는 김일성 주석의 회고록이다. 기독교에서 부활을 통해 예수의 생명력이 계속 살아 움직이고 있음을 강조하는 것과 같이 북은 '수령 영생론'을 주창하고 있다.[24] 필자는 1997년 처음으로 평양 봉수교회를 방문하였는데, 당시 평양 시내 건물 꼭대기 곳곳에는 "주석은 영원히 우리와 함께 하신다"라는 구호가 쓰여 있었다. 지금은 이런 구호들이 많이 사라졌지만 수령영생 사상은 여전히 주체사상의 핵심으로 자리 잡고 있다.

그런데 이와 관련하여 우리가 주목할 만한 특이한 발언이 2019년 2월 6일에 있었다. 평양체육관에서 개최된 '제2차 전국 당 초급 선전일꾼대회'[25]에 전달된 김정은 위원장의 서한에서 '수령 신비화'를 경계한 발언이다. "수령의 혁명 활동과 풍모를 신비화하면 진실을 가리게 된다. … 수령은 인민과 동떨어져 있는 존재가 아니라 인민과 생사고락을 같이하며 인민의 행복을 위하여 헌신하는 인민의 지도자이다. … 수령에게 인간적 동지적으로 매혹될 때 절대적인 충실성이 우러나오는 것이다." 이에 대해 정대일 박사는 이렇게 주장한다. "주체사상 어디에도 수령을 '신비화'해야 한다는 구절은 없다. 오히려 '수령형상문학'에서 가장 경계하는 것이 수령의 '신비화'

이다. 다만 수령의 신비화를 경계했다고 해서 수령의 신격화를 포기한 것은 아니다."[26]

이 서한에서 김정은 위원장이 수령 신비화를 경계하면서 덧붙인 말, 즉 수령에게 인간적으로 동지적으로 매혹될 때 절대적인 충실성이 우러나온다는 언급은 어쩌면 '역사적 예수' 세미나 연구자들의 의도와 일치하는 면이기도 하다.

신비화(神祕化)와 신격화(神格化)

성서는 위대한 인물에 대한 신격화를 극도로 경계하고 있다. 예수와 함께 변화산상에 나타난 모세와 엘리야의 예를 보자. 모세는 유대교의 핵심인 율법의 창시자이자 완성자로서 야훼 하느님과 친구처럼 대화한 신비의 사람이었다. 그런데 성서는 모세가 죽자, "그의 무덤이 어디에 있는지는 오늘까지 아무도 모른다"(신 34:6, 공동번역 개정판)라고 못을 박음으로 무덤의 성지화를 통한 모세의 신격화를 미연에 차단하고 있다. 또한, 엘리야는 아합왕과 이세벨왕비의 영향으로 이스라엘 백성들의 신앙이 타락하고 변질하는 일을 막은 예언자이다. 성서는 이 위대한 예언자 엘리야가 죽지 않고 불수레를 타고 하늘로 올라갔다고 전한다. 이는 일종의 신비화이긴 하지만 동시에 무덤의 성지화를 미연에 차단함으로 신격화를 방지하고 있다. 이와는 달리 예수 그리스도는 마가의 '빈 무덤'을 넘어서 로마 제국의 국교가 되는 종교의 정치화 과정을 통해 하느님과 동등한 신의 위치에 올라서게 된다.[27]

마가는 왜 빈 무덤 이야기로 복음서를 끝낸 것일까? 그가 예수의 부활을 믿지 않아서라기보다는 예수 부활이 갖고 있는 위험성 곧 신앙의 신비화와 신격화를 경계하기 위함이 아니었을까? 실제로 바울의 선교지인 소아시아 지역들은 그리스·로마 신화의 영향권 아래 있었고, 부활한 예수에 대한 바울의 강조는 예수를 그리스·로마 신화에 등장하는 여러 신과 비슷한 존재로 여기게 하였다. 곧 예수는 신적 인간(θεῖος ἀνήρ)으로 오해되기도 했다. 마가는 초대교회 내에서 이러한 문제를 보았을 것이다. 예수 부활의 신비화로 인해 예수를 따르는 사람들이 지니고 있던 이 땅에서의 하느님 나라 건설 신앙은 사라지고, 죽음 너머의 영생만을 희구하는 타계(他界) 신앙으로 변질되고 있었던 것이다. 마가의 고민은 여기에 있었다. 이는 오늘 남한교회의 예수 부활신앙이 갈릴리에서의 하느님 나라 운동의 연속이라는 사회변혁의 관점보다는 천국영생신앙으로 변질된 사실에서 충분히 인식할 수 있다.

마가의 빈 무덤 이야기와 수령 영생론은 신비화를 경계한다는 점에서 공통점이 있다. 다만 기독교는 지상에서 예수의 무덤을 없애버림으로 천상(天上) 신격화를 추구했다면, 주체사상은 김일성과 김정일의 시신을 유리관에 보관하고 이를 전시함으로 지상(地上) 신격화를 시도하고 있다는 점에서 차이가 있다. 기독교는 백 년 전의 한 인간을 절대 신격화하고 있다고 주체사상을 비판하고 있으며, 주체사상은 기독교의 부활을 인간의 자주성을 억누르는 하나의 관념론에 불과하다고 비판하고 있다. 이론으로만 본다면 기독교는 부활신앙을 통해 예수 정신이 그를 따르는 사람들의 삶 속에, 주체사상은 금수산태양궁전과 나라 곳곳에 세워진 수많은 동상을 통해 수령의 정신이 인민들의 삶 속에 되살아나도록 이끌고 있다.

다만 기독교는 이천 년 세계 역사 속에서 수많은 논쟁과 변증을 통해 여러 갈래의 교파로 세분화되어 그 종교적 생명력이 세계 안에 깊게 뿌리를 내리고 있는 반면, 주체사상은 이제 백 년이 되지 않는 신생 사상으로서 북조선 나라 밖에서 그 사상의 진위가 검증되지 않았다. 지난 70년 동안 세계 최대 강국인 미국으로부터 계속 경제 군사 제재를 당해왔기에 뭐라고 비난할 수도 없다. 오히려 주체사상은 북의 인민들을 하나로 묶어 이를 견뎌내도록 하는 방패 역할을 감당하고 있다.

앞으로 자유로운 만남이 일어났을 때, 그 생명력이 어떻게 변화할지 누구도 알지 못한다. 다만 개인의 자유를 중시하는 남쪽의 서구 기독교식 자본주의 사상과 집단과 평등을 중시하고 민족 우선을 주창하는 북쪽의 조선 주체의 사회주의 사상이 함께 만나 서로의 약점을 보완하는 제3의 세계변혁 사상으로 발전해가기를 희망한다.

이스라엘 왕국 분열과 한반도 분단

제1성서(히브리성서 혹은 구약성서)에 따르면 솔로몬 왕 이후 왕국은 둘로 나누어졌다. 보통 북왕국은 이스라엘 혹은 사마리아라고 부르며, 남왕국은 유다라 부르는데, 때로는 '유다 족속'(House of Judah)과 '요셉 족속'(House of Joseph)으로 부르기도 한다(슥 10: 6). 연대로 본다면 분열 이전의 사울 왕으로부터 다윗 왕, 그리고 솔로몬 왕까지 이어지는 초기 연합 왕국은 기원전 1030년경부터 922년까지 약 100년간 존속하였다.

그런데 오늘날의 성서 문서비평학과 고고학 발굴은 남북왕국 역사에 대해 전혀 달리 말한다. 발굴된 유적에 의하면 기원전 10세기경 팔레스타인 북쪽 고지대에는 이스라엘 왕국이 존재했지만, 남쪽 예루살렘을 중심한 저지대에는 이렇다 할 왕국이 없었다. 사울-다윗-솔로몬으로 이어지는 이스라엘 왕국의 역사는 아시리아에 의해 북왕국이 먼저 멸망하고(기원전 722년) 이로 인해 피난민이 남쪽으로 이주한 이후 요시아왕 시절 신명기 역사가들에 의해 각색되었다는 것이다. 이 분야의 가장 대표적인 학자는 팔레스타인 지역 발굴 작업에 직접 참여한 텔아비브대학의 핀켈스타인 교수이다(Israel Finkelstein and Neil Asher Silberman, The Bible Unearthed: Archaeology's New Vision of AncientIsrael and the Origin of its Stories[New York: Simon & Schuster, 2001]).

성서 밖의 기록에서 이름이 처음 등장한 왕은 오므리(기원전 884년경)이다.28 아시리아의 기록은 오므리 자손의 통치가 끝난 이후에도 계속 '오므리의 집'이라고 언급하고 있다. 오므리는 사마리아를 요새화한 왕으로, 성채 내에 있는 방 하나에 엄청난 양의 상아 조각을 모아두었다. 이는 고대 이스라엘의 가장 중요한 예술작품이다. 그러나 남쪽의 신명기 역사 편집자는 이를 간략하게 처리한다. "오므리가 주님께서 보시기에 악한 일을 하였는데, 그 일의 악한 정도는 그의 이전에 있던 왕들보다 더 심하였다"(왕상 16:25). 이는 역사적 평가가 아닌 신앙적 평가이다.

핀켈스타인 교수는 다른 책에서 다윗이 주변의 여러 민족을 정복하여 강한 왕국을 이루었다는 성서의 기록에도 의문을 제기한다. 문헌비평만으로도 우리는 다윗에 대해 여러 의문점을 제시할 수 있다. 그것은 다윗이 왕이 되는 과정을 설명하는 서로 다른 이야기가 있기 때문이다. 가장 잘 알려진 이야기는 사무엘에게 기름 부음을 받는다는 이야기이다. 여기서 다윗은 가장 어리고 가치를 인정받지 못했다(삼상 16:1-13). 그러나 바로 이어지는 이야기에서 다윗은 음악연주가 뛰어났기에 발탁을 받는다(16:14-23). 골리앗 장군과의 싸움 이야기를 담고 있는 사무엘상 17장 또한 서로 다른 두 이야기가 섞여 있으며 그중 한 이야기는 옛 그리스어 번역에서는 빠져 있다.[29] 게다가 고고학 발굴에 의하면 기원전 10세기경의 골리앗 장군의 출신지인 가드(Gath)는 당시 팔레스타인지역의 최대 도시였으며 사마리아 역시 이스라엘의 수도로서 전형적인 성읍의 크기로 매우 화려했다. 이에 비하면 예루살렘은 하나의 작은 부락에 불과했다 (Israel Finkelstein, The Forgotten Kingdom: TheArchaeology and History of Northern Israel, 2013).[30] 솔로몬 성전 또한 아직 고고학적으로 증명되지 않고 있다. 여기서 필자는 '분단상황에서 성서 읽기'라는 과제를 위해 이러한 역사적 물음은 뒤로한 채 성서에 근거한 왕국 분열의 역사를 살펴보고자 한다.

남북왕국의 분열

기원전 931년 솔로몬이 죽자 그의 아들 르호보암은 후계자로서 왕의 추대를 받기 위해 12지파의 대표들이 모여 있는 세겜으로 간다. 그때 솔로몬의 비판 세력으로 애굽에 피신해 있던 여로보암과 뜻을 같이하는 열 지파는 르호보암에게 이렇게 제안한다. "임금님의 아버지께서는 우리에게 무거운 멍에를 메우셨습니다. 이제 임금님께서는 임금님의 아버지께서 우리에게 지워 주신 중노동과 그가 우리에게 메워 주신 이 무거운 멍에를 가볍게 해주십시오. 그러면 우리가 임금님을 섬기겠습니다"(왕상 12:4). 이에 르호보암은 신하들에게 조언을 구한다. 이때 솔로몬 왕과 함께한 원로들은 그들과 타협하기를 권고하고, 젊은 신하들은 반대로 더 강경하게 대응할 것을 권고했다. 르호보암은 젊은 신하들의 뜻을 따라 여로보암을 따르는 열 지파에게 이렇게 답한다. "내 아버지가 당신들에게 무거운 멍에를 메웠소. 그러나 나는 이제 그것보다 더 무거운 멍에를 당신들에게 메우겠소. 내 아버지는 당신들을 가죽 채찍으로 매질하였지만, 나는 당신들을 쇠 채찍으로 치겠소"(왕상 12:13-14). '중노동' 이라는 히브리어 단어는 출애굽기에서 바로 왕이 히브리 노예들을 부렸을 때의 단어와 같다는 점에서 '자유'와 '해방'이라는 신학적 이해가 맞닿는다.31

결국, 왕국은 분열되어 북쪽의 이스라엘 열 지파는 여로보암을, 남쪽의 유다 지파는 르호보암을 각각 왕으로 세운다. 분열 직후 베냐민 지파가 이에 동참했으며(왕상 12:21)32 아사 왕 시절에는 에브라임과 므낫세와 시몬 지파가 유다에 합세한다(대하 15:9). 이는 당시 북왕국의 권력이 중앙집권적이라기보다는 지방분권적 형태에 가까웠음을 말해주고 있다. 여로보암은 세겜을 첫 수도로 삼고, 이어 예루살렘 근처의 베델과 북쪽 끝 단(Dan)을 제사의 중심지로 만들었다. 그런데 이 부분에서 신명기 역사가들의 비난은 냉혹하다.

> 그런데 여로보암의 마음에… 이 백성이 예루살렘에 있는 주의 성전으로 제사를 드리려고 올라갔다가, 그들의 마음이 그들의 옛 주인인 유다 왕 르호보암에게로 돌아가게 되는 날이면, 그들이 자기를 죽이고, 유다 왕 르호보암에게 돌아갈지도 모른다는 생각이 들었다. 왕은 궁리를 한 끝에, 금송아지 상 두 개를 만들었다. …하나는 베델에 두고, 다른 하나는 단에 두었다. 그런데 이 일은 이스라엘 안에서 죄가 되었다(왕상 12:26-30).

법궤를 소유한 르호보암의 예루살렘 성전에 대항하여 여로보암은 무엇을 할 수 있었을까? 오늘 우리는 '금송아지' 하면 아론의 금송아지를 떠올리며 우상숭배로 단정하지만, 당시 여로보암이 금송아지를 세울 때는 야웨를 기리며 세우지 않았을까? 왜냐하면, 여로보암은 아히야 선지자를 통해 솔로몬이 행하는 우상숭배로 왕국이 갈라질 것이고, 그로 인해 열 지파가 자신을 따르게 될 것이라는 하느님의 예언을 들었기 때문이다(왕상 11:33-35). 그러기에 여로보암이 처음부터 우상숭배를 했다는 주장은 앞뒤가 맞지 않는 이야기이다. 또 하나 특이한 점은 여로보암의 통치기에 수도가 세겜에서 브누엘로(12:25) 그리고 디르사로 자주 바뀌었다는 사실이다(14:17). 이후 오므리 왕 때에 사마리아를 도성으로 삼는다(16:24). 성서는 그 이유를 설명하지 않는다. 다만 그 지역이 에브라임 지파에서 갓 지파로 그리고 므낫세 지파로 움직인 것을 보면 이는 지파 안배 정책일 수도 있다.

약 200년의 역사를 이어가던 북왕국은 기원전 722년 아시리아 제국에 의해 멸망한다. 아시리아의 왕 사르곤 2세는 이렇게 말한다. "나는 저 사마리아 도성의 2만 7, 820명을 아시리아로 끌고 왔다." 이렇게 해서 열 지파는 아시리아 제국 이곳저곳에 흩어지게 되고, 그들이 살던 지역에는 다른 민족들을 강제로 이동시켜 살도록 했다. 이는 피압박민족들이 서로 협력하여 반역을 일으키는 일을 막고자 한 아시리아 제국의 혼혈정책이었다. 이로 인해 북왕국 지역은 피가 섞이게 되고 혼합종교의 형태를 갖게 된다. 이후 기원전 586년 남왕국 역시 신바빌로니아 제국에 의해 멸망 당하고 수만 명이 포로로 붙잡혀갔다가 60여 년이 지나 페르시아 제국의 해방정책에 의해 예루살렘으로 돌아온다. 신바빌로니아는 아시리아와는 달리 혼혈 정책을 취하지 않았기에 유다 사람들은 혈통과 종교의 순수성을 지키게 된다. 이로 인해 남왕국의 유다 사람들은 북왕국 사마리아 지역을 피가 더럽혀진 지역으로 여겨 이곳을 통과하는 것을 율법으로 금지하였으며 사마리아인들과의 만남은 물론 대화 자체도 금지했다. 이것이 요한복음 4장에 나오는 예수와 사마리아 수가성 여인과의 대화에 깔린 역사적 배경이다.

한/조선강토의 분단과 미국의 책임

지정학적으로 팔레스타인과 한강토는 외세에 둘러싸여 있어 끊임없는 침략을 받아왔다. 그리하여 이스라엘이 남북으로 분열되었듯이, 한강토 또한 40년간[33] 일본 제국의 식민지로 압제를 받아오다 1945년 8월 15일 해방과 함께 남북으로 분단된다. 같은 남북분단이지만, 이스라엘 왕국의 분열은 내부 요인 때문이었고, 조선강토의 분단은 전적으로 외부 요인에 의한 일이었다.

제2차 세계대전을 통해 미국과 소련은 독일과 일본의 파쇼 제국주의 침략에 대항하여 연합전선을 펼쳤지만, 1917년 러시아 혁명 이후 미·소 두 강국은 각각 자본주의 시장경제체제와 공산주의 국가경제체제라는 서로 다른 두 체제를 통해 유럽을 양분하면서 경쟁하고 있었다. 독일 항복 이후 일본과 치열한 전투를 치르던 미국은 소련에 대일본전쟁에 참여할 것을 요구한다. 소련은 일제와 맺은 중립(불가침)조약을 핑계로 일제의 무조건 항복을 요구하는 포츠 담선언에도 서명하지 않은 채 계속 거절하다가 미국이 히로시마에 원자폭탄을 터트린 이틀 후 8월 8일에 선전포고를 한다. 당시 소련은 홋카이도 분할 통치를 대일 참전의 요구 조건으로 내세우는 등 전후 동북아시아에서 영향력 확보를 위해 노력하던 중이었다.

소련군은 만주군을 단숨에 무찌르고 파죽지세로 밀고 내려와 참전 불과 5일 만에 청진까지 진출하였으며, 미국의 두 번째 핵폭탄 투하 이후 일본은 즉각 항복을 제안한다. 그런데 당시 미군은 남태평양 전선에 머물고 있었기에 소련군이 조선반도 전체를 점령할 것을 염려한 나머지 부랴부랴 북위 38도선을 따라 한강토를 남북으로 분할 점령할 것을 제안하였고, 소련은 이를 수용한다.[34] 당시 소련군의 일부는 이미 38선을 넘어 진군하고 있었기에 비행기를 통해 명령을 하달한다. 38분단선을 처음 제안한 딘 러스크 중령은 자신의 책상 위에 놓여 있던 잡지 「내셔널지오그래픽」의 그림에서 착상을 얻었다고 말한다. 그리하여 38선 이북은 소련군이 즉각 점령하게 되었지만, 38선 이남은 미군이 들어온 9월 8일까지 20여 일간 무정부 상태로 남아 있었다. 당시 일제 총독부는 항복 선언 이전부터 조선인들로부터 보복을 당할까 두려워하여 안전한 퇴각을 위해 여운형 측과 대화를 시작하고 있었고 항복 선언과 함께 건국준비위원회에 치안을 이양하였다. 이 사실을 알게 된 미군은 이를 즉각 중지시키고 미군이 들어갈 때까지 일본군이 치안을 담당하도록 명령하였다. 그리하여 8월 15일 총독부 국기계양대에 올라가 있던 태극기는 다음 날 내려오고 다시금 일장기가 올라가는 역사의 아이러니가 일어났다.

1945년 9월 7일 맥아더 총사령관은 조선인들에게 내린 포고령을 통해 미군이 해방군이 아닌 '점령군'으로 오는 것, 조선이 노예 상태하에 있다는 것 그리고 '영어'를 공식어로 사용할 것 등을 선포하였다. 그리고 9월 8일에 인천에 입항하기 전 하지 중장은 미군들에게 조선인들을 일본과 같은 편, 즉 미군의 적으로 간주하라는 명령을 내렸다. 9월 9일 하지 중장은 일제로부터 항복 서명을 받은 이후에야 비로소 총독부 게양대의 일장기를 내렸는데, 이어 올라간 국기는 태극기가 아닌 성조기였다. 『한국전쟁의 기원』의 저자 부르스 커밍스 교수는 하지 중장이 일본군을 동료로 여겼다고 말한다.35

한편 북조선에 진군한 소련군은 처음부터 해방군으로 오는 것임을 명확히 했다. 스티코프 대장의 포고문 일부이다. "조선 인민이여! 당신들은 자유와 독립을 찾았다. 이제는 모든 것이 당신들에게 달렸다. 조선사람의 훌륭한 민족성 중의 하나인 근면함을 발휘하라. 조선의 경제와 문화 발전에 대하여 노력하는 자만이 모국 조선의 애국자가 되며 충실한 조선사람이 된다. 해방된 조선 인민 만세!" 그는 얼마 있지 않아 인민위원회의 자치활동을 인정하였으며, 처음부터 공산주의 체제를 도입하는 것은 이르다고 보고 그 중간 단계인 부르주아 사회주의 체제를 세우기로 하여 조선민주당의 당수 조만식(장로)을 지도자로 내세운다. 당시 김일성은 소련에 머물다 나중에 입국한다. 10월 15일 평양에서 '김일성 장군 환영 평양군중대회'가 열렸는데 '항일투쟁의 전설적 영웅'으로 알려진 '김일성 장군'을 보기 위해 30만 명이 넘는 엄청난 군중이 몰렸다. 이 대회의 준비위원장은 조만식이었다. 당시 단상에 있던 소련군 대표들은 조만식에 이어 등단한 김일성에 대한 열렬한 환영을 보고, 민족주의자로서 신탁통치를 반대하고 남북 통합정부 설립을 바란 조만식 대신 김일성에게로 마음을 돌린다.

이를 본 남한의 미군 또한 민족주의자로서 신탁통치를 반대하고 미군철수를 주장하며 남북 통합정부 설립을 주장한 김구를 배제하고 반공주의자 이승만을 대항마로 내세워 서울을 비롯한 지방 곳곳에서 군중 집회를 갖는다. 이로써 남북 단일정부를 바라던 백성의 염원에도 불구하고 38선 이남과 이북에는 미국과 소련의 이익을 대변하는 두 개의 분단 정부가 들어서게 된다. 그리하여 분단선은 국경선이 되고 두 정부는 '민족통일'이라는 구호 아래 상대를 점령 대상으로 보게 된다. 결국, 정부 수립 이후 2년이 채 지나지 않아 미·소의 대리전 성격을 갖는 3년간의 남북골육전쟁을 통해 남과 북은 씻어내기 어려운 깊은 상처를 남기고 만다.

이스라엘·유다 분쟁과 한국전쟁

제1성서에서 남왕국 유다와 북왕국 이스라엘의 역사를 이야기 하는 책은 흔히 역사서로 분류되는 역대기와 열왕기이다. 두 책은 같은 시대를 다루고 있어 중복되는 이야기도 많고, 세속적 관점이 아닌 야훼신앙의 관점에서 역사를 기술한다는 점에서 공통점이 있 다. 그러나 신학적으로는 근본적인 차이가 있다.

우선 열왕기는 그 내용에 있어 크게 세 부분으로 나누어진다. 첫 째 부분(왕상 1-11장)은 솔로몬의 이야기이고, 둘째 부분(왕상 12-왕하 17장)은 북왕국이 멸망할 때까지 두 왕국 사이의 변덕스러운 정세를 전하고 있으며, 셋째 부분(왕하 18-25장)은 유다의 마지막 왕들과 멸망을 다루고 있다. 이번 주제에 해당하는 부분은 둘째 부 분이다. 이스라엘과 유다의 모든 왕은 즉위 순서에 따라 연대기적 으로 소개된다. 그런데 여기에는 왕의 통치와 더불어 예언자 전승 이 상당한 부분을 차지한다. 여기에 등장하는 예언자들로는 익명의 유다 출신 하느님의 사람과 벧엘의 늙은 예언자, 실로의 아히야, 티

스베의 엘리야, 익명의 예언자들, 이믈라의 아들 미가야, 아벨 므홀라의 엘리사 등이다. 여기서 히브리 성서가 열왕기를 분류할 때 왜 역사서가 아닌 예언서(נביאים)에 포함하는지 이해할 수 있다.

역대기는 칠십인역에서 'paralipómena'라 불리는데, 이 말은 '간과된 것'이라는 뜻이다.36 곧 열왕기가 간과한 이야기들을 후대에 첨가했다는 의미이다. 역대기는 처음 1장부터 10장에 이르는 긴 족보가 나오는데, 여기에서는 아담에서 시작하여 바빌론 포로기까지의 역사를 다루고 있다. 그러나 이 또한 연대기적인 족보가 아니다. 역대기 저자가 신학적으로 중요하게 보는 부분이 강조되는데, 이는 다윗과 레위와 예루살렘이다. 역대기상 11장부터 역대기하 36장까지는 왕들의 역사가 하나하나 다루어진다. 그러나 이 서술 또한 그들의 통치 행적이 아니라 야훼 하느님께 순종하는 왕은 성공하고 불순종하면 실패하고 몰락하고 만다는 필연성을 강조하는 신명기적 역사 신앙의 고백인 것이다. 그러기에 간혹 연대순서가 뒤바뀌는 경우도 있다.

본 주제에 한정하여 열왕기와 역대기를 비교하면 열왕기는 남북 왕국을 반복하며 이야기하는 반면, 역대기는 북왕국에 약간 치우친다. 역대기 저자는 성전이 있는 남왕국 예루살렘을 마음의 중심에 두고 있지만, 동시에 12지파의 이상(理想)을 고수하고 있다. 역대기에는 성서의 오래된 이야기와 성서 밖의 다른 이야기들도 들어와 있으며, 비교적 세속 역사 이야기에 충실하고자 하는 사무엘서와 열왕기에 대한 일종의 해석서로 그 관점이 독자적이다. 이에 대해 한 성서학자는 "율법학자들을 위한, 율법학자들에 의한 문헌"37이라고 말한 바 있다. 그리하여 히브리 성서에서 열왕기가 예언서로 분류된 것과는 달리 역대기는 성문서(כתובים)로 분류된다. 열왕기를 공관복음서에 비유한다면, 역대기는 요한복음서에 비유할 수 있다.

두 왕국의 분쟁 역사

왕국 분열 직후 남왕국의 르호보암은 북왕국의 여로보암 세력을 분쇄하고자 예루살렘에서 18만의 대군을 동원한다. 이때 야훼 하느님은 예언자 스마야를 통해 이렇게 말씀하신다. "야훼가 말한다. 이렇게 된 것은 다 나의 뜻이니 동족을 치러 올라가지 말고 각자 집으로 돌아가거라"(대하 11:4, 이하 공동번역). 그리하여 동족 간의 싸움은 일시적으로 중지된다.

남북왕국시대는 크게 분열 시대, 연합 시대 그리고 2차 분열 시대의 세 시기로 나뉜다. 왕국이 분열한 직후 60년간은 남왕국이 북왕국에 대한 지배권을 행사하기 위해 계속 전쟁을 일으킨다. 군사 쿠데타로 권력을 잡은 북왕국의 바아사는 외세 다메섹을 끌어와 남왕국을 압박했지만, 동맹이 깨지면서 오히려 다메섹의 공격을 받았다. 이후 약 80년간은 평화의 시기로 남왕국의 여호사밧과 북왕국의 아합이 사돈 관계를 맺고 연합군을 형성하여 외세 다메섹의 침략을 막아낸다(대하 18장). 그러나 이 연합의 시기가 지나고 나서 두 왕국은 또다시 반목을 계속하던 중 북왕국 이스라엘은 아시리아 제국에 의해 기원전 922년에 멸망한다. 북왕국이 존속한 210년 동안 아홉 왕조가 세워져 19명의 왕이 통치했다. 이 중 8명은 암살당

하거나 자살했다. 이에 비해 남왕국 유다는 다윗 왕조를 유지하다
가 북왕국 멸망 후 240년이 지난 기원전 586년에 신바빌로니아 제
국에 의해 멸망당함으로 남북왕국시대는 종말을 고한다.

한강토에서 일어난 전쟁(1950~1953)에 대한
서로 다른 이름들

1953년 7월 27일, 판문점에서 정전협정문38에 서명이 이루어졌
다. 이 정전협정문은 영어·한글·중국어로 작성되었는데, 이 전쟁을
지칭하는 각 당사국의 명칭이 다르다. 정전을 반대하였기에 정전협
정문 서명에 참여하지 않은 남한은 6월 25일에 전쟁이 발발하였다는
이유로 '6.25 전쟁'으로 불러왔으며, 1973년 제정된 '각종 기념일에
관한 규정'에서는 '6.25 사변일'이라 부른다. 미국에서는 'Korean
War'(한국전쟁)라는 표현을 사용한다. 그러나 당시 미국 의회에서는
6.25 전쟁이 제3차 세계대전으로 확대되는 것을 우려하여 군사적 충
돌의 의미로 'Korean Conflict'로 지칭한 적도 있다. 중국에서는 '미
국에 대항하고, 조선을 지원하는 전쟁'이라는 뜻에서 '항미원조전
쟁'(抗美援朝战争)이라 부른다. 북조선은 '조국해방전쟁'으로 명명하
면서 '미국의 한강토 식민지지배 위협으로부터 조국의 해방을 지켜
냈다'는 의미를 부여하고 있다. 북조선은 1973년에 정전협정일을
조국해방전쟁 승리기념일로 제정하였고, 1996년부터는 국가적 기
념일로 한 단계 격상시켜 전승절 기념행사를 진행하고 있다.

38선은 애초 분단선이라기보다는 미소 양국의 충돌을 막기 위한

일종의 경계선에 불과했다. 초기에는 남한과 북조선 사람들이 자유롭게 왕래하였고, 1945년 12월에는 북에서 남으로 100만kw의 전력과 30만 톤의 석탄을 제공하는 논의도 있었다. 미국은 신탁통치를 고려했고 스탈린 또한 북조선 점령을 대일전을 위한 수단으로 생각했다. 처음부터 사회주의국가 설립을 고려하지 않았다. 오히려 조만식 장로를 수반으로 하는 부르주아 민족주의 권력 체제를 생각했다.

그러나 한민족의 미래가 아닌 자신들의 이익을 앞세운 미소 양국으로 인해 1948년 8월과 9월 남과 북에는 각각의 단독정부가 수립되었고 두 정권은 모두 통일을 국가의 기본 이념으로 내걸었다. 결국, 통행이 금지되고 북위 38도 선은 국경선이 되었다. 그러나 잣대로 그어진 이 선은 지상에서는 그 경계가 모호하고, 완충 지역도 없이 남북의 군인들이 맞대고 있었기 때문에 크고 작은 전투가 불가피하게 발생하는 상황이었다. 그리하여 단독정부 수립 이후 6.25 전쟁 직전까지 무려 870회 이상의 전투가 벌어졌고, 약 10만 명의 남북 군인과 민간인들이 희생되었다.

필자가 직접 들은 한 예를 소개해본다. 2016년 한국기독교교회협의회 화해통일위원회 소속 20여 명의 목회자는 평화협정 서명운동의 일환으로 미국 대륙을 횡단하면서 여러 교회와 교단 총회를 방문하였다. 마지막 날 국무성을 방문한 후, 메릴(John Merrill) 교수와 대담을 나누었다. 국무성에서 30년을 봉직하고 퇴임한 그는 제주 4.3항쟁과 한국전쟁에 관한 저서를 내기도 하였다.[39] 그는 한국 해병대 퇴역 장성으로부터 자신이 이미 알고 있던 이야기를 확인했다고 했다. '1949년 11월 말 남한 해병대 중대 병력이 북조선

옹진반도의 해병대 1개 중대 병력을 기습 공격하여 완전 섬멸시켰다.'라는 내용이었다.

북조선은 6월 25일 새벽을 기해 전면전을 시작하였고 불과 3일 만에 서울을 점령한다. 그러고 나서 이승만 정부와의 정치 협상을 위해 서울에 3일간 머문 후[40] 남쪽으로 침략을 시작하였다. 낙동강까지 파죽지세로 밀고 내려갔으나 미군의 공습과 유엔군의 참전 그리고 인천상륙작전을 통해 불과 4개월 만에 북조선군은 수세에 몰려 압록강까지 쫓겨갔다. 당시 총사령관 맥아더는 만약 중공군이 개입하는 경우 원자폭탄 투하까지 불사할 생각이었으나, 제3차 세계대전으로 비화될 것을 염려한 트루먼 대통령에 의해 퇴역하게 된다. 중공군의 참전으로 연합군은 3개월 만에 대전 지역까지 밀려갔다가 반격을 통해 본래의 분단선이었던 38선에서 전선이 정체된다. 이 전쟁으로 인해 남북 인구의 10분의 1에 해당하는 350만 명의 사상자가 발생했으며, 이 중 민간인은 70%에 달했다.

역사에 가정은 없다고 하지만, 필자는 이런 가정을 해본다. 전쟁 발발 이틀 후 유엔 안전보장이사회가 파병 결의안을 통과시킬 때 7개국은 찬성을, 유고슬라비아는 반대를, 이집트와 인도는 기권했으며, 상임이사국으로 거부권을 갖고 있던 소련은 대만의 장개석 정부를 지지하는 미국의 처사에 불만을 품고 1950년 초부터 일체의 회의 참석을 거부하고 있었다. 만약 이때 소련이 거부권을 행사했으면 어찌 되었을까? 당연히 유엔군 참전은 불가능했을 것이고, 당시 미국의 국내 정치적 상황이 좋지 않았기 때문에 미국 단독의 참전 또한 쉽지 않았을 것이다.

서울이 함락되던 날, 미국 시각으로 6월 29일 저녁에 대통령 기자회견이 있었는데, 한 기자가 이렇게 물었다. "지금 우리나라가 전쟁 중입니까? 아닙니까?" 대통령 트루먼은 "우리는 전쟁을 하고 있지 않습니다"(We are not at war)라고 답변했다. 왜냐하면, 전쟁 선포는 의회의 결의가 필요하기 때문이다. 그런데 트루먼은 그 이틀 전인 27일에 이미 미 7함대의 한강토 해협으로의 진군을 명령했고, 다음 날인 30일에는 미 공군기의 평양 폭격이 시작되었다. 미국이 유엔군의 일원으로 한국전에 참여하였기에 국회 동의가 불필요했던 것이다.

한국전쟁의 기원

한국전쟁을 바라보는 두 가지 시각이 존재한다. 하나는 미국과 소련의 대리전으로서 내전으로 보는 견해이고, 다른 하나는 미군을 중심으로 한 유엔군과 중국과 소련[41]이 참여한 국제전으로 보는 견해이다. 이승만 정권은 한국전쟁 전 '점심은 평양에서, 저녁은 신의주에서'라는 북침 전쟁구호를 공공연히 외쳤으며 미국에 무기제공을 끊임없이 요구했다. 반면 김일성 정권은 소련군 철수와 더불어 상당한 무기를 넘겨받고 모택동의 국공내전에 참여했던 상당한 전투 병력이 돌아옴으로 실질적인 남침 준비를 하게 된다. 여기서 필자는 이런 질문을 던져본다. 김일성은 원자폭탄이라는 전대미문의 강력한 무기를 소지하고 있는 미국의 참전이 확실한 상황에서도 전쟁을 시작하였을까? 그렇지 않다는 것이 필자의 의견이다.

1950년 1월 12일, 미국 국무장관 애치슨은 기자회견을 통해 한 강토가 미국의 태평양 방어선에서 제외되었다는 군사외교정책을 발표한다. 이는 한강토에서 전쟁이 발발할 경우 미국이 참전하지 않겠다는 발언으로 해석될 수 있다. 필자는 2014년 한국기독교교회협의회 화해통일위원장 시절, 현재 미국교회협의회 회장인 짐 스튜어트 목사(당시 미 감리교 사회국 총무), 노정선 교수와 함께 미국 국무성을 방문하고 북조선 인권대사인 로버트 킹과 회담을 가진 적이 있다. 킹 대사가 한국전쟁을 거론했을 때 필자가 '애치슨 선언'이 북조선으로 하여금 오판을 저지르도록 한 것은 아닌가라고 반문하자 킹 대사는 즉각 "It was a mistake"(그건 실책이었다)라고 실토했다. 그것도 세 번이나 말이다. 애치슨 선언이 나온 직후 스탈린과 모택동은 김일성의 전면전에 결국 동의하였다. 그러나 미국은 애치슨 선언과는 정반대로 전쟁 발발 이틀 만에 유엔 결의를 통해 참전을 결정하였고, 5일 만에 평양 공중 폭격을 시작하였다. 그렇다면 북조선이 남침 준비를 완료한 시점에서 애치슨 선언의 의도는 무엇이었을까?

이와 관련한 질문이 또 있다. 전쟁 발발 1년 후인 1951년 6월경 전선은 38선 부근에서 정지 상태에 이르렀으며 정전회담이 시작되었다. 그렇다면 이후 정전협정 서명까지 2년이나 걸린 이유는 무엇이었을까? 문구 작성 때문이었을까? 아니면 한쪽의 의도적인 지연 때문이었을까? 당시 지상 전투는 양쪽이 밀고 당기는 일종의 소모전 형태였지만, 공중은 그렇지 않았다. 미군 폭격기는 하루도 빠짐없이 북조선의 주요 도시와 공장 시설들을 완전히 파괴하였다.

커밍스 교수는 당시 투하한 폭탄은 63만 톤으로, 이는 태평양전쟁에 투하한 50만 톤보다 많은 양이며, 이로 인해 북조선은 '달의 표면'처럼 하얗게 변하였다고 말했다. 22개 주요 도시 중 18개 도시는 최소한 50%가 흔적도 없이 사라졌으며, 모든 도시와 마을의 40~90%가 파괴된 것으로 추산하고 있다. 또한, 그는 당시 미국방부 검열관들이 폭격의 끔찍한 현실을 미국 국민이 모르도록 감추었으며 이 폭격으로 인해 북조선은 일종의 '유격대국가'로 변해갔다고 말한다.[42]

필자가 본 한국전쟁 기록영화에도 평양시를 내려다본 미군 폭격기 조종사가 관제탑에 이렇게 말한다. "There is no more target, roger"(표적은 더 이상 없다). 평양의 모든 건물이 파괴되어 있었기에 싣고 간 폭탄을 어디에 투하해야 할지 몰랐던 것이다. 평양 시내는 사방 1m 내에 평균 세 발의 폭탄이 투하되었다. 한 미군 장성은 북조선이 구석기 상태로 돌아갔으며 복구에 100년 이상 걸릴 것이라고 말했다. 고려대학교 최장집 교수는 오래전 발표한 논문에서 "한국전쟁의 가장 큰 피해자는 북녘 인민들이었다"라고 말한 바 있으며, 피카소는 〈조선에서의 학살〉(The Massacre in Korea)이라는 제목의 게르니카 벽화를 통해 미군이 황해남도 신천군 군민의 4분의 1에 달하는 무고한 양민을 잔인하게 죽인 사실을 고발하였다.

한국전쟁 직전 1950년 4월에 작성된 미국의 국가안전보장회의(NSC)보고서의 1급 비밀정책(NSC68)에는 군사비 지출을 3배 확장하는 군사전략을 기술하고 있는데, 이는 한국전쟁이 바로 미국의 국가경제전략의 일환이었음을 말해주고 있다. 제2차 세계대전을[43] 끝내고 퇴임하는 루스벨트 대통령은 국회 연설에서 '군산복합체'(the military-industrial complex)가 가져올 화에 대해 경고한 바 있다. 미국 국방대학교 교수인 포스터(Gregory D. Foster)에 따르면, 2018년 미국 연방정부 전체 예산의 약 13%가 기업과의 계약에 사용되는데, 이 중 63%가 국방 관련이다. 이 국방예산의 절반가량인 368억 달러가 무기생산을 하는 10대 기업에 지불되었는데, 이 금액은 세계 하위 130개국의 국내총생산(GDP)보다 더 큰 수치이다.44

미국은 제2차 세계대전에서 쓰인 것보다 더 많은 폭탄을 베트남에 투하했으며, 심지어 라오스에도 폭탄을 투하하였다. 지금 라오스 전 국토의 99%에는 8,000만 발의 포탄이 땅속에 박혀 있어 매년 300명 이상의 희생자를 낳고 있다. 도대체 이 많은 폭탄은 왜 터지지 않았을까? 혹 유효기간이 지난 폭탄을 쓰레기로 처리한 것은 아니었을까? 얼마 전 카터 전 미국 대통령은 자신의 고향 교회에서 행한 설교에서 미국이 가진 전쟁 국가의 성격을 개탄하며 미국 역사 242년 중 전쟁을 하지 않은 시기는 16년에 불과하다고 말했다.

우리는 한국전쟁의 기원에 대해 로마 제국 이래 가장 강력한 군사 대국인 미국의 지배전략(Divide and Rule) 차원에서의 근본적인 이해가 필요하다. 그렇게 할 때만이 남북의 대립과 반목의 근본을 치유할 수 있기 때문이다. 또 하나 기억해야 할 것은, 미국은 일본으로 하여금 한국전쟁 기간 중 군수공장 역할을 하도록 하여 일본이 경제 대국으로 발돋움하는 계기를 마련해주었으며, 또한 한때 적국이었던 일본과 군사동맹을 맺어 중국과 러시아의 세력이 태평양으로 진출하는 것을 막고 있다는 사실이다. 남한은 이에 앞선 미국의 교두보 역할을 하고 있으며 이것이 한강토에 미군이 주둔하며 전시작전통제권이 미군에게 유지되고 있는 이유이다.

결론적으로 분단상황에서 성서가 주는 교훈은 무엇일까? 남유다와 북이스라엘은 전쟁과 반목에도 불구하고 열왕기와 역대기를 통해 두 왕국의 역사를 하나로 통합하였으며 이를 신학적으로 정리했다. 마찬가지로 남한과 북조선의 역사를 통합적 관점에서 기술하고 이를 신학적으로 정리하는 일이 필요하다고 본다. 어떻게 보면 세계사의 큰 흐름 속에서 객관적인 역사 인식을 갖고자 하는 남한은 마치 열왕기와 같고, 고립된 상황에서 주관적인 역사 인식을 하고 있는 북조선은 마치 역대기와 같다고 하겠다.

둘째, 요한복음서 4장에 기록된 예수와 사마리아 여인과의 대화를 통해 북왕국 멸망 후 700년, 남왕국 멸망 후로 보더라도 500년 이상의 세월이 지났음에도 불구하고 남북 사이의 분단과 반목이 계속 살아 움직이는 것을 볼 수 있다. 이는 남북의 국토 통일은 가까운 미래에 가능하더라도, 진정한 남북화해는 결코 쉽지 않음을 보여주는 것이다. 예수 그리스도의 복음 안에서 유대인과 이방인이 하나 되었듯이, 남과 북의 백성들이 어떻게 막힌 담을 허물고 하나가 되고, 나아가 세계 평화의 마중물이 될 수 있는지를 진지하게 묻는다.

예수의 분단 장벽 허물기
카이로스 역사 40년

에스겔 37:16-17, 요한복음 4:3-9

너 사람아, 나무 막대기 하나를 취하여 그 위에 '유다 와 그와 한편이 된 이스라엘 백성'이라고 써라. 또 다른 나무 막대기 하나를 취하여 그 위에 '요셉, 에브라임의 막대기와 그와 한편이 된 이스라엘의 온 족속'이라고 써라. 그리고 이 둘을 붙여서 한 막대기로 만들어라. 둘이 하나가 되게 잡고 있어라(겔 37: 16-17).

예수께서 사마리아 지방의 시카르라는 동네에 이르셨다. 이 동네는 옛날에 야곱이 아들 요셉에게 준 땅에서 가까운 곳인데 거기에는 야곱의 우물이 있었다. 먼 길에 지치신 예수께서는 그 우물가에 가 앉으셨다. 때는 이미 정오에 가까웠다. 마침 그 때에 한 사마리아 여자가 물을 길으러 나왔다. 예수께서 그를 보시고 물을 좀 달라고 청하셨다. 제자들은 먹을 것을 사러 시내에 들어가고 없었다. 사마리아 여자는 예수께 "당신은 유다인이고 저는 사마리아 여자인데 어떻게 저더러 물을 달라고 하십니까?" 하고 말하였다. 유다인들과 사마리아인들은 서로 상종하는 일이 없었던 것이다(요 4:5-9).

한민족 오천 년 역사에서 가장 치욕적인 기간은 일제강점기(日帝强占期)이다. 이 기간을 흔히 '일제 36년'이라고 말하는데, 왜 36년으로 계산하는지 필자는 잘 이해되지 않는다. 강제합병이 일어난 해는 1910년이고, 해방은 1945년이다. 통상적인 방식으로 계산하면 35년이다. 필자는 여기에서 35년이냐 혹은 36년이냐를 문제 삼는 것이 아니고, 일제강점 기간에 대한 새로운 견해를 주장하고자 함이다.

대한제국은 1905년 가츠라·태프트[45] 밀약 4개월 후에 일어난 을사늑약으로 인해 일제에게 군사권과 외교권을 빼앗겼다. 독립 국가의 여부는 군사권과 외교권의 존재 유무로 판단한다. 따라서 대한제국은 강제합방 이전인 1905년에 이미 국가로서의 생명이 끊어진 것이다. 따라서 일제강점기는 을사늑약 서명일인 1905년 11월 17일부터 일제가 항복을 선언한 1945년 8월 15일까지로 보는 것이 옳다.

이렇게 볼 때, 우리 기독교인들은 이 기간을 성서적 관점에서 보다 새롭게 조명할 수 있다. 성서에서 '40'이라는 숫자는 제2의 창조 사건인 '노아 홍수 40일', 애굽의 노예생활로부터 자유와 해방의 새 역사를 향해 나아가는 '광야 40년', 새 하늘과 새 땅의 하느님 나라 역사를 선포하는 예수 그리스도의 '광야기도 40일' 등에서 나타난다. '크로노스'라는 인간의 시간으로 볼 때 숫자 40은 고난의 시기를 나타내지만, '카이로스'라는 하느님의 시간으로 볼 때 새 역사 창조[46]의 기간이다.

물론 일제강점 기간을 이렇게 성서의 시각에서 새롭게 해석한다

하더라도 현실이 그러한가에 대해서는 여전히 의문이다. 왜냐하면, 1945년 8월 15일에 우리 민족은 해방을 맞았지만, 그와 동시에 북위 38도선을 따라 미군과 소련군에 의한 분할 점령이 시작되었고, 이렇게 시작된 분단이 오늘날까지 계속되고 있기 때문이다. 단순한 국토분단이 아니라 한국전쟁을 통한 극심한 대립과 반목의 역사가 76년째 이어지고 있다. 남한의 국가보안법에 의해 반국가단체로 규정된 북조선은 미국에 의해 극도의 경제제재를 당해왔으며, 이로 인해 민중들의 삶은 크게 위협받고 있다. 동시에 남한에서는 북조선과의 관계를 놓고 진보와 보수 간의 이념 분쟁으로 인하여 남남갈등이 점점 깊어만 가고 있다.

세계 기독교 역사에서 경이로운 성장을 한 한국교회의 기독교인으로서 우리는 이러한 민족분단과 남북 적대 상황을 어떻게 이해하고 받아들여야 할 것인가? 오늘은 제1성서의 에스겔 예언자에게 임한 야훼 하느님의 말씀과 요한복음에 짧게 언급된 예수 그리스도의 행적을 통해 이에 대한 실마리를 찾아보고자 한다.

에스겔의 통일 비전과 계속되는 반목

이스라엘 왕국은 솔로몬 이후 남북으로 분열되고 약 200년간 반목과 경쟁을 하다가 먼저 북이스라엘이 아시리아 제국에 의해 멸망한다. 이후 135년이 지나 남유다 또한 바빌론 제국에 의해 멸망한다. 점령 왕국들의 독립투쟁을 막기 위해 아시리아는 민족들이 서로 섞여 살도록 하는 이주정책을 폈고, 바빌론은 왕족과 사제들을 비롯한 사회 지도층을 자국으로 끌고 가는 포로 유배정책을 폈다.

에스겔, 그는 바빌론에 살고 있던 유대 포로민 중 하나였다. 어느 날 그는 야훼 하느님의 환상을 본다(겔 37장). 그발 강가 골짜기에 흩어져 있는 수많은 마른 뼈들이 하나의 군대로 부활하는 환상이었다. 하늘의 음성이 들린다.

> 사람아, 이 뼈들이 바로 이스라엘 온 족속이다. 그들이 말하기를 '우리의 뼈가 말랐고, 우리의 희망도 사라졌으니, 우리가 망했다' 한다. 그러므로 너는 대언하여 그들에게 전하여라. '나 주 하느님이 말한다. 내 백성아 내가 너희 무덤을 열고 무덤 속에서 너희를 이끌어 내고, 너희를 이스라엘 땅으로 들어가게 하겠다'(11~12절, 새번역).

그런데 이 해방과 귀환 예언은 단지 바빌론에 붙잡혀 온 유대 백성들에 관한 예언만은 아니었다. 예언의 말씀은 계속된다.

> 너 사람아, 너는 막대기 하나를 가져다가, 그 위에 '유다 및 그와 연합한 이스라엘 자손'이라고 써라. 막대기를 또 하나 가져다가 그 위에 '에브라임의 막대기 곧 요셉 및 그와 연합한 이스라엘 온 족속'이라고 써라. 그리고 두 막대기가 하나가 되게, 그 막대기를 서로 연결시켜라. 그것들이 네 손에서 하나가 될 것이다(16~17절). …내가 그들을 한 백성으로 만들고, 한 임금이 그들을 다스리게 하며 그들이 다시는 두 민족이 되지 않고, 두 나라로 갈라지지 않을 것이다(22절).

통일 왕국이 회복되리라는 예언이었다. 그러나 귀환 이후 통일 왕국의 회복은 이루어지지 않았다. 물론 바빌로니아에 이어 페르시아, 그리스와 로마 제국 등 거대한 패권 국가들이 연이어 발흥하면서 약소국인 이스라엘이 독립 기회를 얻지 못한 것이 가장 큰 이유였다.

그런데 성서는 국제 정세에서 만약 그런 기회가 있었다 하더라도 이스라엘이 통일을 이루지는 못했으리라는 사실을 강하게 암시하고 있다. 통일 왕국의 회복을 방해하는 적은 외부가 아니라 바로 그들 내부에 있었기 때문이다. 남유다의 후예들은 바빌론 포로에서 귀환하자 곧바로 에스라와 느헤미야의 영도 아래 예루살렘 성전을 재건하는 작업에 착수한다. 이때 귀환한 유다와 베냐민 지파의 사람들만 재건 과정에 주도적으로 참여하면서(에 1:5) 북쪽 사마리아 지방 사람들의 협조를 철저하게 외면한다(에 4:3). 그런데 성서에는 이를 반대했던 사람들의 이름과 소속을 열거하는데 북이스라엘을 세웠던 본래의 열 지파 이름은 전혀 등장하지 않고 모두 이방 족속들의 이름만 나열되고 있다.

위에서 언급한 아시리아 제국의 이주정책은 민족을 완전히 뒤바뀌도록 하는 전면적 이주가 아니라, 일부만 옮겨 살도록 하는 혼혈 정책이었다. 따라서 사마리아 출신 사람들은 이민족의 피가 섞이긴 했지만, 크게 보아 혈육이나 다름이 없었다. 더구나 그들은 아시리아의 지배 시절부터 계속 야훼 하느님을 섬겨온 사람들이다(에 4:2). 그러나 성서는 그들을 형제로 고백하기보다는 '유다와 베냐민의 대적'(에 4:1)이라고 규정하고 있다. 느헤미야에서는 산발랏과 도비야을 중심으로 하는 사마리아 사람들이 성전 짓는 일을 단순히 방해하는 것에 그치지 않고 그것을 무너뜨리려는 계획까지 세운다. 남유다와 북이스라엘의 뿌리 깊은 반목은 두 왕국이 멸망하고 몇 세대가 지나갔건만 여전히 살아 있었다.

이를 가능하게 한 것은 예루살렘 성전 신앙이었다. 제사장 에스라는 성전 재건을 마치고 난 후 내부 단속에 나선다. 그는 이미 결혼을 하여 자녀까지 둔 이방인 아내마저 내쫓는 모세 율법을 준수하라고 강요한다(10장). 느헤미야 또한 여러 가지 개혁을 추진했는데, 안식일 규정 준수와 이방인 아내와 사위들을 공동체에서 쫓아내는 일이 핵심 과제였다. 제사장 스가랴나 지방 장관 느헤미야는 모두 포로민의 후예로 바빌론에서 출생했을 것이다. 그럼에도 불구하고 저들은 타민족과의 결혼을 반대하고 이미 결혼한 경우라도 야훼의 이름으로 저들을 내보낼 것을 촉구하고 있다. 오늘의 시각에서 보면 이는 혈연에 기초한 지나친 민족 배타주의였다.

그런데 사실 모세의 율법서는 이와 정반대의 주장을 펴고 있다. 모세오경에서 계속 반복되는 구절이 있는데, 그것은 외국인과 나그네를 억압해서는 안 되고 저들을 같은 동족으로 여기며 살아야 한다는 것이다. 그렇게 해야 하는 이유는 "유대인들 또한 애굽 땅에 살았을 때, 나그네로 살았기 때문이다"(레 19:34)라고 말한다. 신학적으로 보면 룻기나 요나서는 모세오경의 타민족 포용주의를 표방하고 있다. 그러나 귀환한 남유다 사람들은 예루살렘 성전을 중심으로 강력한 민족 배타주의 입장을 견지하였다. 이러한 배타주의는 에스라와 느헤미야의 시대 이후 예수 시대까지 500년 이상 이어진다.

차별과 배타를 넘어

　복음서에서는 유대 민족의 배타주의와 잘못된 선민사상을 깨기 위한 여러 가지 노력을 엿볼 수 있다. 유대인 그리스도인들을 위한 복음서로 알려진 마태복음의 경우 세례 요한은 아브라함을 통한 구원이 단지 혈연에 있지 않음을 강조한다. "'아브라함이 우리 조상이다' 하고 말할 생각을 하지 말아라. 내가 너희에게 말한다. 하느님께서는 이 돌들로도 아브라함의 자손을 만드실 수 있다"(요 3:9).

　마태복음 1장에서는 아브라함으로부터 시작하는 예수 그리스도에 관한 족보 40대를 열거하는데, 여기에는 남성 이름 대신 네 명의 여성이 등장한다. 다말, 룻, 라합, 우리야의 아내이다. 이들은 모두 이방 출신일뿐더러 각각의 이야기는 모두 유대의 민족 배타주의를 비판하는 탈민족적 메시지를 담고 있다. 그리고 마태복음은 모든 민족을 제자로 삼으라는 말씀을 예수의 지상 명령으로 전한다.

　누가복음 10장의 선한 사마리아 사람의 비유는 하느님을 사랑하고 이웃을 사랑하라는 율법서의 핵심이 무엇인지 그리고 그 이웃이 누구인지를 분명하게 밝히고 있다. 당시 사마리아 사람은 혐오와 경멸의 대상이었다. 그러나 예수에게 그 사람은 영생 구원의 상징이 된다.

　요한복음에서도 마찬가지이다. 저자 요한은 독특한 방식으로 자신의 복음을 기술하는데, 예수를 창조때부터 함께하셨던 '말씀'(로고스)으로 설명하면서 공관복음서와는 달리 예루살렘 성전 숙청을 예수 사역의 첫머리에 둔다. 여기에서 예수는 단지 성전을 깨끗케

하는 일에 그치지 않고 성전을 허물라고 하는 폭탄선언으로 나아간다. 곧 저자 요한은 눈에 보이는 예루살렘 성전 시대, 성전 종교는 끝났으며, 민중의 아픔을 함께하며 특정 장소에 매이지 않는 새로운 몸의 성전 시대가 시작하였음을 선포하고 있다(2장). 이어 예수 시대를 여는 두 인물을 매우 자세하게 다루고 있다. 한 명은 유대인으로 예루살렘 공의회 지도자 가운데 한 사람인 니고데모(3장)이고, 다른 한 명은 수가성 우물가 여인으로 알려진 사마리아 여인(4장)이다. 니고데모는 유대 사회에서 매우 존경받는 인물, 반대로 사마리아 여인은 가장 업신여김 당하는 사람을 대표하고 있다.

그런데 니고데모는 처음에는 예수의 말씀을 제대로 이해하지 못하는 어리석은 사람으로 그려지고 있다(3:10). 한참의 시간이 지난 이후에야 니고데모는 예수를 체포하려는 제사장들과 바리새인들을 반대하며 예수를 변호하는 사람으로(7:51), 십자가 죽음 현장에서 예수의 시신에 바를 몰약을 가지고 온 참 제자로 등장한다(19:39).

반면 사마리아 여인은 한 번 등장하지만, 니고데모와는 달리 예수와의 첫 만남에서 열렬한 제자가 되어 동네 사람들을 예수에게 인도하는 전도자가 된다. 흔히 사람들은 사마리아 여인에 대해 과거에 다섯 남편이 있었다는 구절을 근거로 윤리적인 판단을 하곤 하는데, 성서에서 이스라엘 백성과 야훼 하느님 간의 계약 관계가 남편과 아내(혹은 신랑과 신부)로 비유되듯이(렘 31:32) 여기서 저자 요한이 말하는 남편은 사마리아를 점령했던 다른 신들을 섬긴 (이방) 제국을 의미한다. 곧 과거의 다섯 남편이란 애굽, 아시리아, 바빌로니아, 페르시아, 그리스 제국을 말하고, 현재의 남편은 로마

제국이다.[47]

　사마리아 여인 이야기는 이번 글의 주제와 깊은 관련이 있는 지정학적 배경을 설명하며 시작한다. "예수께서는 유대를 떠나, 다시 갈릴리로 가셨다. 그렇게 하려면, 사마리아를 거쳐서 가실 수밖에 없었다"(4:3-4). 이는 저자 요한의 해석이지 당대의 실제 상황을 반영한 이야기는 아니다. 당시 모세 율법의 핵심이라고 할 수 있는 정결법은 사마리아를 부정한 땅으로 여겼기에, 사마리아는 유대인들에게는 금단(禁斷)의 땅이었다. 그래서 유대인들이 갈릴리로 갈 때는 사마리아 땅을 우회하는 방식을 선택했는데, 오른편의 요단강을 건너 올라가서 다시 요단강을 건너가는 방식과 왼편의 지중해 연안을 따라 있는 로마의 국도를 따라 올라가는 두 가지 방식 중 하나를 선택했다. 이를 반증하는 또 하나의 대화가 나온다. 예수께서 사마리아 여인에게 물을 달라고 하자 여인은 이렇게 답한다. "선생님은 유대 사람인데, 어떻게 사마리아 여자인 나에게 물을 달라고 하십니까?" 이 대목에서 저자 요한은 다음과 같은 설명을 덧붙인다. "유대 사람은 사마리아 사람과 상종하지 않기 때문이다"(9절).

　결국, 예수께서 사마리아 땅으로 들어가야 했다고 하는 요한의 말은 당시의 모세 율법을 어기겠다는 예수의 결단을 우회적으로 표현한 것이며, 사마리아 여인과 대화하는 행위는 오늘의 한강토 상황에서 말하면 국가보안법을 어기고 북조선 땅에 들어가 주민과 접촉하는 행위를 의미한다. 예수는 율법이 만들어놓은 분단의 장벽을 허물고 복음의 화해 시대를 열고자 하셨다.

통일의 새 역사를 향해

니고데모와 사마리아 여인의 두 경우를 놓고 기독교 선교의 입장에서 우리 자신을 비교해 보면, 남한의 교회는 자신을 니고데모와 같이 여기고 있다. 우리나라 인구의 절반 정도는 종교를 가지고 있으며, 그중 절반은 기독교인이다. 또한, 세계에서 가장 큰 교회는 물론 대형교회 50개 중 절반이 있는 나라로서 세계 선교의 중심에서 커다란 역할을 담당하고 있다는 자긍심을 갖고 있다. 그러나 자칫 잘못하면 자긍심은 자만심이 되어 니고데모와 같이 예수를 만나도 진리를 곧바로 깨닫지 못하는 잘못을 범하기 쉽다. 바로 그러한 자만감이 오늘날 기독교가 '개독교'로 외면당하고 있는 현실을 만들어내고 있다. 그리고 북조선은 마치 이방 종교 곧 주체사상으로 더러워진 사마리아 땅처럼 생각하고 있으며, 북조선 사람에 대한 뿌리 깊은(빨갱이) 차별의식을 갖고 있다.

남한 사람이 증오하는 첫 번째 대상인 김일성(본명 김성주)에 대해 기존의 편견을 없애고 살펴보자. 김일성 일가는 뿌리 깊은 기독교 집안이다. 아버지 김형직 선생은 숭실학교 중퇴자로 손정도 목사를 비롯한 여러 민족주의 계열의 목사들과 친밀한 관계를 갖고 있었고, 어머니 강반석[48] 일가는 초대 기독교 집안이었다. 그중 외삼촌 강량욱 목사와 강돈욱 장로가 유명하다. 소년 김성주는 모친을 따라 만경대 생가 근처의 송산교회당을 다녔으며, 가족이 양강도 포평 지역에 자리 잡은 후에는 부모님이 개척한 포평 교회당을 다녔다. 아버지가 독립운동을 하다 옥사를 하자 아버지의 뜻을 따라 중국 길림으로 건너가 손정도 목사의 보호를 받으며 손 목사가 목회하는 '길림조선인교회'에 출석하여 성가대장과 주일학교 교사를 하기도 했다. 보다 자세한 이야기는 최재영 목사의 『북녘의 교회를 가다』(동연, 2019)에 기술되어 있다. 이 책에는 우리에게 잘 알려진 봉수교회와 칠골교회 뿐만 아니라 다른 여러 교회도 소개되어 있다. 특히 포평리교회는 김일성 일가의 사적교회로서 지금도 북조선 청소년들이 의무적으로 걷는 '배움의 천리길'과 '광복의 천리길'의 출발점과 종착점이다. 그러기에 기독교에 대한 자연적인 소개가 이루어지고 있다.

북조선은 종교의 자유를 법적으로 허용하고 있다. 다만 외부인들에 의한 전도나 선교는 금지되어 있다. 물론 광복 후 소련과 미국에 의해 한강토가 분할 점령되고 한국전쟁 전후로 기독교에 대한 박해가 있었던 것은 사실이다. 그러나 이는 기독교 자체에 대한 박해라기보다는 일본 제국주의에서 벗어난 한강토가 앞으로 어떻게 자주와 독립을 이루어가며, 또한 어떤 체제로 나라를 운영할 것인가에 대한 매우 다양한 논쟁들이 만발하던 시대적 상황에서 벌어진 불행한 사건으로 보아야 할 것이다. 홉스봄(Eric Hobsbawm)이 '극단의 시대'라고 불렀던 20세기 초부터 중반까지 마르크스를 따르는 공산주의자들은 종교를 '민중의 아편'이라 부르며 종교인들을 핍박하였고, 서구 기독교 특히 미국은 소련과의 경쟁 속에서 이 점에 대해 맹목적 비판을 하였다.

한편 미국 선교사들의 영향 아래 있던 대다수의 북조선 기독교인들은 미국의 입장에 동의하였다. 광복과 함께 찾아온 미군과 소련군의 분단 점령하에서 한강토는 일본 제국주의의 잔재를 청산하는 일과 새로운 국가를 세우는 과정에서 극도의 혼란을 겪었다. 더욱이 한국전쟁이라는 최악의 상황을 겪으면서 기독교인에 대한 박해와 공산주의에 대한 혐오는 극단의 상황으로 치달았다. 그러나 다른 한편으로 3.1 독립만세항쟁의 민족대표 33인 중 한 사람이었던 김창준 목사를 비롯하여 민족주의적 입장을 지닌 여러 기독교 지도자들은 이승만 정권이 아닌 김일성 정권을 선택한 경우도 많았다.

한강토의 영구적 평화를 이루기 위해 남한의 기독교인들은 북조선의 체제와 북조선 사람들의 삶을 더 깊이 알아야 한다. 사상적으로는 기독교와 사회주의(혹은 주체사상)에 관한 심도 있는 신학적 토론 과정도 필요할 것이다. 이미 이러한 과정을 겪은 체코의 에큐메니컬 신학자 요세프 로마드카의 『무신론자를 위한 복음』은 우리에게 도움이 될 것이다. 지금 남과 북은 한 세기가 가까워져 오도록 전쟁을 끝내지 못한 채 휴전 상태로 서로를 적대시하며 살아오고 있으며, 이로 인해 세계인들의 손가락질을 받고 있다. 진정 예수를 따르는 기독교인들이라면 예수를 따라 분단의 장벽을 허무는 평화의 사람들로 거듭나야 할 것이다.

초대교회와 북조선 가정교회

초대교회의 특징

사도행전에 따르면, 예수의 승천 후 120여 명의 예수 따르미들은 오순절 성령 체험을 하였고, 이후 사도들을 중심으로 새로운 공동체 모임을 시작한다.

> 그들은 사도들의 가르침을 듣고 서로 도와주며 빵을 나누어 먹고 기도하는 일에 전념하였다(행 2:42).

그런데 이 새로운 예수 공동체에는 가르침과 친교와 성만찬과 기도만 있었던 것은 아니다. 신자들의 보다 근본적인 삶의 변화가 뒤따랐다. 그것은 재산의 공동소유였다.

> 믿는 사람은 모두 함께 지내며 그들의 모든 것을 공동소유로 내어놓고 재산과 물건을 팔아서 모든 사람에게 필요한 만큼 나누어주었다(2:44-45).

이들은 처음부터 예루살렘 성전으로부터 분리된 신앙생활을 하지는 않았고, 성전에서의 모임과 집에서 모이는 가정 모임을 병행하였다.

> 그리고 한마음이 되어 날마다 열심히 성전에 모였으며 집집마다 돌아가
> 며 같이 빵을 나누고 순수한 마음으로 기쁘게 음식을 함께 먹으며 하느님
> 을 찬양하였다(2:46).

이로 인해 예수 공동체 모임은 계속 커갔다.

> 이것을 보고 모든 사람이 그들을 우러러보게 되었다. 주께서는 구원받을
> 사람을 날마다 늘려주셔서 신도의 모임이 커갔다(2:47).

이러한 변화의 과정에서 베드로와 요한이 기도하러 성전에 올라가다 성전 미문 앞에서 나면서부터 걷지 못하는 사람을 고쳐 주는 기적을 행한다. 그러자 사람들이 모여들었다. 이때 베드로는 십자가에서 처형당한 스승 예수를 제1성서(구약)가 예언하는 하느님의 아들이자 참 메시아로 증언하였다. 그러자 유대 종교지도자들에 의한 박해와 투옥이 시작되었다(4:1-3).

이때부터 초대교회 교인들은 기존 성전 종교의 틀을 벗어나 독자적인 길로 나아간다. 그런데 성서는 당시 그들을 박해한 그룹을 단순히 "대제사장과 장로들"(4:23)로 한정 짓지 않고, "헤롯과 본디오 빌라도와 이방 사람들과 이스라엘 백성" 모두가 한패가 되었다

고 밝히고 있다(4:27). 곧 사도행전의 저자 누가는 예수 공동체 혹은 초대교회의 시작이 단순히 유대교와의 갈등이라는 종교적인 이유가 아니라 저들을 둘러싼 모든 세력 곧 세상과의 정치적인 투쟁임을 말하고 있다. 이어서 누가는 초대교회의 성격을 다음과 같이 다시 한번 힘주어 증언한다.

> 그 많은 신도가 다 한마음 한뜻이 되어 아무도 자기 소유를 자기 것이라고 하지 않고 모든 것을 공동으로 사용하였다. 사도들은 놀라운 기적을 나타내며 주 예수의 부활을 증언하였고 신도들은 모두 하느님의 크신 축복을 받았다. 그들 가운데 가난한 사람은 하나도 없었다. 땅이나 집을 가진 사람들이 그것을 팔아서 그 돈을 사도들 앞에 가져다 놓고 저마다 쓸 만큼 나누어 받았기 때문이다(4:32-35).

교회론에서는 현대교회의 기능을 예배, 교육, 친교, 선교(전도)의 네 가지로 설명한다. 그런데 초대교회의 모습을 묘사한 사도행전의 말씀은 오늘의 교회가 거의 관심하지 않는 "모든 것을 공동으로 소유하는" 경제 공유(共有)를 가장 두드러진 특징으로 말하고 있다. 이는 곧 예수께서 자주 말씀하셨던바 재물 소유와의 싸움을 말하고 있다. "한 종이 두 주인을 섬기지 못한다. 너희는 하느님과 재물(맘몬)을 함께 섬길 수 없다"(눅 16:13). 곧 초대교회가 예수 그리스도를 구원의 주로 고백할 때, 이 공동체는 죽음 이후의 영혼 구원이라는 단순한 종교적 관점을 넘어 소유와 경쟁에 기초한 자본주의적 세상을 부정하고 나온 것이다.

초대교회의 원형은 예루살렘에서 시작하였지만, 완성된 형태로서 첫 번째 교회는 안디옥교회이다. "두 사람(바나바와 바울)은 일 년 동안 줄곧 거기에(안디옥) 머물면서, 교회에서 모임을 가지고, 많은 사람을 가르쳤다. 제자들은 안디옥에서 처음으로 '그리스도인'이라고 불리었다"(행 11:26). 여기서 세상 사람들이 안디옥의 교인들을 '그리스도인'이라고 부른 이유는 무엇이었을까? 예수를 그리스도로 고백하였기에 '그리스도인'이라고 불렀을까? 아니다. 이러한 고백은 이전 예루살렘에서도 이미 있었다. 그렇다면 예수에 관한 지식 때문이었을까? 이것도 아니다. 단순히 성서 지식이 많은 사람을 세상에서 '그리스도인'이라고 부르지는 않는다. 필자는 안디옥교회야말로 경제 공유를 제대로 실천한 교회라고 생각한다. 사도행전의 저자 누가는 2장과 4장에서 '경제 공유'를 새로운 예수 공동체의 가장 중요한 특징으로 언급하고 있으며, 이에 모범을 보인 사람으로 안디옥교회의 초대 담임 목회자로 파송을 받은 바나바를 예로 들고 있다(4:36-37). 반면, 아나니아와 삽비라 부부는 '사탄(맘몬)에게 마음이 홀려' 자기 몫을 따로 챙겼던 사람으로 심판을 받아 교인들이 보는 가운데 갑작스러운 죽음을 맞는다(5:1-11).

모세의 광야 만나 사건과 예수의 급식 기적 사건

예수께서는 제자들을 파송하면서 다음과 같이 분부하셨다. "길을 떠날 때 지팡이 하나 밖에는 아무것도 가지고 가지 말고,⋯ 전대에 동전도 넣어 가지 말고, 다만 신발은 신되, 옷을 두 벌 가지지 말라"(막 6:8-9). '청빈'을 가장 중요한 제자됨의 길이라 말씀하셨다. 귀신 축출이나 병 치유의 기적은 오늘날에도 예수의 이름으로 일어나지만, 네 복음서에 모두 기록된 급식 기적은 일어나지 않고 있는데, 필자는 급식 기적 사건을 오늘날 재현하는 길은 청빈과 나눔에 있다고 믿는다.

광야에서 일어난 예수의 급식 기적은 출애굽 이후 히브리 노예들이 경험한 광야 40년의 만나 사건과 깊게 연관되어 있다. 첫째는 모세오경을 연상케 하는 '다섯'이라는 숫자이다. 보리 떡 '다섯 개'와 (먹은 사람이 남자만) '오천 명'이 그것이다. 둘째는 광야 생활에서의 조직체계 기본 단위인 오십부장과 백부장(출 18:21)을 연상케 하는 구절이다. "그들은 백 명씩 또는 쉰 명씩 떼를 지어 앉았다"(막 6:40, 눅 9:14).

여기서 필자가 이해하는 출애굽 광야 만나 사건의 핵심은 저들이 하늘에서 떨어진 음식을 공짜로 먹었다는 구절이 아니다. 우리가 관심을 가져야 할 핵심은 그다음 구절에 있다. "많이 거두는 사람도 있고, 적게 거두는 사람도 있었으나, 오멜로 되어보면 많이 거둔 사람도 남지 않고, 적게 거둔 사람도 모자라지 않았다. 그들은 제각기 먹을 만큼씩 거두어들인 것이다"(출 16:17). 건강한 청년들은 많이 거두었을 것이고, 노인이나 장애인들은 적게 거두었을 것이다. 그러나 오멜로 되어보니 모자라지 않았다는 말은 곧 이들이 필요에 따라 각자 거둔 것을 나누었다는 말이다. 광야 40년의 가장 큰 사건은 만나 사건이고, 만나 사건의 핵심은 '평등한 분배' 곧 필요에 따라 나누는 공유 정신이다. 이것이 예수의 급식 기적 사건이 말하고자 하는 핵심이다.

만나 사건에서 배우는 또 다른 중요한 교훈은 다음 날 아침이 되면 많이 남겨 놓은 만나에 벌레가 생기거나 녹아서 먹을 수 없었다는 구절에 있다. 여기에서는 재산 축적의 무용함을 말하고 있다. 주기도에 나오는 "오늘 우리에게 〈일용할〉 양식을 주옵시고"와 같은 맥락의 말씀이다.

모세 율법의 핵심은 안식일과 안식년 그리고 희년 제도에 있다. 예수 또한 나사렛 회당에서의 선포를 통해 희년(禧年, Jubilee) 정신의 회복을 강조하고 있다(눅 4:16-19). 희년은 야훼 하느님이 세상 모든 것의 주인임을 고백하는 신앙으로, 오십 년째가 되는 해에는 모든 소유를 내려놓고 처음 출발로 되돌아가는 제도이다. 예수께서 회복하려고 하신 하느님 나라의 건설 곧 율법의 완성은 안식년과 희년 속에 담긴 공동체의 나눔 정신이었다.

오늘의 세계를 지배하는 경제체제는 자본주의이다. 자본주의는 자유라는 미명하에 개인의 물질적 욕망을 충족하기 위한 경쟁을 기본 바탕으로 삼고 있으며, 자본을 가진 사람이 자본이 없는 사람을 지배하는 약육강식(弱肉强食)의 구조이다. 자본주의의 구호는 '크면 클수록 좋다'(The bigger is the better!)는 것이다. 이에 따라 오늘 교회의 성공 모델 또한 대형교회이다. 그러나 조직이란 커지면 커질수록 약자에 대한 관심이 줄어들 수밖에 없는 성향을 보인다. '작은 것이 아름답다'(Small is beautiful!)라는 말이 있지만, 자본 중심의 대형 체제는 강자 중심으로 나아갈 수밖에 없다. 생명 중심의 작은 경제단위가 결국 사람을 살린다. 그러나 필요 이상으로 비대해진 교회는 부패와 타락의 위험에 처할 수밖에 없다. 남한교회의 위기는 바로 여기에 있다.

목사들이 설교 단상에서 자주 외치는 소리 가운데 하나는 "초대교회로 돌아가자"라는 말이다. 이 말은 청빈과 나눔을 실천하는 사랑의 공동체를 지향하겠다는 말이다. 초대교회는 교인이 적어서 가정교회 형태를 유지한 것이 아니다. 오순절 사건 직후 예루살렘에서는 하루에 3,000명의 신자가 늘어나기도 했다(행 2:41). 이제야말로 진정 초대교회의 신앙으로 돌아가야 할 때이다. 초대교회의 가장 두드러진 특징은 가난한 자와 재물을 공유하는 나눔과 연대였다.

자본주의의 약점을 보완하는 체제로 사회주의가 있다. 남한에서는 사회주의라는 단어가 금기시되어 있지만, 유럽에서는 사회주의는 물론이고 공산주의 이념을 실시하고자 하는 공산당도 존재한다. 세금이 높고 복지제도가 잘 되어있는 북유럽 국가들을 '복지형 사회주의국가'라고 부른다. 예수의 복음 정신에 따르면 '기독교 자본주의'라는 말은 타당하지 않지만, '기독교 사회주의'49라는 말은 타당하다. 일제강점기 시절 한국교회에는 기독교 사회주의를 주창하는 기독교 지도자들이 여럿 있었다.50

북조선 가정교회 이야기

북조선에는 봉수교회와 칠골교회 외에 약 500여 개의 가정교회가 있는 것으로 알려져 있다. 필자 또한 2014년 한국기독교교회협의회 화해통일위원회 위원장으로 평양을 방문하였을 때 순안에 있는 가정교회를 방문하여 이를 확인한 바 있다. 당시 7명의 우리 일행은 약 15명가량의 주로 나이 많은 북조선 신자들과 함께 안방에 둘러앉았는데, 어깨와 어깨를 맞대고 앉아 아코디언 반주에 맞추어 예배를 드렸다. 우리와 동행한 보수 교단 출신 목사는 저들이 가짜일 수 있다는 의심을 갖고 찬양 시간에 자신의 임의대로 찬송 몇 곡을 지정하여 부르자고 하였는데, 돌아오면서 자신의 의심이 잘못된 것이었음을 고백하기도 했다. 미국교회협의회 회장과 미국장로교 총회장을 역임한 고 이승만 목사는 1970년대 말 북조선을 처음 방문하였을 때, 함경도 회령의 가정교회에서의 예배를 녹음하여 들려주었는데, 필자가 당시 받은 감동은 말로 이루 다 표현하기 힘들다.

북조선의 가정교회에 대한 보다 자세한 이야기는 최재영 목사가 펴낸 『북녘의 교회를 가다』(동연, 2019) "가정교회와 처소 교회" 편에 자세하게 기록되어 있다. 이 중 몇 구절을 인용한다.

> 1953년 정전협정 이후 본격적으로 전후 복구 사업이 시작되자 기존 기독교 신자들과 조기련(조선기독교도련맹) 측은 기독교를 믿는 인민들의 신앙생활 유지에 대한 가장 올바른 대책이 무엇인가를 고민하며 방법을 모색하기 시작했다. 정치적, 사회적으로 격동기와 과도기를 맞아 종교 문제가 매우 절박한 문제이긴 했으나 그렇다고 성급히 처리해서는 안 될 문제이기 때문에 일시적 대안이 아닌 본질을 붙잡고자 했던 것이다. 여러 우여곡절 끝에 그렇게 시작된 것이 바로 '가정교회'였으며 이로써 북측기독교 공동체는 전 세계 기독교 2천년 역사에서도 매우 보기 드문 독특한 교회 형태인 가정교회 제도를 정착시켜 기독교의 새로운 역사를 기록하며 어느덧 60년의 세월이 지났다.

정확히 말하자면 가정교회는 그 이전으로 거슬러 올라가 1945년 8.15해방 직후 북조선 인민 정권이 들어서면서부터 태동 되었다. 해방정국 이후 6.25전쟁 직전의 기간에도 새로운 교회 제도로 자리 잡기 시작한 가정교회는 전쟁 직후에는 이전보다 더 열악한 상황임에도 조기련의 주도로 재정비되어 전국으로 퍼져나갔다. 원래 김일성 위원장이 이끄는 당과 내각은 교회, 성당, 사찰 등을 우선적으로 복구하려 했으나 인민들과 민중들의 반대로 소극적으로 전환되었다. 일제강점기 36년간 조선의 가톨릭과 개신교, 불교가 워낙 친일행각을 자처했던 것을 대중들이 모를 리 없었다. 그래서 인민 대중들은 역사 청산과 친일 친미 사대주의 청산 차원에서 가톨릭 성당과 개신교 교회당을 복구하는 것은 물론 교회조직이 활성화되는 것조차 꺼려하고 혐오스러워할 정도로 반대했던 것이다(385~386쪽).

1940년대 조선총독부 통계에 의하면 북조선지역만 해도 2,300개가 넘는 교회가 있었고, 동양의 예루살렘이라고 불리는 평양에는 200개 이상의 교회가 있었다. 그러나 한국전쟁 당시 미군의 폭격으로 대부분의 교회 건물이 파괴되었으며, 특히 평양은 집 한 채 남지 않을 만큼 완전히 초토화되었다. 일부 주민들은 교회에 들어가 있으면 미군의 폭격에서 벗어날 수 있으리라 생각하고 피신했지만, 전쟁 상황에서 그런 배려는 있을 수 없었기에 기독교에 대한 북조선 주민들의 배신감과 증오심은 더욱 커질 수밖에 없었다. 이와 관련해 1985년에 방북조선 세계교회협의회 관계자는 다음과 같은 말을 보고서에 기록했다.

사실 연맹(조기련)은 평양에 교회 한 곳을 건축하자고 요청한 바 있다. 그러나 이같은 조기련의 제안을 거절한 것은 가정교회 공동체 그룹들과 가정교회 신자들이었다.… 북조선 신자들은 30여 년 이상을 개인가정집에서 예배를 드려왔다. 그것은 편법만이 아니었다.… 그들은 오랫동안 그렇게 해왔기 때문에 "별 쓸모없고 외형만 번지르르한 교회 건물은 필요 없다"라고 잘라 말했다(391쪽).

남한의 보수기독교 지도자들 상당수는 북조선의 교회가 가짜라고 주장한다. 가짜와 진짜를 어떻게 구별할 수 있을까? 진짜의 특징은 무엇이고 가짜의 특징은 무엇인가? 일단 남한은 개인의 자유를 기본 이념으로 하는 미국식 자본주의 체제를 갖고 있고, 북조선은 평등을 기본 이념으로 하는 국가 주도의 사회주의 체제를 갖고 있다. 북은 종교의 자유를 법적으로는 허용하고 있다. 다만 북조선은 남한처럼 정교분리(政教分離)가 되어있지 않다. 북조선에서 기독교 목사는 다른 모든 국민과 똑같이 국가로부터 봉급을 받는다. 독일교회의 목사들 또한 국가가 국민으로부터 걷은 종교세에서 봉급을 받는다. 북조선교회는 북조선식 체제 안에서 교회로 존재하고, 남한교회는 남한식 체제 안에서 교회로 존재한다. 정교분리라고 해서 국가체제 밖에서 교회가 홀로 존재할 수는 없다. 개인 자유의 관점에서 북조선의 교회는 제한이 많다. 그러나 남한에서 사회적 문제가 되는 교회 세습 문제나 재정 문제 같은 일은 결코 일어나지 않는다. 더욱이 세상 종말이 온다고 교인들을 유혹하여 외국으로 집단 이주시키는 기독교 이단들은 상상하기조차 힘들다.

사도행전에 기록된 초대교회의 특징은 크게 세 가지이다. 첫째, 집에서 모이는 가정교회 형식이다. 둘째, 그러하기에 교인 숫자가 매우 제한적이다. 셋째, 가진 재산을 함께 나누는 공유 정신이다. 남한과 북조선의 교회 형태 중 어느 쪽이 사도행전에서 말하는 초대교회에 가까운 교회인가?

1972년 7.4 남북공동성명에서부터 2019년 판문점 남북합의문에 이르기까지 일관되게 선포된 기본원칙은 "통일은 외세에 의존하거나 외세의 간섭 없이 자주적으로 해결해야 한다."와 "사상과 이념, 제도의 차이를 초월하여… 하나의 민족으로서 민족적 대단결을 도모해야 한다."이다. 그렇다면 통일 이후 한국교회는 민족 주체의 자주적인 교회로, 현재 남한과 북조선이 채택하고 있는 자본주의와 사회주의 체제를 뛰어넘어 초대교회가 지향하는, 가난한 자가 하나도 없는 공동소유와 나눔을 실현해내는 교회가 되어야 할 것이다.

멘토링: 손정도 목사와 김성주

머리가 남달리 좋다고 해서 항상 뛰어난 사람이 되지는 않는다. 그 사람의 뛰어남을 이끌어줄 좋은 사람을 만나야 한다. 또한, 탁월한 지도자는 그냥 만들어지지 않는다. 그들의 이면에는 부모가 되었든, 선생이 되었든 오랜 시간 그를 이끌어온 조력자가 있게 마련이다. 이들을 가리켜 보통 '멘토'라고 부른다.

멘토는 고대 그리스의 서사시인 호메로스(Homerus)에 등장하는 인물이다. 이타카 왕국을 다스리는 오디세우스 왕이 트로이 전쟁에 출정하게 되자 왕은 자신의 어린 아들 텔레마쿠스를 가장 믿을 만한 친구인 멘토에게 맡긴다. 이후 멘토는 왕이 전장에서 돌아올 때까지 자신에게 맡겨진 왕의 아들을 10여 년간 양육한다. 때로는 친구로, 때로는 스승으로, 때로는 아버지로서의 역할을 담당한다. 이 이야기에 기초하여 분명한 목적의식을 갖고 어떤 한 사람을 양육하는 사람을 '멘토'(mentor), 대상이 되는 사람은 '멘티'(mentee) 그리고 이러한 양육 과정을 '멘토링'(mentoring)이라 부른다. 넓은 의미에서 부모와 자식, 교사와 학생 간 모든 양육 과정은 멘토링이라고 말할 수 있으나, 좁은 의미에서 멘토링이란 일대일의 양육 관계를 의미한다. '멘토'는 보통 '조력자'(助力者, helper)로 번역하지만, 풍부한 경험과 지혜 및 인격을 겸비한 사람이 일대일의 관계로 한 사람을 사회의 지도자 혹은 한 분야의 전문가로 길러내는 역할을 담당하기에 해당 번역어는 적절하지 않은 면이 있다. 그래서 할 수 없이 영어 단어 그대로 멘토 혹은 멘토링이라고 부른다.

성서와 멘토링

성서의 인물 가운데에는 멘토링의 관계를 통해 하느님의 사역을 담당한 사람이 여럿 있다. 그 예로 모세와 여호수아, 엘리와 사무엘, 엘리야와 엘리사, 세례 요한과 예수, 예수와 베드로(혹은 열두 제자), 바울과 디모데 등을 들 수 있다. 출애굽 이후 히브리 백성들이 40년 광야 생활을 시작하면서 모세 혼자 백성의 모든 문제를 도맡아 처리하는 모습을 본 그의 장인 이드로는 책임을 나눌 지도자를 세우라고 조언한다(출18:13-26). 이드로의 조언을 받아들인 모세는 마치 군대 조직과 같이 백성을 이끌어갈 천부장, 백부장, 오십부장, 십부장을 세운다. 이 경우 또한 장인·사위의 관계를 넘은 일종의 멘토링이라고 말할 수 있다.

가장 대표적인 멘토링은 모세와 여호수아의 경우이다. 모세는 일찍이 자신의 후계자로 여호수아를 눈여겨보고 그를 특별하게 훈련시킨다(민 27:12-23). 그리고 죽음을 앞둔 모세는 약속의 땅 가나안을 바라보면서 지도력을 이양한다. "모세가 눈의 아들 여호수아에게 안수하였으므로, 여호수아에게 지혜의 영이 넘쳤다"(출 34:9). 모세로부터 여호수아에게 이어지는 지도력 이양은 어느 날 갑자기 이루어진 것이 아니라 여러 해를 함께하면서 자연스레 형성된 것이다.

사무엘은 어려서부터 성전에서 자라면서 엘리 제사장으로부터 훈련을 받는다. 원래는 엘리의 아들들이 제사장의 임무를 이어가야 하지만, 멘토링의 과정을 겪은 사무엘이 엘리의 뒤를 잇는다. 엘리사는 엘리야를 스승으로 둔 많은 예언자 수련생 중 한 사람이었다. 그러나 엘리사는 엘리야의 멘토링을 통해 지도력을 얻는다(왕하 2장).

예수께서 열두 제자를 부르시고 3년의 삶을 함께 지내는 과정은 집단 멘토링이다. 그런데 이 열두 제자 가운데서 베드로와 야고보와 요한은 다른 아홉 명의 제자와는 구별되어 따로 행동하는 경우를 볼 수 있다. 대표적인 경우가 변화산에 올라갔을 때이다(마 17장). 그중에서도 베드로는 수제자로 불린다. 집단 멘토링의 경우에서도 그 안에 세워가는 지도력에 구별이 있음을 볼 수 있다. 그런데 공관복음서와 달리 요한복음에서는 예수에게 베드로보다 더 가까운 제자가 있었다고 말한다. '예수께서 사랑하시는 제자'(the Beloved Disciple)이다. 그 사람이 누구인지는 확실하지 않다. 그는 예수의 빈 무덤을 베드로보다 먼저 목격했고(20:4), 예수의 마지막까지 동행한다(21:20). 그리고 그는 요한공동체의 지도자로서 요한복음을 기록하였다(21:24).

바울과 디모데의 관계는 부모와 자식에 비유된다. 바울은 디모데의 외할머니와 어머니를 알고 있는바, 디모데를 어려서부터 알고

있었다. 멘토링의 과정이 있었음을 암시하는 대목이다. 디모데가
장성하자 바울은 그를 '믿음 안에서 나의 참 아들'이 되었다고 말하
고, 바울이 개척한 에베소 교회를 맡긴다(딤전 1:2-3). 그리고 바울
은 로마의 감옥에서 죽을 때가 되자, 디모데를 속히 오라고 부른다
(딤전 4:9).

　독자들 가운데는 세례 요한과 예수의 관계를 멘토링의 영역에
포함하는 것이 타당한지에 대해 의문이 있을 것이다. 왜냐하면, 우
리는 예수를 구원의 주님으로, 하느님의 아들이자 그리스도로 고백
하고 있기 때문이다. 여기서 필자의 질문은 이러하다. 그렇다면 예
수께서 굳이 요한으로부터 세례를 받아야만 하는 이유는 무엇인
가? 죄 없으신 분이 죄 많은 인간 요한을 통해 굳이 세례를 받을 이
유는 무엇인가? 이에 대해 적절한 답을 찾고자 한다면, 우리는 역사
적 관점에서 두 사람 사이의 관계를 살펴볼 필요가 있다.

　사복음서는 모두 서두에서 예수가 요단강에서 요한에게 세례를
받았다는 사실을 밝힌다. 이때 하늘이 열리고 성령이 비둘기같이
임하면서 "이는 내 사랑하는 아들이다"라는 음성이 들려왔다고 묘
사한다. 하느님이 예수에게 직접 사명을 주신 것이 아니라, 세례 요
한을 통해서 하느님의 부름이 예수에게 임한 것이다. 사복음서에는
세례 요한과 예수의 만남이 일회성으로 기록되어 있는데, 세부적으
로 살펴보면 신학적 해석이 조금씩 다르다. 특히 요한의 세례는 물
세례이고, 예수의 세례는 불과 성령의 세례라는 언급을 통해 사역
의 본질이 서로 다름을 말하고 있다. 또 요한이 제자를 예수에게 보
내 "오실 그분이 당신이십니까? 그렇지 않으면, 우리가 다른 분을

기다려야 합니까?"(마 11:3)라는 질문을 한 것을 보면 굳이 멘토링의 관계가 아니라고 말할 수도 있다. 그러나 누가복음은 세례 요한과 예수가 각각의 어머니 엘리사벳과 마리아를 통해 태중에서부터 특별한 관계에 있었음을 말하고 있으며, 더욱이 가장 먼저 쓰인 마가복음은 첫머리에서 "요한이 잡힌 뒤에 예수께서 갈릴리에 오셔서 하느님의 복음을 선포하셨다"(1:14)라고 말함으로써 예수의 공생애가 국가 권력에 의해 중단된 세례요한의 사역을 이어가는 것임을 분명하게 말하고 있다. 역사적으로 복음서가 다 말하지 않는 특별한 (멘토링) 관계가 있었다고 추측할 수 있다.

손정도 목사와 소년 김성주

훗날 북조선의 주석이 된 김일성은 청소년 시절에 손정도 목사의 영향을 깊이 받았다. 손정도 목사는 누구인가? 해석(海石) 손정도(孫貞道, 1882~1931) 목사는 23세에 과거시험을 보러 가던 중 전도사를 만나 기독교인으로 삶의 극적인 변화를 이루었다. 이후 문요한(John Moore) 선교사의 도움으로 1908년 조만식 등과 함께 숭실중학교를 졸업하고 이후 협성신학교를 졸업한다. 전도사로 진남포의 교회를 섬기다가 미 감리교의 파송 선교사 자격으로 만주로 목회지를 옮긴다. 그곳에서 그는 항일 비밀결사단체 신민회(新民會)의 핵심 인물 조성환을 만나게 되고, 그를 통해 안창호를 비롯한 지도부와 교류하였다. 그러다 날조된 '가츠라암살음모사건'의 주모자로 체포되어 3개월간 악독한 고문을 받고 1년의 유배형을 받아

진도에 머물게 된다. 당시 손 목사는 만주와 조선을 오가며 중간 연락을 담당했으며, 일제는 손 목사를 '불령선인의 수령'[51]으로 지목했다. 형을 마치고 동대문교회를 1년 동안 섬기며 출석 교인을 배로 증가시키고 이어 3년간 정동교회에서 목회하면서 조선에서 가장 큰 교회로 성장시킨다. 요즘으로 말하면 가장 성공적인 목회자였다. 특히 배재학당과 이화학당의 많은 젊은이가 손정도 목사의 설교를 통해 감화를 받았는데, 그중 한 사람이 류관순 열사이다.

그러다가 홀연히 교회를 사임하고 다시금 만주 선교사로 부름을 받는다. 그러나 병가를 핑계로 1년 동안 한양에 머문다. 그 이면에는 정동교회의 전임자인 현순 목사와 함께 고종의 특명을 받아 영친왕 이강공을 파리강화회의에 참석시키려는 목적이 있었다. 그러나 연락을 담당하던 조선 최초의 미국대학 여학사이자 이화학당의 교사 하란사의 갑작스러운 죽음(독살?)으로 실행에 옮기지 못하게 된다. 때는 바야흐로 1919년 초, 기미독립선언문이 비밀리에 준비되던 때였다. 손정도는 이승훈으로부터 민족대표 33인 중 한 명으로 서명할 것을 위촉받았으나, 대신 신홍식, 길선주 목사를 소개하고 자신은 만주로 망명한다.

이후 안창호와 함께 임시정부 설립에 참여하여 의정원(오늘날의 국회) 의장을 비롯한 여러 직책을 역임한다. 임시정부가 여러 파로 나뉘어 갈등을 일으키자 그는 의장직을 사임하고 길림에서 다시 목회하면서 안창호와 함께 자급자족을 목표로 하는 이상촌 건립을 시도하지만, 일제의 방해로 목적을 달성하지 못한다. 고문 후유증으로 건강이 악화된 그는 만 49세의 나이로 심방 중 하느님의 부르심을 받았다. 정부는 1962년 건국훈장 독립장을 추서하고 1996년 유해를 봉환하여 국립서울현충원에 안장했다.[52]

'감리교 역사와 신학연구소'의 성백걸 교수는 손정도 목사를 이렇게 평한다.

> 그는 어두운 세력을 이겨내고 민족독립과 인류평화, 세계를 밝히는 사랑과 생명의 빛으로 피어올랐다. 그리고 손정도에게 고구려인의 기상과 문무를 겸비한 이순신 장군 같은 조선인의 이상형이 살아있었고, 그의 생명 안에서 예수 그리스도의 복음과 하나로 만나 새로운 한국 기독교인의 패러다임으로 출현했다. 장사씨름대회에서 우승하여 황소를 탄 경력의 그였다.[53]

또 북조선의 한 학자는 손정도 목사를 이렇게 평가한다.

> 손정도 목사님은 그리스도교 정신을 독립운동으로 승화시킨 우리나라 반일민족해방운동 선구자의 한 분이며 일제강점 초기로부터 1930년대 초반에 이르는 우리나라 반일독립운동사에 큰 자국을 남긴 애국의 거성이었습니다.[54]

사실 손정도 목사의 생애와 활동을 일일이 열거하자면 「기독교 사상」 전 권을 할애한다 하더라도 부족할 것이다. 손정도 목사는 남한과 북조선 두 정부와 남한 기독교의 진보와 보수 모두에게 인정받는 거의 유일한 사람이다. 다만 남한에서는 목사로서의 선교적 삶에 방점을 찍는 반면, 북조선에서는 항일 민족운동가로 방점을 찍는 것에 차이가 있을 따름이다.

필자가 이번 주제에 맞추어 관심 가진 부분은 길림에서 펼친 손정도의 마지막 목회(1925~1931) 중 김성주와의 만남이다. 김성주의 아버지 김형직(1894~1926)은 숭실중학교를 중퇴하고 교사 생활을 하다 1917년 3월 23일 장일환과 함께 평양 숭실학교와 평양 신학교 출신 독립운동가들, 현직 교사와 재학생 등이 결성한 항일 비밀결사 조직인 조선국민회를 결성하다 발각되어 1년간 옥고를 치렀다. 이후 그는 압록강 근처 포평리에 가정교회를 세우고 독립운동을 계속하다 33세에 고문 후유증으로 인해 죽게 된다. 14세의 김성주는 숭실학교 동문으로55 아버지와 각별한 사이였던 손정도 목사에게 도움을 요청하였다. 손 목사는 그를 양아들로 삼아 육문중학교에 보내고 3년간 그를 후원한다. 이때 김성주는 길림조선인교회에서 주일학교 선생과 성가대장으로 봉사했다.56

사실 김성주의 교회 관련 부분에 대해서는 여러 논란이 있다. 이 부분에 대해서는 차후에 보다 자세히 다루고자 한다. 손정도 목사 이야기는 김일성의 회고록 『세기와 더불어』에도 자세하게 나오지만, 여기서는 차남 손원태 장로의 회고록에 실려 있는 부분을 옮겨 본다.

나는 감옥 생활을 할 때 손정도 목사한테서 많은 방조를 받았다. 손정도 목사는 내가 길림에서 혁명 활동을 한 전 기간 나를 친혈육에 못지않게 적극적으로 후원해준 사람이었다. 그는 국내에 있을 때부터 우리 아버지와 두터운 친분을 맺고 있었다. 같은 학교(숭실중학교) 출신이라는 관념도 작용하였지만, 그보다는 사상과 리념의 공통성이 아버지와 손정도를 뜨거운 우정으로 결합시켰다고 생각한다. 아버지는 생전에 손 목사에 대한 이야기를 많이 해주었다. 손정도는 3.1운동 직후 중국에 망명하여 상해 림시정부에서 한동안 의정원 의장직을 맡아보았다.…길림에 와서는 례배당을 하나 꾸려놓고 독립운동을 하였다. 우리가 대중 교양 장소로 널리 리용하고 있던 례배당이 바로 그 례배당이었다. 원래 손 목사는 신앙심이 깊은 독실한 기독교 신자였다. 그는 길림의 기독교 신자들과 독립운동자들 속에서 무시할 수 없는 위치에 있었다. 우리나라의 기독교 신자들 속에는 손정도처럼 일생을 독립운동에 헌신한 훌륭한 애국자들이 많았다.…손정도가 류길학우회 고문이었으므로 나는 그와 자주 상종하였다. 그는 나를 만날 때마다 우리 아버지가 너무도 젊은 나이에 일찍 세상을 떠나신 것이 분하고 애석하다고 하면서 아버지의 뜻을 이어 독립운동의 선봉에 서서 민족을 위해 투신하라고 격려하곤 하였다….

북조선의 한 학자는 손정도 목사와 김일성 주석의 특별한 관계를 이렇게 말한다.

손정도 목사님이 길림시절 김일성 동지를 미래가 촉망되는 청년혁명가로 높이 일러 주시며 그분의 혁명 활동을 각방으로 도와주신 것입니다. 바로 그렇기 때문에 김일성 동지께서는 손정도 목사님을 자신을 애국과 투쟁으로 떠밀어준 정신적 스승으로, 학업과 생활을 보살펴준 육친으로, 감옥에서 구출해주고 독립운동의 활무대로 나설 수 있도록 해준 생명의 은인으로 높이 존경하시었습니다. 우리는 우리 수령님의 혁명 활동과 손정도 목사님의 애국적인 생애가 하나로 련결된 것을 력사적인 행운으로 생각하며 그것을 우리 민족사의 고귀한 제보로 간직합니다. 손정도 목사님과 우리 수령님과의 호상 관계는 단순한 사제관계나 혁명 선배와 후배 간의 관계가 아니라 민족주의운동자와 사회주의운동자와의 관계로서 애국적 이며 민족적인 사상감정으로부터 서로 상대방의 리념과 주의 주장을 리 해하고 용납하고 동조하는 사상적 정신적 결합이었고 전 민족적 차원에 서의 모든 애국 력량의 단합을 모색하고 그것을 참답게 이루어낸 구감이 었다고 말할 수 있습니다.[57]

이덕주 교수는 두 사람의 관계를 이렇게 정리한다.

결국, 손정도 목사와 길림교회는 육문중학교와 함께 김일성의 초기 공산 주의 이론 형성과 혁명운동의 '요람'이 되었다 하겠다. 이처럼 손정도 목 사는 본격적인 항일무장투쟁이 몰입하기 전, 아직은 계몽주의 단계에서 사회주의(공산주의) 이론을 학습하며 학생운동을 전개하는 김일성을 포 용하고 지원하였던 것이다. 이러한 손정도의 '열린' 자세는 사회주의와 기 독교의 공존과 조화를 추구하는 '기독교 사회주의' 이론, 이념과 방법론이 다를지라도 민족의 자주독립이라는 공동 목표를 위해 서로 연대할 수 있 는 '기독교 민족주의' 이론에서 비롯된 것으로 볼 수도 있지만… 김일성 의 후원자 역할을 자임한 것은 '잃은 양' 한 마리를 아끼는 '선한 목자'의 심정과 다를 바 없었다.[58]

유물론과 무신론을 기본으로 하는 사회주의 국가 북조선에서 기 독교 목사인 손정도를 이토록 추앙하는 것은 어찌 보면 국가 이념의 모순이다. 사실이 아니라면 굳이 김일성 주석(수령)의 '정신적 스승'이라는 최고의 경칭을 사용할 이유가 없다. 그렇다면 손정도 목사가 멘토로서 청소년 김성주에게 미친 독립투쟁에 관한 정신적인 영향력은 지대하다 할 것이다. 실제로 김성주는 항일무장투쟁에 나섰고, 후에 김일성 장군으로 불린다. 여기서 하나의 물음이 생겨난다. 그렇다면 손정도가 기독교 목사로서 김성주의 무력투쟁을 격려했을까? 그런데 그는 이미 상해임시정부 시절에 무장독립운동단체인 의용군(義勇軍)을 창설했으며, 이후에도 군인 양성과 독립전쟁 비용 조달을 위한 노병회(勞兵會)를 창설하여 노동부장으로 활동하였다. 비폭력이 기독교의 근본정신인 것은 맞지만, 무고한 양민이 마구 살해되는 전쟁의 피해를 줄이기 위해 무기를 드는 일이 과연 기독교 정신에 위배 되는 행위라고 말할 수 있을까? 본회퍼 목사는 기독교 윤리학 교수로서 이 물음을 가지고 무척 고민했다. 결국, 그는 행인을 마구 치어 죽이는 미치광이 운전사를 운전석에서 끌어내리는 것이 기독교 신앙임을 고백하고 히틀러 암살단에 참여 하였다. 차남 손원태의 회고에 의하면 손정도 목사가 가장 가깝게 만나는 사람은 민중의 폭력혁명을 통해 독립을 쟁취해야 한다고 주장한 단재 신채호 선생이었다.

끝으로 손정도 목사의 이야기에 귀를 기울여 보자.

난 자유 독립과 국민이 가져야 할 민족주의를 부르짖고, 신앙 자유의 용기로 화평한 복음을 전하며 진리와 정의로 선한 싸움을 싸워보리란 결심으로 하느님께 약속했다.[59]

가인과 아벨 그리고 손원일과 김일성

바울은 예수 그리스도를 '두 번째 아담'이라고 부른다. 첫 번째 아담은 에덴동산에서 먹지 말라는 선악과를 따 먹은 죄로 낙원에서 추방당했다. 이에 바울은 하느님의 아들 예수 그리스도의 십자가 죽음과 부활을 통해, 단절된 하느님과 인간 사이에 화해가 이루어 졌다고 말한다. 이를 원죄에서의 해방 곧 구원이라고 한다. 그런 의미에서 기독교는 화해의 종교이다. 이 시각에서 보면 성서 전체가 하느님과 인간, 민족과 민족, 그리고 인간과 인간 사이의 갈등 이야기로 구성되어 있음을 알 수 있다. 그중 첫 번째 책 창세기에 나오는 두 형제의 갈등 이야기가 특히 유명하다. 4장의 가인과 아벨, 25장의 에서와 야곱 이야기가 그것이다.

가인과 아벨

농사꾼 가인은 수확의 열매를 제물로 드리고, 양치기 아벨은 양의 첫 새끼를 제물로 드린다. 그런데 야훼께서는 아벨의 제물은 받으셨지만, 가인의 제물은 받지 않으셨다. 이에 질투가 일어난 가인은 동생 아벨을 살해하고, 하느님은 가인에게 살인의 책임을 물어 그가 떠돌이가 될 것이라고 선언하신다. 가인은 자신이 다른 사람들로부터 죽임당할 것을 두려워했고, 이에 하느님은 그가 살해당하지 않도록 이마에 표식을 찍어주신다.

성서는 왜 하느님께서 가인의 제사를 거절하셨는지 분명한 이유를 제시하지 않는다. 흔히 아벨은 '처음' 제물을 드렸지만, 가인은 성의 없는 제물을 드렸기 때문이라고 해석한다. 그러나 어느 농사꾼이 신에게 드리는 제물을 아무렇게나 손에 잡히는 대로 준비할까? 어느 해석자는 7절의 "죄가 네 문 앞에 도사리고 앉아 너를 노릴 것이다. 그러므로 너는 그 죄에 굴레를 씌워야 한다"(공동번역)라는 구절에 의거하여 본래부터 가인은 행실이 좋지 못한 사람이었다고 주장하기도 한다. 제물보다 드리는 마음이 더 중요하다는 말씀에서 보면 일면 타당하기도 하다.

그러나 창세기 1~11장이 원역사로 명명되는 이야기임을 감안한다면, 우리는 가인과 아벨의 갈등 이야기를 보다 근원적으로, 인류문화사적인 의미에서 접근할 필요가 있다. 예를 들어, '아담'(אדם)은 그의 육신을 이루는 '흙'이라는 히브리어 '아다마'(אדמה)와 어근이 동일하다(창 2:7). 따라서 아담은 한 개인이 아닌 인간 전체를 상징하는 존재론적 의미를 갖는다. 마찬가지로 가인과 아벨의 이야기 또한 인간집단 간의 갈등에 대한 신의 응답으로 보아야 한다.

가인은 농사꾼이었고, 아벨은 양치기였다. 여기서 농사는 정착 문명을 대변하고, 양치기는 유목 문명을 대변한다. 정착 문명은 땅에 금을 긋는 사유화의 과정을 기초로 하여 집단을 형성하고 성곽을 세우며 도시를 형성한다. 그리고 도시는 늘어나는 인구를 감당하기 위해 확장된다. 다시 말해 정착 문명은 전쟁을 통해 자신의 땅을 넓혀야 하는 제국의 생리를 필연적으로 가지는 것이다. 창세기 11장에서 인간들이 모여 하늘에 닿는 바벨탑을 쌓는 이야기는 곧 (바빌론) 제국의 오만과 폭력성을 상징한다. 반면 유목민에게 땅의 사유화는 원천적으로 불가능하다. 물과 목초지를 따라 끊임없이 이동하기 때문이다. 이동이 용이하려면 소유가 적어야 하고 양 떼의 수를 제한함으로써 소가족 단위가 된다. 정착민이 상대를 정복해야 하는 제국의 생리를 갖는 것과 달리, 유목민은 땅을 함께 소유하는 부족 공동체의 생리를 갖는다. 이 관점에서 야훼 하느님은 당연히 반-제국, 친-유목을 선택하신다. 이것이 가인과 아벨 형제 갈등 이야기의 핵심이다.

에서와 야곱

쌍둥이 형제인 에서와 야곱 이야기도 여기에 맞물린다. 흔히 팥죽 한 그릇과 장자권을 맞바꾸는 어리석은 한 개인의 이야기로 치부하지만, 문화인류사적인 의미에서 접근하면 에서는 사냥꾼으로 군인을 상징하고(훗날 돌아온 야곱을 맞이할 때 400명의 군사를 거느리고 있었다), 야곱은 집안일을 좋아하는 내성적인 성격으로 나중에 양치기가 된다. 성서에 '사냥꾼'이라는 말은 노아의 아들 함의 후손을 언급하는 장면에서 처음 등장한다. 창세기 10장에는 아버지를 존중하지 않은 것 때문에 저주를 받은 함의 자손들 명단이 등장하는데, 거기에 구스의 아들 니므롯을 소개하면서 이렇게 말한다. "니므롯은 세상에 처음 나타난 장사이다. 그는 야훼께서 보시기에도 힘이 센 사냥꾼이었다. 그가 다스린 나라의 처음 중심지는 시날 지방 안에 있는 바빌론과 에렉과 악갓과 갈레이다. 그는 그 지방을 떠나 아시리아로 가서 니느웨와 르호보딜과 갈라를 세우고 니느웨와 갈라 사이에는 레센을 세웠는데 그것은 아주 큰 성이다." 사냥꾼 니므롯은 정복 전쟁을 벌이면서 온갖 도시와 나라를 세우는데 이 나라와 도시들은 모두 이스라엘을 괴롭히던 나라였다. 즉, 에서가 사냥꾼이라는 이야기에는 강자로서 약자 이스라엘을 괴롭히는 제국의 폭력성이 내포된 것이다. 여기서 장자(축복)권은 단순히 몇 분 늦게 태어난 것이 억울해서 동생이 형이 되었다는 순위권 쟁탈이 아닌, 군사(제국)침략 문명과 집안(공동체) 나눔 문명의 대결 속에서 야훼 하느님은 전자(형 에서)가 아닌 후자(동생 야곱)를 축복하고 선택하셨다는 의미이다. 훗날, 에서는 에돔족의 조상이 되고 야곱은 이스라엘족의 조상이 된다.

서구의 사상사는 크게 헬레니즘(Hellenism)과 헤브라이즘(Hebraism)의 두 흐름이 있다. 동양 사상을 배제한 단순한 구별에 대한 비판도 있지만, 일면 타당성도 많다. 학문적으로 이 둘은 그리스-로마 문명에 기초한 인간 본위의 다신성과 유대-기독교 문명에 기초한 신 본위의 유일신성으로 비교된다. 하지만 필자는 성서가 본래 말하고자 했던 도시(정착) 문명과 유목(이동) 문명의 관점에서 이 둘을 이해한다. 오늘날 세계는 극히 일부 지역을 제외하면 도시화 일색이라 이러한 사상 논쟁을 이어가기가 쉽지 않지만, 이는 세계화(globalization)와 지역화(localization)로 대비할 수 있다. 세계화는 모든 것을 표준화, 획일화하려는 제국의 특성(가인, 에서)을, 지역화는 개인의 다양성을 존중하는 공동체적 특성(아벨, 야곱)이 있다. 전통적 권위가 무너진 포스트모더니즘 시대에 이르러 우리는 이러한 획일/차별/통제의 힘과 다양/평등/자유의 힘이 서로 충돌하는 세계 문명 속에서 살아가고 있다.

따라서 필자는 아브라함의 이야기를 다음과 같이 이해한다. 아브람은 우르 제국의 왕족으로 패망한 제국을 회복하려는 꿈을 갖고 살았지만, 유목 지역인 가나안에 피신하여 유목민이 됨으로 평화공존 사상을 깨닫는다. 이때 '아브람'은 '아브라함'으로 불리게 되고 야훼 하느님은 아브라함에게 복을 베푼다. 이러한 맥락에서, 아브라함의 자손이 하늘의 별과 같이, 바다의 모래와 같이 많아질 것이라는 자손 번성의 복은 세계인의 기독교인화를 의미하는 것이 아니라 제국의 침략성을 버리고 평화공존의 공동체인이 되는 것을 뜻한다.

손원일과 김일성

'김일성'이라는 이름은 유격대 투쟁 과정에서 불린 이름이며, 그의 본명은 김성주이다. 남한에서 가짜 김일성 이야기가 떠돌지만, 김성주와 김일성이 동일 인물이라는 점은 여러 가지 사실로 증명된다. 해방 직후 평양에서 열린 시민환영대회가 증거로 자주 언급되는데, 이때 등장한 김일성의 모습(34세)이 장군이라고 부르기에는 너무 젊어 가짜라는 소문이 퍼진 것이다. 하지만 독립군이 활동하던 시절에 장군이라는 칭호는 정규군과는 달리 젊은 사람에게도 사용되었다. 특히 게릴라전을 펼치는 작은 단위의 유격대에서 장군이라는 칭호는 일종의 경칭어였으며, 백두산의 험준한 산악지대를 중심으로 펼쳐진 게릴라 전투에서 나이든 사람이 활동하는 일은 거의 불가능하다. 안중근 의사 또한 수하에 군사를 거느리지 않았지만, 재판에서 자신을 '대한의군 참모총장' 곧 장군으로 주장했다.

그리고 만약 평양의 환영대회에 나타난 김일성이 소련이 내세운 가짜 인물이었다면, 그 환영식의 주최자이자 사회를 맡은 조만식 장로가 협조하지 않았을 것이다. 왜냐하면, 김일성의 아버지 김형직과 조만식은 평양 숭실학교 동창생으로 서로를 잘 알고 있었기 때문이다. 그리고 무엇보다도 앞에서 언급하였듯이 손원태 장로(손정도 목사의 차남)의 회고록이 이를 분명하게 증언한다.[60]

이번 글의 초점은 오늘의 주제 곧 '형제간의 갈등'에 부합하는 손정도 목사의 큰아들 손원일과 김일성의 갈등 관계이다. 김성주는 14세 때 아버지가 돌아가시자 길림에서 목회하던 손정도 목사를 찾아간다. 이때 손 목사는 김성주를 '양아들'[61]로 삼아 학교를 다니는 3년 동안 그를 돌본다. 김성주가 17세에 'ㅌㄷ(타도제국주의동맹) 사건'으로 투옥되었을 때에도 손 목사가 모든 방법을 다 동원해 김성주를 석방시켰는데, 이때 같이 투옥된 다른 동지들은 나중에 일본군에 넘겨져 모두 죽임을 당했다. 이에 김일성은 자신의 회고록 『세기와 더불어』에서 한 장을 할애하여 이 시기에 대해 언급하였는데, 손 목사를 '아버지이자 생명의 은인'이라는 극도의 존경을 담아 말한다.

그런데 훗날 한국전쟁에서 손정도 목사의 큰아들 손원일은 대한민국의 해군참모총장으로, 김일성은 조선민주주의인민공화국의 수장으로 목숨을 걸고 대결했다. 손원일은 인천상륙작전을 비롯해 중앙청 탈환 등의 전적을 갖고 있으며 정전협정 당시 국방부 장관을 역임했다. 이후 대사직과 한국반공연맹의 이사장을 역임하며 대한민국 건립과 반공주의 사상 전파에 결코 빠트릴 수 없는 인물이 되었다. 그러나 십 대로 돌아가면 세 살 위인 손원일과 김성주는 형제와 같았다.

훗날 손원일은 김성주와의 만남 자체를 부정하기에 이른다.[62] 김일성 또한 회고록에서 둘째 아들 손원태와 막내딸 인실에 대해서는 언급하지만, 손원일과 다른 두 자매에 대해서는 언급을 피한다.[63] 손원일의 동생 손원태의 회고록에 따르면, 김성주는 처음 얼마 동안 교회 부속 기숙사에 살면서 손원일을 비롯한 다섯 형제와 한솥밥을 먹었다. 학교 근처로 거처를 옮겨간 이후에도 명절에는 함께 모였으며, 더욱이 같은 교회에서 함께 신앙생활을 한 신앙의 동지였다.[64] 남북분단과 한국전쟁이 형제를 적으로 만든 것이다.

여기서 김일성의 기독교 신앙 배경을 살펴보자. 기독교 선교 초기인 19세기 말은 가장(家長) 중심의 유교 문화가 지배하던 시기였다. 마치 사도행전의 로마 백부장 고넬료가 베드로를 통해 세례를 받을 때 온 가족과 친지들이 함께 세례를 받은 것처럼, 가장이 결정하면 모두가 따르던 시기였다. 김일성의 어머니 집안은 조선에서 기독교를 선구적으로 받아들인 가문 중 하나이자, 항일운동의 지도자 가문이었다. 김일성의 외할아버지 강돈욱은 창덕학교와 칠골교회를 세운 장로였고, 숭실학교를 다닌 6촌 동생 강량욱 목사는 후에 조선민주주의인민공화국 수립에 주역을 담당하며 국가부주석을 두 번이나 역임했다. 외삼촌 강진석 또한 기독교 신자로 백산무사단 사건으로 15년을 복역했으며, 어머니 강반석은 그 이름이 의미하듯 돈독한 신앙을 갖고 있었다.[65]

강반석은 18세에 두 살 아래의 김형직과 결혼한다. 지금도 그런 경향이 있지만, 당시는 대부분 교인끼리 결혼하였다. 그렇지 않을 경우 유교의 제사 문화로 인해 심각한 갈등이 뒤따를 수밖에 없었다. 부모가 혼사를 맺었기에 김성주의 할아버지 또한 기독교 신자였을 가능성이 높다. 김형직은 결혼 후 1년이 지나 숭실학교에 입학하지만[66] 2년 후 중퇴한다. 강량욱 또한 숭실학교를 중퇴했는데, 학비 때문에 중퇴했다는 설이 있지만, 당시 숭실학교는 선교사의 필요에 따라 기독교 지도자를 키우는 특수학교였기에 학비가 따로 없었다. 따라서 중퇴한 이유는 선교사들의 보수적인 가르침 곧 일본의 식민지배를 정당화하는 교육에 대한 반발로 보는 것이 정당하다. 중퇴 이후 강량욱과 김형직의 활동이 이를 증명한다. 이들은 둘다 민족학교 선생으로 활동하였고, 김형직은 3.1독립항쟁 이전 국내 최대의 비밀결사 조직인 조선국민회의 핵심으로 활동하다 심한 고문을 당하고 옥고를 치른다. 그의 동생 김형권 또한 풍산지서 무장습격사건으로 13년을 복역하였다. 김성주의 동생 김철주 또한 항일무장투쟁 중에 전사한다. 결국, 김성주의 친가와 외가 모두 뿌리 깊은 항일 기독교 집안이었던 것이다.

김일성은 어렸을 때 어머니의 손을 잡고 교회에 다녔음을 회고

하고 있으며, 손원태의 회고록에 따르면 그가 성탄절 연극을 준비할 때, 풍금으로 찬송가를 반주한 적도 있다. 11세가 되자 만주 팔도구의 부친을 떠나 외조부 강돈욱 장로가 주도해 설립한 창덕소학교 5학년으로 편입하고, 이때 외종조부 강량욱은 2년 동안 김성주의 담임선생으로 그에게 항일민족정신을 심어주게 된다. 김일성은 자신이 기독교인이었음을 숨기지 않으며, 북의 학자들은 그가 기독교인이었다고 단정한다.67 김일성 주석이 남한에서 온 목사나 빌리 그레이엄 목사와 식사를 할 때 식사 기도를 부탁했다는 일화는 유명하다. 지금도 김형직 · 강반석 부부가 기독교 신앙에 기초한 항일운동의 본거지로 삼아 활동한 양강도(兩江道)의 '포평리례배당'은 현재 김일성 주석의 어린 시절 항일 자주 독립정신을 되새기기 위해 매년 수만 명의 청소년이 걷는 '배움의 천리길'과 '광복의 천리길'의 출발점과 종착점이다.

김일성은 회고록에서 "온 세상 사람들이 평화롭고 화목하게 살기를 바라는 기독교 정신과 인간의 자주적인 삶을 주장하는 나의 주장은 모순되지 않는다고 생각한다."라고 말한다.68

해방 이후 북조선이 '종교는 아편'이라는 맑스주의 이념에 따라 기독교를 무조건 탄압하였다기보다는 민족주의 입장에서 새로운 사회주의 국가를 건설하는 과정에서 이에 반대하는 기독교인들을 탄압하고 박해했다고 보아야 한다. 실제로 북조선에 있던 모든 기독교인이 다 남쪽으로 피신한 것은 아니다. 주로 북조선의 사회주의 이념에 반대한 기독교 지도자들과 지주들이 피신한 것이다. 오히려 3.1항쟁 민족대표 33인 중 하나로 활동한 김창준 목사같이 사회주의 성향이 강한 기독교인들은 북으로 가기도 했다.

결론으로 남북 모두에서 존경받고 추앙받는 손정도 목사와 김일성 주석의 아버지 김형직 선생은 특별한 관계를 맺었으며, 그의 아들인 손원태와 김성주는 형제와 다름이 없었다. 그러나 남북이 나뉘진 이후 두 사람은 반대편에 서게 되었고 한국전쟁으로 인해 원수가 되었다. 그러나 이 둘을 연계하고 화해의 역할을 시도한 사람이 손원태이다. 그는 미국에서 외과 의사로 은퇴한 후 북을 방문하면서 단절된 남북관계에 가교역할을 담당했다.

성서는 추방당한 가인과 죽임당한 아벨을 대신한 새로운 인간형 '셋-에노스'의 출현(창 4:25-26)을 말하고 있고, 형 에서와 화해한 야곱은 '이스라엘'이라는 새로운 사람으로 변화되었음을 증언한다. 예수 그리스도는 원수 사이에 놓인 담을 허무는 화해자로 오셨다. 오늘 한강토에 진정 필요한 사상은 핵무기와 사드 미사일과 F35 전투기를 비롯한 첨예한 군사 무기로 상대를 위협하는 제국의 폭력적인 야만성이 아닌, 모두가 야훼 하느님의 형상을 띤 형제와 자매로서 평화롭게 살아가는 공동체적 유목민성이다. 지난 76년 동안 분단된 남-북조선에서는 아기를 잃고 슬퍼하는 어머니 라헬의 통곡소리가 그치지 않고 있다. 지금이야말로 제국의 경계선인 철책을 허물고 하늘의 음성이 들리는 광야(대륙)의 넓은 길을 향해 나서는 아브라함의 가나안 축복을 회복해야 할 시기이다.

주

1 필자는 '하느님'이라는 단어를 선호한다. 고어(古語) '하ᄂ님'의 본래 발음이 '하나님'보다
는 '하느님'에 가깝고, 우리 민족의 전통을 잇고 현대 사회와 소통할 수 있으며, 이웃 종교와
의 대화가 수월하다는 관점 때문이다. 성서를 우리말로 번역한 초기 선교사 로스(J.Ross)는
'하늘에 계신 님'이라는 의미에서 '하느님'으로 번역했다. 공동번역 성서는 물론 북조선의
성서 또한 '하느님'을 사용한다. '하나님'은 유일신이라는 개신교의 독특성을 넘어 가톨릭은
물론 이웃 종교를 배제하는 신앙의 독단을 낳을 위험이 있다. 출애굽기 3장 14절의 '나는 스
스로 존재하는 자'(YHWH)에 대한 문자 풀이가 뜻하는 신성(神性)은 유일독단이 아닌 다름
을 포용하는 자연성(自然性)이다.
2 중동의 신들은 '엘'로 통칭 된다. 엘로힘은 그 복수형이다.
3 공동번역 성서를 제외한 대부분의 우리말 성서는 출애굽기 3장 14절의 'YHWH'를 옛 발음
인 '여호와'로 고집하지만, 세계교회는 오래전에 '야훼'(혹은 '야웨')로 수정하였다. 새번역
성서에서는 이를 '주님'으로 번역했다. 이는 히브리인들이 YHWH를 직접 발음하는 대신 아
도나이(adonai, 주님)라고 부른 전통에 근거한 것이지만, 필자는 원본에 충실한 것이 번역의
기본이라 생각하기에 이에 동의하지 않는다.
4 신의 이름을 '엘로힘'으로 나타내는 문서는 'E문서'라고 불린다. P문서와 E문서는 동일한 신
명(神名)을 사용하지만, P문서가 E문서 보다 수백 년이 경과한 바빌론 포로기 이후에 기록
되었다는 점, 예루살렘 성전 중심이라는 점에서 내용상 큰 차이가 있다. J문서는 기원전
1,000년경의 다윗 왕 시대 예루살렘 중심의 남왕국에 그 뿌리가 있는 반면, E문서는 그보다
이전인 족장시대의 실로 혹은 길갓 성전을 언급하며 북왕국에 그 뿌리가 있다. 최근 신학계에
서는 이와 같은 전통적인 4문서설(JEDP)을 비판하며 공관복음서의 형성 과정과 같이 보다
복잡한 공동체적인 형성과정을 거쳤을 것으로 본다. 더욱 자세한 내용은 이영재, "오경 연구
의 최근 동향", 이영미·이영재 외 공저, 『토라의 신학』(서울: 동연, 2010), 15-51을 참조하라.
5 코이네 그리스어 'biblia'는 '책들'을 의미한다.
6 출애굽기 12장 1~20절에는 유월절의 기원이 나온다. 야훼께서는 모세와 아론에게 그달을 한
해의 첫 번째 달로 정하도록 하고 그달의 14일째부터 21일째에 이르는 기간을 무교절(7일간
의 축제 기간)로 공포한다는 점에서 바빌론의 문화를 반영한다(P문서). 그러나 이어지는 21
절 이하에서는 모세만을 대상으로 유월절에 누룩이 들어가지 않는 무교절의 기원(39절)을
다르게 설명한다(JE문서).
7 갈비뼈(צלע)의 또 다른 의미는 '곁'(side)이다. 하와가 아담의 일부분으로 만들어졌다는 의미
가 아닌 분리될 수 없음을 상징하는 단어이다. 이를 '돕는 배필'로 번역하기도 하는데, 이는
여성을 남성에게 종속된 존재나 하위 존재로 여기는 성차별적 언어이다. 돕는 배필은 '함께
하는 짝꿍'의 의미로 읽어야 한다. 수메르 신화에도 비슷한 이야기가 나오는데, 수메르어로

갈비뼈는 '생명'이라는 의미가 있다. 곧 '하와'의 본래 의미는 '생명의 어머니'이다.

8 수메르 신화에서는 '에디누'(Edinu)라는 이름으로 나온다.

9 메소포타미아의 길가메시(Gilgamesh) 서사에는 '생명나무'가 나오고, 늙은이가 이 열매를 먹고 젊어지자 뱀이 나무를 탈취해간다는 내용이 등장한다. 선악을 알게 하는 나무는 나오지 않는다.

10 사제 집단(P)은 페르시아 시대에 성전 제사를 위해 하느님과 모세 5경을 절대화시킴으로 자신들을 신격화하는 잘못을 범하고 말았다. 2장에서의 야훼는 인간과 함께 에덴동산을 거니는 마치 친구(?)와 같은 인상을 받지만, 1장의 하느님은 매우 거룩한 분으로 인간과의 대화는 사제들이라는 중간 계층(브로커) 없이는 불가능하다.

11 이에 관해서는 「기독교사상」 2018년 12월호 "산티아고 순례 길을 걸으며(2)"에 자세하게 논한 바 있다.

12 바벨탑 이야기에 이어 바로 등장하는 데라와 아브라함의 선조들이 되는 셈 족보는 메소포타미아 지역에 강성했던 우르 제국의 왕족 족보일 가능성이 높다.

13 앙드레 뜨로끄메/박혜련·양명수 공역, 『예수의 비폭력 혁명』(한국신학연구소, 1986), 44.

14 앙드레 뜨로끄메, 같은 책, 47.

15 최근에 완성된 평양 과학자 거리의 고층 아파트는 단지 대학교수들뿐만이 아니라 원래 그 지역의 주민이나 아파트 공사에 참여한 노동자들이 입주하는 등 고른 분배가 이루어졌다.

16 엄격한 의미에서 말한다면 중세 가톨릭의 근본 제도인 교황과 신부제도, 신학을 부정하였기에 '변혁(Transformation)'이 맞는 단어이다. 종교개혁이 아닌 기독교 혁명이었다.

17 Walter Wink, *The Powers That Be: Theology For a New Millennium* (New York: Doubleday, 1998), 98 이하.

18 예수를 배반한 제자 유다는 흔히 '가룟 유다'라고 부른다. 여기서 '가룟'($I\sigma\kappa\alpha\rho\iota\omega\theta$, 이스가리옷)은 케이롯 출신이라는 의미로 해석될 수도 있고, 시카리(Sicarii) 과격독립항쟁파 출신임을 나타낸다고 해석될 수도 있다. 하지만 성서에서 예수의 다른 제자들을 설명할 때 이름과 함께 출신 고향을 언급한 경우는 한 차례도 없기 때문에, '가룟' 또한 그의 고향이 아닌 과거의 이력을 나타내는 단어로 보아야 한다. 한편 미국 성공회의 주교 스퐁은 유다는 역사적인 인물이라기보다는 집단이나 민족을 상징하는 기독교인들의 창작으로 본다. John Shelby Spong, *Liberating the Gospels* (San Francisco: HarperOne, 1997), 257-276.

19 브리태니커 사전은 1980년 후반부터 주체사상을 'World Religions'의 한 종파로 분류하고 있다.

20 「에큐메니안」(www.ecumenian.com)에 연재되는 정대일 박사의 '북조선 선교를 위해 꼭 알아야 할 주체사상 100문 100답'은 종교로서의 주체사상에 대해서 이야기하고 있다.

21 이정훈, 『주체사상 에세이』(사람과사상, 2018), 10.

22 AD는 'Anno Domini'(주님의 해)라는 라틴어의 약자이다. 오늘날 세계 학계에서는 다른 종교와의 마찰을 피하기 위해 기원전을 BCE(Before the Common Era)로, 기원후를 CE(the Common Era)로 표기하고 있다.

23 요즘에는 '수령님들'이라는 복수형 칭호가 나오고 있는데, 문맥에 따라 김정일 위원장을 포함하기도 하고 때로는 공화국 원로(元老)들을 통칭하기도 한다.

24 금수산 태양 궁전에는 김일성과 김정일 부자의 시신이 보존되어 있으며, 이곳은 성지(聖地)로 추앙받고 있다.

25 '당 초급선전일꾼'들은 주체사상을 전파하고 보급하는 일을 담당하고 있다. 일종의 교회의 '전도사'들과 같다.

26 정대일, "북조선 선교를 위해 꼭 알아야 할 주체사상 100문 100답(26)―북조선은 수령의 신격화를 포기하였나요?"(「에큐메니안」 연재)

27 공관복음서 내의 '하느님의 아들' 칭호가 이미 신격화를 주장하는 것이라고 말할 수 있지만, 예수 탄생 이전 이미 로마 황제 '아우구스투스'라는 칭호 또한 '신의 아들'을 뜻하기에 예수를 '하느님의 아들'로 부르는 칭호 속에는 '사람의 아들'(인자) 사상과 더불어 황제 숭배에 저항하는 의미도 포함하고 있어 이를 단순하게 신격화라고 말할 수는 없다. 리차드 루벤슈타인/한인철 옮김, 『예수는 어떻게 하느님이 되셨는가』(한국기독교연구소, 2004), 37 이하 참고.

28 1868년에 발견된 모압의 돌과 아시리아의 왕 살만에셀의 새김글에 그 이름이 나온다. 존콜린스/유연희 옮김, 『히브리성서 개론』(한국기독교연구소, 2011), 212.

29 존 콜린스, 같은 책, 187.

30 존 콜린스, 같은 책, 213. 핀켈스타인 교수의 주장 참조.
(https://en.wikipedia.org/wiki/Israel_Finkelstein).

31 존 콜린스, 같은 책, 210.

32 베냐민 지파가 지리적으로 유다에 가장 가깝긴 했지만, 사울을 배출한 베냐민 지파가 다윗의 손자인 르호보암과 함께했다는 이야기는 아이러니하다.

33 엄밀한 의미에서 본다면 대한제국은 1905년 을사늑약에 의해 외교권과 군사권을 상실했기 때문에 국가로서의 생명은 끝났다. 따라서 일제강점 기간은 40년으로 보는 것이 더 합당하다. 이는 히브리 노예들의 광야 40년이라는 신앙적인 의미도 갖게 된다.

34 1945년 2월 11일 채택된 얄타비밀협정에서 스탈린과 루스벨트는 조선의 신탁통치에 대해 논의하며 미국은 10년을 제안하고 스탈린은 짧을수록 좋다고 하는 등 기간에 대해서는 약간의 이견이 있었으나 외국군이 조선반도에 머무는 것은 불가하다고 동의했다.

35 유튜브 <이제는 말할 수 있다>, 분단의 기원 (2).

36 에리히 쳉어/이종한 옮김, 『구약성경 개론』(분도출판사, 2015), 438.

37 에리히 쳉어, 같은 책, 450.

38 한글 협정문에는 '정전'(ceasing fire)으로 되어 있지만, 영문 협정문에는 'armistice', 곧 휴전으로 되어있다. 정전은 일시적으로 전쟁을 멈춘다는 의미이고, 휴전은 전쟁은 멈추지만 전투 행위는 계속된다는 의미의 차이가 있다.

39 John Merrill, *Korea: The Peninsular Origins of the War 1945-1950* (University of Delaware Press,1989).

40 이 중요한 시기에 왜 3일을 서울에서 머물렀는가에 대해서 북조선은 남한의 이승만 정부와의 대화를 모색하기 위해서였다고 주장하는 반면, 남한은 이에 대한 언급 자체를 피하고 있다. 다만 이틀 후인 6월 27일 미국은 UN 결의안을 통해 한국전쟁 참전을 선포한다. 또 다른 견해로는 북조선 군대가 애초부터 한강을 건너기 위한 도강 준비가 없었다가 미국의 참전이 분명해지자 전쟁을 계속하였다는 해석도 있다.

41 소련은 한국전쟁에 전투 병력을 보내지는 않았지만, 북조선 측에 무기를 제공했다.

42 브루스 커밍스/조행복 옮김, 『브루스 커밍스의 한국전쟁: 전쟁의 기억과 분단의 미래』(현실문화, 2017).

43 유튜브, <한반도 분단의 진실>(다큐멘터리).

44 https://historynewsnetwork.org/article/171840.

45 영어명 'Taft–Katsura agreement'는 러일전쟁 직후 필리핀에 대한 미국의 지배권과 대한제국에 대한 일본의 지배권을 상호 승인하는 문제를 놓고 1905년 7월 29일 당시 미국 대통령 특사이자 전쟁부(현 국방부) 장관 윌리엄 하워드 태프트(William Howard Taft)와 일본의 내각총리대신 가쓰라 다로(桂太郞)가 도쿄에서 회담한 내용을 담은 대화 기록이다. 이 기록의 내용은 미·일 양국이 모두 극비에 부쳤기 때문에 1924년까지 세상에 알려지지 않았다. 이 기록은 서명된 조약이나 협정이 아니라, 일본과 미국의 관계를 다룬 대화에 관한 각서(memorandum)의 형태를 띠고 있다. 각서에 따르면, 일본 제국은 필리핀에 대한 미국의 식민지 통치를 인정하며, 미국은 일본이 대한제국을 침략하고 한강토를 '보호령'으로 삼아 통치하는 것을 용인하고 있다. 미국의 동의하에 일제는 4개월 후인 11월 17일 대한제국에 을사늑약을 강요했다.

46 '광야'의 히브리어는 '미드바르'(מדבר)이다. '미'는 장소를 뜻하는 접두어이고, '드바르'의 어근은 '다바르'(말씀, 사건, 일)이다. 따라서 광야는 말씀과 함께 창조와 연결된 공간이라고 정의할 수 있다.

47 창세기의 창조 이야기가 7일에 걸쳐 완성되었듯, 성서에서 '7'은 완전함을 상징하는 숫자이다. 요한복음에서 예수의 'Ἐγώ εἰμι(나는 …이다)라는 신적 선언(이것은 히브리어 '야훼'와 같은 의미이다)은 일곱 차례 나온다. 반대로 '6'은 불완전성을 상징하는 숫자이다. 가나 혼인잔치에서 물을 담은 돌 항아리(모세의 율법이 중심인 성전 종교)는 여섯 개이고, 사마리아 여인이 섬겨온 남편(제국들의 신)의 숫자 또한 여섯이다.

48 강반석의 한자명은 예수의 제자 베드로의 이름 뜻인 반석(磐石)으로 흔히 알려져 있다. 하지만 그의 이름 마지막 글자는 '돌 석'(石)이 아니라, 그의 집안 항렬을 따라 '주석 석'(錫)을 사용한다. 강반석(康磐錫)이라고 표기해야 옳다(최재영, 『북녘의 교회를 가다』〔동연, 2019〕, 58).

49 이덕주, 『기독교와 사회주의 산책』(홍성사, 2011).

50 김흥수 편, 『일제하 한국기독교와 사회주의』(한국기독교역사연구소, 1992).

51 최상순, "손정도 목사는 그리스도교 정신을 독립운동으로 승화시킨 애국의 거성", 김득중 편, 『손정도 목사의 생애와 사상』(감리교신학대학교출판부, 2004), 22.

52 그의 무덤은 아직까지 발견되지 않았다. 현충원에 있는 것은 가묘이다.

53 "3.1 정신과 기독교-한국 기독교인은 누구인가?", 심포지움 자료집(2019).

54 같은 자료집, 20

55 손정도가 1908년 졸업할 당시 김형직의 나이는 15세였다. 아직 결혼 전이라 숭실중학교에 입학하지 않았기에 두 사람이 같은 시기에 학교를 다니지는 않았을 것이다. 같은 평안도 출신의 동문으로 조선국민회 결성 과정에서 접촉이 있었을 것이라고 추측되고, 후에는 길림성에서 같이 활동했다.

56 이 이야기는 올해 우리말로 출간 예정인 손원태 장로의 회고록에 나오는 내용이다. 이 회고록은 오래전에 이미 영문으로 출판된 바 있다. Sohn Won Tai, *Kim Il Sung and Korea's Struggle: An Unconventional Firsthand History* (McFarland & Company,2003).

57 7 최상순, 같은 책, 21.

58 이덕주, "손정도 목사의 생애와 기독교 사상", 김득중 편, 『손정도 목사의 생애와 사상』, 72.

59 배형식, 『고 해석 손정도 목사 소전』(기독교건국전도사무소, 1949), 3에서 재인용. 주(註) 한때 조선의 가장 큰 대형교회를 이룩하고서도 홀연히 이를 떨치고 만주로 떠나간 손정도 목사의 민족사랑 정신을 오늘에 되살릴 때, 기독교는 우리 민족사에 다시 한번 우뚝 서게 될 것이다.

60 "얼마 전 평양을 들렀을 때, 나는 인민대학습당에서 1937년 9월 3일 자 「신한민보」에 실린 기사를 읽고 다시 한번 큰 충격을 받았다. 김일성 장군의 이름을 크게 싣고 2면에 걸쳐 그의 행정과 유격대 활동에 관해 소개한 장문의 기사였다. 「신한민보」는 샌프란시스코의 교민단체인 국민회에 의해 1909년 2월에 창간된 교포신문이다. 이 「신한민보」에 그 당시 이미 김일성에 관한 기사가 실려 미국의 동포사회에까지 널리 알려졌다." ─ 손원태 회고록 116쪽. "그런데 그들의 글을 읽어보니 초보적인 상식도 없는 사람들의 무식하기 짝이 없는 글이었다. 이는 당장 몇 가지 문제만을 이야기해 보아도 알 수 있다. 그들은 벌써 1920년대부터 김일성 장군의 이름을 지닌 인물이 독립운동을 벌인 것처럼 쓰고 있고 일본사관학교 출신의 어떤 인물을 내세우기까지 하였는데, 그 당시 독립운동의 거두들이 활약한 길림에서 어린 시절을 보낸 나는 전혀 그런 소문을 들은 적이 없다. 만약 그때 벌써 그런 인물이 있었다면 우리 아버지가 모를 리 없고, 안창호 선생이 모를 리 없으며, 그 쟁쟁한 길림의 독립군 거두들이 모를 리 없었을 것이다. 김일성의 이름이 사람들의 입에서 입으로 옮겨진 것은 1930년대 초, 즉 김성주가 항일유격대의 총성을 울린 때부터이다. 이것은 더 논의할 여지도 없는 것이다. 당시 역사의 체험자, 목격자, 증언자로서 나는 이것을 당당히 증명할 수 있다. 다음으로는 김일성 장군의 사진을 두고 벌어지는 논란이다. 그들은 김일성 주석이 서로 다른 시기에 서로 다른 배경에서 찍은 사진을 놓고 다른 사람이라고 주장하고 있다. 나도 역시 그 사진을 보았다. 거기에는 길림 시절의 모습을 담은 사진과 만주에서 항일유격대를 이끌 때의 사진도 있었고 해방 후에 찍은 사진도 있었다. 무장투쟁을 할 때는 얼마나 모진 고생을 겪었는지 본래의 모습을 전혀 알아보기 힘들 정도였다. 그러나 나는 그 서로 다른 사진 속에서도 꿈에도 잊을 수 없었던 성주 형의 모습을 분명히 알아보았다. 나는 가슴이 아파서 울었

다. 빼앗긴 나라를 찾자고, 망국노가 된 백성을 도탄에서 구원하자고 그렇게도 모진 고생을 했던 그였다. 그래서 그렇게 모습조차 알아보기 힘들 만큼 풍상에 시달렸던 이를 나라와 백성은 어떻게 되든 일제에 부역하며 오로지 자기 일신의 안락과 영달만을 추구하던 자들이 감히 헐뜯으려 달려들다니…! 하느님은 과연 무엇을 하고 계시는지. 어째서 이런 악인들이 세상을 활보하게 하는지 알 수 없는 노릇이었다. 나는 의사의 직분에 충실할 뿐 남의 말이나 정치 같은 데는 개입하려 하지 않았다. 그러나 김일성 주석과 관련된 이 문제에 대해서는 강 건너 불구경하듯 할 수는 없었다. 기억도 생생한 김일성 주석과 어린 시절 인연이 깊은 나로서는 이 문제가 그 어떤 학술상의 문제나 정치적인 문제이기에 앞서 인간 양심과 관련되는 하나의 도덕적인 문제인 것이다. 그러나 나는 당장 어떻게 해야 좋을지 몰랐다. 미국에 사는 의사에 불과한 나는 이러한 허위날조를 국가의 정책으로 추진하고 있는 남한의 엄청난 권력과 맞설 만한 아무런 방도도 없었다. 이제 박정희의 최측근으로 오랫동안 권력의 핵심인 중앙정보부장을 지냈던 김형욱이 쓴 글을 잠시 인용해본다. 이 글은 이미 여러 언론을 통해 널리 알려져 있는 것이다. '전직 대한민국의 중앙정보부장'이었던 내가 이런 발언을 한다면 소스라치게 놀라는 사람이 많을 것이다. 그것이 비록 당장은 충격파를 가져올 수 있으나 장구한 민족사의 체계로 보아서는 오히려 바람직할 수도 있다.'" 같은 책, 149-150.

61 '양아들'이라는 표현은 필자의 표현이다. 김일성과 손원태의 회고록을 보면 당시 손 목사의 경제 형편은 매우 빈궁했으며, 다섯 자녀의 뒷바라지도 힘든 상황이었다. 그러나 손 목사는 김성주를 받아들여 3년간 학업을 계속할 수 있도록 돌보았고, 명절 때마다 그를 불러 함께 음식을 나누고, 감옥에 갇혔을 때 모든 수단을 동원하여 그를 구출해주었기에 '양아들'이라고 해도 하등의 문제가 되지 않는다. 그리고 김일성 자신이 그를 '아버지'라고 불렀다.

62 「한국일보」 1991년 10월 16일(8607호) <나의 이력서>라는 코너에는 김성주에 대한 손원일의 짧은 언급이 나오는데, 거기에서 손원일은 자신이 육문중학교를 졸업한 후 김성주가 같은 학교에 다녔다는 이야기를 들었다고 언급한다. 달리 말하면 직접 얼굴을 본 적은 없다고 말한 것인데, 이는 당시 남북대결 상황이 극도에 치달은 상황에서 어쩔 수 없이 한 말이었을 것이다.

63 "목사의 부인도 나를 몹시 사랑해 주었다. 명절 때면 그 부인이 나를 청해다가 조선식으로 맛있는 음식도 해주었다. 그 집에 가서 먹던 토끼고기를 넣은 두부찌개와 쫀드기떡이 참말로 별맛이었다. 손정도에게는 아들 둘에 딸 셋이 있었다. 길림에서 우리의 운동에 관여한 것은 둘째 아들 손원태와 막내딸 손인실이었다. 손인실은 그때 황귀헌, 윤선호, 김병숙, 윤옥채 등과 함께 조선인길림소년회 회원으로 활동하였다. 그는 내가 청년학생운동을 할 때와 감옥에서 고초를 겪고 있을 때 나의 심부름을 많이 들어주었다." 이상규, "손정도 목사의 만주선교와 김성주와의 교류에 대한 검토", 「광복절 74주년 기념 한국교회사 포럼-손정도 목사의 신앙과 삶 자료집」(2019. 8. 13, 3.1운동 100주년 기독교기념사업회 주관), 12.

64 동생 손원태는 형 손원일과 김성주가 함께 주일학교 선생으로 섬긴 일을 언급하고 있다.

65 강반석의 한자명은 '반석'(磐石)이 아니라 형제의 돌림자를 따라 '반석'(磐錫)이다. 그러나 선교사가 그 이름을 지어주었다는 주장도 있어 이중적인 의미를 갖고 있다고 필자는 이

해한다. 딸이 돌림자를 갖는 경우 또한 특이하다.

66 숭실(중)학교는 선교사들에 의해 운영되는 학교로 미션스쿨, 병원 등에서 일할 지도자를 양성하는 기관이었다. 선교사나 교회 지도자에 의해 추천된 사람들만이 가는 학교였다는 사실 하나만으로도 그의 기독교 신앙이 어떠했는지를 짐작할 수 있다.

67 최상순, "손정도 목사는 그리스도교 정신을 독립운동으로 승화시킨 애국의 거성", 23.

68 최상순, 같은 글, 24.

'겨레' 신앙고백*

출애굽기 32:31-32; 로마서 9:1-5

> 모세가 야훼께 되돌아가서 아뢰었다. "비옵나다. 이 백성이 금으로
> 신상을 만들어 큰 잘못을 저질렀습니다. 하지만 이제 그들의 죄를
> 용서해 주셔야 하겠습니다. 만일 용서해 주지 않으시려거든 당신께
> 서 손수 쓰신 기록에서 제 이름을 지워주십시오"(출 32:31-32).
>
> 나는 그리스도의 사람으로서 진실을 말하고 거짓을 말하지 않습니
> 다. 성령으로 움직이는 내 양심도 그것이 사실이라고 말해 줍니다.
> 나에게는 큰 슬픔이 있습니다. 그리고 마음으로 끊임없이 번민하고
> 있습니다. 나는 혈육을 같이하는 내 동족을 위해서라면 나 자신이
> 저주를 받아 그리스도에게서 떨어져 나갈지라도 조금도 한이 없겠습
> 니다(롬 9:1-3).

---

* 민족이 혈연중심의 개념이라면 순수 우리말인 겨레는 이와는 결이 조금 다른 공동운명체를
뜻한다. 이는 고(故) 김낙중 선생이 평소 주장하던 얘기이다.
2009년 8월 16일 평화통일주일 향린교회.

창조 이야기의 신학적 배경

창세기 첫 장에는 하느님께서 7일간에 걸쳐 빛과 어둠 그리고 우주의 해와 달 별 그리고 인간을 포함한 모든 세상의 생명을 만드신 이야기가 실려 있습니다. 그런데 이 창조의 이야기를 문헌 역사적으로 고찰해보면 이 이야기들은 이스라엘 백성들이 바빌론에 포로로 붙잡혀가 있던 그 시절에 만들어진 이야기임을 알 수 있습니다. 우선 주 7일제는 바빌론의 문화에서 나온 것이고 하루를 쉰다는 안식일 개념 또한 바빌론의 포로시기를 배경으로 나왔습니다. 유대인들의 조상이 되는 히브리족은 애굽 제국의 노예였다가 탈출을 한 사람들로 양을 치던 유목민들이었습니다. 매일매일 새로운 목초지를 찾아 나서야 하는 유목민으로 그들이 믿었던 야훼 하느님은 약자의 편에 서시는 정의의 하느님으로서 구체적인 삶에 직접 관여하시는 역사의 하느님이었습니다. 곧 그들의 하느님 이해는 역사 시간의 주인이었습니다. 한곳에 정착하지 않는 그들에게 있어 땅은 하늘의 것이었지, 인간 개개인의 소유물이 될 수가 없었습니다.

그러나 한 곳에 정착하여 삶을 영위해가는 농경 문화권의 민족들, 곧 애굽이나 바빌론 제국과 같은 나라들은 역사라는 시간개념보다 햇빛과 비를 주관하는 자연의 하느님, 곧 우주 공간의 주인으로서의 신 이해가 중요했습니다. 그들의 신화 속에는 우주 창조의 얘기가 담겨 있었습니다. 왜냐하면, 그래야만 다른 나라를 정복할수 있는 정당성이 확보되기 때문입니다. 이러한 시간과 공간에 대한 사고의 차이가 서양사상의 두 흐름인 헤브라이즘과 헬레니즘이라고 하는 사상의 차이를 만들어냅니다. 공간의 소유권에 대해 별

다른 필요성을 갖지 못했던 이스라엘 백성들은 바빌론에 포로로 붙잡혀 와서야 비로소 우주 창조에 대해 답변을 해야 할 필요를 느끼게 된 것입니다. 그래서 그들은 바빌론이나 애굽의 창조신화에 버금가는 창조 이야기를 만들어내었는데, 이때 그들은 빛의 신과 어둠의 신이 서로 다투고 해의 신과 비의 신이 서로 경쟁하는 바빌론 창조 이야기 대신 인간 세계 안에 존재하는 죄와 고통의 문제에 대해 답을 시도했습니다. 전지전능하신 신이 세상을 만들었다면 분명 세상은 좋아야 하는데, 왜 세상은 신의 뜻과는 반대로 고통과 갈등과 전쟁과 살인과 같은 악이 존재하게 되었는가? 왜 제국들은 약소 민족들을 지배하고 점령하고 약탈하는가? 도대체 자신들이 무엇을 잘못했기에 이 머나먼 이국의 땅에서 노예로 평생을 한숨과 비애 속에서 살아가야만 하는가 하는 자신들의 실존 문제를 물었습니다.

제국의 교만

그들은 조상들의 신앙을 깊이 성찰한 후에 이렇게 고백합니다. 모든 인간은 하느님의 형상을 따라 창조 받았다. 이로 인해 다른 피조물과는 다른 책임을 부여받은 특별한 존재이다. 곧 다른 피조물들을 정복하고 다스리는 권세는 받았지만, 이를 마음대로 행사해서는 안 되고 하느님의 뜻에 따라 다스리는 청지기의 책임적 존재임을 분명히 밝힌 것입니다. 그리고 그들은 땅의 먼지인 흙(adamah, 히)으로부터 만들어진 인간 아담(Adam)임을 고백합니다. 그리고 아담과 하와가 갈비뼈로 연결되어 있듯이 모든 인간은 본질적으로 하나로 연결되어 있는 관계적 존재임을 고백합니다. 아담과 하와 이야기는 단순히 처음 부부의 사랑 이야기가 아닌 인류공동체의 차원에서 읽을 필요가 있습니다. 그런데 이들 사이에 뱀이 등장합니다. '저 나무의 열매를 따 먹으면 너희들의 눈이 밝아질 것이다. 신과 같이 될 것이다.' 인간 밑바닥에 숨겨 있는 교만을 건드리는 것입니다.

지금 이스라엘 백성들은 바빌론 제국의 포로로 붙잡혀 와 있습니다. 도대체 왜 제국의 인간들은 힘만 생기면 남의 나라를 침범하여 살인과 방화의 포악한 일을 저지르는 것인가? 그 교만은 어디에서 출발하는가? 제국의 왕들은 신을 경배하는 아들로서가 아니라 스스로가 신임을 보여주고 싶은 것입니다. 그렇게 끊임없는 정복전쟁을 일으키고 죽어서 미라로 만들어져 스핑크스가 지키는 피라미드에서 지하의 세계를 지배하며 영원토록 살고 싶은 것입니다. 피라미드 하나를 만들기 위해, 바벨탑을 쌓아 올리기 위해 수십만 수백만 백성들을 혹사시키는 그 이면에 바로 신이 되고자 했던 인간의 교만이 숨겨 있음을 성서는 파악한 것입니다.

아버지 때부터 남한 최고의 갑부로 성장한 이건희 회장은 무슨 이유로 범죄를 저지르면서까지 더 많은 돈을 움켜쥐려고 했던 것일까요? 자자손손 대대로 먹고 남을 엄청난 재산을 갖고 있으면서 불법을 통해서라도 더 많은 재산을 확보하려고 했던 이유는 무엇이었을까요? 단순히 돈입니까? 세계 최고의 갑부라는 명예입니까? 대한민국의 전 재산 아니, 전 세계의 재산을 다 소유하였던들 그가 만족하였을까요? 군사 제국이든 돈 제국이든 제국의 신에 붙잡힌 사람들의 욕망에는 끝이 없습니다. 왜냐하면, 스스로 신이 되어버린 인간의 교만에는 한계가 없기 때문입니다.

'따먹지 말라'고 하는 선악과의 열매를 따 먹은 하와와 아담은 가짜 신이 되자 눈이 밝아지는 대신 이제 남남이 됩니다. 얼마 전만해도 살 중의 살이요 뼈 중의 뼈라고 노래했던 그들은 서로가 서로에게 책임을 전가하는 원수가 됩니다.

조선인은 적국민으로 취급하라

어제는 우리나라가 35년간의 일본의 군사제국주의의 식민지지배로부터 해방한지 64주년이 되던 기쁨의 날이었습니다. 그러나 그 해방의 기쁨은 그저 잠시였고, 그건 한순간에 사라지는 거품이었습니다. 미군과 소련군은 자기들 마음대로 38선을 경계선으로 그어 놓고 각각의 지역을 지배하기 위해 들어옵니다. 이때로부터 우리 민족의 또 다른 비극이 시작합니다.

『한국전쟁의 기원』이라는 유명한 책을 쓴 시카고대학의 부르스 커밍스 교수는 그의 책에서 이런 사실을 밝혀놓고 있습니다. 미군이 인천에 상륙하기 나흘 전인 1945년 9월 4일 오키나와에 있던 24군단 하지 중장이 휘하 장병들에게 통고문을 발표하는데, 거기에는 이렇게 씌어 있었습니다. "일본인은 미국의 우호국민으로 대우하되 조선인은 적국민으로 취급하라." 그리고 실제로 9월 8일 미군을 환영하러 나온 조선인 2명이 검은 경찰복으로 갈아입은 일본군에 의해 사살을 당합니다.

미국은 진주만 기습공격 이후 4년 넘어 나라의 국운을 걸고 일본과 적으로서 싸웠습니다. 그들의 적은 분명 일본이었는데, 전쟁이 끝나자마자 하루아침에 왜 미국은 조선반도에 들어오면서 일본은 친구인 우호국민으로, 우리 조선사람은 적이라고 간주했는가? 그것은 그들이 본래부터 해방군으로 이 땅에 들어온 것이 아니라 일본을 대신한 또 하나의 점령군으로 들어왔기 때문입니다. 세계 제패의 군사 제국주의의 꿈을 꾸고 있던 미국은 이미 이날 동아시아에서의 그 꿈을 실현하기 위한 첫발을 내디딘 것입니다. 79년 전 대동강에서 이루지 못한 제너럴 셔만호의 꿈을 시작한 것입니다.

그래서 1945년 8월 15일은 일본 제국주의로부터 해방을 받은 광복절이 아닌 남북분단이 시작하는 분단절이 되고 만 것입니다. 그리고는 제국들의 뱀의 농락으로 친탁이니 반탁이니 하며 몽둥이를 들고 서로 티격태격하다가 결국은 이남만의 단독선거와 반쪽 정부 수립이라는 선악과의 열매를 따 먹으므로 단순히 등을 대고 돌아누운 아내와 남편이 아닌 이제는 몽둥이 대신 진짜 총을 들고 죽고 죽이는 싸움을 3년이나 지속하여 그들 사이에 태어난 수많은 아들딸 손자 손녀들은 물론이고 다른 집의 태어난 아이들까지 합세하여 생면부지의 사람들끼리 서로서로 죽였습니다. 그리고 56년이 흘렀습니다. 그런데도 그들은 아직도 분이 풀리지 않아 기회만 되면 상대방을 비난하고 상대방을 때려 부술 전쟁준비가 완료되었다고 얘기를 합니다. 겉으로는 화해를 얘기하는데, 속으로는 욕을 해대고 있고 누군가 칭찬하는 얘기를 하면 국가보안법에 위배된다고 수갑을 채웁니다. 엄마 아빠가 그러하니 그 품에서 자라난 아이들이 정상일 것이라고 믿는 사람들은 본인들을 제외하고는 아무도 없습니다.

내가 내 형제를 지키는 자니이까?

선악과를 따먹은 하와와 아담은 범죄를 저질러 양심의 가책을 느껴 숲속에 숨었습니다. 그들이 보이지 않자 하느님이 묻습니다. '아담아 네가 어디 있느냐?' '인간아 네가 어디 있느냐?' 인간의 현존을 묻고 있습니다. '대한민국아! 조선민주주의인민공화국아! 너희들은 지금 어디 있느냐?' '예 지금 저희는 미사일과 핵과 탱크와 비행기 뒤에 숨었나이다.' 민족의 현존입니다. 이 아담과 하와 사이에 가인과 아벨이라는 두 아들이 태어납니다. 형 가인이 동생 아벨이 잘되는 것을 질투하여 그를 돌로 쳐 죽이고는 그 시신을 땅에 묻어버립니다. 아벨이 보이지 않자 야훼께서 묻습니다. "네 아우 아벨이 어디에 있느냐?" 그러자 가인은 "내가 내 형제를 지키는 자니이까?" 하며 오리발을 냅니다.

요즘 쌀이 남아돈다고 하자 대통령이 쌀라면 쌀건빵 등 쌀로 만들어 먹을 수 있는 모든 제품을 만들어 소비하자고 얘기합니다. 한 시간만 차를 몰고 북쪽으로 올라가면 먹을 것이 부족하여 굶는 사람이 그리 많다는데, 생면부지의 사람들이라 하더라도 36.5도의 따뜻한 피를 가진 사람이라면 그럴 수가 없거늘, 그들은 같은 부모의 피를 타고난 같은 형제이자 자매들인데 그들에게 나눠줄 생각은 꿈에도 하지 않습니다. 그것도 명색이 예수를 믿는 기독교 장로라고 하는데 말입니다. 없는 예산 만들어서 하는 것도 아니고 있는 예산 쓰는 것도 못하게 합니다. 강도 만난 원수 유대인을 도운 선한 사마리아 사람의 이야기나 예수께서 유대인 5천 명도 먹이고 이방인 4천 명도 먹인 얘기는 들어본 적도 없는 것 같습니다. 아마 그 사람은 장로직을 돈으로 샀거나 사기로 딴 게 분명합니다.

제가 북의 형제를 지키는 자입니까? 하느님 왜 제게 그의 행방을 묻습니까? 저는 그의 행방에 대해 아는 바가 없습니다. 가인의 후예가 아니고서야 어찌 이렇게 답변할 수 있습니까? 그리고 쌀이 남는다고 쌀라면 만들라고 하니, 언제 쌀라면이 없었나요? 앞으로 밀이 남으면 밀라면 만들라고 하고 보리가 남으면 보리라면 만들라고 할 것입니까? 그래도 거기까지는 들어줄 만하지요. 쌀라면 만들라고 얘기한 후 한다는 말이 자기도 앞으로는 쌀라면을 먹겠다고 하는데, 청와대에서 라면을 끓여 먹으면 1년에 몇 번이나 먹겠습니까? 방부제에 미원이 들어간 라면을 먹겠다고요? 아마 사진 전시용으로 입 한번 대는 쇼는 할지 모릅니다. 제가 그분 먹을 쌀라면은 평생 댈 자신이 있습니다.

무기감축에 앞서 신뢰회복을

어제 8·15 기념식을 하였습니다. 제목이 거창하더군요. '광복의 빛, 더 큰 대한민국'이었습니다. 대자가 무슨 대자입니까? 한은 한자어로는 나라 한자이지만, 우리말로는 크다는 뜻을 가진 말입니다. 둘 다 크다는 뜻을 담고 있습니다. 대한민국을 풀이하면 '큰 큰 백성이 주인인 나라'인데 이것도 모자라 더 '큰'을 붙였습니다. 우리 말로 풀이하면 '더 큰 큰 큰 백성이 주인인 나라'라는 뜻이 됩니다. 국토가 작아서 그런가. 우리나라 사람들은 왜 그렇게 큰 것을 좋아하는지 모르겠습니다.

군사 무기감축 매우 중요합니다. 그런데 무기감축을 하려면 상호 신뢰가 먼저 있어야 합니다. 북이 남을 신뢰하도록 하려면 우선 무엇부터 해야 합니까? 지금 북쪽에서 무엇을 원합니까? 이전 두 정부의 수반인 김대중 노무현 대통령과 북의 김정일 위원장이 함께 화해를 약속하며 선언했던 6·15와 10·4선언을 인정하는 것이 가장 첫 번째 순서가 되어야 하지 않겠습니까? 민간 차원에서 이루어지는 방북까지 다 막는 정부를 어떻게 믿을 수가 있겠습니까? 통일을 위해 일하는 민간 기구들의 정부 보조를 다 끊고 통일의 입만 열면 국가보안법을 들이대고 군 기무사까지 나서서 민노당, 당원, 민간인 사찰하는 정부를 누가 믿겠습니까? 남쪽에 살고 있는 저도 못 믿는데, 북쪽이 믿으라고요? 진정성 없는 얘기는 차라리 하지 않는 것이 더 좋습니다. 마음에도 없는 얘기 하면 상대방은 더 화가 납니다.

그리고 남쪽 사회의 분열과 갈등을 극복하고 국민통합을 실현하기 위해 대통령 직속 기구 구성을 준비 중이라고 하는데, 진정 뜻이 그러하다면 기구 구성에 앞서 먼저 해야 할 일은 경찰의 폭력으로 5명이 숨진 용산 참사 현장에 가서 220일이 넘도록 장례식도 치르지 못해 한이 가득한 유족들을 위로하는 일입니다. 무슨 일이든 떡 잎을 보면 열매를 볼 수 있습니다. 어찌 가시나무에서 무화과 열매가 열릴 수 있겠습니까?

남북평화통일 주일에 건설적인 얘기를 해야 할 터인데, 남북평화통일의 길이 점점 멀어지고 있어 한탄만 나옵니다.

그리스도에게서 떨어져 나갈지라도

물론 우리가 그리스도인으로서 이런 한탄만 할 때는 아닙니다. 개인의 이익을 넘어선 민족 사랑에 대한 의지를 더 키워나가야 할 때입니다. 제1성서에서 가장 위대한 인물은 모세입니다. 종교적으로는 장막에서 야훼 하느님과 더불어 대화를 한 사람이고, 정치적으로는 애굽 파라오에 대항하여 히브리인들을 해방시키고 광야 40년을 이끌어 이스라엘 나라의 기초를 세운 이스라엘의 아버지입니다. 그런데 자신의 백성들이 저지른 죄로 말미암아 하느님으로부터 심판받을 위기에 처했습니다. 단지 용서해 달라고 하는 말 따위로는 통하지 않을 송아지 우상을 만들었습니다. 하느님으로서는 도저히 용서할 수 없는 최악의 죄입니다. 이는 도저히 그냥 지나갈 수 없는 죄입니다. 그때 모세가 말합니다. "저들의 죄를 용서해주십시오. 만일 용서해주지 않으시려거든 하늘 생명책 명단에서 제 이름을 지워 주십시오." 자기 목숨을 바쳐 다른 이들을 용서해 달라고 탄원하는 아들의 청을 거절할 아버지는 없습니다.

제2성서의 주요 인물인 사도 바울은 이방인 선교를 위해 얼마나 많은 수고를 한 사람입니까? 그는 그리스도를 위해서 전 생애를 바친 사람입니다. "사나 죽으나 그리스도" 이것이 그의 삶의 구호였습니다. 그는 소아시아 전역을 돌아다니며 여러 번 죽을 고비를 넘기며 오직 예수 그리스도를 위해 전 생애를 다 바쳤습니다. 그런데 그가 이렇게 이방인 전도 생활을 하는 동안 동족 유대인들로부터는 끊임없이 살해의 위협을 받았고 끝내는 동족의 고발로 로마 감옥에 갇혔습니다. 그는 동족 유대인을 미워할 수밖에 없습니다. 그런데 그가 자신의 동족 구원을 생각하며 하느님께 이런 기도를 드립니다. "나는 혈육을 같이하는 동족을 위해서라면 나 자신이 저주를 받아 그리스도에게서 떨어져 나갈지라도 조금도 한이 없겠습니다."

요즘 젊은이들은 민족이라는 거대 담론을 얘기하기 싫어합니다. 물론 개인주의화 그리고 세계화되어가는 오늘의 세계 속에서는 민족이 설 자리가 점점 좁아지고 있는 것은 사실입니다. 그리고 민족이란 단어를 잘못 사용하면 이는 개인의 희생만을 강요하고 다른 소수 민족은 배제하는 배타적인 용어가 될 수 있습니다. 사실 서양에서는 민족 혹은 민족주의라는 단어는 매우 경계하는 용어입니다. 저도 공부할 때에 'nationalism'이라는 단어를 무심코 쓰면 교수로부터 지적을 받았습니다. 백인들에게 민족주의라는 말은 민족팽창 제국주의를 뜻하는 호전적 용어입니다. 히틀러나 무솔리니나 히로이또는 모두 민족주의에 호소하여 세계 정복 전쟁을 일으켰습니다. 민족이란 단어는 조심스럽게 사용되어야 합니다. 남한만 해도 이제는 결혼하는 열 쌍 중 한 쌍은 한국인끼리가 아닌 다른 민족과의 결합입니다. 우리는 통일의 당위성을 얘기할 때라도 민족의 회복 그 이상의 의미를 얘기해야 합니다. 민족에 대해 새로운 해석을 해야 하고 좀 더 포괄적인 이해가 필요합니다. 민족이 개인에 앞선다는 무조건적인 전제 또한 수정이 필요합니다. 그래서 저

는 민족이라는 한자어 대신에 순우리말인 겨레라는 단어 사용을
제안합니다. 겨레는 핏줄을 넘어선 공동운명체를 뜻합니다.

남과 북의 통일은 단순히 단군 자손으로서의 민족 회복이 아닌
세계 평화와 인류 공존을 향한 첫걸음으로서의 통일이 얘기되어야
합니다. 이로 인해 개인에게는 더 많은 복지와 혜택이 오는 것임을
강조하는 일이 중요합니다. 실제가 그러합니다. 지금 휴전선은 언
제든지 전쟁이 터질 수 있는 소지가 있고, 이 전쟁은 세계 전쟁으로
확대될 수 있는 소지가 충분한 지역입니다. 세계의 강국들이 서로
경계를 맞대고 있는 지역입니다. 한강토에서 평화가 실현되느냐 실
현되지 않느냐에 세계의 평화공존이 달린 것입니다. 따라서 세계
평화를 위해 남북통일은 더욱 절실합니다. 더욱이 남북이 지출하는
군사비를 합치면 엄청난 금액입니다. 만약 통일된다면 현재 남북의
180만 군대는 2, 30만으로 줄일 수 있습니다. 그렇게 된다면 군복
무 의무제도는 사라질 것입니다. 가장 창의력이 높은 20대 초에 군
대의 획일주의에 매몰되는 것은 개인적인 손해일 뿐만 아니라 국가
적으로도 엄청난 손실입니다. 북도 백성이 굶는 것은 미국에 대항
하기 위한 군사비 과대 지출 때문입니다. 따라서 남북평화통일의
문제는 정치적 문제를 넘어 인간 생명 존엄의 문제입니다.

지난 두 정권 아래 8년 동안 북쪽에 준 원조 금액은 매년 평균
3천억 원입니다. 5천만 국민 일 인당 6천 원씩 도와준 셈입니다. 이
는 곧 일 년에 짜장면 한 그릇 사준 것입니다. 이를 어떤 정신 나간
사람들은 퍼주기라고 하는데, 이는 퍼주기가 아닌 생색내기입니다.
반면 3만 명가량의 한강토에 주둔하는 미군을 위해 남한 정부가 지

불하는 비용은 부담금, 미군시설비 지원, 기지 이전비용, 전쟁연습비, 연합사 운영비, 무건리 확장 여기에 환경오염과 미국산 무기 구입 등 이것저것 다 합치면 매년 약 5, 6조 원이 됩니다. 이는 북쪽에 주던 비용에 약 20배가 됩니다. 어느 쪽이 퍼주기인가요? 그리고 더 중요한 것은 비용의 많고 적음이 아닙니다. 북쪽에 건네주는 돈은 주로 쌀과 비료 등으로 사람을 살리기 위해 드는 비용이고, 미군에게 주는 비용은 모두 사람을 죽이기 위해 드는 비용입니다.

그런데 이걸 옳은 일이라고 자랑스럽게 얘기하는 사람들이 많습니다. 이를 하느님의 뜻이라고 주장하는 엉터리 같은 기독인들도 있습니다. 옛날에 여기 사람들은 특히 평화를 사랑하여 하얀 옷을 입고 다니기에 백의민족이라고 불리었다는데, 요즘은 완전히 호전적인 민족, 싸움닭이 되었습니다.

이제는 우리 모두 정신 좀 차렸으면 좋겠습니다. 정말 정신 차리는 광복절, 참 빛을 되찾는 날이 되었으면 좋겠습니다. 오늘 이 시간이 예수를 만나 나면서부터 소경되었던 사람이 눈을 떠 참 세상을 보았듯이 우리의 닫혔던 눈들이 떠지는 기적의 시간이 되기를 바랍니다. 예수께서 죽었다고 실망하고 고향에 돌아가던 엠마오의 제자들이 성찬의 떡을 나눌 때 눈이 떠져 부활의 예수를 알아보았듯이 오늘 성찬식을 통해 북과 남의 형제들이 서로 미워해야 할 원수가 아닌 사랑을 베풀어야 할 자매 형제임을 고백하는 깨달음의 시간이 되었으면 좋겠습니다.

간첩의 기부*

에스겔 37:19-22

그들을 나의 땅 이스라엘 산악 지대에서 한 민족으로 묶고 한 임금을 세워 다스리게 하리니, 다시는 두 민족으로 갈리지 않을 것이다. 다시는 반으로 갈라져 두 나라가 되지 않을 것이다(겔 37:22).

간첩의 기부

두 달 전 한겨레신문 사회면에는 〈간첩의 기부〉라는 제목의 기사가 실렸습니다. 간첩 누명을 쓰고 실형을 살았던 김장현 씨가 재심을 요청하고 무죄판결을 받아 국가보상금을 받았는데, 이 중 십분의 일을 대안학교에 기부한 이야기입니다.

기사의 전문은 이렇습니다.

―――――――――――――

* 2012년 8월 12일 향린교회

11일 경기도 성남시 분당의 대안학교인 이우학교 교장실. 의자에 앉아 있던 77세의 김장현씨가 기부금을 전달하려고 몸을 일으켰다. 한발 한 발 내딛는데 몸은 겨우 10㎝ 남짓 이동할 뿐이다. 그는 7년 전 발병한 뇌경색 후유증으로 다리를 절고 있다. 주변에서는 고개를 숙여 눈물을 훔쳤다. 김씨는 1973년 '유럽 거점 지식인 간첩단 사건'에 휘말려 억울한 실형을 살았으나 40년 만인 지난 1월 끝내 대법원으로부터 무죄판결을 이끌어 내었다. 그는 국가로부터 받은 2억 5000만 원의 형사 보상금 중 2500만 원을 이날 이우학교에 기부했다.

김씨의 삶은 73년 이후 처참하게 망가졌다. 서울대를 졸업한 뒤 당시 경제기획원에 근무하던 그는 63년 국제연합식량농업기구 주관 세미나에 참가하기 위해 네덜란드를 방문했다가 지인의 권유로 잠시 동독의 수도 동베를린에 들렀다. 순수한 사회학적 호기심이었다. 그러나 정부는 10년 뒤 느닷없이 김씨를 간첩으로 몰았다. 간첩이 아니라는 그의 호소는 남산의 지하실에서 외마디 비명으로 고꾸라질 뿐이었다. 그는 75년 3월 대법원에서 징역 4년형을 받았다. '유럽 거점 지식인 간첩단 사건'은 당시 김대중 납치사건 후유증과 유신반대 시위를 잠재우려는 중앙정보부의 공작이었다는 게 정설이다. 애국심 강한 엘리트 경제 관료는 그렇게 평생 간첩 누명을 쓰고 살았다. 출소한 뒤 어디에도 취직할 수 없었다. 그의 47세 둘째 아들은 어렸을 때부터 정신질환을 앓더니 10년 전부터 정신병원에 입원 중이다. 40년 전 "왜 경찰이 우리 집에 자꾸 와?" 묻던 어린 아들은 또래들로부터 간첩의 자식이라는 놀림을 받았다.

대법원은 지난 1월 "불법 연행·체포된 뒤 중앙정보부 지하조사실에서 일명 통닭구이 고문과 물고문, 몽둥이 구타 등을 받았고 이를 못 이겨 허위

자백한 사실이 인정된다"라며 "임의성 없는 진술을 비롯해 공소사실 모두 증명이 없다"고 판단해 김씨에게 무죄를 선고했다. 국가는 뒤늦게 피해보상금을 지급했다. 김씨의 부인 김연주씨는 "내내 빚으로 사느라 파산 직전인 상황이었다. 보상금이 없었다면 어떻게 살아야 할지 막막했다"라고 말했다. 사실 이 돈은 김씨의 일생과 바꾼 것이었다. 남산 지하실에서의 맷값, 서대문 감옥 찬 바람 속에 몇 해 동안 몸을 뉘었던 값, 40년 간첩 누명으로 가슴에 피멍이 든 값이었다. 그럼에도 김씨는 이 돈의 일부를 사회에 환원하기로 결심했다. 그의 무죄판결을 도우려고 애쓰던 이들이 이우학교를 위해 일한다는 소식을 듣고 이 학교에 기부하기로 한 것이다.

이날 기금을 전달받은 이우학원 이사장은 "안타까운 역사가 반복되지 않도록 학생들을 잘 키워달라는 의미로 김 선생께서 학교에 손을 내밀어주었다"라고 말했다. 학생 대표는 "간첩 누명을 받고 평생 힘들게 사셨을 텐데 보상금을 기부해주어 고맙고, 열심히 공부해 건강한 사회를 만들겠다"라고 말했다. 이 모습을 김씨는 굳은 표정으로 바라보았다. 세월은 그에게 웃음을 허락하지 않았다.

그런데 이런 무죄판결이 나오도록 뒤에서 수고한 4분이 있었는데, 공교롭게도 모두 이우학교의 학부형이고 그중 한 분이 김창희 장로님이십니다. 장로님께서는 15년 전 독일 특파원으로 있던 중 윤이상, 이응로 화백 등이 연루된 동백림 간첩조작사건 30주년에 특별 기사를 준비하던 중, 김장현 씨가 간첩으로 조작되는 2차 동백림사건에 연루되었음을 알고 그분에 관한 기사를 쓰게 되고 이것이 재심 요청의 시작이 되고 무죄까지 이어졌던 것입니다. 김장현 씨가 연루된 2차 동백림 간첩 조작사건은 서울대 최종길 교수가 정보부에서 조사 도중 의문사를 당하여 사회적으로 큰 물의를 빚었던 사건입니다.

국가보안법의 피해자

남북분단으로 인한 피해자가 어찌 이 몇 분뿐이겠습니까? 남쪽의 군사독재 정부가 자신들의 권력을 유지하려는 방편으로 조작으로 만들어낸 인혁당사건을 비롯한 수많은 간첩, 한 사람 한 사람의 얘기를 들어보면 정말 눈물 없이는 들을 수 없는 사연 깊은 이야기들입니다. 몇 달 전에도 소위 말하는 왕재산 간첩단 사건이라는 엄청난 뉴스를 만들어 내더니 지금은 그 실체조차도 매우 희미합니다. 아마 지금도 공안담당자들은 자신들의 자리를 지켜내기 위해서라도 대선을 앞두고 또 하나의 간첩 시나리오를 준비하고 있을 것입니다.

지난 화요일과 수요일 예수살기 목사님들은 전국에 흩어진 장기수 30명을 모시고 거창의 갈릴리 교회에서 통일 수련회를 했습니다. 보통 20년, 최장 42년을 0.75평 감옥에서 사셨던 분들입니다. 이제는 모두 80세가 넘어 거동도 불편하신 분들입니다. 전향을 거부하고 42년을 감옥 속 그 독방에서 견디게 한 힘이 무엇이냐고 물었더니, 자신을 지키기 위한 양심이라고 짧게 답합니다. 이 자리는 평소에 만날 수 없었던 분들이 밀렸던 이야기들을 나누는 기쁨의 시간이었고, 오늘의 이 비극적 분단상황을 살아가는 예수살기 목사와 신도들에게는 이분들의 아픔을 딛고 어떻게 하면 평화통일을 이룰 수 있을 것인가를 고민하는 자리였습니다.

거창 민간인 학살 사건의 현장을 돌아보았습니다. 저로서는 처음 가보는 현장이었습니다. 한국전쟁이 한창이던 1951년 2월 초 설 다음 날 국군이 700여 명의 신원면 마을 사람 전원을 집단 학살하였던 민족 비극의 현장입니다. 하얀 옷을 입고 두려움에 떨던 이 선량한 농민들을 기관총으로 난사하여 죽이고 그 시쳇더미 위에 휘발유를 뿌려 형체를 알 수 없도록 만들었던 것입니다. 지금도 뼈를 구분할 수가 없어 남자와 여자 그리고 아이들로만 그 뼈를 구분하고 집단 묘지를 만들어 놓았습니다. 당시 살해당한 주민들은 절반이 15세 미만의 어린이들이요 나머지 절반 또한 노인들 아낙네들이 대부분이었습니다. 도대체 자신의 생명이 위협받지도 않는 상황 속에서 왜 죄 없는 양민들을 학살하였을까요? 단지 적에게 도움을 줄 가능성이 있다는 것이 학살의 이유였고 빨치산과의 전투에서 패한 앙갚음이었습니다.

자신들의 딸과 아들 그리고 아버지나 어머니와 같은 국민을 향해 무차별하게 총을 쏘아댈 수 있는 것, 그건 그들이 이미 폭력과 이념의 포로가 되었기 때문입니다. 이 현장을 돌아보면서 저는 국가가 정말 국민을 위해 존재하는지? 아니면 국가는 국민을 인질로 잡아 폭력을 정당화하는 악마의 소굴인지를 진지하게 묻지 않을 수 없었습니다.

정말, 38선은 누구를 위해 존재하는 것인가요? 도대체 무엇을 지키기 위한 것인가요? 백성의 생명인가요? 아니면 정권이라는 권력 집단인가요? 이제 내년이면 휴전 60년을 맞이합니다. 휴전은 축구로 말하면 전-후반 중간의 휴식 기간을 말함이요, 공연의 중간 휴식 인터미션을 말합니다. 그러니까 휴전은 전쟁이 끝난 것이 아닌 휴식 기간입니다. 축구는 언제 휴식 기간이 끝나는지, 공연은 언제 후반부가 시작하는지 종을 쳐서 알려주지만, 전쟁의 휴전은 다시 시작한다는 알림이 없습니다. 어느 쪽이고 불시에 시작하면 그것이 휴전의 끝을 알리는 또 다른 전쟁의 시작이 됩니다. 지금 우리는 평화의 시대를 살아가고 있는 것이 아니라 목숨을 담보 한 광기와 공포의 시대를 살아가고 있습니다. 공포가 너무 오래 지속하다 보니 감각이 무디어져 있는 것뿐입니다.

이제 2013년 새로운 대통령이 해야 할 첫 번째 일은 종전선언을 만들어 내고 휴전협정을 평화협정으로 바꾸는 일입니다. 물론 미국은 한강토 내에서의 미군 주둔을 정당화하고 무기를 계속 팔아먹기 위해 이러한 남북화해의 수순을 별수단 방법을 동원하여 방해하겠지만, 이에 휘둘리지 않고 평화협정을 통해 무기감축을 해내고 남과 북의 백성들이 모두 보다 평화롭고 높은 복지를 누릴 수 있도록 최상의 노력을 다해야 할 것입니다. 바로 이것이 국가가 존립하는 근거이고 정부가 해야 할입니다. 그런데 지금까지 대부분 정권은 자신들의 권력유지와 개인의 비리 욕구 충족만을 위해 국가와 정부를 이용해온 것입니다.

외세 극복의 과제

남북분단의 일차적 책임은 우리 자신에게 있지만, 이 분단이 시작하게 된 동기는 바로 일본 제국주의의 조선반도 침략과 지배 그리고 나아가서 동아시아 대륙 전체를 힘으로 정복하기 위한 전쟁을 일으킨 일에 있고 이를 필리핀과 맞바꾸기로 협상한 미국에 있습니다. 일본은 해양국가로서 언제나 대륙으로 뻗어 나가고자 하는 생태적인 욕망을 가진 나라입니다. 독도 영유권을 주장하는 것은 그 조그마한 돌섬에 목적이 있는 것이 아니라, 한강토를 넘어 대륙에 그 눈이 가 있기 때문입니다. 그러기에 일본은 동아시아의 평화를 위해 함께 협력해야 할 이웃 나라지만, 동시에 경계의 눈초리를 결코 소홀히 하면 안 되는 위험한 국가입니다. 패전 이후 평화헌법 9조에 따라 군대를 가질 수 없게 되어있지만, 자위를 목적으로 한다는 자위대의 군사력은 이미 침략 수준을 넘어 섰고, 군대를 정당화하기 위해서 헌법 9조를 폐기하려는 부단한 노력을 하여 왔습니다. 매우 짧은 시간 안에 수백 개 이상의 핵폭탄을 만들어 낼 수 있는 기술과 플로토늄을 갖고 있습니다. 그런데 최근 이명박 정부는 국무회의에서 '한일군사정보협정' 안건을 비밀리에 처리했다가 국민의 반대에 부딪히자 일단 서명을 미룬 상태에 있습니다. 언제 다시 서명을 할지 모릅니다. 아마도 최근 이명박 대통령이 독도를 방문하는 깜짝쇼를 한 것은 일단 국민을 안심시키고 서명을 진행하기 위한 꼼수일지 모릅니다. 한 여론조사 결과에 의하면 한일군사협정 체결에 찬성하는 국민은 15.8%에 불과했습니다.

중국도 동북아공정 작업을 통해 역사 이념적으로 한강토를 자신들의 속국으로 만들려고 하는 야망을 갖고 있고, 태평양에 진출하기 위한 교두보를 만들어내기 위해 북조선과의 협력을 계속 강화하고 있습니다. 러시아 또한 마찬가지입니다. 우리나라는 이렇게 해양 세력과 대륙 세력이 서로 상충하는 지점에 있어 지금까지 수 없는 침략을 당해왔고, 우리 안에 내분이 일어나 힘이 약화한다면 또다시 외세에 지배를 받을 수도 있습니다. 그러기에 우리보다 훨씬 힘이 강한 외세의 지배에서 벗어나기 위해서는 기필코 남북이 협력하고 하나가 되어야 합니다.

부조리의 현실

그렇지 않기에 돈 좀 있는 국민은 여차하면 모두 해외로 도망갈 준비를 하고 있습니다. 얼마 전, 어느 외국인이 계좌 이름을 추적하여 스위스 은행에 예금된 한국 사람의 돈이 880조가 넘고 이는 세계 3위에 해당하는 금액이라고 발표했습니다. 스위스 은행은 말이 은행이지 돈을 맡기고 이자를 받는 은행이 아니라 오히려 보관료를 지불해야 하는 이상한 은행입니다. 말하자면 검은돈을 보관하는 곳입니다. 여러분 880조 원이면 얼마나 큰 금액인지 아십니까? 남한 2011년 일 년 예산이 305조 원이었습니다. 무려 3년 치 대한민국 예산에 해당하는 돈이 스위스 은행에 잠자고 있습니다. 그 돈이면 말 많은 대학생 반값등록금을 넘어 무료 평생교육, 무료평생 의료, 무주택 국민에게 국민주택 하나씩 안겨줄 수 있을 것입니다. 그러면 왜 이런 이해할 수 없는 일이 생기는가? 그게 다 남북분단 때문입니다.

수십조 원에 해당하는 무기를 수입하게 되면 거기에는 kick-back이라는 엄청난 금액의 뇌물을 주는데, 미국 군수업자는 스위스 은행에 돈을 입금하고 이쪽에는 계좌 비밀번호만 알려주면 되는 것입니다. 이미 언론에도 나온 바 있지만, 엊그제 건설 관계 일을 하는 지인을 통해 들었는데, 4대 강 사업을 진행하는 5대 토건 회사에 현재 이명박 대통령이 졸업한 동지상고 졸업생들이 무려 4백 명이나 포진하고 있다고 하는 것입니다. 언제 그렇게 많은 졸업생이 곳곳에 포진하게 되었는지 불가사의한 일 중의 하나라고 합니다. 지금 4대 강이 생명의 강이 아니라 오히려 녹조의 죽음의 강으로 변해 가고 있는 것은 차치하고서라도, 끼리끼리 짜고 치는 고스톱에 우리 국민은 모두 속아 넘어가고 있을 따름입니다. 건설업계에서 떠도는 얘기로는 10조 원 정도가 kickback형 뇌물로 정치권 호주머니 속으로 들어갔을 것이라고 말합니다.

내부 비리가 조금씩 새고 있는데, 그건 빙산의 일각에 불과합니다. 지금까지 이런 비리 사건에 직접 연루된 사람들이나 간첩 조작에 직접 관여했던 수많은 공안검사나 형사들이 수십 년의 시간이 흘러갔어도 아직도 양심선언 하지 않고 이유는 돈을 먹었기 때문입니다. 중앙정보부가 매년 영수증 없이 쓸 수 있는 비자금이 수천억 원이라고 하는데, 그게 다 이런 곳에 쓰이는 것입니다. 간첩 조작한 부하 직원에게 입막음 조로 한 십억 정도 주면 그 사람은 그게 고마워 또 윗사람 챙겨주고 서로서로 나눠 먹는, 누이 좋고 매부 좋은 비리 구조입니다. 그 과정에서 선량한 가정들은 파탄과 죽음으로 내몰리고 자녀들은 평생 간첩의 자식이라는 딱지로 인해 사회 부적응자가 될 수밖에 없는 것입니다.

지금은 돌아가셨습니다만, 이종사촌 형님이 한 분 계셨는데, 어렸을 때 한쪽 눈을 다쳐 사회생활에 어려움을 겪었습니다. 하지만, 아주 똑똑하고 문학에도 소질이 많아 매해 신춘문예에 응모하고 방송작가의 꿈을 갖고 계셨던 분이셨습니다. 70년대 초 무렵 이 형님이 국가보안법에 걸려 재판을 받게 되었습니다. 그 이유인즉, 이분이 혼자 하숙을 하고 있을 때, 어느 날 갑자기 형사들이 몰려와 가택수색을 했는데 불온서적 한 권이 나왔다는 것입니다. 그런데, 그 책은 형님이 아는 바가 없는 책이었습니다. 간첩을 조작해내기 위해 형님이 밖에 나간 사이에 몰래 방안에다 책을 숨겨놓았던 것입니다. 수년간의 지루한 법정 싸움 끝에 무죄를 선고받았습니다만, 그 때 받은 정신적, 물질적 피해로 이른 나이에 돌아가셨고 피해는 사촌인 저의 집에까지 미쳤습니다.

여러분이 회사에서 월급을 받으면 무슨 일을 해야 떳떳할 것 아닙니까? 하는 일도 없이 빈둥빈둥 놀면 동료들 보기에 얼마나 민망하겠습니까? 공안경찰, 공안형사, 공안검사들도 뭔가 만들어 내야 할 것 아닙니까? 굳이 윗선에서 만들어 내라고 하지 않아도 스스로 만들어 낼 수밖에 없습니다. 그러면 그런 조작사건들을 모아두었다가 정치적으로 필요한 시기에 하나씩 터뜨리면 되지요. 그게 바로 제가 어렸을 때부터 지금까지 보아온 남한의 정치 역사입니다. 분단이 지속하는 한 이런 공안 부서를 없앨 수는 없으니 이런 부조리는 계속될 수밖에 없는 것입니다.

지금 우리 안에도 이런 일을 겪으신 분들이 있습니다. 하지만 사실, 얼마나 큰 아픔을 겪었는지 외부 사람들은 잘 모릅니다. 김낙중 선생님이나 홍근수 목사님, 강정구 교수, 여러 교우님들과 그 가정이 감당해야 했던 아픔은 우리가 생각하는 것보다 수십 배 수백 배 큽니다. 노재열 장로님이 최근 성대 수술을 하셨는데, 몇 년 전 강정구 교수께서 재판을 받게 될 당시, 매일 새벽 이 제단에 와서 기도로 소리치며 하느님께 매어 달리다가 얻은 병입니다. 만약 여러분이 이런 경우를 당했다고 생각해 보세요. 얼마나 분이 터지고 미칠 노릇이겠습니까? 분단병, 이건 개인이 당하는 개인적인 병이 아니라 우리 민족 7천만이 당하는 민족 화병입니다. 한강토 안에 사는 사람만 이 병을 앓는 것이 아닙니다. 해외에 사는 일천만의 동포들도 마찬가지입니다. 너 어느 나라 사람이냐? 코리안이다. 그러면 프롬 노드? 프롬 사우드? 여러분, 이 질문이 얼마나 모욕적인지 아십니까?

일본에 사는 조센징이라고 불리는 일부 교포들은 아직도 국적 없이 지내고 있습니다. 처음 일본에 징용으로 끌려왔을 때는 그 나라가 하나였는데, 어느 날 눈을 떠보니 두 개의 나라로 갈라졌거든요. 그런데 이런 특별한 경우는 둘 다 국적을 주면 좋은데, 서로 피 터지게 싸우고 원수가 되었으니 이런 것은 안 됩니다. 본인들은 둘 다 조국이라고 생각하는데, 현실은 어느 한쪽을 선택하면 다른 한쪽을 버려야 하는 모순에 처한 것입니다. 그래서 지금도 여권을 내지 못해 외국 구경 못 해본 교포도 많은데, 이제는 이분들도 나이가 많이 들어가면서 할 수 없이 원수 같은 일본인으로 귀화할 수밖에 없다고 하니다. 남북 어디에도 속할 수 없어 유랑민으로 살아가는 해외의 동포들도 많이 있습니다. 어서 속히 이런 부조리의 분단 역사를 끝맺고 통일 조국 새로운 세상을 만들어야 합니다.

마른 뼈 골짜기의 환상

삼천 년 전 솔로몬 왕 이후 이스라엘왕국이 통치이념의 차이로 권력 다툼이 벌어져서 나라가 둘로 나뉘었습니다. 북쪽 남쪽 나누어져 티격태격 영토분쟁 하며 200년을 지내다가 이스라엘왕국이 아시리아 제국에 의해 먼저 망했습니다. 유다왕국은 기적적으로 살아남았다가 150여 년 후에 결국 바빌론 제국에 의해 멸망했습니다. 그리하여 남쪽 나라의 왕족과 귀족 수천 명이 바빌론에 포로로 끌려온 지 60년이 넘었습니다. 이제는 돌아갈 희망도, 야훼 하느님을 믿는 신앙도 약해질 대로 약해져 겨우 명맥만 유지하고 있었습니다. 마치 시체와 같은 모습이었습니다. 그러던 어느 날 에스겔이라는 사제에게 하느님의 영이 임합니다. "나를 따라와라." 비몽사몽간에 어느 골짜기로 끌려갔더니 거기에 말라비틀어진 뼈들이 수없이 널려 있는 것이었습니다. 패전국의 모습이요, 절망의 끝의 자리입니다. 그런데 갑자기 하늘에서 야훼의 말씀이 임하고 바람과 같은 기운이 불어오더니 그 뼈들에 살이 붙고 힘이 붙고 뼈가 서로 붙고 가죽이 붙더니 결국 커다란 살아 움직이는 무리를 이루는 것이었습니다.

이게 무슨 의미인가 하며 어리둥절해 있는 에스겔에게 이렇게 말쓸하십니다. "나 이제 무덤을 열고 내 백성이었던 너희를 그 무덤에서 끌어 올려 고국 땅으로 데리고 가리라." 그런데 그 고국이란 남북으로 갈라진 분단 왕국이 아닌 하나의 통일왕국을 말씀하시는 것이었습니다.

그러면서 이를 더 명확히 하려고 이렇게 명령하십니다. "너 사람아, 나무 막대기 하나를 취하여 요셉과 그 짝 이스라엘이라 쓰고 다른 한 막대기에는 유다와 그 짝 이스라엘이라 쓰고 이 둘을 하나가 되게 잡고 있으리라. 다시는 두 민족으로 갈리지 않을 것이다. 다시는 반으로 갈라져 두 나라가 되지 않을 것이다."

내년이면 한국전쟁 휴전협정 60주년이 됩니다. 에스겔에게 보여주셨던 그 환상과 그 말씀의 능력이 오늘 우리 가운데 임하기를 기도합니다. 여기 〈조선민주주의인민공화국〉이라고 새겨진 막대기 하나와 〈대한민국〉이라 쓰인 다른 막대기가 있습니다. 이제 야훼 하느님의 명령에 따라 이 둘을 하나로 묶어 십자가를 만들겠습니다. 우리가 고백하는 창조의 주, 역사의 주이신 야훼 하느님께서 오늘 우리에게 약속하십니다. 다시는 두 민족으로 갈리지 않을 것이다. 다시는 반으로 갈라져 두 나라가 되지 않을 것이다.

국가보안법과 예수*

창세기 4:1-8; 누가복음 10:25-37

> 가인에게 말씀하셨다. "너는 왜 그렇게 화가 났느냐? 왜 고개를 떨어뜨리고 있느냐? 네가 잘했다면 왜 얼굴을 쳐들지 못하느냐? 그러나 네가 만일 마음을 잘못 먹었다면, 죄가 네 문 앞에 도사리고 앉아 너를 노릴 것이다. 그러므로 너는 그 죄에 굴레를 씌워야 한다"(창 4:6-7).
>
> 자, 그러면 이 세 사람 중에서 강도를 만난 사람의 이웃이 되어준 사람은 누구였다고 생각하느냐? 율법교사가 "그 사람에게 사랑을 베푼 사람입니다" 하고 대답하자 예수께서는 "너도 가서 그렇게 하여라" 하고 말씀하셨다(눅 10: 36-37).

예수님의 말씀 가운데 가장 지키기 힘든 말씀이 무엇이겠습니까? 그것은 원수를 사랑하라는 말씀이고 우리를 박해하는 사람을

---

* 2008년 6월 22일, 남북화해주일

위해 기도하라는 말씀일 것입니다.

원수 사랑

만일 우리가 원수를 사랑하라는 예수의 가르침을 액면 그대로 실행한다면 세상은 우리를 없애려고 할 것입니다. 왜냐하면, 이 세상은 우리의 원수들을 증오하고 그들을 박멸하려고 하는 기본 체제를 갖고 있기 때문입니다. 우리가 원수를 사랑하게 되면 세상은 우리를 체제의 전복자, 곧 범법자로 고발하고 우리에게 위협을 가할 것입니다. 그래서 예수께서는 원수를 사랑하라는 말씀에 바로 이어 박해하는 자를 위해 기도하라고 말씀하신 것입니다.

원수를 사랑하고 우리를 박해하는 사람을 위해 기도하는 일은 결코 우리의 의지만으로 이루어지지 않습니다. 하느님에 대한 믿음 없이는 불가능한 일입니다. 그래서 복음서 기자들은 원수 사랑에 대해 말할 때, 당시 사랑을 뜻하는 일반적인 그리스어 즉 가족 간의 사랑을 가리키는 '스토르게'(storge)나 정열적인 사랑을 뜻하는 '에로스'(eros)나, 친구들과 이웃들 사이의 애정을 가리키는 '필리아'(philia)를 사용하지 않고 의도적으로 '아가페'(agape)를 사용했는데, 이 용어는 모든 사람을 향한 무조건적이며 보복하지 않는 희생적 사랑을 뜻하는 말입니다. (《예수의 평화 영성》 존 디어)

이 '아가페'의 사랑은 우연한 사랑을 뜻하는 것이 아니라, 하느님의 공의와 사랑이 결국 이 세상을 지배할 것이라는 믿음에 기초한 우리의 굳은 결단을 뜻하는 용어입니다. '아가페'의 사랑은 우리가 좋아하지 않는 사람들과 우리를 좋아하지 않는 사람들을 사랑하겠다는 사랑이고 이 사랑은 아래로부터가 아닌 위로부터 오는 것입니다. 자기 십자가를 지고 예수를 따르겠다는 우리의 신앙고백은 바로 이러한 아가페의 원수 사랑을 회복하겠다는 다짐이기도 합니다.

창세기의 처음 부분은 오늘날의 사람들에게 인간의 근본적인 죄가 무엇인지에 대해 말하고 있습니다. 우선 하느님이 이 세상을 하느님 보시기에 아름다운 모습으로 창조하셨다는 신앙고백으로 시작합니다. 그리고 인간은 이 하느님을 대신해서 이 세상을 다스리는 책무를 받았다고 말합니다. 이를 인간은 하느님의 모습을 닮은 존재라는 말로 표현합니다. 그리고 그 첫 인간을 아담과 하와라 하였습니다. 이들은 본래 에덴이란 동산에서 하느님과 함께 어울려 살았는데, 먹지 말라는 선악 나무의 열매를 먹음으로써 그곳에서 쫓겨나게 되었고, 그때부터 인간의 세계 안에 고통과 죄가 들어오게 되었다고 말합니다.

형제 살해 이야기의 어제와 오늘

오늘의 본문인 제1성서 창세기 4장은 아담과 하와에게 가인과 아벨이라는 두 아들이 있었는데, 형이 단순한 시기심으로 동생을 살해하고 마는 매우 끔찍한 얘기를 전합니다. 물론 이 이야기 속에 여러 가지 신학적인 해석을 필요로 하는 구절들이 있습니다만, 중요한 것은 성서가 에덴동산 밖에서 일어난 가장 첫 번째 사건으로 형제살육 얘기를 전한다는 사실입니다. 그것은 인간 역사라고 하는 것이 바로 살육과 전쟁의 역사로 점철되고 있는데, 실상 서로 죽이는 그들이 형제라는 사실을 함축하여 말하고 있습니다.

오늘날 세계의 정세를 한 번에 뒤집을 수 있는 화약고는 중동과 한강토입니다. 중동의 팔레스타인과 이스라엘 간의 충돌은 단순히 두 민족 간의 대립이 아닙니다. 그 배후에는 서구 기독교 세력과 중동의 이슬람 세력이 있어서 세계대전으로 확대될 수 있습니다. 우리가 살고 있는 한강토 또한 38선을 대칭하여 남과 북 그리고 그 배후에는 각각 대륙 세력인 중국과 러시아, 해양 세력인 미국과 일본이 자리 잡고 있어 이곳 또한 언제나 세계대전으로 확대될 위험성이 높습니다. 그런데 두 지역의 공통점은 이렇게 원수시하며 살아온 사람들이 본래는 한 형제라는 사실입니다. 팔레스타인과 이스라엘은 아브라함의 배다른 형제 이스마엘과 이삭의 후예들입니다.

이에 반해 남과 북은 단군의 한 후예들입니다. 팔레스타인과 이스라엘은 문화나 언어의 배경은 비슷하지만, 종교가 다르고 말이 다릅니다. 그러나 남과 북은 말도 같고 문화도 같습니다. 그들은 이천 년 만에 다시 만나 다투게 되었지만, 우리는 5천 년을 같이 지내오다가 이제 서로 다툰 지 불과 60년이 채 되지 않았습니다. 그들 사이에도 장벽이 있어 왕래가 자유롭지는 않지만, 그래도 가족끼리 서로 얼굴을 맞대며 살아갈 수는 있습니다. 그러나 남북은 오가는 일은커녕 생사의 소식조차 모르는 것이 태반입니다. 인간의 비극에 이런 비극도 없습니다. 이메일 하나면 집 안방에서 아프리카 저 끝까지도 단 순간에 소식이 오가건만, 그저 걸어가도 반나절이면 갈 수 있는 지척에 있는 가족들의 생사를 알 수 없다니 이런 비극이 따로 없습니다.

형제 살인. 중동에서는 자유와 독립운동 그리고 테러와 보복이라는 이름으로 얼굴도 비슷한 형제들이 서로를 죽이고 있습니다. 반면 한강토는 과거 58년 전에는 3년간의 전쟁을 통해 수백만의 인명을 살상하였지만, 그 이후로는 총탄에 의한 살해보다는 빨갱이와 불순분자라는 이념에 의한 살해 그리고 굶어 죽어 가는데도 모른 체하는 간접살해가 조용히 진행되고 있습니다. 같은 뱃속에서 나온 형제임에도 남쪽 형제들은 30개월 이상 된 쇠고기는 먹지 않기를 바라고 북쪽 형제들은 고기는커녕 옥수수죽이라도 배부르게 먹어 보았으면 하는 아쉬움을 갖고 살아갑니다.

형제는 무엇보다도 사랑으로 자리매김을 해야 할 관계입니다. 형제를 미워하는 일은 스스로 인간성을 무너뜨리는 어리석은 일입니다. 그런데 그 무엇이 우리를 이런 지경으로 몰아넣었습니까? 형제인 북조선의 국기를 들고 흔들면 감옥에 가지만, 얼굴도 다르고 말도 다르고 나라도 멀어 도대체가 그 나라가 어떤 나라인지 대다수 국민이 가보지도 못한 미국의 국기를 들고 흔들면 환영을 받습니다. 대통령부터 얼굴 색깔도 다르고 말도 달라 겉으로는 도대체 한 형제로 보기가 힘든데, 아주 가까운 사람이 아니면 부르지 않는 별장에 가서 하룻밤을 보내는 형제의 우애를 과시했습니다. 그리고 진짜 혈육인 북쪽과는 얼굴도 보지 않겠답니다. 우리 국민 가운데 4분지 일이 이산가족입니다. 지금도 자신을 낳아준 어머니나 아버지 그리고 함께 한 상에서 밥을 먹고 한 이불을 덮고 자라났던 형제나 자매를 원수라고 부르도록 강요받는 비정상 사회에 살고 있습니다. 이 모든 가정이 각기 사연들을 갖고 있습니다만, 오늘 이 시간에는 저희 교우인 유호명 집사님의 얘기를 나누고 싶습니다. 올해 고희를 맞이하셨지만 지금도 일을 하시면서도 통일 운동의 현장에 누구보다도 앞장서서 몸으로 뛰는 것은 집사님이 어렸을 때 겪은 너무나 비극적인 한 사건 때문입니다. 작년에 한 잡지에 집사님의 인터뷰 내용이 실렸습니다.

자매간에 총부리를 겨눈 이야기

일제강점기 시대에 집사님의 부모는 조선 땅에서는 먹고 살기가 어려워 일본으로 건너갑니다. 원자폭탄이 투여된 나가사키에서 살았는데, 폭탄이 떨어질 때 산에 굴을 파고 숨어 있어 다행히 피해는 없었습니다. 집사님은 나가사키에서 태어나 광복을 맞이해 귀국선을 타고 한국으로 돌아옵니다. 부산에서 평양으로 올라가는 길에 둘째 누이는 일본 교포 남자의 고향인 당진에서 살림을 차렸고 나머지 가족은 아버지가 탄광에서 일하게 되어 평양 사동에 살게 되었습니다. 그리고 6.25가 터졌습니다. 그때 집사님은 13살이었습니다.

집사님의 회고입니다. "언제나처럼 대동강 옆 개천에서 동무들과 미역도 감고 놀고 있는데, 군복에 총을 메고 우리 쪽으로 군인들이 오는 거야. 국군 간호장교 대위인 여군 한 명이 앞서고 남자 호위병 서넛이 카빈총을 들고 뒤따르고 무서웠지. 우리 쪽으로 와서 우리 어머니 집이 어디냐고 물어보는 거야. 자세히 보니 당진에 살던 둘째 누이야. 어이구 이 녀석 많이 컸네, 그러면서 껴안더라고. 반가

웠지. 그리고 집에 함께 들어가는데 동네 사람들이 무슨 일인가 하고 몰려왔지. 그때 셋째 누이가 둘째 누이 들어오는 걸 봤대."

그때 인민군 간호장교 소좌인 셋째 누이는 인민군과 함께 후퇴하지 못하고 집에 숨어 살고 있었다. 셋째 누이는 사귀던 군의관 장교 남자의 영향으로 인민군 간호장교가 되었고 둘째 누이는 어릴 때부터 나이팅게일을 존경해 국군 간호장교가 되었다. 우리 엄마가 빨리 숨으라고 해서 인민군 누이는 치마저고리를 입은 채로 장롱과 벽 사이 좁은 틈에 숨었지. 혹시라도 장롱 속이 보이지 않게 넷째 누이가 가로막고 있었지. 어머니와 아버지는 딸이 오니까 반가우면서도 한편 불안한 거야. 서로 반가워하며 인사하고 있는 와중에 숨어 있던 인민군 누이가 울분을 참지 못하고 뛰쳐나온 거야. 국군 누이를 핏줄보다 적으로 생각했나 봐. 죽여 버리겠다고 외치면서 권총을 들고 국군 누이를 향해 겨눴어. 국군 누이는 멍하니 서 있고 뒤에 서 있던 호위병들이 인민군 누이를 향해 총을 겨누었지."

나는 누나들 다릴 붙잡고 엉엉 울었지. 금방 누구라도 죽을 것 같았으니까. 자식들은 울면서 바짓가랑이 잡고 말리고, 어머니는 왜들 그러냐고 통곡을 하면서 절대 방아쇠 당기지 마라. 니들 중 한 명이라도 죽는 거 원치 않는다. 당장 총을 내려놓아라 말리셨는데, 그게 어머니 마음이고 우리 마음이었어. 동네 사람들 몇몇은 방에 들어와 있고 문밖에서 보는 사람도 있고 방 안 상황이 험악했지. 이게 딱 우리 민족의 아픔이고 현실이야. 얼마나 시간이 흘렀을까? 국군 누이가 호위병에게 총을 내려놓으라고 명령했어. 그럴 수 없다고 머뭇거리자 단호하게 재차 외쳤어. "당장 내려놓지 못하겠어!"

그제야 호위병들이 총을 내려놓았고 인민군 누이도 총을 내려놓았지. 그리고 부모님이 문제를 해결하기 위해 국군 누이에게 말했어. "오늘 이 일은 없었던 거로 하고 작은애를 도망하게 하자. 동네 사람들도 다 못 본 거다." 국군 누이가 고개를 끄덕이자 인민군 누이는 치마저고리 차림 그대로 뒷간으로 난 쪽문을 박차고 순식간에 사라졌고 그것이 가족이 본 누이의 마지막 모습이었지.

난 참 바보처럼 살았군요

그리고 1·4후퇴가 시작했고 국군 누이가 중공군이 몰려오니 내려가자고 했고 그때 같이 갔으면 안전하고 빠르게 피난할 수 있었지만, 부모님들은 인민군 셋째 누이를 두고 갈 수가 없어 계속 버티고 버티다가 할 수 없어 결국 피난길에 올랐고 그것이 또 하나의 이산가족이 된 것입니다. 그리곤 부산으로 피난을 갔는데, 그전까지 부지런했던 아버님은 그때부터 허구한 날 술만 마셨고 어느 날, 셋째 누이를 한 번만 보고 죽었으면 좋겠다는 유언을 남기고 돌아가셨습니다. 그래서 집사님은 아버지의 영향으로 형과 함께 절대 술을 마시지 말자는 약속을 했고 지금까지 지키고 있습니다.

그 후 어머님은 메리야스 보따리 장사를 하시다 길에서 쓰러져 돌아가셨습니다. 어머님도 셋째 누이를 한번 보고 죽으면 원이 없겠다는 말을 자주 하셨습니다. 그런데 집사님께서는 이런 비극적인 가족사를 안고 있지만, 처음부터 통일 운동에 앞장섰던 것은 아닙니다. 집사님은 자신이 변화된 경험을 이렇게 말합니다. "1989년

임수경이 텔레비전에 나오던 때야. 한참 통일 바람이 불던 때였잖아. 그때 일하던 중에 우연히 TV를 보는데 임수경이가 '우리는 하나다'라고 부르짖고 어릴 때 뛰어놀던 대동강, 모란봉, 평양 시가지가나오는데 셋째 누이 생각이 나면서 충격을 받았지. 그래서 연세대학교 집회에 한번 가본 거야. 거기서 문익환 목사님이 앞에 나와서열사들 이름을 하나씩 부를 때, 그 자리에서 회개했어. 난 그전까지데모하는 학생을 보면 폭도들이라고 했거든. 그날 정말 통곡을 했지. 김도향의 노래 있잖아. 〈난 참 바보처럼 살았군요〉 내가 딱 그런놈이었어.

예수님 당시의 국가보안법

이 글을 몇 번 읽었습니다. 그때마다 목이 멨습니다. 원~ 세상에부모님과 누이와 동생들과 이웃들 앞에서 서로 적이라고 총을 겨누다니 말입니다. 이런 나라가 이 세상에 또 어디에 있을까요? 이건인간의 세상이 아닙니다. 동물들도 그렇게는 살지 않습니다. 이는인간 이하, 동물 이하의 버러지(벌레) 같은 인생입니다. 그런데 오늘 우리가 이렇게 살아가고 있습니다. 그러면서도 잘 먹고 잘 입어보겠다고 발버둥을 치고 있습니다. 버러지가 잘 살면 얼마나 잘 살겠습니까? 자기 옳다고 주장하지만, 이념이라는 것은 이렇게도 무섭습니다. 자기성찰을 잊어버리는 순간, 역사 인식을 멈추는 순간인간은 이렇게 버러지와 같은 모습으로 전락합니다.

예수님 당시에도 남과 북은 서로 그렇게 원수처럼 여겼습니다.

물론 예수님 당시에는 로마의 지배 아래에 있어 서로 다른 나라는 아니었지만, 솔로몬 왕 이후 수백 년 동안 남쪽은 유대왕국 북쪽은 이스라엘왕국으로 갈라져서 수없이 싸웠습니다. 그러다가 북왕국이 먼저 아시리아에 의해 멸망 당하고 얼마 있지 않아 남왕국도 바빌론에 의해 멸망 당했습니다. 이제 나라도 없어졌으니 서로 형제간에 화목하면 좋으련만, 북쪽 왕국을 점령했던 아시리아의 혼혈정책으로 인해 남쪽 사람들이 북쪽 형제를 죄인으로 정죄하고는 예루살렘 성전에 접근하지 못하게 하였습니다. 그래 북쪽 사람들도 할 수 없이 그리심 산에 사마리아 성전을 만들고 거기서 예배를 드렸습니다. 그리고는 서로 상종도 하지 않는 원수 관계로 살아갔던 것입니다. 그렇게 살아가던 때에 예수님께서 사마리아로 들어가 한 여인과 대화를 하신 것입니다. 오늘날로 말하면 국가보안법을 어긴 것입니다.

이러한 시대적 배경을 안고 누가복음의 유명한 얘기인 선한 사마리아 사람의 얘기가 시작합니다. 한 유대인 율법 선생이 예수님을 떠보기 위해 질문을 던집니다. '선생님 제가 무슨 일을 해야 영원한 생명을 얻을 수 있겠습니까?' '율법서에 무어라고 적혀 있느냐?' '네 마음을 다하고 네 목숨을 다하고 네 힘을 다하고 네 생각을 다하여 주님이신 네 하느님을 사랑하라. 그리고 네 이웃을 네 몸같이 사랑하라'라고 하였습니다. '옳은 대답이다. 그대로 실천하여라.' '그러면 누가 저의 이웃입니까?' 하고 율법 교사가 묻습니다. 이렇게 묻는 이유는 당시 율법 교사들 사이에 이웃에 대한 정의를 내리느라고 논쟁이 심했는데, 이 율법 교사는 예수님과 더불어 이 부분에서 율법 논쟁을 벌이고 싶었던 것입니다. 이를 이미 알고 계셨던 예수님은 이웃에 대한 논쟁의 초점을 완전히 뒤엎어버리는 새로운 얘기를 펼쳐나가십니다.

어떤 사람이 예루살렘에서 여리고로 내려가다가 강도들을 만났다. 강도들은 그 사람이 가진 것을 모조리 빼앗고 마구 두들겨서 반쯤 죽여 놓고 갔다. 마침 한 사제가 바로 그 길로 내려가다가 그 사람을 보고는 피해서 지나갔고 또 레위 사람도 그러했다. 그런데 길을 가던 어떤 사마리아 사람은 그 옆을 지나다가 그를 보고는 가여운 마음이 들었다. 가까이 가서 상처에 기름과 포도주를 붓고 싸매어 주고 자기 나귀에 태워 여관으로 데려가서 간호해 주었다. 다음 날 자기 주머니에서 돈 두 데나리온을 꺼내어 여관주인에게 주면서 '저 사람을 잘 돌보아 주시오. 비용이 더 들면 돌아오는 길에 갚아드리겠소.' 하고 부탁하고 떠나갔다. 얘기는 매우 간단합니다. 겉으로만 본다면 이는 어쩌면 오늘날에도 쉽게 일어날 수 있는 구제의 한 장면입니다.

이야기 속에 숨어 있는 사회정치적 상황

그런데 이는 당시의 시대적 상황을 고려하면 단순한 구제는 아닙니다. 우선 우리는 '예루살렘'에서 '여리고'라는 장소 설정에 주의할 필요가 있고 '강도'라는 단어에 유의할 필요가 있습니다. 여리고는 헤롯왕의 겨울 궁전이 있는 곳이고 세리장 삭개오가 살던 도시로 일종의 귀족들 휴양지였습니다. 그러니까 예루살렘에서 여리고를 왕래하는 사람들이란 주로 정치 권력에 끈을 대면서 살아가던 권력 지향적인 사람들과 부자들이라는 의미가 함축되어 있습니다. 그리고 복음서에 기록된 강도들이란 오늘날 우리가 말하는 그런 파렴치한 사람들을 말하는 것이 아니라, 로마의 지배를 벗어나기 위해 싸우던 독립군을 지칭하는 말입니다. 그러니까 이 얘기 속에서 강도 만난 사람이란 어쩌면 서민들을 쥐어짠 뇌물을 들고 가던 부자요 로마에 아부하던 매국노였을 가능성이 농후합니다. 왜냐하면, 돈만을 강탈하는 단순 강도라면 '가진 것을 모조리 빼앗고 마구 두들겨서 반쯤 죽여 놓았다'라는 구절이 무의미해지기 때문입니다.

오늘의 사제와 레위인들

그리고 이곳을 지나가는 사제와 레위인들은 예루살렘 성전에 몸담고 있는 종교인들이기는 하지만, 정치적 현실 권력에 깊은 연관을 맺고 있는 부정한 사람들이라는 암시가 담겨 있습니다. 이들은 직분을 망각하고 본인의 안전만을 생각하면서 사람이 죽어가는 것을 보면서도 피해갔습니다. 핑계는 얼마든지 있습니다. 피를 만지는 것은 자신들을 더럽히는 율법에 어긋나는 부정한 일이었습니다. 나는 지금 성전에 관련된 중요한 일을 위해서 가고 있다. 조금이라도 지체해서는 안 되고 여기서 머뭇거리다가 내가 만약 다치기라도 한다면 이 일은 그르치고 말 것이다. 그러니 보다 큰일을 위해 난 이 자리를 빨리 피해야 한다. 그리고는 속으로 기도하면서 지나갔을 것입니다. '주님 그의 생명을 지켜주세요.' 어쩌면 오늘 우리는 중국에서 일어난 지진 그리고 버마에서 일어난 해일로 인한 이재민들의 아픈 소식과 북조선에서 사람들이 굶어가는 얘기를 들을 때에 그렇게 기도할 것입니다. '주님 그들을 지켜주세요. 유엔을 통해서든 정부를 통해서든… 주님도 아시다시피 저는 다른 일로 바쁘고 그런 일을 하기는 너무 미약합니다.'

사실 우리는 북조선의 어려운 얘기들 들으면서 그렇게 어려우면 국방비를 줄이고 핵 개발을 하지 않으면 되지 않아! 라고 쉽게 말합니다. 누군가가 먹을 것이 없어 굶어 죽게 되었다는 얘기를 들으면 우리는 이렇게 말하지요. '아니, 나가서 일하면 되잖아.' 사실 교회에 와서 돈 얼마를 요청하는 노숙인을 보면 대체로 신체가 건강합니다. 그래서 저도 속으로 부아가 날 때도 있고 건강한데 왜 일을 하지 않느냐고 말을 합니다만, 알고 보면 그렇게 하지 못하는 나름의 속사정들이 다 있습니다. 겉으로는 멀쩡한데 건강이 좋지 않다든가 정신적으로 일을 할 수 없는 경우가 대부분입니다. 그분들이라고 왜 떳떳하게 일을 하면서 살고 싶지 않겠습니까? 그렇게 하지 못하는 사정들이 있습니다.

북조선도 마찬가지입니다. 그들이라고 왜 세상을 향해 떳떳하게 살고 싶은 마음이 없겠습니까? 금, 우라늄, 석탄을 비롯한 천연자원도 풍부합니다. 일설에는 상당한 양의 석유도 발견되었다고 합니다. 그러나 세계 최강의 미국이 군사적으로 위협을 하고 철저하게 무역규제를 하고 있는 한 별다른 방법이 없습니다. 한 해 두 해도 아니고 60년을 그렇게 하면 어느 나라도 견디기 힘듭니다. 항복하면 될 것 아니냐고 얘기하지만, 여러분이 그 입장이라면 항복하겠습니까? 가난한 사람이 버틸 수 있는 단 하나는 스스로에 대한 자존심입니다. 북조선은 빵과 자존 사이에서 자존을 먼저 선택하겠다는 것입니다. 죽더라도 그렇게 하겠다는 것입니다. 아마 저라도 그렇게 했을 것이고 예수님도 그렇게 하지 않았을까요? 그렇게 배가 고프면 돌로 빵을 만들어 먹으면 되잖아! 그러자 예수님은 '사람이 떡으로만 사는 것이 아니라 하느님의 입에서 나오는 말씀으로 산다.'라며 이를 물리치지 않았습니까? 물론 예수님도 빵을 먹었습니다. 그러나 결코 빵을 위해 영혼의 자유를 포기하고 물질의 노예 되는 것은 원치 않으셨습니다.

물질의 노예가 된 대통령

쇠고기 협상을 보면 이명박 대통령은 빵을 위해 국민의 자존을 포기하고 스스로 물질의 노예가 되기를 자처한 사람입니다. 지난주 이명박 대통령이 국민이 들고일어난 촛불을 보고서야 잘못했다고 고개를 숙였지만, 제가 보기에는 아직도 뭐가 잘못되었는지 잘 모르는 것 같습니다. 사실 이명박 대통령의 정책은 비지니스 프렌들리니 선진화니 말은 그럴싸하지만, 내용은 별것 아닙니다. 초창기 미국 부시 대통령의 정책을 미국 언론에서 ABC 정책이라고 했습니다. 영어로 말하면 Anything but Clinton인데, 전임 클린턴과 다르면 뭐든지 좋다는 것입니다. 8년 만에 정권을 잡은 공화당의 부시 정책이었습니다. 이명박 대통령도 마찬가지입니다. Anything but 노무현입니다. 국민이 뽑아 준 김대중 정권과 노무현 정권을 '잃어버린 10년'이라고 하며 이 두 정권이 이룬 모든 것을 다 무(無)로 돌리고 뭐든지 반대로 하려고 했던 것입니다. 정책이라고 하는 것은 미래를 바라보며 방향을 잡는 것인데, 과거를 기준으로 무조건 반대만을 고집하는 것은 정책이 아닌 이유 없는 반항입니다. 이유 없는 반항이 결국은 국민의 저항을 불러일으킨 것입니다. 대운하도 국민의 여론이 지금 80%가 넘으니까 하지 않겠다. 사나이답게 말하면 좋은데, '국민이 원치 않으면 하지 않겠다.'라며 어떻게든 꼼수를 피우고 있습니다. 그러니까 별 이상하고 해괴한 별명을 얻는 것입니다.

북조선에 대한 정책도 그러합니다. 달라고 손을 내밀면 그때 주겠다고 합니다. 먹을 것으로 사람을 몰아세우는 일은 참으로 치사한 짓입니다. 형제가 둘이 있는데, 형은 먹을 것이 많고 동생네는 먹을 것이 없어서 굶고 있는 것을 동네 사람들이 다 알고 있습니다. 그런데 형은 동생이 와서 무릎 꿇고 도와달라고 요청하기 전에는 줄 수 없다고 동네방네 돌아다니며 말합니다. 여러분이 동생이라면 가서 손을 내밀겠습니까? 우리가 돕는다고 하더라도 받는 사람의 자존심을 생각해야 합니다. 생색을 내다보면 오히려 역효과만 나는 것을 우리는 너무나 잘 알고 있습니다. 그래서 예수님도 남을 도울 때는 오른손이 하는 것을 왼손이 모르도록 매우 조심스럽게 하라고 했습니다. 그런데 장로 대통령께서는 교회 안 다니는 사람도 다 아는 이 유명한 구절도 모르는지, 공개적으로 도와달라고 얘기해라! 그러면 주겠다고 말합니다.

미국과 핵 협상이 잘 진행되면서 미국도 쌀을 보내겠다고 하고 테러국 명단에서 삭제할 예정입니다. 이제야 이명박 정부가 무언가 잘못되었다는 것을 깨닫고 뭔가 주겠다고 하지만 북쪽에서는 냉담한 표정입니다. 아마 남북경제협력은 이명박 정권하에서는 상당히 어려울 것 같습니다. 어쩌면 북조선의 풍부한 천연자원들은 중국, 미국, 일본의 차지가 될 것이고 남한은 남들이 북 치고 장구 치고 난 다음에 설거지나 하러 갈 것 같습니다. 실용해야 할 곳에서는 쓸데없는 오기를 부리고 조금 오기를 부릴 데 가서는 굴욕적인 모습을 보입니다.

사마리아 사람이 품었던 마음

예수님의 사마리아 사람의 비유를 읽으면 저는 언제나 이런 생각이 듭니다. 개인으로 보면 누구나 사마리아 사람이 될 수 있지만, 하나의 민족 단위로 보면 오늘날의 유대인은 누구이고 사마리아 사람은 누구인가요? 세계 10위권에 육박하는 국력을 자랑하는 남한이 유대인이고 북조선은 남한으로부터 천대받고 세계에서 따돌림 당하는 사마리아 사람이 아닌가요? 예수님은 유대인이 피를 흘리고 있으니 당연히 도와야 할 동족 유대인은 도망을 가고 오히려 핍박을 받는 사마리아 사람이 유대인을 돕습니다. 그의 마음속에 유대인들을 향한 분노가 있을 법한데, 이 사마리아 사람은 전혀 그런 마음이 없습니다. 오히려 그 마음에 '가엾은 마음'이 들었다고 했습니다. 가엾은 마음이란 긍휼의 마음이고 이는 히브리어 원어로 보면 자궁의 마음입니다. 곧 어머니가 자식에게 품은 마음이며 하느님께서 우리를 향해 품는 마음입니다. 어떻게 그에게 그런 마음이 생겼을까요? 사제나 레위인이 갖지 못했던 아픈 자와 하나 되는 마음을 그는 어떻게 가질 수 있었을까요? 그것은 그 자신이 바로 그러한 폭력의 희생자로 살아왔기 때문입니다. 고통을 당한 사람만이 고통당한 사람의 마음을 이해합니다. 여기에 가난한 사람이 복이 있다는 산상수훈 말씀의 깊은 뜻이 있습니다. 가난 그 자체가 복은 아닙니다. 그러나 가난을 겪은 사람들 그리고 가난한 사람들만이 갖는 긍휼의 마음이 있습니다. 이 긍휼의 마음이 있어야 하늘나라에 갈 수 있고 하느님을 볼 수 있습니다. 그래서 가난이 복이 되는 것입니다. 그러나 이 복을 얻으려면 당장은 손해입니다. 물질도 손해이고 시간도 손해입니다.

가난의 마음을 품었던 사마리아 사람, 그는 자신의 여행 계획을 바꾸어야 했습니다. 값진 기름과 포도주를 상처에 부었습니다. 어쩌면 이것들은 자신의 장사품목이었을지도 모릅니다. 온몸의 상처에 부었으면 상당한 양을 소비했을 것입니다. 그럼에도 불구하고 그는 자신의 이익이나 안전에 상관하지 않았습니다. 그를 나귀에 태워 여관에 가서 밤을 새워가며 치료를 하고 그가 어느 정도 회복을 하자 아침에 출발하며 여관주인에게 이렇게 말합니다. '비용이 더 들면 돌아오는 길에 지불하겠으니 그가 완전히 회복되도록 돌보아 주시오.' 생면부지의 사람이요 더구나 자신을 괴롭히고 핍박하는 유대인입니다.

"예수님은 이웃이 누구입니까?"라고 당당하게 묻는 유대인 율법 선생에게 아니 지금 우리에게 "너도 가서 그렇게 행하라"라고 명령하십니다. 원수처럼 여긴다면 더욱 그리해야 할 것입니다. 왜냐하면, 사마리아 사람과 유대 사람의 관계는 원수의 관계였기 때문입니다. 이전에 공산주의 체제에서 핍박을 받았다면 더욱 그리해야 할 것입니다. 왜냐하면, 사마리아 사람 또한 로마인들로부터 유대인들로부터 이중의 핍박을 받고 있기 때문입니다. 그리고 더 나아가서 저는 언젠가는 사마리아 사람이 유대 사람을 도왔던 것처럼 북조선이 남한을 돕는 날이 올 것으로 생각합니다. 도움은 일방적이지 않습니다. 사람이 도움만 베풀고 사는 사람도 없고 도움만 받고 사는 사람도 없습니다. 도울 수 있을 때 도우시기 바랍니다. 어떤 의미에서 우리는 이미 도움을 받고 있다고 생각합니다. 귀 있는 자는 들으시기 바랍니다.

봉수교회 교인들은 참 그리스도인인가? *

이사야 61:1-11

주 야훼의 영을 내려주시며 야훼께서 나에게 기름을 부어주시고 나를 보내시며 이르셨다. "억눌린 자들에게 복음을 전하여라. 찢긴 마음을 싸매 주고, 포로들에게 해방을 알려라. 옥에 갇힌 자들에게 자유를 선포하여라.

나 야훼는 공평을 좋아하고 약탈과 부정을 싫어한다. 나는 그들에게 고생한 대가를 어김없이 갚아주며 영원한 계약을 그들과 맺으리라(사 61: 1, 8).

북조선 그리스도인들과 만남

저는 지난주 토요일부터 이번 주 수요일까지 북쪽의 조선그리스도교련맹(이하 '조그련')의 초청을 받아 한국기독교교회협의회를 대

---

* 2011년 12월 18일 평양 봉수교회 방문

표한 단장 자격으로 기독교 NGO 단체 대표 9명과 함께 우리의 북쪽 조국에 다녀왔습니다.

이번 방문은 97년 미국 워싱톤교회협의회 대표로 식량 전달을 한 이후 4번째 방문이었습니다. 이명박 정권의 북 적대 정책으로 어렵사리 이루어진 4년 만의 방문이었습니다. 이번 방문은 한국기독교교회협의회가 보낸 밀가루 180톤에 대한 모니터링이 목적이었습니다. 예수님은 남을 도울 때 오른손이 하는 일을 왼손이 모르게 하라고 하셨습니다. 그래서 식량을 보내고 나서 이를 점검하는 모니터링이라는 말은 예수님의 말씀에 어긋나는 잘못입니다. 그래서 교회협의회는 신앙적인 이유로 모니터링 자체를 반대하지만, 이를 하지 않으면 식량 자체를 보내지 못하도록 하기에 어쩔 수 없이 하고 있습니다. 이전 김대중, 노무현 정부하에서는 하지 않았던 일입니다. 이는 남쪽 정부가 순수한 민간단체나 종교 단체의 도움마저 막으면 욕을 먹게 되니 욕을 피하기 위한 고육책입니다. 가난한 사람들에게 가장 중요한 것은 인간으로서의 자존심입니다. 모니터링은 상대방의 자존심을 건드는 일이기에 우리는 매우 조심스러웠습니다.

이번 방문 기간에는 이전에 가보지 못했던 여러 곳을 가보았는데, 조그련에서 주관하는 국수 공장과 평양시에서 운영하는 고아원, 탁아소 등을 방문하였습니다. 그러나 목사인 저에게 더 중요한 일은 북쪽 교인들을 만나 주 안에서 화해와 용서의 친교를 나누는 일이었습니다. 도착 다음 날인 주일에 평양 봉수교회를 방문하여 약 300명의 교인과 함께 예배를 드렸고 저는 거기서 향린교회의 국악 찬송가와 여러분들의 작은 정성을 전달했습니다. 그리고 봉수교회 성가대원들의 아름답고 힘찬 찬양에 보답하는 의미에서 제가 답례로 국악찬송가 169장 〈통일의 노래〉를 불렀는데, 뜨거운 박수를 받았습니다. 2014년 한국기독교교회협의회 대표단이 봉수교회를 방문했을 때, 우리는 특송으로 같은 노래를 준비했었습니다. 우리보다 앞서나온 봉수교회 중창단이 특별찬양순서로 몇 곡을 불렀는데, 그 가운데 이 노래가 포함되어 있었습니다. 이어지는 우리의 특송 시간에 그분들을 나오게 해서 함께 이 통일의 노래를 불렀던 감동의 시간이 있었습니다. 아시는 분은 알지만, 저는 음정이 약간 불안정한 사람이라 혼자 노래하면 떨리는데, 그날은 신기하게 잘 되었습니다. 성령께서 도와주시지 않았나 생각합니다. 그리고 이어서 칠골교회를 방문하여 목사님과 찬양대원을 비롯한 몇 분의 재직들과 만나 대화를 나누고 찬송가 몇 곡을 함께 불렀습니다.

그리고 화요일에는 평양 외곽 순안 지역의 한 마을의 가정예배처소에 가서 약 10명의 장로님과 집사님 그리고 교인들의 환대를 받고 함께 기도하고 예배를 드렸습니다. 가정교회 처소는 북쪽 전역에 약 500개가 있다고 하는데, 직접 방문하여보기는 처음입니다. 동네 한가운데에 있는 집은 기와가 얹혀있는 단층이었고, 내부나 외부의 모습이 남쪽의 어느 시골집과 다른 것이 없었습니다. 작은 공간의 안방에 20명이 넘는 남북의 교인들이 둘러앉았기에 서로의 무릎이 맞닿을 수밖에 없었지만, 매우 감격스러운 시간이었습니다.

사실 이런 얘기를 하면 남쪽 교인들이 이런 질문을 합니다. 이분들이 진짜 교인이냐? 이에 대한 대답으로 저는 이런 얘기를 하고 싶습니다. 남한의 군대에서는 연례적으로 연병장에 수백 명 수천 명의 군인을 모아놓고 수십 명의 목사님이 집단 진중 세례식을 합니다. 상당수는 세례식에 참석한 후 받게 되는 빵과 초콜릿에 더 관심이 많습니다. 이 사람들은 진짜 믿는 사람입니까? 어떤 군인들은 이어서 스님의 예불이나 가톨릭 미사에도 참여합니다. 가면 앉아서 잠깐 눈을 붙일 수도 있고 끝나면 먹을 것도 주기 때문입니다. 북쪽 교인들이 정말 믿는 사람이냐를 묻기 전에 우리는 우리 자신이 참 그리스도인인가를 물어야 합니다. 봉수교회를 다녀온 어떤 목사님은 저들을 보니 성경을 잘 찾지 못하더라, 사도신경을 잘 외우지 못한다는 점을 지적하면서 가짜 그리스도인이라고 하는데, 그렇다면 우리 안에도 가짜 그리스도인들이 많습니다. 저는 오히려 남쪽에서 자유라는 명목으로 어설프게 교회를 다니는 사람보다 북쪽에서 이웃 사람들의 따가운 시선에도 불구하고 몇 시간씩 걸어서 교회에 나오는 사람들이 참 그리스도인에 가깝다고 생각합니다. 대다수의 남쪽 그리스도인들은 현세의 축복 때문에 교회에 나오지만, 그들은 오히려 그리스도인이라서 현세에서는 더 어려움만 있습니다. 그러기에 저는 그분들 앞에 머리를 숙일 수밖에 없습니다.

오히려 함께 예배를 드릴 때마다 도대체 왜 우리 민족은 같은 언어로 된 성경책을 갖고 있고, 같은 가락의 찬송을 부르는데도 따로따로 떨어져서 예배를 드려야 하는가 하는 슬프고 고통스러운 마음뿐이었습니다. 어떤 노랫말처럼 서울에서 평양까지 택시비 5만 원, 고속도로만 뚫린다면 한 시간에 갈 수 있는 거리를 중국을 거쳐 비행기를 갈아타고 비용도 시간도 열 배나 더 걸려 가야 하는가? 그것도 양쪽 정부가 허락하는 매우 소수의 사람만 오고 가야만 하는가? 하는 원통함만 생겼습니다.

지난 4년 전과 비교하면 평양이 크게 달라진 점은 없지만, 곳곳에서 진행되는 아파트 건설 현장과 더 늘어난 차량을 볼 수 있었습니다. 이번 여행에서 이전에 보지 못했던 3가지를 꼽으라면 안내원들이 들고 다니는 '핸드폰'과 군데군데 세워진 '교통신호등' 그리고 들어가 보지는 못했지만, 제법 큰 규모로 지어진 '슈퍼마켓'과 '백화점'들이었습니다. 저희가 묵었던 보통강호텔은 내부 공사를 새롭게 하여 일류 호텔이 되었고, 방에서는 CNN, ESPN을 비롯한 20여 개의 채널을 통해 프랑스, 중국, 일본 방송을 그대로 들을 수 있었습니다. 그래서 중국 선장에 의한 우리 해경 살해사건으로 인한 남쪽의 시위 모습이나 일본군 강제위안부 할머니들의 일본대사관 앞 천 번째 수요시위 등의 모습을 외신을 통해 보았습니다.

신앙과 역사 인식

북쪽 사람들과 얘기를 하다 보면 반미보다 반일 감정이 더 큰 것을 느낄 수 있습니다. 그건 분단에 대한 책임이 일차적으로는 식민지배를 하였던 일본에 있고, 식민지지배와 한국전쟁을 통해 가장 많은 혜택을 입었으면서도 일본 정부는 남북화해에 적극적이지도 않고 식민지지배에 대한 제대로 된 반성도 없었기 때문입니다.

이명박 정부에 들어와 이런 민족 주체성이나 통일문제에 대해 더욱 무관심해지는 것은 참으로 안타까운 일입니다. 독도 문제나 위안부 문제에 대해 일본 정부를 향해 더욱 분명한 소리를 끊임없이 내야 하고, 미국 정부를 향해서도 한미FTA에 관련하여 백성들을 보호하기 위한 강한 소리를 내야 하는데, 오히려 반대로 외부를 향해서는 허리를 굽히고 백성들을 힘으로 누르고 있습니다. 최근 교육과학기술부가 초중고교에 한미FTA를 홍보하도록 지시하여 학교 홈페이지 팝업과 현수막 설치를 종용했다고 하니 참으로 한심합니다.

지금 저와 같은 5, 60대들은 초등학교 시절 박정희의 초상화 앞에서 매일 아침 오른손을 가슴에 얹고 '우리는 민족중흥의 역사적 사명을 띠고 이 땅에 태어났다'라는 장엄하고 웅장한 국민교육헌장을 암송했습니다. 초등학생이 민족중흥이 뭔지 알았겠습니까? 유신 독재헌법이 발효되었던 지금의 40대들은 초등학교 시절 '급변하는 국제정세에 능동적으로 대처하기 위해'라는 문구를 수없이 들었습니다. 초등학생이 '민족중흥'이 무슨 뜻인지 '급변하는 국제정세'가 무슨 뜻인지 어떻게 알 수 있었겠습니까? 그러나 그때에는 정부의 강압 때문에 이를 무조건 암송하였고, 웅변대회에 나가서는 "학우 여러분! 급변하는 국제정세에 능동적으로 대처하기 위해 박정희 대통령의 위대하신 구국의 결단에 뜨거운 박수를 보냅시다."라고 열변을 토하기도 했습니다. 공부깨나 했다고 하는 사람들도 800쪽이 넘는 한미FTA 협정 속에 담긴 내용을 제대로 알기가 힘든데 이것을 권력의 힘으로 어린아이들에게 주입식으로 강요하는 것은 참으로 인간으로서 하지 못할 낯부끄러운 일입니다. 역사의 파행을 되풀이하는 것입니다.

행동하는 외침

이사야 예언자는 이렇게 외쳤습니다. "억눌린 자들에게 복음을 전하여라. 찢긴 마음을 싸매고 포로들에게 해방을 알려라. 옥에 갇힌 자들에게 자유를 선포하여라" 이는 누가복음 4장에서 예수님께서 하느님 나라 운동을 시작함을 알리는 나사렛 회당의 선언과 완전히 일치하는 구원의 내용입니다.

교회가 전하는 복음과 구원의 외침은 어떤 형이상학적이고 철학적인 외침이 아니라 우리 사회의 고통 받고 소외당하는 약자들의 삶에 직결하는 매우 구체적이고 현실적인 외침입니다. 이 외침은 단순히 말로만 그치는 외침이 아니라 행동이 뒤따르는 외침입니다. 이 행동하는 외침은 약자에게는 사랑의 행위로 나타나지만, 강자에게는 저들의 자리를 뒤흔드는 위협이 됩니다. 그래서 누가복음 4장에 보면 예수께서 이러한 복음의 희년 선포를 하시자 화가 난 회당과 마을 지도자들은 예수를 벼랑 끝으로 데려가 떨어뜨려 죽이려고 했던 것입니다.

오늘은 세계 이주민의 날입니다. 21년 전 유엔총회가 선포한 이름은 '이주노동자와 그 가족에 관한 권리협약'입니다. 따라서 정확히 표현한다면 '이주노동자의 날'입니다. 현재 우리나라도 외국인이 140만이 살고 있어 인구의 3%를 차지하고 있으며 결혼하는 열 쌍 중 한 쌍은 국제결혼입니다. 세계에서 가장 출산율이 낮은 우리나라의 경우 국내인이 기피하는 3D 직종의 경우에는 이주노동자들이 일할 수밖에 없는 노동구조를 안고 있습니다. 그럼에도 불구하고 현재 이주노동자들의 인권은 매우 열악한 상태입니다. 저는 미국에서 이십여 년 목회하면서 늦게 이민을 온 한국인을 비롯한 유색인종들이 당하는 아픔과 한을 자주 경험했습니다. 그래서 저는 이 땅에서 일하는 이주노동자들의 아픔이 남달리 느껴집니다. 우리가 가끔 피부색이 다르고 종교가 다르고 언어가 다르다고 이분들을 무시하는 모습을 보게 되는데, 미국에 사는 우리 동포들이 그런 무시를 당하면서 살아가고 있다는 것을 기억하고 우리가 먼저 생각을 바꿔야 합니다. 그분들 또한 하느님의 형상을 띠고 있다는 것을 기억해야 합니다. 내가 찾는 야훼 하느님은 바로 저들 가운데 그리고 북의 형제자매들 가운데 계심을 깨달아야 합니다.

남북 그리스도인들의 합창*
시편 133

> 이다지도 좋을까, 이렇게 즐거울까! 형제들 모두 모여 한데 사는 일! 아론의 머리에서 수염 타고 흐르는, 옷깃으로 흘러내리는 향긋한 기름 같구나. 헤르몬 산에서 시온 산 줄기를 타고 굽이굽이 내리는 이슬 같구나. 그 곳은 야훼께서 복을 내린 곳, 그 복은 영생이로다(시 133편).

이번 주 8월 13일부터 16일까지 북조선의 조선그리스도교련맹의 초청을 받아 한국기독교교회협회회 대표단 19명 일행이 평양을 다녀왔고 저는 화해통일위원회 위원장으로 참석하였습니다. 이번 방문의 목적은 남북의 그리스도인들이 함께 만나 8.15의 해방을 함께 기뻐하고 갈라진 민족이 화해하고 평화통일하기를 기원하는 모임을 갖는 일이었습니다. 저에게 있어 이번 봉수교회 방문은 1997

---

* 2014년 8월 17일 평양봉수교회 방문

년 이래 다섯 번째 방문이었고 마지막 방문 이후 3년 만이었습니다. 그때마다 새로운 감격이 있었지만, 이번에는 특별히 제가 3년 전에 독창으로 불렀던 우리 국악 찬송가에 있는 '통일의 노래'를 봉수교회 성가대가 부른 것입니다. 그리고 이 노래를 남북의 그리스도인들이 함께 찬양하는 감격스러운 순간이 있었습니다.

이번 방문단에는 우리 교회 청년 담당이신 한세욱 목사께서 남한교회 청년을 대표해서 동행했고, 또 YMCA 전국연맹 사무총장이신 남부원 집사님께서 동행했습니다.

특이한 경험

우선 8.15는 남북이 각각 광복절과 해방절로 축하하는 국가 경축일이었다는 점이 특이했습니다. 남한에서는 프란체스코 교황이 서울을 방문하고 미사를 비롯한 여러 축하 행사가 있었습니다. 북조선 또한 국가적 행사가 있었고, 휴일이었기에 수많은 시민이 놀이동산을 찾아 즐기는 활발한 모습을 볼 수 있었습니다.

특히 북에서는 곱등어라고 부르고 남에서는 돌고래라고 부르는 놀이장과 물놀이장을 각각 방문하였는데, 이는 최근 2년 동안에 개장된 시설로서 북의 변화된 모습을 가장 잘 느낄 수 있었습니다. 저는 곱등어 놀이장에서 수천 명의 북조선 형제자매들이 보는 가운데 자원하여 홀라후프 돌리기를 했는데, 열정적으로 하여 주민들의 뜨거운 박수를 받았습니다. 앙코르로 서너 차례 돌리기를 하였습니다.

이전에는 호텔에 머물면서 개인적으로 밖으로 나가 산책하기가 쉽지 않았는데, 이번에는 아주 자유스럽게 아침마다 호텔 주변 보통 강변으로 나가 30분씩 산책을 하며 지나가는 주민들과 눈을 맞추고 가볍게 인사를 나누었습니다.

상당한 사람들이 핸드폰을 들고 전화를 주고받고 있었고, 택시도 볼 수 있었습니다. 특히 여성들의 옷맵시나 머리 스타일이 완전히 달라져서 남한인지 북조선인지 구분하기가 힘들 정도였습니다.

그러나 우리가 병원을 비롯한 여러 기관을 방문할 때와 호텔에 머물 때 몇 초 동안 전기가 나갔다가 다시 들어오는 경우가 있었습니다. 이것이 전력 부족 때문인지 아니면 시설의 노후로 인한 것인지는 알 수 없지만, 아직도 전력의 어려움이 있는 것은 아닌가 추측되었습니다. 그러나 어린이 병동이나 북조선에서는 류선이라고 부르는 유방암 전문병원을 방문하였는데, CT나 MRI 같은 국제적인 최신 기계들을 수입하여 운영하는 것을 볼 수 있었습니다. 우리가 뉴스에서 보았듯이 북조선은 김정은 위원장 통치 시대에 들어와 경제개발에 힘을 쏟고 있고 그 효과가 일어나고 있는 것을 충분히 느낄 수 있었습니다. 평양시민들의 얼굴에서 느끼는 기운이 이전과는 많이 달랐습니다.

통일의 길은 아직도 멀다

저희는 멀리 북경을 거쳐 비행기를 갈아타며 평양을 들어갔다 와야 했기에 4일간의 여정 중 이틀은 모두 오가는 여행시간으로 소비해야만 했습니다. 그러나 러시아에 사는 우리 동포 3세 우츠벡 사람들은 판문점을 통해 북에서 남으로 내려왔고, 얼마 전에도 오스트레일리아 사람 4명이 오토바이로 백두산 근처에서 판문점을 거쳐 남쪽까지 한강토 횡단 일주를 하였습니다. 외국 사람들은 저렇게 판문점을 통해 오가는데, 정작 언어가 같고 풍습이 같고 한 가족이나 다름없는 우리 북과 남은 왜 그렇게 하지 못하는가? 도대체 그 원인은 어디에 있는 것인가? 남북은 서로를 향해 비난만 하지 말고 교황께서 당부한 대로 정말 서로 머리를 맞대고 진지하게 논의를 해서 그 해결점을 찾아야 합니다.

미국이 주도하는 세계 언론은 지금도 끊임없이 북조선을 악마의 나라로 묘사하고 있습니다. 60년 이상 경제봉쇄와 적대 정책을 통해 북조선을 멸망시키기 위해 압박을 해왔습니다. 그러나 제가 아는 대로는 그건 불가능한 얘기입니다. 우리가 누군가를 미워하면 그 미움이 상대를 넘어뜨리는 것이 아니라 자기 자신을 먼저 무너뜨리듯이 우리가 북을 미워하면 미워할수록 우리 안에서 미움도 계속 커져 내부 분열이 계속될 수밖에 없습니다. 청와대가 기회만 되면 통일 대박이니 드레스덴 선언이니 녹화 공동사업이니 하며 아무리 대화를 주장해도 북을 점령하기 위한 한미전쟁연습이 계속되는 한 이는 허공을 향한 독백밖에는 안 되는 것입니다. 등 뒤에 칼을 감추고 대화하자고 손을 내밀면 믿을 사람이 어디에 있겠습니까?

이번에도 조선 그리스도교연맹 목사님들이 계속 말합니다. 화해나 평화를 얘기하면서 계속 군사훈련을 하는데, 그게 말이 되느냐, 거기서 훈련을 하면 우리 북쪽 사회는 이에 맞서서 계속 긴장할 수밖에 없고 이에 대응하는 조처할 수밖에 없다고 말합니다. 그리고 말하기를 이 훈련이 북을 점령하기 위한 군사훈련이 아니고 그냥 정기 합동훈련이라고 주장하는데, 그렇다면 조선반도 근처에서 하지 말고 저 멀리 태평양에 가서 하든지 아니면 미국 근처에 가서 하면 되지 않느냐고 말합니다. 듣고 보니 맞는 말입니다. 훈련이 필요하다면 훈련은 훈련이니 불필요하게 상대방을 자극하면서 할 필요는 없는 것입니다. 다음 주면 또다시 을지가디언 한미군사훈련이 시작합니다. 방귀가 잦으면 싼다는 말이 있습니다. 전쟁이 일어났다 하면 한강토는 순식간에 잿더미로 변합니다. 오직 패자만 있을 따름입니다. 이것만이 아닙니다.

최근 윤일병 집단폭행 살인사건이 군 막사 안에서 일어났듯이 군대 내에서의 폭행은 막을 수가 없습니다. 허구한 날 사람을 죽이는 훈련을 하는데, 그게 부지불식간에 자기 안에서 일어나는 것을 어떻게 막을 수 있겠습니까? 자나 깨나 사람 죽이는 훈련을 하는데, 어떻게 폭행을 막습니까? 못 막습니다. 저도 전방에서 사병으로 군복무를 하면서 기합이라는 미명 아래 숱하게 폭행을 당했습니다. 한 1년간은 밤마다 변소 뒷간으로 불려가서 몽둥이나 손으로 맞았습니다. 심지어는 그냥 보초 근무하고 있는 저를 대학 나왔다는 이유로 술에 취한 상급병이 지나가다 저를 폭행하기도 했습니다. 그러던 어느 날 상급병이 제 뺨을 때렸는데, 그때부터 고막에 이상이 생겨 청력에 문제가 있습니다. 그런데 요즘 조금씩 더 심해지고 있어 주위가 시끄러우면 소리는 들리는데, 상대방의 말을 잘 알아듣지 못합니다.

게다가 저는 81밀리 박격포부대였는데, 훈련 중에는 무거운 포열이나 포판을 어깨에 메고 다녔고, 기합을 받으면 이를 메고 연병장이나 작은 언덕을 뛰어서 갔다 오게 했습니다. 그때 무릎 연골 파열이 있어 제대로 걷지 못했었고, 그때부터 평생 무릎 통증을 안고 살아왔습니다. 여러분 중에도 군대에서 얻은 병 때문에 평생 고생하시는 분이 있을 것입니다. 이거 국가가 보상합니까? 안 합니다. 남의 귀한 아들 죽여 놓고도 사고사로 처리하고 있습니다. 우리나라가 아무리 창조와 창의를 외쳐도 군대 문화가 우리 사회를 지배하는 한 그건 구호에 불과합니다. 지금 청와대 주변에는 군 장성들이 정치를 지배하고 있습니다. 군인들의 사고는 획일적입니다. 평생 명령에 따라 살아왔고 명령만을 하기에 거기에서는 창조가 나타날 수가 없습니다. 평화상 이외에 노벨상 수상자가 나타나지 않는 것은 당연한 일입니다. 이번에도 세계수학대회가 서울에서 열렸지만, 수학의 노벨상이라는 필즈상 수상자는 아직 한 명도 없습니다. 이란 사람, 인도 사람, 세계 각국 출신의 사람들이 다 받지만, 아직 한국 사람은 없습니다. 머리가 나쁜 게 아니라, 성적 입시 위주의 학교 문화와 군대 문화에 의한 획일통제사고가 우리도 모르게 안에 내재되어 있는 창의적 사고를 짓누르기 때문입니다.

21세기는 창조의 시대입니다. 창의력이 경제를 먹여 살리는 시대이고 사회를 행복하게 만들어가는 시대입니다. 그러려면 먼저 우리 사회를 지배하는 군대 병영문화에서 벗어나야 하는데, 그러기 위해서는 먼저 남북이 통일을 이루어야 합니다. 우리가 제대로 살기 위해 먼저 통일을 해야 합니다. 돈 벌어서 외국으로 이민을 한다고 해도 분단의 모순에서 벗어날 수가 없습니다.

성서는 이런 분단의 아픔을 지적하면서 이로부터의 회복을 노래하는 책입니다. 시편 133편은 너무나 분명합니다. "이다지도 좋을까, 이렇게 즐거울까! 형제들 모두 모여 한데 사는 일!" 개역 성서에는 "형제가 연합하여 동거함이 어찌 그리 선하고 아름다운고!" 성서는 한 명의 개인을 말하지 않습니다. 에덴동산은 하느님 나라의 상징입니다. 아담과 하와는 한 몸으로 살았습니다. 죄가 들어온 이후 저들은 분열이 일어납니다. 예수님은 12명을 비롯한 여러 제자와 공동체를 이루며 살았습니다. 초대교회는 120명의 성도가 '다 같이' 한곳에 모여 있을 때 성령이 임하면서 시작되었습니다. "어떤 계명이 가장 큰 계명입니까?" 하고 묻는 말에 예수님은 이렇게 답변하십니다. "네 마음을 다하고 목숨을 다하고 뜻을 다하여 주 너희 하느님을 사랑하라." 여기까지만 들으면 혼자 골방에 가서 기도하고 혼자 예배해도 됩니다. 그런데 바로 이어서 이렇게 말씀하십니다. "둘째는 그와 같으니 네 이웃을 네 몸과 같이 사랑하라." 교회는 홀로 믿는 곳이 아니라 함께 어울리는 곳이라는 말씀입니다.

부부간에도 하나 되기가 쉽지 않거든 교회가 하나 되고 또 나뉘었던 민족이 하나 된다는 것은 정말 어려운 일인 것입니다. 이렇게 어려우므로 우리가 하느님께 간구하고 하느님께서 주시는 믿음으로 어려움을 극복하고 나아가는 것입니다. 너도나도 다 할 수 있는 일이라면, 내 의지만으로 되는 일이라면 굳이 교회에 나오지 않아도 되고 믿음도 필요 없을 것입니다. 살아가면서 가장 어려운 일이 하나 되는 일입니다. 예수님의 유언도 내가 하느님과 하나인 것 같이 너희도 하나가 되라고 말씀하신 것이고, 이를 위해 선택하신 그 길이 바로 곧고다 십자가의 길인 것입니다.

오늘 이사야서에서도 야훼께서 "너희는 바른길을 걷고 옳게 살아라. 나는 너희를 구하러 왔다"라고 말하면서 외국인들이 돌아오고 쫓겨났던 이스라엘 사람들이 함께 모이는 공동체의 회복을 말합니다. 가나안 여자가 딸의 고침을 요청하는데 예수는 "이스라엘 백성들만을 위해 왔다. 자녀들이 먹는 빵을 강아지에게 던져주는 것은 옳지 않다"라며 차갑고 모멸로 거절합니다. 이에 이 어머니는 "강아지들도 부스러기는 주워 먹지 않습니까?" 하는 간절함이 담긴 재치와 여유로 예수님의 마음을 얻어 딸의 병을 고칩니다. 이 얘기는 구원의 대상에서 제외되었던 이방인이 오히려 구원의 길에 앞선다는 반전과 혁명을 전하고 있습니다.

오늘 남과 북 두 나라의 구원을 얘기한다면 우리 남한 사람들은 물론이고 세계 대다수가 남한 편을 들 것입니다. 예수님 당시에도 이스라엘 유대 민족의 구원은 당연하였습니다. 그러나 실제로는 반전이 일어났습니다. 나중 된 자가 앞서고, 앞선 자가 나중 되는 역사가 바로 복음의 역사였습니다. 예수님은 우리가 남과 북 형제자매의 하나 됨을 위해 노력하고 애쓰고 불의한 세력에 대해서는 저항하는 기도의 투쟁을 통해 죽을 각오로 노력하지 않는다면 우리는 결국 구원의 반열에서 밀려나게 될 것이라고 말씀하고 있는 것입니다. 성령의 역사는 우리를 하나로 묶는 것입니다. 악령의 역사는 우리를 분열시킵니다.

처음에 언급하였습니다만, 제가 3년 전에 봉수교회에 가서 부른 '통일의 노래'라는 국악 찬송을 봉수교회 성가대가 찬양으로 불렀습니다. 저희도 답례송으로 그 노래를 연습했고 그 노래를 부르려고 준비하고 있었습니다. 그래서 우리 차례가 되었을 때, 찬양팀을 다시금 나오도록 해서 그 노래를 함께 불렀습니다. 그 장면을 여러분이 보셨다면, "이다지도 좋을까, 이렇게 즐거울까! 형제들 모두 모여 한데 사는 일!"이라고 하는 시편 기자의 찬양이 어떤 것인지를 함께 느낄 수 있었을 것입니다.

스위스에서 남북교회의 만남*

마태복음 10:24-39

> 내가 세상에 평화를 주러 온 줄로 생각하지 마라. 평화가 아니라
> 칼을 주러 왔다.
> 또 자기 십자가를 지고 나를 따라오지 않는 사람도 내 사람이
> 될 자격이 없다.
> 자기 목숨을 얻으려는 사람은 잃을 것이며 나를 위하여 자기
> 목숨을 잃는 사람은 얻을 것이다(마 10:34, 38-39).

한강토 정의·평화실현을 위한 국제협의회

지난 한 주간 세계교회협의회(WCC)가 남북교회의 지도자들과
세계 35개 교단 대표 60여 명을 초청하여 에큐메니칼 교육원이 있
는 스위스 보세이라는 마을에서 한강토 평화와 통일을 위한 매우

---

* 2014년 6월 16~18일, 스위스 보세이

뜻있는 모임을 가졌습니다. 이는 공식적으로는 4년 만에 남북교회가 함께 한 자리였고, 정부나 민간 차원에서 남과 북의 만남이 거의 없는 현재의 분단상황을 고려한다면 역사적인 자리라고 말하지 않을 수 없습니다.

오늘은 특별히 한국전쟁 발발 64돌을 기억하고 이를 넘어서고자 하는 남북화해주일이기에 이렇게 남북교회 만남의 보고를 드리는 일이 더욱 뜻깊은 일이 됩니다. 남북 간의 교류와 만남은 2000년 6월 15일 김대중 대통령과 김정일 국방위원장의 정상회담을 통해 활발하여졌고, 이어 2007년 10.4 정상회담을 통해 강화되었습니다. 그러다가 이명박 정권이 들어서면서 금강산 관광이 중지되고 개성공단이 축소되고 5.24 대북제재 조치가 시작되면서 남북 간의 만남은 끊어지고 말았습니다. 남한교회 또한 작년 세계교회협의회 10차 부산 총회를 앞두고, 조선그리스도교련맹(이하 '조그련')으로부터 평양 방문 초청장을 두 번이나 받았지만, 남측 정부의 불허로 말미암아 무산이 되었습니다.

그럼에도 불구하고 작년 부산 총회에서는 한강토 평화와 통일을 위한 성명서를 채택하였습니다. 남한 정부에서 이를 방해하는 작업을 시도하기도 했습니다만, 이 성명서에는 미국이 주도하는 대북 적대 정책 포기와 60년 이상 지속되고 있는 경제봉쇄 해제 그리고 군사훈련 중지와 정전협정을 평화협정으로 바꾸는 일 등 한강토의 평화 구축을 위한 일련의 원칙들을 천명하였습니다. 이번 만남은 조그련이 참석한 가운데 다시 한번 세계교회가 이 원칙들을 확인하고 어떻게 실천하여 갈 것인가를 논의하였습니다. 이제 다음 주 세계교회협의회 중앙위원회가 모이면 여기서 논의된 사안들을 사업 정책으로 채택하게 될 것입니다.

분단이념과 노예의식

저는 이번 모임에 한국기독교교회협의회 화해통일위원장으로 참가하면서 마음속에는 여러 가지 생각이 교차하였습니다. 왜 우리는 불과 차로 두세 시간이면 만날 수 있는 가까운 장소를 놔두고 하루 24시간이나 걸려 지구의 반 바퀴를 돌아 다른 나라에서 만나야 하는가? 노래 가사처럼 택시 값 단돈 5만 원이면 서울서 평양까지 갈 수 있는데, 왜 그에 수십 배에 달하는 비행기 표를 사야만 하는가? 왜 이런 일이 지난 10년의 두 민주 정권을 제외하고 지난 70년의 분단역사 속에서 60년이나 지속하여야 하는가? 도대체 이런 어리석음은 어디에 그 뿌리가 있는 것인가? 이렇게 살면서 우리는 과연 자주민주독립국가라 말할 수 있는가?

1984년 세계교회협의회는 남북교회 지도자 간의 만남을 일본 도잔소에서 주선하였는데, 올해는 바로 그 만남의 30돌이 되는 해입니다. 30살이면 성인을 지난 나이입니다. 그럼에도 불구하고 또 다시 남북교회는 세계교회협의회의 도움을 통해서만 다시 만날 수 있다는 오늘의 비극적인 현실이 참으로 제 마음을 괴롭혔습니다. 누가 우리의 만남을 방해하고 있는 것인가? 말도 다르고 피부색도 다르고 문화와 생각도 다른 민족을 만나는 것은 하나도 문제가 안 되는데, 왜 같은 언어에 한두 다리만 건너면 친척이라고 말할 수 있는 남북의 한 형제자매들이 만나는 것은 문제가 되는 것일까? 도대체 누가 이런 반인륜적인 못된 법을 만들어 놓았단 말인가? 우리는 왜 여기에 대해 저항과 독립의 외침을 외치지 못하고 오히려 노예와 같이 순응하고 있는가?

누가 순수한 종교인들의 만남을 방해하고 있는 것인가? 도대체 그 이유는 무엇인가? 그들은 무엇을 두려워하는 것일까? 우리를 향해 불순 세력이라고 말하는데, 도대체 누가 불순 세력인가? 인류 형제애에 기초하고 예수 그리스도가 명령하신바 서로 간의 장벽을 허물고 하나가 되려는 평화의 사도인 우리 그리스도인이 불순 세력인가? 아니면 이를 방해하는 미국을 비롯한 외세와 박근혜 정부의 통일부가 불순 세력인가? 조그련의 대표들을 만나는 기쁨도 있었지만, 동시에 자주권을 상실한 우리 민족을 생각할 때, 창피와 회오가 동시에 일어났습니다.

이번 회의는 조그련맹을 대표하는 위원장 강명철 목사님과는 처음 만나는 자리였기에 우리는 모두 강 목사님이 어떤 분이신가에 대해 궁금한 점이 많았습니다. 성찬식을 포함한 여러 예배와 성서 공부 그리고 회의와 식사 자리를 통해 서로를 깊이 알아갈 수 있었고, 남북교회 지도자 간 신뢰를 쌓을 수 있었음은 하느님의 은혜와 섭리라 말하지 않을 수 없습니다.

강 목사는 〈정의와 평화의 행로에 관한 고찰〉이라는 제목의 설교에서 "정의란 조선말로 표현하면 올바른 것이고 그와 반대되는 올바르지 못한 것은 부정의, 불의입니다. 평화는 무장충돌 같은 것이 없는 상태를 말하는 것이고 그와 반대되는 무장충돌 같은 것은 비평화적이고 폭력과 전쟁입니다. 성경에서는 정의와 평화가 입을 맞춘다고(시 85:10) 하였고 정의가 당신 앞을 걸어나가고 평화가 그 발자취를 따라간다(시 85:13)고 하였으며 정의는 평화를 가져온다(사 32:17)고 하였습니다. 따라서 평화는 정의로운 것이어야 하고 정의의 열매이어야 합니다."라며 일일이 성서 구절을 언급하면서 정의와 평화를 말할 때 참석자들은 모두 깊이 감동하였습니다. 제가 설교 후에 강 목사님의 원고를 직접 받아왔기에 교회 홈페이지에 그분의 설교 전문을 게시하려고 합니다. 저의 영문 발제문도 조그런 교회에서 보관용으로 달라고 해서 주었습니다.

휴식시간에 강 목사님에게 할머님을 기억하시냐고 물어보았습니다. 그랬더니, 대뜸 말하기를 어린 시절에 주로 할머님 밑에서 자랐는데, 이때 할머니는 장난감 총마저 갖고 놀지 못하도록 했다고 말하였습니다. 함께 참석한 노정선 목사께서는 할머니가 되시는 강양욱 목사님의 부인이 어떤 분인가를 이렇게 증언합니다. 미국 보스톤에서 목회할 때 반주자로 있던 여 집사님이 오랜 시간이 지난후에 자신이 강명철 목사의 아버지가 되는 고 강영섭 목사에게 피아노를 가르쳤던 사람이었음을 밝혔습니다. 피아노 레슨을 하기 위해 그 집 현관문을 두드릴 때마다, 사모님께서는 손에 성경을 펼친채 문을 열어주었다고 합니다. 지금까지 제가 접해본 조그런의 어느 목사님보다 성서 구절을 자주 인용하였는데, 이는 강명철 목사자신이 스스로 고백한 대로 할머님의 영향으로 어려서부터 성경을 가까이하였기 때문이었습니다.

특별히 이번 모임에는 파리 국회에서 일제 일본군 강제위안부 피해 증언을 위해 여행 중이시던 88세의 길원옥 할머님의 증언이 있었습니다. 할머님께서는 여러 번에 걸쳐서 전쟁이 일어나면 나 같은 피해자가 다시금 생길 수밖에 없으니 제발 전쟁만은 막아달라고 부탁하셨는데, 우리는 모두 깊이 감동할 수밖에 없었습니다.

역사의 모순

그런데 이렇게 스위스에서는 남북 간의 오랜 단절의 역사를 깨고 전쟁을 반대하고 세계 평화를 향한 화해와 기도가 이루어지고 있었는데 지구 반대편 한강토와 이를 둘러싼 동북아시아 내에서는 그 반대 현상이 일어나고 있었다는 사실은 역사의 모순이 아닐 수 없습니다. 일본 아베 정권의 재무장 움직임과 한미일 국방장관 사이의 협약을 통한 군사정보 공유와 새로 부임하는 미국 대사는 북의 핵 포기가 선행되지 않고서는 북미 간의 대화는 없다고 잘라 말하였습니다. 그렇다면 자신들이 갖고 있는 수천 발의 핵은 선한 핵이고 북이 갖고 있는 몇 발의 핵이 악이 되는 그 근거는 무엇일까요? 이야말로 힘이 곧 정의라고 하는 제국의 논리가 아니겠습니까? 게다가 우연히 본 어제저녁 뉴스에서 미국은 대북경제봉쇄정책을 1년간 연장하기로 했다는 소식은 남북 만남을 통한 저의 희망찬 마음에 찬물을 끼얹고 말았습니다.

한강토를 둘러싼 외세들이 자국 이익의 논리에 따라 남북대결을 부추기는 것은 어쩔 수 없다고 말하더라도, 우리 민족 내부에서조차 이런 남북대결을 당연시할뿐더러 이를 하느님의 뜻이라고 얘기하는 몰상식한 사람들이 있는데 그중 대표적인 사람이 문창극 국무총리 후보 지명자입니다. 그는 일제의 35년 식민지지배와 남북분단을 '하느님의 뜻'이라고 했고, 심지어는 한국전쟁도 미국을 붙잡기 위해 하느님이 주신 것이라고 말했습니다. 이 정도면 이는 단순히 친미를 넘어선 종미 노예적 발언입니다. 도대체 아무 일에나 하느님의 뜻이라고 말하는데, 그렇다면 자기 아버지와 어머니가 남북으로 서로 갈라져 이산가족으로 한평생을 살아왔을 때도 하느님의 뜻이라고 말할 수 있을까요? 세월호에 자기 아들딸이 죽었어도 그렇게 말할까요? 자기는 괜찮고, 자기 가족도 무사하니 이웃의 아픔에 이렇게도 무심한 사람을 과연 인간으로 인정할 수 있는 것일까요? 인간(人間)에서 '인'은 한자로 수 사람이 서로 기대는 모습이고, '간'은 틈과 사이 곧 관계적 존재를 말합니다. 이웃의 아픔, 민족의 비극적 사건을 하느님의 뜻으로 말하는, 곧 인간의 기본 됨을 상실한 사람이 그간 언론사의 중책을 맡고 교회의 지도자로 일하고 게다가 지금 국무총리 후보로까지 언급되고 있다는 남한의 정치 현실에 저는 그만 입을 닫지 않을 수 없습니다.

그간 남한교회의 근본적인 신앙을 가진 소수의 목사가 수만 명이 죽은 인도네시아의 쓰나미나 일본의 후쿠시마 핵폭발로 인한 비극을 향해 이들이 이런 비극을 겪는 것은 하느님을 믿지 않아 벌을 받은 것이라고 말해 온 것은 사실입니다. 그러나 그건 정신 나간 일부 신앙인의 극단적 발언으로 치부하면 그만입니다. 물론 이로 인해 수많은 지성인이 교회를 떠나고 젊은이들이 교회를 향해 침을 뱉고 등을 돌려온 것은 사실입니다. 기독교 내에서 이런 일들은 이미 엎질러진 일이니 어쩔 수 없는 일입니다. 그러나 백성의 생명이 달린 정치의 핵심을 다루는 국무총리 후보자가 "통일을 위해서 남북협상 같은 것은 필요 없고 '하느님의 터치'로 그냥 이루어진다"라고 말한다면 저에게 그는 단순히 기독교 신앙 근본주의자가 아닌 정신분열자로 보입니다.

역사의 퇴보라는 말이 있긴 하지만, 과연 이렇게까지 우리 역사가 퇴보해야 할까요? 우리가 가야 하는 그 끝은 아직도 멀었나요? 자괴감으로 인해 어찌할 바를 모르겠습니다. 지금 한강토를 둘러싼 동북아시아의 정세는 이명박 정권 아래 5.24 대북제재 조치 시작 후 어떠한 희망도 보이지 않습니다. 올해 초 남북 이산가족 상봉을 통해 뭔가 길이 열리는가 싶더니 평양 점령을 목표로 하는 키리졸브 한미군사훈련이 이어짐으로 인해 남북충돌이라는 막다른 길을 향해 달려가고 있습니다. 6, 70년대 박정희 유신정권 탄생의 주역을 담당한 공안검사 출신의 김기춘씨가 계속 청와대 비서실장으로 있는 현실은 우리가 세상 달력으로는 하루가 다르게 변화하고 있는 2010년대의 중반을 보내고 있지만, 실제 남한의 정치이념 현실은 1960, 70년대의 유신독재 정권에서 한 걸음도 앞으로 나아가지 못하고 있는 것입니다.

하느님의 꾐? 주님의 억지?

오늘 예레미야 예언자가 당한 현실이 바로 그러합니다. "야훼여, 저는 어수룩하게도 주님의 꾐에 넘어갔습니다." 예레미야는 가난한 민중들이 계속 힘 있는 자들의 손에 의해 휘둘리는 역사의 퇴보를 보면서 그럼에도 불구하고 하느님의 정의와 진보를 외칠 수밖에 없는 자신을 보면서 '하느님의 꾐'에 넘어간 어수룩한 자로, '주님의 억지'에 말려든 바보라고 말합니다. 그래서 날마다 웃음거리가 되고 모든 사람에게 놀림감이 되었습니다. 그는 주님의 말씀을 전하다가 날마다 욕을 먹고 조롱받는 사람이 되었다고 말합니다.

역사의 진보를 믿는 하느님의 사람들이 걸어가야 하는 고난과 십자가의 길을 말하고 있습니다. 바라기는 야유와 비난 그리고 조롱을 넘어서서 야훼 하느님의 역사 진보의 승리를 고백하는 예레미야의 비장한 신앙과 확신에 찬 찬양이 오늘 우리의 살아있는 신앙고백이 되기를 바랍니다. 우리는 남북분단을 하느님의 뜻으로 말하는 비정상적인 신앙인이 아니라, 우리는 주님 안에서 정의와 평등과 평화가 이뤄짐을 믿고 남북분단은 하느님 앞에서 인간이 저지른 중대한 죄임을, 이를 넘어서기 위한 용서와 화해야말로 진정한 하느님의 뜻임을 고백해야 합니다.

지금도 세상 권력은 예수와 그 제자들 그리고 초대교인들을 박해하였던 것과 같이 참 신앙인들을 박해하고 있습니다. 예수께서는 이렇게 말씀하십니다. '집주인을 가리켜 바알세불이라고 부른 사람들이 그 집 식구들에게야 무슨 욕인들 못 하겠느냐? 나를 향해 사탄의 두목이라고 부르는데, 나를 따르고자 애쓰는 너희들이야 무슨 욕인들 못 하겠느냐? 그러므로 그런 사람들을 두려워하지 마라. 감춰 있는 것은 드러나게 마련이고 비밀은 알려지게 마련이다.' 그렇습니다. 권력자들이 별의별 방식으로 자신의 불의를 감추고자 하여도 시간이 지나면 모든 비밀은 절로 드러나게 마련입니다.

물론 그 과정에서 겪는 오해나 비난은 어쩔 수가 없습니다. 우리에게 필요한 신앙은 육신은 죽여도 영혼은 죽이지 못하는 세상 권력자들을 두려워하지 않고 오히려 영혼과 육신을 동시에 죽일 수 있는 하느님을 두려워하는 신앙입니다. 세상 사람들의 시선을 두려워할 필요가 없습니다. 자신이 하고 있는 일이 하느님께서 동행하신다는 확신이 들면 그 길에 묵묵히 걸어가면 되는 것입니다. 설사 그 길이 십자가 죽음의 길이라 하더라도 말입니다.

평화의 외침 속에 담긴 칼의 역설

그런데 이어지는 예수님의 말씀, '내가 세상에 평화를 주러 온 줄로 생각하지 마라, 평화가 아니라 칼을 주러 왔다.'라는 말씀은 참으로 해석이 어려운 부분입니다. 이 말만 따로 떼어내면 우리 기독교인들은 모두 칼을 드는 폭력주의자가 되어야 할 것입니다. 이는 칼을 쓰는 자는 칼로 망하고, 왼뺨을 때리거든 오른뺨까지도 돌려대라고 하는 예수님의 원수 사랑과 평화의 정신에 위배 되는 말씀입니다. '아들이 아버지와 맞서고 딸은 어머니와 며느리는 시어머니와 맞서는 그래서 집안 식구가 바로 자기 원수다'라는 오늘의 말씀 또한 현재 불화가 있는 가정이 서로를 변호하기 위한 말씀으로 변질될 수도 있고, 나아가 남북분단의 현실을 정당화하는 말씀으로 오용될 수도 있습니다. 그래서 우리는 성서의 한 구절을 인용할 때에는 그 말씀이 성서 전체 맥락에서 어떻게 적용되는지를 잘 파악해서 인용해야 합니다.

평화가 아니라 칼을 주러 왔다는 말씀은 폭력을 사용하라는 말씀이 아니라 사람들 곧 권력자들 앞에서 나를 안다고 증언하는 사람이 되라는 말씀이 핵심입니다. 평화를 꾀한다고 말하면서 거짓과 불의에 침묵하고 동참하는 사람이 되지 말라는 말씀입니다. 참 평화를 지키기 위해 거짓 평화를 외치는 세상 권력자들의 불의함에 대항하기 위해 칼을 들어야 할 때가 있을 수 있다는 것입니다. 이는 평화를 이루기 위한 저항의 상징이자 동시에 죽음의 상징이기도 합니다. 비록 우리가 세상 권력자들이 가진 더 큰 칼의 희생자가 된다 하더라도 저들의 거짓 평화에 입을 닫아서는 안 된다는 말씀입니다.

평화실현과 가족 이기주의

자기 집안 식구가 바로 자기 원수라고 하는 말씀 또한 예수를 따름에 있어 때때로 가족들이 걸림돌이 될 때가 있다는 말씀이지 가족을 버려야 한다는 말씀이 아닙니다. 달리 말하면 사도 요한이 말씀하는 바와 같이 눈앞에 보이는 가족을 사랑하지 않으면서 눈에 보이지 않는 예수님을 사랑한다고 하는 것은 거짓이 될 것입니다. 따라서 지금 예수께서 강조하는 것은 살다 보면 우리가 정말 예수의 신앙을 지키기 위해 가족들과 맞서는 순간이 있을 수 있다는 것입니다. 이는 단지 제상에 절을 하느냐 절을 하지 않느냐는 그런 낮은 단계에서의 신앙 차원이 아니라, 하느님 나라의 정의로움과 평화를 위해 가족 이기주의를 넘어서야 한다는 말씀입니다. 이를 어떻게 각 가정에 적용할 것인가는 가정마다 처한 형편과 처지가 다르기에 일률적으로 말할 수는 없습니다.

다만, 인간이 인간으로서 동물과 다른 점이 있다면 제 자식만 위하는 것이 아니라 남의 자식까지도 제 자식으로 사랑할 줄 아는 인류 보편 사랑일 것입니다. 수사자의 경우를 보면 자기 씨앗을 전파하기 위해 암사자가 기르고 있는 새끼 사자들을 죽입니다. 인간 또한 동물이긴 하지만, 이를 뛰어넘었을 때 비로소 인간이라 할 수 있을 것입니다. 그래서 세월호에서 자신의 구명대를 친구에게 줌으로 친구는 살리고 대신 죽었다고 하는 이야기를 자기 자식들에게 들려주면서 너희들도 이런 경우를 당하면 그렇게 하라고 말할 수 있어야 한다는 것입니다. 만약 제 자식에게 그렇게 가르칠 수 없다면 그 부모는 아들이나 딸을 예수보다 더 사랑하는 곧 예수를 따르는 자격을 상실한다는 말씀입니다. '나를 위하여 자기 목숨을 잃는 사람은 자기 목숨을 얻을 것이다'라는 의미가 바로 그런 것입니다. 자기 집안 식구가 자기 원수라는 말은 사회의 공익을 위해 사사로운 이익을 포기하는 사람이 되도록 가르치라는 의미입니다.

지난 목요일 한겨레에 실린 한 독자의 글을 인용함으로 오늘의 말씀을 마치고자 합니다. "지금 한국교회에는 세습, 탈세, 성폭력 등이 사회의 문제가 고스란히 녹아 있다. 신도가 고객이 된 지 오래다. 예수는 혁명적이지만 교회는 세속적이다. 예수는 희생을 택했으나 교회는 권력을 추구한다. '개독교와 빤스 목사'가 난립해도 공산당 타령이다. 하느님을 모욕하는 일에 가장 앞장서는 이들은 다름 아닌 선민의식으로 가득한 기독교인들이다. 기독교식으로 보자면 인간은 '신 앞에 평등한' 존재다. 지금 이 시대를, 이 땅을, 예수가 살아간다면 무엇을 할 것인가? 예수는 스스로 지배자가 되지 않고 가난하고 병든 자들을 섬겼다. 그것이 하느님의 '터치'다(34쪽 이라영).

세상 민족들로부터 손가락질받는 이 치욕의 남북분단이 하루 속히 끝나고 화해와 통일의 새 역사가 우리 한강토에 펼쳐지기를 두 손 모아 기도합니다.

한국전쟁과 민족화해*

시편 107:1-3; 마가복음 4:35-41

> 야훼께 감사 노래 불러라. 그는 어지시다. 그의 사랑 영원하시다. 야훼께
> 서 구해 주신 자들 모두 노래하여라. 원수의 손에서 구해 주시고 동서남북
> 사방에서 불러모아 주셨다(시 107:1-3).
>
> 예수께서 일어나 바람을 꾸짖으시며 바다를 향하여 "고요하고 잠잠해져
> 라!" 하고 호령하시자 바람은 그치고 바다는 아주 잔잔해졌다. 그렇게
> 하시고 나서 예수께서는 그들에게 "왜 그렇게들 겁이 많으냐? 아직도 믿
> 음이 없느냐?" 하고 책망하셨다. 그들은 두려움에 사로잡혀 "도대체 이분
> 이 누구인데 바람과 바다까지 복종할까?" 하며 서로 수군거렸다(막 4:
> 39-41).

---

* 2015년 6월 21일 민족화해주일, 향린교회

메르스와 탄저균

메르스 태풍에 휩쓸려 중요한 이슈로 부상하지 못하고 그냥 묻힌 두 사건이 있는데, 하나는 황교안 총리 국회 인준이고 또 다른 하나는 탄저균 사건입니다. 이미 언급했다시피 황교안 총리는 유신 헌법을 지지한 공안검사 출신으로 편향된 이념은 물론 의혹 짙은 군 면제, 탈세 등등으로 결코 총리가 되어서는 안 되는 부적합 인물입니다. 메르스로 어수선한 가운데 여당의 일방적인 밀어붙이기로 통과되었고, 그는 취임식에서 메르스를 핵심 과제로 삼겠다고 말했는데 실제로 첫 번째 한 일은 세월호 4.16연대 사무실을 압수 수색한 일이었습니다. 눈엣가시 같은 광화문 농성장을 제거하기 위한 명분을 찾고 있었던 것입니다. 세월호 희생자들을 빨갱이로 몰아 공안정국으로 끌어가겠다는 의지 표명입니다. 결코, 총리가 되어서는 안 되는 사람입니다.

탄저균은 살상 화학무기입니다. 쌀 한 포대만큼의 탄저균을 서울 상공에서 뿌리면 그 즉시 100만 명에서 300만 명까지 죽일 수 있는 치명적인 무기입니다. 이렇게 위험한 무기를 미국은 '민간택배'로 남한에 보냈습니다. 그것도 본래는 죽은 균을 실험용으로 보내야 하는데, 살아있는 채로 보냈습니다. 남한에만 보냈으면 모른 체하고 지나갔을 일인데, 미국 국내연구실에도 보내 여론이 들고 일어나자 미국 국방성 장관이 공개적으로 잘못했다고 한 것입니다. 사과는 자기 나라 백성에게 한 말이었고, 우리나라는 여기에 덧붙여진 것인데, 우리는 마치 우리에게 한 것처럼 오해하고 있습니다.

현재 탄저균에 노출된 22명이 치료를 받고 있다고 하는데, 구체적 내용은 함구하고 있습니다. 한미군사협정에 따르면 이런 화학무기를 들여올 때는 서로 협의하기로 되어있는데, 깡그리 무시해 온 게 지금까지의 관례입니다. 요즘 종교시민단체들이 계속 문제를 제기하고 있습니다만, 정부는 여기에 꿀 먹은 벙어리입니다.

메르스가 확대되는 사태에도 불구하고 미국을 가겠다고 우기던 박근혜 씨가 돌연 일정을 취소했습니다. 진짜 이유는 미국에서 메르스 감염을 염려한 나머지 연기를 요청했을 가능성이 큽니다. 지금 미국을 비롯한 여러 나라는 에볼라와 마찬가지로 메르스에 대해 엄청난 공포를 느끼고 있습니다. 그래서 WHO 조사단이 즉각 왔던 것입니다. 청와대는 방문을 연기한 후 두 정상이 20분 동안 통화를 했다고 말하면서 '기후 변화 대응, 한·미 원자력 협정, 사이버 안보' 관련 얘기를 했다고 하는데, 탄저균 관련해서는 일언반구도 없습니다.

미국 정부는 메르스 감염 우려로 우리 정부의 공식적인 방문을 연기해달라고 할 정도로 국민 건강에 대해 예민하게 반응을 하고 있는데, 우리 정부는 메르스보다 수십만 배 위험한 탄저균이 살아 있는 채 우리나라에 들어왔는데도 항의는커녕 한마디 언급도 없는 현실을 보면서 민족적인 수치와 모멸감을 느꼈습니다. 이 나라의 대통령이란 사람은 제 나라 백성들의 안전과 생명보다는 미국이라는 상전의 심기를 건들지 않는 것을 더 중요하다고 생각하고 있으니까요.

통일부? 분단부!

이런 일도 있었습니다. 지난달 한국기독교교회협의회와 조선그리스도교도련맹은 중국 심양에서 실무회담을 하고 미·일방위협력지침 개정의 심각성에 대한 인식을 공유하고 이의 폐지를 촉구하는 공동성명을 발표했습니다. 그러자 교회협의회로 통일부의 공문서가 날아왔는데, 남북교회가 만나 미·일방위협력에 대해 논의하는 것은 종교교류 목적에 어긋나는 일로 추후 북측 교회와의 만남을 금지하겠다고 협박을 하는 것이었습니다. 이 공문서를 보고 저를 비롯한 통일위원들은 매우 분노하여 통일부에 엄중히 항의하는 편지를 보냈습니다. 종교교류의 내용은 우리 종교인들이 정하는 것이다. 우리가 통일부 산하에 있는 기구이냐? 그리고 임진왜란 시기에는 불교의 승려들이, 3·1항쟁 시기에는 개신교와 천도교 종교인들이 중심이 되어 독립 만세를 외쳤는데, 그러면 이것도 종교의 목적에 어긋나는 일이냐? 이번 개정에 따르면 미국의 요청으로 일본군이 다시금 이 나라에 들어올 수도 있게 되어있는데, 일본군의 재침략을 방관하고 있으란 말이냐고 되물었습니다.

이렇게 무례하고 오만방자한 경우는 남북교회의 만남이 시작한 지난 20년 동안 한 번도 없었던 일입니다. 미국에 대해서는 입도 뻥긋하지 못하는 무능한 정부가 평화와 통일을 위해 일하는 종교인들에게 상을 주지는 못할망정 협박을 하고 있으니 이 정부가 국민을 얼마나 우습게 보고 있는지, 통일이 아닌 남북대결을 원하고 있다는 것을 보여주는 여실한 증거입니다. 통일부를 분단부로 이름을 바꿔야 할 것입니다. 오늘 말씀은 재산과 자식을 모두 잃은 욥이 너무나 억울해서 꼬치꼬치 따지니까 듣다 듣다 하느님이 이렇게 한마디 하십니다. "야 내가 땅의 기초를 놓을 때 너는 어디에 있었느냐? 그 누가 세상의 주춧돌을 놓았느냐? 그렇게 세상 물정을 잘 알거든 한번 말해보아라. 너의 오만한 태도는 여기에서 멈춰야 한다." 현 정부를 향해 바꿔 말한다면 "야 우리가 평화기도회를 할 때 너희는 어디에 있었느냐? 남북정상회담을 보면서 온 백성이 환호하며 손뼉 칠 때 너희는 무엇을 하고 있었느냐? 너의 오만방자한 태도는 여기서 멈춰야 한다."

종교도 먼저 사람의 목숨이 붙어 있고 난 다음에 있는 것입니다. 나라가 전쟁으로 망하려고 하는 판국에 영혼 구원만 외치고 있으라고 하는 얘기는 독재 권력자들의 전형적인 모습입니다. 여러분, 이 기도는 누구의 기도인지 한번 알아 맞혀보시기 바랍니다. "저는 지금 앞으로 닥쳐올 우리의 미래와 우리가 행할 행동과 우리가 해결해야 할 문제에 대해 축복을 내려주십사 하고 신께 기도드리고 있습니다. 전능하신 분은 교만과 소심한 복종으로부터 우리를 보호해주실 것입니다. 또 우리가 바른길을 갈 수 있도록 우리를 보호해주실 것입니다. 신은 우리를 위해 그 길을 마련해 주셨고, 우리가 항상 올바른 일을 할 수 있도록 용기를 주실 것입니다. 그리고 어떤 위협이나 위험 앞에서도 결코 머뭇거리거나 약해지지 않을 용기를 주실 것입니다." 이는 히틀러가 유대인 학살을 자행하기 위해 독일 국민을 향한 연설문의 일부인데 차라리 종교를 이용하려는 히틀러가 더 똑똑한 것 같습니다.

남북교회 공동성명서는 "칼을 쳐서 보습을 만들고 창을 쳐서 낫을 만들 것이며 이 나라와 저 나라가 다시는 칼을 들고 서로 치지 아니하며 다시는 전쟁을 연습하지 아니하리라."라는 미가서의 말씀을 인용하면서 "이번 미일 개정안은 제2차 세계대전의 전범국인 일본의 군사력 증강에 날개를 달아주고 그것을 미국의 군사패권 강화에 활용하겠다는 것으로 우리는 실로 경악을 금할 수 없다. 일본이 저지른 침략전쟁, '군대 성노예 위안부' 동원, 남경대학살 등 전쟁범죄에 대한 미국의 면죄부와 다름없는 일로 이는 한국 백성과 전체 아시아인들에 대한 모독"임을 밝혔습니다.

6.25는 남북 화해의 날

이번 주 목요일은 한국전쟁이 발발한 지 65주년이 되는 날입니다. 정부는 6.25만 되면 북에 대한 증오와 복수심을 불러일으키려고 하지만, 이는 남북 모두에게 아무런 이득을 가져오지 못합니다. 세계 어느 나라도 과거에 전쟁하지 않은 나라는 없습니다. 과거를 떠올려 서로의 복수심만 부추긴다면 인류는 이미 전멸하고 말았을 것입니다. 과거에 잘못이 있더라도 용서하고 화해하고 미래를 향해 함께 손잡고 나아가는 것은 사람으로서 지극히 당연한 일입니다. 대부분의 선진국은 그렇게 살아갑니다. 과거에 전쟁도 수없이 했고 말도 다르고 핏줄도 다르지만, 국경도 없애고 경제단위도 통일하면서 하나 되기 위해 노력하고 있습니다. 오직 후진국들만이 권력자들의 꼬임에 빠져 서로 미워하고 상대방을 조금이라도 칭찬하면 빨갱이라 부르고 피를 나눈 형제자매끼리 몇십 년 만에 만나 얼싸안고 기뻐하면 국가안보 운운하며 감옥에 가둡니다. 저는 요즘 정부의 행태를 보면서 과연 저게 인간들이 하는 짓인가? 인면수심(人面獸心)이라는 말이 그냥 생겨난 말이 아니구나 하는 생각을 합니다.

이솝 우화에 네 마리의 황소 이야기가 있습니다. 그들은 어딜 가든 함께 행동했습니다. 함께 풀을 뜯고, 함께 누워 쉬었습니다. 그렇게 늘 가까이 지냈기 때문에 어떤 위험이 다가와도 그들은 서로 힘을 합해 대처해 나갈 수 있었습니다. 이들을 잡아먹고자 하는 사자 한 마리가 있었습니다. 사자는 황소와의 일대일 대결은 자신이 있었지만 네 마리는 어찌할 수가 없었습니다. 그래 사자는 꾀를 부립니다. 소들이 풀을 뜯고 있을 때 그중에 약간 뒤처진 황소에게 살금살금 다가가 귀엣말로 "다른 소들이 네 흉을 보고 있다"라고 말합니다. 처음에는 팔짝 뛰었습니다. "네가 우리를 갈라놓으려고 수작을 부리는구나. 저리 가라 이 사자 놈아!" 그러나 사자는 계속해서 다른 소에게도 이런 식으로 했습니다. 처음에는 그럴 리가 없다고 말하던 황소들도 결국은 꼬임에 빠져 서로를 불신하게 되었으며 마침내 뿔뿔이 흩어졌고 그래서 사자는 네 번의 훌륭한 식사를 할 수 있었습니다. 이것을 정치용어로 분리지배정책이라고 말합니다. 패권 국가나 독재자들은 끊임없이 패를 나눕니다. 남과 북으로, 여와 야로, 전라도와 경상도로. 역사적으로 보면 어느 사회나 집단이 망하는 것은 밖으로부터 오는 위협 때문이 아니라, 내부 분열에 기인합니다.

분열 위기의 극복

오늘 복음서 말씀은 예수와 제자들이 탄 배가 풍랑을 만나 침몰의 위기에 처한 장면을 보여주고 있습니다. 배에 물이 가득 찼는데도 예수께서는 뱃고물을 베게 삼아 주무시고 계셨다고 합니다. 그래서 제자들이 소리를 쳐서 깨웁니다. '선생님, 저희가 죽게 되었는데도 돌보시지 않습니까?'이건 말이 안 되는 얘기입니다. 무슨 수천 톤의 큰 유람선도 아니고 겨우 열댓 명 정도 타는 고기 배에 풍랑이 일어 배 안에 물이 넘쳤는데도 예수는 자고 있었다. 이건 상식 이하의 얘기입니다.

이 얘기는 곧 마가 공동체가 존폐 위기를 겪고 있음을 말하는 것입니다. 예수와 제자들이 탄 배만 있었던 것이 아니라 다른 배들도 따라갔다고 하는 구절이 이를 증명해줍니다. 공동체가 당한 이 위기를 어떻게 극복할 것인가? 그 해결책으로 마가는 풍랑을 잔잔하게 하시는 예수님의 초자연적인 능력을 믿고 그를 따라 하나가 되자고 말하는 것입니다.

교회를 가끔 노아의 방주로 비유하기도 합니다만, 이는 세상은 멸망하도록 버려두고 교회만 열심히 나오면 된다고 하는 탈세상적인 위험천만한 타계 신앙을 갖도록 만듭니다. 예수께서 당부하신 하느님의 나라가 이 땅에 오게 해달라고 하는 구원은 세상 안에서 완성된다는 Missio Dei로서의 세상 구원입니다. 예배실 전면 피아노 쪽 구석에 보면 세계교회협의회(WCC)의 로고가 그려져 있습니다. 바다 위에 떠 있는 배가 풍랑과 함께 그려져 있고 중앙에는 십자가 돛을 달고 있습니다.

세계교회의 신학을 에큐메니칼이라고 합니다. 에큐메니칼이란 단어는 로고에 쓰여 있는 대로 희랍어 오이쿠메네(oikoumene)에서 유래하였는데 이는 집을 뜻하는 oikos에서 나왔습니다. 이 말의 뜻은 교회란 이 세상을 하나의 집으로 그리고 그 안의 모든 사람을 하나의 가족으로 여기자는 것입니다. 경제라는 economy, 그리고 생태학 ecology란 단어가 모두 집이라는 oikos 에서 나온 말입니다. 여러분이 저 로고를 볼 때마다 모든 인류는 한 가족이라는 사실, 교회는 풍랑 이는 이 세상에서 도피처가 되는 장소가 아니라, 풍랑을 잔잔하게 하는 사명과 그 능력이 있음을 기억하시기 바랍니다.

그을린 대지와 검은 눈

올해 한국전쟁 기념일을 맞아 영국의 작가 앤드류 새먼이 쓴 『그을린 대지와 검은 눈』이라는 책이 우리말로 출간되었습니다. 1950년 9월 낙동강 전선에 투입된 영국군 부대의 활약상을 담은 책으로써 참전 생존자들의 증언을 바탕으로 하고 있습니다. 지은이는 한국전쟁을 이렇게 말합니다. "냉전 기간에 벌어진 분쟁 중 분노의 악마적인 힘이 이만큼 크게 분출된 싸움은 없었다." 그리고 그 악마를 이렇게 설명합니다. 한 병사의 회고입니다. "우리는 북조선이든 남한이든 구별할 신경을 쓸 필요가 없었지. 그저 북조선이든 남한이든 다 죽여 버리면 그만이었거든." 한 소대장은 말합니다. "우리에게 저항하는 마을은 불태워버렸습니다."

대대 군의관의 회고입니다. "어떤 나라에 쳐들어가서 그 나라 사람들을 마구 죽이는 게 과연 도덕적으로 옳은 일인가 하는 의문이 생겼습니다. 그 사람들은 공산주의니 뭐니 하는 데는 관심도 없었을뿐더러, 그저 배부르게 잘 먹고 잘사는 게 주된 관심사였을 뿐인데 말이지요. 이게 해방이라면 참 웃기는 해방이라는 생각이 들었습니다. 이 사람들은 우리가 없었으면 더 잘 살았을지도 모르는데 말이지요" 윌로비라는 병사는 미국전투기가 이미 폐허가 된 마을에 무차별 기총소사를 가하는 것을 보면서 이렇게 일기에 적었습니다. "한국인들은 저 꼴을 당하려고 일본에서 해방된 건가?"(「한겨레신문」, 2015년 6월 19일자, 18쪽)

저는 묻습니다. 8·15를 우리는 광복이라고 부릅니다. 우리가 지금 이렇게 서로 미워하며 살고 있는데, 빛 광(光)에 돌아온 복(復)이라고 부르는 이유는 무엇인가요? 도대체 이 나라에 무슨 빛이 돌아온 것입니까? 자유와 해방과 독립의 빛이요? 무슨 자유? 자살하는 자유? 그래서 세계 자살률 1위 국가가 된 것인가요? 해방? 그래서 청소년 흡연율 세계 1위 국가가 되었나요? 자유? 그래서 자동차 사고율 세계 1위의 국가가 되었나요? 그래서 결핵 환자 발생률 사망률 1위, 당뇨 사망률, 간 질환 사망률, 심장마비 사망률 세계 1위 국가가 되었나요? 독립? 그래서 군작전 통제권을 미국군대에 주었습니까? 가지고 가라는 데도 군이 갖고 있으라고 미루고 미루는 세계 유일의 나라인데, 독립 맞습니까? 이제 두 달만 있으면 8·15 광복 70돌을 맞이한다고 하는데, 이 나라는 무슨 빛을 되찾았으며 여러분은 지금 무슨 빛을 되찾았나요?

오늘의 남북관계

지금 한강토는 요동하고 있습니다. 어디로 가야 할지 모른 채, 남과 북으로 분열되어 서로 깊은 상처만 남긴 채 갈 방향을 잃고 있습니다. 너무 오랫동안 그렇게 살다 보니 비정상이 정상으로 착각되는 거짓과 오류를 당연히 여기며 살아가고 있습니다. 박근혜 정부는 남과 북의 민간단체들이 만나 6·15 민족공동 행사를 하도록 허용했다가 막판에 가서 뒤집었습니다. 국제관례상 도저히 있을 수 없는 무례한 짓을 행했습니다. 15년 전 김대중 대통령과 김정일 위원장이 만나 서명한 합의 문서를 갈기갈기 찢고 말았습니다. 이래서야 어떻게 신뢰가 형성되겠습니까? 자기 맘에 안 들어도 앞서간 정부가 맺은 규약은 서로 존중하는 것이 기본입니다. 이웃끼리 맺은 협의는 집주인이 바뀌어도 존중하는 것이 예의입니다.

그런데 법치와 민주를 기본정신으로 하는 이 나라가 앞선 대통령이 서명한 일을 헌신짝처럼 버린다면 도대체 어떤 나라가 협약을 맺자고 하겠습니까? 달면 삼키고 쓰면 뱉는 사람과 여러분이 약속하시겠습니까? 이는 자기 얼굴에 침을 뱉는 어리석은 일입니다. 단지 합의만 깨는 것이 아니라, 나라 전체를 대결과 전쟁의 국면으로 몰아 국민을 공포 속에 가둬두고 있습니다. 말끝마다 경제와 복지를 말하는데, 개성공단 축소로 인한 경제손실은 말할 것도 없고 북의 값싼 지하자원은 모두 중국과 러시아로 넘어가고 있습니다. 게다가 남북 갈등이 심화하면 국제신용등급이 하락합니다. 여행객이 급감합니다. 달러 사재기가 일어납니다. 순식간에 경제가 엉망이 됩니다.

복지의 목표는 국민 행복입니다. 허구한 날 전쟁의 공포 속에 살아가는 민족에게 무슨 행복이 있겠습니까? 그러니 나날이 국민소득은 올라간다고 하는데, 국민 행복도는 세계에서 바닥을 헤매고 있는 것입니다. 빵 한 조각 더 먹는다고 행복해집니까? 그건 돼지나 그러합니다. 누가 여러분을 돼지라고 부르면 매우 화를 낼 것입니다. 그런데 정부가 우리를 돼지 취급하고 있는데도 가만히 있는 건 무슨 이유인가요? 메르스도 어찌 보면 사육을 강요당한 낙타들의 반란인데, 언젠가는 돼지들이 정신을 차려 반란을 일으킬 때가 올지도 모르겠습니다.

김낙중-돈키호테?

남북분단의 문제를 자기의 문제로 알고 평생 매진하여 오신 분들이 많이 계십니다만, 그중 대표적인 분은 김낙중 선생이십니다. 1954년 휴전 직후 20세의 젊은 나이에 남북의 평화를 위해 눈물을 흘리는 사람을 찾는다고 하는 탐루(探淚)라고 새긴 등불을 대낮에 부산 광복동 거리를 들고 다니다 미친놈으로 몰려 고생을 하셨습니다. 평화통일안을 직접 만들어 청와대(당시는 경무대)에 보내고 이 것으로 안되자 이를 북에 직접 전달하기 위해 홀로 임진강을 건너갔다가 간첩으로 몰려 죽을 고생을 하시고 천신만고 끝에 겨우 남쪽으로 돌아왔지만, 또다시 간첩으로 몰려 죽을 고생을 하셨습니다.

이후 박정희독재 유신정권은 정권이 불리할 때마다 김낙중 선생을 간첩으로 몰아 지금까지 5번의 사형선고를 받으셨고, 18년의 감옥 생활을 하셨습니다. 지금도 무기수 신분이라 투표권도 없고 여권도 없습니다. 한마디로 말하면 남북분단 고난 역사의 산증인이십니다. 80이 훨씬 넘으셨지만, 지금도 남북화해와 통일을 위해 기도하시고 글을 쓰고 계십니다(2020년 작고). 정권은 틈만 나면 김낙중 선생님을 정치적으로 이용하고자 합니다. 지난번 김기종 씨가 미 대사를 피습하는 사건이 있었을 때, 국정원은 끄나풀인 경제신문 기자 한 명을 향린교회에 보내 김낙중 선생님과 인터뷰를 하게 한 이후 선생님과 향린교회를 배후세력으로 몰아가려고 했던 것입니다.

여러분에게 일일이 다 말씀드릴 수는 없지만, 당시 조선·중앙·동아일보의 여론을 앞세운 국정원과의 숨 막히는 심리전이 오고 갔었습니다. 결국, 무리수를 두다가는 더 큰 일이 벌어질 것 같았기에 국정원이 포기했지만, 지금도 '국가보안법을 철폐하라'라는 현수막을 내걸고 있는 향린교회를 죽이기 위해 계속 그 기회를 노리고 있고 보이지 않는 가운데 내부 분열을 획책하고 있습니다. 금요일자 한겨레신문은 특별기고 난을 통해 국회의원과 노동부 장관을 지낸 언론인 남재희 님의 글을 실었는데, 그 제목이 '김낙중-돈키호테일 뿐인가?'입니다. 제목이 말하는 바와 같이 김낙중 선생님은 마치 이 사회에 돈키호테와 같이 어리석은 사람으로 여겨지지만, 이 사회의 근본을 제대로 파악하고 그 해결책을 제시하고 있는 분이 아닌가 하며 조심스럽게 반문하고 있습니다.

글 말미에 김낙중 선생님의 공동상속제 도입 주장을 소개합니다. '돈 많은 사람이 죽을 때 일정액 이상의 소유재산을 국가가 관리하도록 하여 청년들에게 일정액을 자본 분배해서 모든 젊은이가 공평하게 인생을 출발할 수 있도록 하자.' 얼핏 들으면 엉뚱한 얘기로 들리고 자본주의 기본에 어긋나는 주장처럼 들리지만, 지금과 같이 자본주의의 패악으로 말미암아 젊은이들이 방황하고 절망하고 심지어는 자살을 하는 상황에서는 이런 주장이 오히려 자본주의를 살리는 방안이라고 생각합니다.

겨자씨와 방탄소년단 그리고 북핵*

에스겔 17:22-24; 마가복음 4:26-34

그제야 들의 모든 나무는 알리라. 높은 나무는 쓰러뜨리고 낮은 나무는 키워 주며 푸른 나무는 시들게 하고 마른 나무는 다시 푸르게 하는 이가 바로 나 야훼임을 알리라. 나 야훼는 한번 말한 것은 반드시 그대로 이룬다(겔 17: 22-24).

예수께서 또 말씀하셨다. 하느님 나라를 무엇에 견주며 무엇으로 비유할 수 있을까? 그것은 겨자씨 한 알과 같다. 땅에 심을 때에는 세상의 어떤 씨앗보다도 더욱 작은 것이지만 심어놓으면 어떤 푸성귀보다도 더 크게 자라고 큰 가지가 뻗어서 공중의 새들이 그 그늘에 깃들일 만큼 된다(막 4: 26-34).

*2019년 8월, 나성평화교회

격세지감(隔世之感)이라는 말과 같이 요즈음 한강토를 둘러싼 국내 국제정세가 크게 바뀌었습니다. 문재인 정권이 들어선 이후 남북관계는 물론 북미관계 그리고 최근에는 한일관계가 크게 요동치고 있습니다. 3개의 중요 반도체 수출제한을 넘어 천백 개에 이르는 수출 품목들을 한국에만 금지하겠다는 것입니다. 일본은 이미 다 해결이 끝난 강제징용자에 대한 대법원의 보상 판결에 시비를 걸고 있습니다만, 사실 이것도 징용 전부에 대한 소송이 아닌 미쓰비시에서 강제노동했던 몇 명의 사람들이 자신들의 봉급을 따로 보관하고 있다는 사실을 뒤늦게 알고 이를 돌려달라는 소송이었습니다. 그리고 미쓰비시 재산이 일본에만 있으면 어떻게 할 수도 없는데, 남한에 일부 기업이 있고 자산이 있다 보니 이를 팔아서 징용자들의 떼먹은 봉급을 돌려주라는 판결이었습니다. 그런데 아베 정권은 이를 특수사항으로 인정하다 보면 위안부 문제는 물론 다른 징용문제로 확대가 될까봐 이를 미연에 방지하기 위해서 역공을 취한 것입니다.

사실 아베는 그간 지난 일본의 침략을 정당화하고 평화헌법 9조를 폐기하고 군사 재무장을 통해 일본이 아시아에서의 지배권을 세워보겠다는 정치적 야심이 있었기에 첫 번째 방해물로 등장한 남한을 꺾기 위해 무리한 일을 시도하고 있습니다. 두 가지 목표를 한꺼번에 이룩하는 데 그 목적이 있습니다. 하나는 남한 경제를 뒤흔들어 남한을 경제적으로 예속시키는 일과 이를 통해 문재인 정권의 통치력을 약화시키고자 하는 것입니다. 그러나 아베 정권이 이해하지 못하고 있는 것이 우리 민족이 가진 저항의 힘입니다. 누르면 누를수록 더 강하게 결속하는 힘입니다. 이는 강자에게 굴복하고 약자에게 군림하는 일본 민족이 가진 정서와는 전혀 다른 민족 정서입니다. 일본은 민중혁명이 역사에서 한 번도 없었지만, 우리 민족은 동학혁명 이래 3.1민중혁명, 제주4.3, 4.19, 부마항쟁, 5.18광주항쟁, 87년 6월혁명, 최근의 촛불 혁명까지 민중이 주도해온 역사입니다. 일본이 결코 이해할 수 없는 민중의 힘입니다.

겨자씨 비유의 오해

오늘 마가복음의 겨자씨 비유는 매우 잘 알려진 말씀이지만, 동시에 가장 잘못 이해되고 있는 말씀이기도 합니다. "가장 작은 씨앗이지만, 심어놓으면 어떤 푸성귀보다도 크게 자라고 큰 가지가 뻗어 새들이 그 그늘에 깃들게 된다"라는 구절은 급속한 성장을 통한 성공 비유의 말씀으로 시장 자본주의를 옹호하는 말씀으로 오해되고 있습니다. 특히 교회 개척교회 목사님들이 가장 좋아하는 말씀입니다. 욥기의 "시작은 미약하였으나 그 끝은 창대하리라"라는 말씀과 함께 가장 애용하는 구절입니다. 착각은 자유라지만, 이는 예수님의 뜻과는 반대되는 해석입니다. 달리 말하면 사탄적인 해석입니다.

이 비유는 우리가 잘 아는 씨뿌리는 비유 말씀에 이어 나옵니다. 그런데 씨뿌리는 비유 이야기를 읽어보면 너희에게는 알아듣기 쉽게 비유로 얘기하지만 다른 사람들에게는 알아듣지 못하게 하려고 비유로 얘기하고 있다고 말합니다. 도대체 이해가 되지 않습니다.

비유라는 건 이해하기 힘든 것을 이해하기 쉽게 하려고 하나의 예로 드는 것인데, 외부인들 곧 제사장들이나 바리새-사두개파 사람들은 오히려 알아듣지 못하도록 더 나아가 구원받지 못하도록 비유로 얘기하고 있다고 말합니다. 그러나 씨뿌리는 비유에서 이해하지 못할 게 별로 없습니다. 그런데 이 씨뿌리는 비유와 오늘의 겨자씨 비유에서 두 번이나 반복하는 말씀이 "귀 있는 자는 들으라."입니다. 이 말은 문자 너머의 뜻을 파악하라는 저자의 의도가 담긴 말입니다. 더 나아가 저자 마가는 겨자씨 비유 다음에 이런 글을 덧붙였습니다.

예수 시대의 정치 폭압적 상황

'예수는 그들에게는 이렇게 비유로만 말하고 제자들에게는 그 숨은 설명을 따로 일일이 말하였다.' 그런데 그 숨은 설명이 성서에는 나오지 않습니다. 이 말의 뜻은 무엇을 의미하는 것일까요? 이는 로마당국의 감시하는 눈길로 인해 그 뜻을 여기에 밝혀놓지 못하니까 그 숨은 뜻을 잘 헤아리라는 당부입니다.

마가복음서가 기록된 시기는 예루살렘 함락 직후입니다. 예수를 따르던 제자들은 처음에는 예수의 말씀을 제대로 이해하지 못하고 있었습니다. 예수께서 저들을 떠나간 이후에도 그냥 유대교에 계속 머물러 있었습니다. 하루 세 번 성전에 나가 기도했습니다. 그런데 예루살렘 성전이 파괴되고 나니까 비로소 예수께서 하신 말씀의 본뜻이 보인 것입니다. 그래서 예수의 말씀이 구전으로만 전해지고 있던 것을 기록한 것입니다. 그런데 기록할 당시에 문제점이 하나 있었습니다. 예수는 로마의 극형인 십자가형으로 처단을 받았습니다. 십자가형은 그냥 범죄인이 아닌 로마의 체제를 반대하는 게릴라, 오늘의 말로 말하면 테러리스트들을 처단하는 방식이었습니다. 이는 단순히 사람을 죽이는 방식이 아닌 사람을 가장 잔인하게 죽임으로 백성들에게 공포감을 심기 위한 방식입니다. 마을 주변 높은 언덕에 산채로 매달아 놓습니다. 한낮의 뜨거운 햇볕과 밤중의 추위는 아무것도 아닙니다. 그런 상태로 있으면 낮에는 까마귀들이 날아와 눈알을 파먹고 얼굴의 살점을 뜯어 먹고 밤에는 이리나 승냥이 떼들이 달려들어 다리 살을 뜯어 먹기 시작합니다. 그러므로 십자가 틀에 매어 달린 사람은 낮이고 밤이고 살아있는 동안에는 괴성을 지를 수밖에 없습니다. 예수께서는 허리에 창을 찔려 피를 흘리고 3시간 만에 돌아가신 것으로 복음서에는 기록되어 있지만, 기록을 보면 최하 3일에서 일주일을 견디었습니다. 한밤중에 마을 사람들이 자기네 마을 사람 중에 몇 사람이 그런 식으로 죽어가는 것을 보게 되면 결코 로마에 저항하는 독립투쟁을 하지 않게 됩니다. 예수께서 십자가 처형을 받았다는 것은 그가 정치 투쟁으로 인한 희생자였다는 것을 말합니다. 독립투쟁의 결과로 희생당했다는 것과 정치적 테러리스트로 여겨졌다는 것을 말합니다.

그런데 마가복음서가 기록되던 당시는 말씀드렸다시피 유대인들이 독립전쟁을 일으켜서 로마가 예루살렘 성전을 함락시킨 직후입니다. 이 함락까지 3년이 걸렸습니다. 그 이후 마사다 항쟁까지는 또다시 3년이 더 걸립니다. 아주 끈질기게 버티었습니다. 그러자 이제는 로마군이 유대인들을 아주 지긋지긋하게 여겨서 예루살렘 성을 완전히 초토화했습니다. 성안의 집들을 완전히 불을 태웠고 성벽은 돌 위에 돌 하나 남지 않도록 완전히 허물었습니다. 그리고 거기에 사람이 거하지 못하게 하려고 군대를 주둔시켰습니다. 유대인 디아스포라가 그때 시작되었습니다. 이전의 바빌로니아 제국에 의한 성전 함락과는 비교가 되지 않았습니다. 마가가 처음으로 복음서를 기록할 당시는 로마당국이 유대인들의 반로마 움직임이 일어나는 것을 눈에 불을 켜고 감시하고 있을 때입니다.

위험한 시기였지만 마가를 비롯한 복음서 저자들은 모세 율법과 성전에 근거한 전통적인 유대교는 이제 끝났고 이제는 예수 말씀의 시대가 도래하였다고 본 것입니다. 그런데 예수 말씀을 액면 그대로 적을 수는 없습니다. 반로마적인 색채는 다 없애야 했습니다. 그래야만 로마당국의 탄압을 피할 수가 있었던 것입니다. 그래서 예수의 죽음 또한 정치적인 이유가 아닌 종교적인 이유로 덧칠을 했습니다. 우리는 사도신조를 통해 예수는 빌라도 총독에 의해 죽임을 당했다고 고백하지만, 복음서를 읽어보면 4명의 저자 모두 예수 죽음의 원인을 빌라도 총독에게 두지 않고 유대 종교지도자들에게 두고 있습니다. 빌라도는 역사적으로 잔인하기로 소문난 사람인데 복음서에서 빌라도는 예수에게서 죄를 발견하지 못했다고 말하고 진리를 추구하는 사람으로 그려져 있습니다. 그리고 복음서에서 로마인들에 관련한 기록을 보면 유대인들보다 더 믿음이 좋은 사람으로 그리고 골고다 언덕에서 예수를 하느님의 아들로 맨 처음 고백한 사람 또한 로마의 백부장입니다.

지난 30여 년 동안 역사적 예수 세미나 학자들이 밝혀낸 새로운 성서해석들이 매우 많습니다. 한 20년 전 월터 윙크란 교수로부터 원수 사랑에 대한 해석을 듣고 제가 문자 그대로 완전히 뒤집혔습니다. 신학 공부를 10년이나 했는데, 제가 복음서의 본뜻을 잘못 알고 있었던 것입니다.

우선 복음(희, 유앙겔리온)이라는 단어 자체가 예수에게 처음 붙인 말이 아니라 그 당시에 로마 황제의 칙어를 두고 한 특수 단어였습니다. 그냥 우리끼리 오늘 무슨 기쁜 소식 있어? 라고 묻는 일상 용어가 아니라 로마시민들이여 이제 기뻐하십시오. 이제 곧 전쟁의 노획물들 보물과 노예들 곧 건장한 청년 일꾼들과 어여쁜 여인들과 소녀들이 여러분에게 선물로 도착할 것이라는 황제의 칙어를 일컫는 특수용어였습니다. 그러나 이러한 소식은 로마시민들에게는 기쁜 소식이었겠지만, 대다수 백성에게는 슬픔과 한탄의 소식이었습니다. 그래서 마가가 예수의 일생 얘기를 전하면서 전쟁에서의 승리가 아닌 민중의 자유와 해방을 위한 하늘의 소식이야말로 진짜 복음이라고 부른 것입니다. 그러니까 복음이라는 단어 자체가 이미 로마의 폭력 체제에 대한 저항의 언어였던 것입니다. 곧 복음의 참뜻은 '로마 제국의 폭력적인 체제에 대한 저항의 외침' 혹은 '인간의 제국적인 폭력 체제를 부정하는 하늘의 소리'로 이해해야 할 것입니다.

겨자씨에 담긴 숨은 뜻

겨자씨 비유를 정확히 이해하기 위해서는 우리가 예수께서 사셨던 그 당시의 농부로 돌아가야 합니다. 우선 겨자는 식용작물이 아닙니다. 매운맛을 내는 조미료로 아주 소량만 필요합니다. 겨자 재배해서 돈을 번 농부는 없습니다. 더 정확하게 말하면 겨자는 재배할 필요가 없이 그냥 들판에서 자라는 야생 겨자로 충분했습니다. 따라서 밭에 겨자씨가 크게 자라났다는 말은 불필요한 잡초가 무성해졌다는 말과 같습니다. 그게 들판에서 자란다면 잡초가 아니겠지만 농부가 재배하는 밭에서 자란다면 이는 불필요한 잡초가 되는 것입니다.

결국, 겨자씨 비유의 핵심은 이 불필요한 잡초가 어떻게 하느님 나라와 어떤 상관관계를 맺는 것인가를 이해하면 되는 것입니다. 핵심은 한 단어에 있습니다. "땅에 심을 때에는" 지금 이 농부는 실수로 겨자씨 한 알을 뿌린 것이 아니라 분명한 의도를 갖고 심었다는 사실에 유의해야 합니다. 도대체 왜 농부는 돈도 안 되고 필요한 작물의 성장을 방해하는 불필요한 겨자씨를 심었을까요? 지금 우리는 왜 그랬을까? 의문을 품지만, 당시의 농부들은 이 얘기를 들으면 고개를 끄덕끄덕했습니다. 왜요?

당시 갈릴리 농부들은 대부분이 소작농이었습니다. 땅 주인은 따로 있었고 그들 대부분은 예루살렘에 살고 있던 부자들이었습니다. 그건 불과 오십 년 전 우리나라가 농경사회였을 때에도 그러했던 것을 잘 알고 있습니다. 지금은 소작농이 거의 없습니다. 부자들이 농촌에 투자하지 않고 도시의 아파트나 건물에 투자하기 때문입니다. 지금은 탈농촌, 도시화의 사회입니다. 농촌사회의 소작농은 오늘날 도시사회에서는 자영업자들입니다. 자영업을 하는 40%가 음식점, 마트, 세탁소 등을 운영합니다. 세계에서 자영업 빈도가 가장 높은 나라가 남한입니다. 그런데 이들은 새벽부터 밤늦게까지 열심히 일해도 건물세, 은행이자 등등을 내고 나면 남는 게 별로 없습니다. 그리고 장사가 잘 되면 주인이 내어 쫓고 자기들이 운영합니다.

작년 뉴스의 초점이 되었던 경복궁 근처 서촌의 궁중 족발의 경우가 대표적입니다. 300만 원 월세를 갑자기 1,200만 원으로 올렸습니다. 5년 보호 기한이 지났기에 법적으로 문제가 되지 않았습니다. 이는 법이 잘못되어 있는 것이지요. 12번이나 용역들이 몰려들어 가게에서 몰아내려 했지만, 시민 학생단체들의 투쟁으로 버텨오다가 결국 법정에서 졌고 분에 찬 가게 주인이 집주인에게 폭력을 행사하는 사태가 발생하고 말았습니다.

이천 년 전 갈릴리의 농부들 사정이 이와 비슷했습니다. 갖가지 세금에 시달렸습니다. 우선은 예루살렘에 사는 지주가 가져가는 마름세 3, 40%가 있었고, 로마 정부가 걷어가는 농지세와 헤롯 정부가 걷어가는 지방세가 20%였고, 여기에 예루살렘 성전이 거둬가는 십일조가 있었습니다. 농부는 일 년 열심히 수고하지만, 추수의 약 3~40% 정도만 얻을 수 있었습니다. 몇 개월만 먹고 살 수 있습니다. 결국, 농부들은 죽어라 일하지만, 빚더미에 올라 앉습니다. 잘못하면 빚 때문에 자식들을 빼앗길 수도 있습니다. 그래서 빚더미에 앉은 농부가 빚에서 벗어날 수 있는 유일한 길은 밤중에 보따리 싸들고 도망을 가는 것입니다. 이것이 예수께서 5천 명을 먹이셨다는 급식 기적 이야기의 사회적 배경입니다.

그런데 빚더미 위에 앉아 있는 어떤 농부가 달리 생각합니다. 내가 도망을 간다고 해서 살길이 생기는 것도 아니고 국가폭력이 저지르는 세금 문제가 해결되는 것이 아니기에 어떻게든 이 잘못된 세상 구조를 바꿔내고자 합니다. 그렇다고 반로마 게릴라 독립운동에 참여할만한 힘도 없습니다. 이때 그가 선택한 방식이 겨자씨를 심어 밭을 잡초로 덮어버리는 것입니다. 일종의 사보타지 저항의 방식입니다. 이게 한두 명이면 소작을 다른 사람에게 주면 되지만, 만약 집단적으로 일어나면 결국 로마당국이나 지주들은 빚을 탕감하고 세금을 대폭 줄이는 수밖에 없습니다. 농부가 먼저 살아가야만 자신들도 살아갈 수 있기 때문입니다.

겨자는 한번 땅에 뿌리를 내리면 쉽게 제거하기 힘든 작물입니다. 그리 크게 자라는 작물은 아닙니다. 그런데 겨자 나무에 공중의 새들이 머문다는 말은 곧 이런 저항의 연대를 통해 힘없는 약자들이 살아갈 공간을 확보한다는 말입니다. 겨자씨를 통한 농부의 저항 그리고 그 저항에 함께하는 민중들, 이것이 바로 하느님 나라가 세워지는 방식입니다. 이것이 예수께서 강조하신 귀 있는 자는 들으라는 말씀이었고, 예수께서 제자들에게만 따로 알려준 비밀이었습니다.

창세기로부터 요한계시록에 이르기까지 성서의 가장 큰 주제는 종교적인 용어로 말하면 구원이지만, 사회적인 용어로 말하면 제국의 폭력성에 대한 비판이자 일종의 대안을 말하고 있습니다. 창세기 1장은 바빌론 포로기에 쓰인 글로 바빌론 제국의 통치에 대한 비판과 고발을 담고 있습니다. 남자와 여자가 신의 형상으로 태어났다는 구절을 70년대 신학교에서 배울 때는 신학자 바르트와 부르너 사이에 일어난 신학 논쟁이 주된 관심사였습니다. 에덴동산에서 선악과 죄악과 에덴동산에서의 추방 이후 곧 오늘의 인간 안에 신의 형상 흔적이 조금이라도 남아있느냐 남아있지 않느냐에 대한 논쟁이었습니다. 사실 이는 탁상공론에 불과한 쓸데없는 신학 논쟁이었습니다. 왜냐하면, 창세기 1장이 말하고자 하는 것은 신의 형상은 바빌론 황제 한 사람에게만 있는 것이 아니라 모든 사람에게 똑같이 있다는 것입니다. 이는 일종의 인권선언문이었습니다. 노예해방선언이자 여성해방선언이었습니다.

그리고 7일째 하느님이 쉬셨다는 안식일 제정 또한 종교적으로만 이해했습니다. 교회 가서 예배드리는 날로만 이해했습니다. 이 말의 의미는 신이 쉬었으니 신의 형상을 따라 지어진 우리 인간 또한 모두 쉬어야 한다는 말입니다. 이렇게 주장했던 사람들이 누구입니까? 바빌론 포로시기에 끌려간 유대인들이었습니다. 노예들이었습니다. 쉼 없이 일을 해야 하는 짐승과 같은 취급을 받았던 사람들입니다. 그런데 이들이 우리에게도 쉴 권리가 있다고 선언한 것입니다. 전태일 열사가 우리는 기계가 아니다. 노동법이 보장하고 있는 휴일을 달라고 요구한 것이지요. 오늘날 노동자에게 있어 노조는 이천오백 년 전의 안식일 제정과 같은 것입니다.

방탄소년단과 저항의 노래

3년 전부터 세계 젊은이들의 마음을 사로잡고 있는 음악 밴드가 방탄소년단입니다. 이유가 몇 가지 있습니다. 좋은 음악, 파워풀한 칼군무, 수준 높은 뮤직비디오, 트렌디한 패션 감각과 외모, 사회 비판적 메시지를 담은 가사, SNS를 통한 활발한 커뮤니케이션 등입니다. 제가 보기에 가장 핵심은 사회 비판적 가사에 있다고 봅니다. 자신들의 삶에서 느끼는 시련과 아픔, 절망, 두려움 그리고 희망을 얘기하는데 60년대 우리들의 마음을 사로잡았던 비틀스처럼 이게 오늘날 젊은이들의 마음을 사로잡고 있는 것입니다.

방탄은 남한 사회에 존재하는 구조적 억압, 불평등, 편견 등의 문제를 자기 세대의 눈으로 읽어내고 이로 인한 고통스러운 감정들을 음악으로 표현하면서 힘을 모아 정의롭지 않은 현실을 바꾸자고 외칩니다. 이것이 음악에 담겨 전 세계 청년들의 공감을 얻어낸 것입니다. 이들 팬클럽의 이름이 ARMY입니다. 그냥 읽으면 군대인데, 이는 Adorable Representative MC for Youth로 "청춘의 사랑스러운 대변자"란 뜻의 첫 글자로 만들어졌습니다. 지금 세계의 젊은이들은 방탄이 부르는 노래를 그대로 따라 부르고 있습니다. 그냥 따라 부르는 것이 아니라 '뱁새', '황새', '몇 포 세대', '똑같은 꼭두각시 인생', '우린 다 개돼지', '장래 희망 넘버원 공무원'이라는 한국어 가사가 무슨 뜻인지 다 알고 따라 부르고 있습니다. 한국어 단어의 뜻을 자기 나라 언어로 번역하는 일을 전문으로 하는 광팬이 수없이 많이 있습니다. 우리나라에서도 팬클럽이 있는데, 지원자가 너무 많아 등록된 정식 팬이 되기 위해서는 시험을 칩니다.

방탄의 현실진단과 그에 기초해 희구하는 사회변화의 공감이 한 강토를 넘어 일어나고 있습니다. 방탄과 아미는 인간다움의 실현을 억누르는 구조적 요소들을 떨쳐내고 잠재력을 끄집어내어 인간 해방을 지향합니다. 현재의 세계가 바뀌어야 한다는 필요성, 그리고 그 변화가 더 큰 자유와 해방, 더 나은 세상을 향해야 한다는 데 대한 감응과 공명, 이것이야말로 방탄이 글로벌한 성공을 거둘 수 있었던 근본적인 요인 중 하나입니다(이지영, 『BTS 방탄혁명: 방탄소년단과 들뢰즈가 만나다』, 파레시아, 2018, 15쪽).

저는 여기에 전적으로 동의하면서 저는 이게 바로 이천 년 전 마가의 다락방에서 일어났던 성령강림절 방언 역사의 재현이라고 생각합니다. 120명의 사도가 자신들의 언어로 예수의 십자가의 복음을 외쳤고 거기에 모여든 순례자들은 곧 이러한 자유와 해방의 복음을 자신들의 언어로 이해했던 것인데, 곧 방탄소년단은 사도들이 되고 순례자들은 아미 광팬이 되는 것입니다.

저들이 내놓은 앨범의 제목이 Love Yourself입니다. 작년 방탄 5주년이 되는 날인데, 세계 곳곳 아미들이 저마다의 기념행사를 펼쳤는데, 타일랜드 방콕의 아미들이 이날을 기념하기 위해 헌혈운동을 펼쳤습니다. Love Yourself는 달리 말하면 사회의 부조리 속에서 지지 말고 자신을 사랑하라는 곧 Love Myself 운동인데, 젊은이들은 이 단어 속에 숨겨져 있는 연대의 함의를 이해하였습니다. 그래서 저들은 자신을 사랑하라는 말을 이웃 사랑으로 환원하였고, 헌혈운동을 펼쳤고, 본래 10만cc를 목표로 했는데, 20만cc가 모였습니다. 그래서 저는 우리 세대의 로망이었던 비틀스보다 지금의 방탄이 훨씬 더 거센 변혁의 바람을 불러일으키고 있다고 믿고 있습니다. 방탄소년단은 오늘 이 시대의 겨자씨인 것입니다.

역사의 갈림길

함석헌 선생은 『뜻으로 본 한국역사』에서 5천 년 한강토의 역사를 고난의 역사로 정리하면서 이렇게 말합니다.

> 역사는 두 가지로 남는다. 하나는 뒤에 남는 것이요 다른 하나는 속에 남는 것이다. 보통 일반적으로 역사라 할 때는 뒤에 남는 역사를 말한다… 그러나 역사는 기록으로 남거나 유물로 전하게 되는 그것만이 아니다. 살아 있는 생명 속에 남아 있는 것이 또 있다. 그것은 마치 소화된 음식 같아 원형 그대로를 볼 수는 없으나, 산 생명으로 민족 안에 남아 있어 그 체격이 되고, 얼굴이 되고, 마음씨와 성격이 되고 풍속과 신앙이 되는 것이다. 한반도는 천년 고난으로 인해 그 생명이 망가지고 말았다"(444쪽).
> 그러나 장차 올 날을 누가 아느냐? 그것은 아무도 모른다. 눈을 들어보아라. 거칠고 쓸쓸한 들판이 끝나는 곳에 한 줄기 요단강이 가로누웠고, 거리를 건너면 새 가나안이 기다리고 있다. 거기서 싸울 때는 칼이 소용없다. '칼을 쳐서 보습을 만들고 창을 쳐서 낫을 만들었다. 거기서 이 수난의 비렁뱅이는 거지 나사로와 같이 과거의 모든 고통과 업신여김에서 벗어나 위로와 존경을 받을 것이다. 지난날 길가의 여인은 그 받은 고난으로 정화되어 여왕이 될 것이다.

젊은 혼들아 일어나라. 이 고난의 짐을 지자. 위대한 사명을 믿으면서 거룩한 사랑에 불타면서 죄악으로 더럽혀진 이 지구를 메고 순교자의 걸음으로 고난의 연옥을 걷자. 그 불길에 이 살이 다 타고 이 뼈가 녹아서 다하는 날 생명은 새로운 성장을 할 것이다. 진리는 새로운 광명을 더할 것이다. 역사는 새로운 단계에 오를 것이다(486쪽).

지난 76년 동안 분단이 우리 안에 만들어놓은 미움과 저주는 이 민족을 지옥의 구렁텅이로 집어넣고 말았습니다. 민족혼이 말살되었을뿐더러 개개인의 영혼이 병들고 말았습니다. 외세의 꼭두각시 노릇으로 인해 우리는 세계의 조롱거리가 되고 말았습니다. 지금 세계는 한강토를 주목하고 있습니다. 과연 이 지구는 전쟁의 시대를 마감하고 진정 평화의 시대로 진입할 것인지 아니면 또다시 전쟁으로 치달을 것인지….

저는 한강토 전체, 곧 남과 북이 한 덩어리가 되어 이 세계에 평화의 기운을 불러오는 겨자씨가 될 것이라고 확신합니다. 동의하지 못하는 분들도 계시겠지만, 북조선의 핵무기는 단순히 저들의 안전을 담보하는 무기를 넘어 이 세계에 평화를 가져오는 저항의 겨자씨가 되리라는 것이 저의 소신입니다. 미국은 만발에 가까운 핵무기를 갖고 있는데, 십여 발의 핵무기로 무슨 싸움이 되겠습니까? 그런데도 미국의 제국성을 고발하고 이를 바꿔내기 위해 핵무기라는 겨자씨 전략을 세웠던 것입니다. 시간은 걸리겠지만, 계속되는 북조선의 신형무기들을 통해 결국 미국과 남한은 전쟁놀이를 중지하게 될 것입니다.

오늘 에스겔 예언자는 말합니다. "주 야훼가 말한다. 높은 나무는 쓰러뜨리고, 낮은 나무는 키워주며 푸른 나무는 시들게 하고 마른 나무는 다시 푸르게 하는 이가 나 야훼임을 알게 하리라." 오늘의 국제사회에서 높은 나무는 어느 나라를 말하고 낮은 나무는 어느 나라를 의미하는 것일까요? 예수께서는 꼴찌가 첫째 되고 첫째가 꼴찌 되는 하느님 나라의 혁명적인 도래를 선포하십니다. 내 안에 숨겨진 하느님 나라의 씨앗 겨자씨를 발견하는 저와 여러분이 되기를 기도합니다.

이라크 파병과 국방예산 증액 반대
평화기도회*

　우리는 오늘 하느님의 정의와 평화실현을 위해 명동에 나왔습니다. 교회 건물 안에서만 외치기에는 민족의 운명이 걸려 있는 너무나도 중요한 일이기에 온 겨레에 우리의 외침을 전하고자 이 거리에 나섰습니다

　기독교인은 믿는 바에 따라 사회적 책임을 다할 때 진정한 기독교인이 되는 것입니다. 우리가 믿고 따르는 예수 그리스도께서는 이 땅에 전쟁과 미움이 없는 진정한 평화의 나라를 원하셨습니다. 예수님은 공생애를 시작하시면서 제1성서 이사야서의 말씀을 인용하여 이렇게 외치셨습니다.

　"주님의 성령이 나에게 내리셨다. 주께서 나에게 기름을 부으시어 가난한 이들에게 복음을 전하게 하셨다. 주께서 나를 보내시어 묶인 사람들에게는 해방을 알려 주고 눈먼 사람들을 보게 하고 억

---

* 2003년 10월 19일, 명동 유네스코회관 앞 거리에서

눌린 사람들에게는 자유를 주며 주님의 은총의 해를 선포하게 하셨다." 예수님은 이 땅에 하느님의 은총의 해를 선포하시고 이를 실현하기 위해 오셨습니다. 이 은총의 해가 바로 희년(喜年, Jubilee)입니다. 매 50년 마다 모든 빚을 탕감하고 종에게는 자유를 주는 해입니다. 이것은 바로 야훼 하느님만이 이 세상의 주인이심을 선포하는 것입니다. 믿는 사람들은 예수님을 따라 하느님의 은총을 선포하는 해방의 복음을 외치고 실현해 나가야 합니다.

그러나 우리 주님은 이를 위해 어떠한 폭력도 행사하는 것을 단호히 거절하셨습니다. 예수님은 '칼을 쓰는 자는 칼로 망한다'라고 하시면서 십자가의 죽음을 마다하지 않으셨습니다. 폭력은 어떠한 명분으로도 정당화시킬 수 없습니다. 우리는 세계를 힘과 폭력으로 지배하고자 하는 미국의 패권주의를 예수 그리스도의 이름으로 단호히 거부합니다. 전쟁은 끝났다고 하지만, 지금도 이 시간에는 무고한 이라크 국민이 계속 죽어가고 있습니다. 미군도 죽어가고 있습니다. 우리는 폭력은 또 다른 폭력을 낳을 수밖에 없다는 만고불변의 진리를 분명히 보고 있습니다.

우리나라는 1945년 해방된 이래 독립국이 되었다고 선언했지만, 실제로는 아직도 완전한 독립국이 아닙니다. 왜냐하면, 한국군 통수권과 작전지휘권이 미군 사령관에게 있고 모든 정권은 대대로 미국의 눈치를 보아왔기 때문입니다. 지금도 국민이 원치 않는 파병을 하려 하고 있습니다. 기미년 31항쟁 독립선언서에 나오는 '낡은 시대의 유물인 침략주의 강권주의의 희생'은 지금도 계속되고 있습니다. 우리는 이제 낡은 시대의 유물인 강권주의를 버려야 합니다. 남을 예속하려는 죄악을 버려야 합니다.

성서는 우리가 애굽에서 종 되었던 사실을 기억하라고 말합니다. 우리는 일본 제국주의로부터 당했던 고통을 기억하고 파병을 단호히 거부해야 합니다. 우리가 만약 이라크를 위해 무엇인가를 해야 한다면 점령군 미군의 역할에 동참하는 대신에 이라크 민중의 아픔에 동참하여야 합니다. 대한민국 국군은 결코 미군의 들러리가 아닙니다. 노무현 정부가 미국의 패권에 동승하여 이라크에 전투병을 파병하는 일은 결코 국익에 도움이 되지 않습니다. 도움이 된다 하더라도 돈 몇 푼에 우리의 젊은 생명과 더 나아가 민족의 자존심을 팔 수는 없습니다. 우리는 우리의 후손들에게 돈보다 더 중요한 것을 가르쳐 줄 책임이 있습니다. 남한 정부는 미국의 파병 요청에 단호하게 "No!"라고 거부해야 합니다. 아니, 미국은 남한 정부에 대한 파병 요청을 당장 철회하고 잘못했다고 사과해야 합니다. 미국은 우리에게 파병을 요청하는 대신 이라크 점령을 즉각 포기하고 민간인에게 정부를 이양해야 합니다.

이것이 불가능한 일입니까? 아닙니다. 우리는 이보다 더 큰 꿈을 보고 있습니다. 우리는 그 옛날 예언자 이사야가 바라보았던 하느님의 나라가 이 땅 위에 실현될 것을 믿습니다. '늑대가 새끼 양과 어울리고, 표범이 숫염소와 함께 뒹굴고, 새끼 사자와 송아지, 어린 아이가 함께 뛰노는 그 평화로운 나라를 말입니다. 암소와 곰이 친구가 되는 그 나라를 말입니다. 사자가 소처럼 여물을 먹는 그때가 올 것입니다. 그러나 이런 평화로운 나라는 그냥 주어지는 것이 아닙니다. 우리가 만들어가야 합니다. 그래서 우리 주님은 평화를 일구어가는 자가 복되다고 말씀하신 것입니다.

성서의 예언자들은 외쳤습니다. '야훼께서 오신다. 사막에 길을 내어라. 우리의 하느님께서 오신다. 벌판에 큰길을 훤히 닦아라.'

사막에 길을 내고 벌판에 길을 닦아나갑시다. 하느님의 정의와 평화를 세우는 일에 어떠한 장애물과 난관이 오더라도 굴하지 맙시다. 왜냐하면, 우리 주님은 당신을 바라보고 나아가는 사람들에게 언제나 새 힘을 주시기 때문입니다. 날개 쳐 솟아오르는 독수리와 같은 힘을 더하시기 때문입니다. 아무리 뛰어도 고단하지 아니하고 아무리 걸어도 지치지 아니할 힘을 주십니다. 평화는 강물처럼 정의는 바다 물결처럼 넘실거리는 그 순간이 곧 올 것입니다.

우리 기독인들이여! 모두 일어나 야훼 영광의 빛을 비춥시다. 향린 교우들이여! 평화의 햇불을 들어 올립시다. 그때 많은 사람이 이 빛을 보고 모여들며 세상 민족들이 그 광채에 끌려올 것입니다.

성전을 허물고 거리로*

출애굽기 3:1-10, 요한복음 2:13-22

내가 이제 너를 바로에게 보낼 터이니 너는 가서 내 백성 이스라엘 자손을 애굽에서 건져내어라(출 3:10).

예수께서는 "이 성전을 허물어라. 내가 사흘 안에 다시 세우겠다" 하고 대답하셨다. 그들이 예수께 "이 성전을 짓는 데 사십육 년이나 걸렸는데, 그래 당신은 그것을 사흘이면 다시 세우겠단 말이오?" 하고 또 대들었다. 그런데 예수께서 성전이라 하신 것은 당신의 몸을 두고 하신 말씀이었다. 제자들은 예수께서 죽었다가 부활하신 뒤에야 이 말씀을 생각하고 비로소 성서의 말씀과 예수의 말씀을 믿게 되었다(요 2:19-22).

---

* 2004년 7월 4일, 이라크 파병 철회를 위한 거리 예배. 광화문 광장에서

성전을 허물어라(예배실에서)

인도의 성자라 불리는 선다싱이 하루는 다른 마을로 가기 위해 산을 넘고 있었습니다. 갑작스레 하늘이 어두워지더니 눈이 내리고 급기야는 강풍을 동반한 폭설로 변해 한 치 앞을 분간하기 힘들고 한 발자국을 떼기도 어려워졌습니다. 그때 한 사람이 자기 곁을 지나쳐 갑니다. 썬다싱은 조금 더 걷다가 한 노인이 쓰러져 있는 모습을 보았습니다. 몸을 만져보니 온기가 남아있어 등에 업고 눈보라를 헤치며 힘들게 걸어갑니다. 한참을 가다 보니 또 한 사람이 쓰러져 있는데, 그의 몸은 완전히 식어있었습니다. 그는 아까 자기를 지나쳤던 사람이었습니다. 썬다싱은 밤새 내내 걸어 새벽녘에야 겨우 마을에 도착할 수가 있었습니다. 썬다싱도 혼자서 걸어갔다면 그 또한 추위로 인해 쓰러져 죽었을 것입니다. 그러나 한 사람을 업고 걸었기에 땀이 났고 그 땀으로 인해 그 죽어가던 사람은 그 몸에 온기가 돌아오면서 서로의 체온으로 인해 두 사람 다 살 수 있었습니다. 이 얘기는 개인적인 차원에서 주는 메시지도 크지만, 교회 전체에 주는 메시지도 큽니다. 썬다싱을 교회로 그리고 쓰러진 한 사람을 사회로 비유할 수 있습니다. 교회는 세상이 잘못되어 갈 때 그를 비판하며 지나치는 것이 아니라, 그를 품에 안고 함께 나아가야 합니다. 그래야 교회도 살고 사회도 삽니다.

예수님께서 성전을 숙청하신 얘기를 단지 성전숙청의 관점에서만 보아서는 안 되고 교회의 대 사회적 책임이라는 관점에서 볼 때 그 정확한 의미가 살아납니다. 성전숙청의 얘기는 네 개의 복음서에 모두 나옵니다. 그런데 요한복음은 다른 3개의 공관복음서와는 달리 성전숙청 얘기를 예수님의 사역 가장 첫머리에 두고 있습니다. 그럴뿐더러 요한복음은 '성전을 허물라'는 말씀을 바리새인들과의 논쟁을 통해 예수님 자신의 입으로 말하고 있습니다. 그러나 다른 복음서에서는 성전숙청은 모두 예수님의 사역 마지막 주간에 일어나고 있고 성전을 허물라는 얘기도 예수님이 직접 하신 것이 아니라 예수님을 고소하는 사람들의 주장입니다. 여기서 우리는 요한복음의 의도를 더 분명히 읽을 수 있습니다. 요한은 예수 그리스도를 통한 새로운 신앙의 요구, 새로운 공동체의 탄생을 바라고 있습니다.

성전의 장사치들을 몰아내고 성전을 깨끗게 하시며 심지어는 성전을 허물어라! 라는 예수님의 주장은 요한복음의 전체 맥락과 예수님의 말씀을 포괄적으로 이해할 때 성전예배 자체를 파괴하라는 말씀은 아닙니다. 이는 예루살렘 성전예배가 가진 악의 구조를 엎으라는 것입니다. 당시 가난한 사람들과 병자들은 누구보다도 하느님을 예배하기를 원했고, 하느님 또한 그들이 사랑의 우선 대상이었습니다. 하지만, 그들은 성전세와 제사에 관한 규정으로 인해 성전예배에 참여하는 것이 근본적으로 차단되어 있었습니다. 그러니까 가난한 사람들과 병자들은 구원의 대상에서 배제되었던 것입니다.

예수님은 이런 잘못된 성전을 허물라는 것이었습니다. 그리고 사흘 만에 다시 세우겠다는 새로운 성전은 예수님을 머리로 한 새로운 몸, 바로 그들 또한 구원의 한 대상으로 몸의 한 지체가 되는 새로운 공동체를 말씀하신 것입니다. 만약에 우리 또한 어떠한 교회의 제도를 앞세워 특정한 사람들을 구원의 대상에서 배제하고 자신을 의인처럼 여기는 잘못을 저지르면 주님은 여지없이 우리를 향해 성전의 벽을 허물라고 명하십니다.

제가 목사로서 미국이 정말 못마땅한 것은 스스로 기독교 나라라고 자처하기 때문입니다. 미국의 대통령은 취임식을 기도로 시작하고 성서에 손을 얹고 선서를 합니다. 오늘은 특히 7월 4일 그들이 자랑스럽게 여기는 독립기념일입니다. 영국의 식민지로부터 자유와 독립을 찾은 날을 기념하는 자신들의 해방절입니다. 그러나 세계는 지금 미국을 향해 거짓과 욕망의 나라라고 손가락질하고 있습니다. 미국사람들은 오늘을 기쁨과 승리의 날이 아니라 수치와 패배의 날로 기억해야 할 것입니다. 왜냐하면, 미국은 지금 이라크를 무력으로 지배하고 있기 때문입니다. 그들이 지켜왔던 자유와 독립에 대한 신념을 스스로 저버렸기 때문입니다.

사실 근본적으로 본다면 미국은 출발부터 잘못된 나라입니다. 왜냐하면, 미국은 그냥 허허벌판에서 시작한 것이 아니라 평화롭게 살고 있던 인디언 수백만을 죽이고 출발한 피의 나라이기 때문입니다. 이미 그곳에 수 천 년 전부터 원주민 인디언들이 살고 있었지만, 유럽을 역사의 중심으로 본 백인들의 편협한 역사의식은 콜럼버스의 바다 여행을 신대륙 발견이라는 어처구니없는 역사 왜곡으로 시작하였습니다. 콜럼버스는 신대륙을 발견한 개척자가 아니라 남의 나라에 예고 없이 발을 내디딘 무례한 이요 강도였습니다. 그 무례함은 역사상 유례없는 인디언 종족 말살이었고 독일의 유대인 학살보다 더 많은 사람을 죽이는 결과를 가져왔을 뿐 아니라, 지금도 그

행태는 계속되고 있습니다. 그들은 자신의 잘못을 감추기 위해 인디언 보호구역을 만들어 보호한다는 구실 안에 인디언들을 말살하고 있습니다. 미국인들의 평균수명은 80세에 가깝지만, 인디언들의 평균수명은 미국인의 절반밖에 미치지 못하고 있습니다. 그들은 보호구역 안에서 술과 마약으로 죽어가고 있습니다. 오늘 미국이 독립기념일을 축하하기에 앞서 이러한 죄를 세상에 고백하고 회개하기를 바랍니다.

그런데 그 배경에는 기독교와 성서가 있었습니다. 서구의 편협하고 유아독존적인 신앙은 유일신 야훼의 이름으로 자신들을 제외한 모든 인종을 자신들보다 못한 인종으로 여겨 신의 이름으로 죽이기도 하고 노예로 삼기도 한 것입니다. 얼마나 어리석고 야만적인 행동이며 비성서적이고 반 야훼적인 행동입니까? 그것은 하느님을 자신들의 교회 안에 가두어 두었기 때문입니다. 성서를 사제와 신학자들의 손에 묶어놓았기 때문입니다.

이천 년 전 예수는 바로 이러한 잘못을 바로잡기 위해서 3년 동안 투쟁하였고 성전을 허물라고 했으며 끝내는 자신을 십자가의 죽음까지 몰고 갔던 것입니다. 오늘 우리는 이런 예수님의 혁명 정신을 잃어버렸습니다. 홍성조 집사가 인터넷 게시판에 주일예배를 광화문으로 옮겨 드리자고 제의했을 때, 처음에는 그 글을 읽는 저조차도 쉽게 받아들이지 못했습니다. 왜냐하면, 저에게도 성전예배에 대한 스스로 쌓아 올린 성이 있었기 때문입니다. 그러나 사회선교부는 주일예배를 광화문에서 드리기를 원했고, 저는 그것을 하느님의 뜻으로 이해했습니다. 그런 점에서 짧은 시간이었지만, 제가 스스로 쌓아 올린 종교와 전통에 대한 성을 허물어야만 했습니다.

오늘 거리로 나가는 예배는 이라크파병철회를 위한 분명한 목적이 있어서 향린교회의 사회 참여적인 성격과 민족의 자주를 지향하는 교회 신앙의 전통을 확고하게 하고 있습니다. 동시에 바라기는 이번 기회를 통해 하느님의 이름으로 혹은 진리의 이름으로 쌓아 올린 신앙의 아성을 허무는 계기가 되었으면 합니다. 광화문으로 나가 거리 예배를 드린다는 인터넷 게시판에 어떤 분이 "학생은 학교에 군인은 군대에 교인은 교회에 머물러야지 왜 거리로 나가느냐?"라며 반대하는 답글을 달았습니다(글투로 보아 교인은 아닙니다). 이 사람은 교회를 건물로 착각하고 있습니다. 교회는 건물이 아닙니다. 교회는 예수를 주로 고백하며 따르는 사람들이 모인 자리입니다. 장소가 아니라 사람이 중심입니다. 주님의 이름으로 두세 사람이 함께하는 자리, 그곳이 바로 교회입니다. 누구네 집에 가서 함께 모이면 그곳도 교회요, 어떤 식당에 가서 함께 모이면 그곳도 교회요, 거리에 함께 모이면 그곳도 교회입니다.

우리가 오늘 거리에 나가서 예배를 드리고 찬송을 부르며 기도하는 일은 성서가 증언하고 하느님이 진정 바라시는 뜻을 행하고 있는 것입니다. 성서 안에는 두 가지 큰 전통이 흐르고 있습니다. 예언자 전통과 제사장 전통입니다. 교회에는 이 둘이 동전의 앞뒤처럼 항시 동일하게 존속해야 합니다. 성전 안에서의 제사장 역할도 중요하지만, 성전 밖에서 오늘의 시대를 향한 예언자 역할도 중요합니다. 오늘의 한국교회는 너무나도 일방적으로 제사장 역할만을 고집하고 있습니다. 그리하여 역사와 시대의 흐름을 읽지 못하는 영적 무지함, 민족과 민중의 현실을 오도하는 영적 오만함으로 가득 차 있습니다.

오늘 이 시대는 하느님의 소리를 대변할 예언자를 요구하고 있습니다. 하느님의 뜻을 거리에서 외칠 당신의 종을 바라고 있습니다. 성서는 소돔과 고모라에 단 열 명의 의인이 없어서 멸망하였다고 증언합니다. 그러면 천만이 넘는 기독교인이 있는데, 열 명의 의인이 없겠습니까? 에드먼드 버크는 "세상의 악이 승리하는 이유가 하나 있다. 그것은 모든 선한 사람들이 아무 일도 하지 않기 때문이다."라고 말했습니다. 버크의 이 말을 인용하면, 소돔과 고모라가 망한 이유는 열 명의 의인이 없었다기보다는 열 명도 넘는 의인이 그 땅에 있었지만, 이 사람들이 입을 다물고 있었기 때문입니다. 오늘 남한에 5만 개가 넘는 교회가 있고 천만의 성도가 있습니다. 그들은 모두 예수 그리스도의 십자가 복음으로 하느님 앞에서 의인으로 인정함을 받은 사람들이요 하느님의 뜻을 행하려는 선한 사람들입니다. 그러나 세상은 여전히 혼탁하고 민족은 어려움 속에 처해 있습니다. 그것은 그들이 행동하지 않기 때문입니다. 예수를 믿기만 하지, 따라 살지 않기 때문입니다.

사랑하는 향린교회 교우 여러분, 오늘까지 우리 교회는 민족의 역사 현장과 함께하여 왔습니다. 오늘 하느님은 다시 한번 우리에게 당신의 뜻을 드러내 줄 것을 바라고 계십니다. 부활이라는 본래 라틴어 단어는 일어선다는 말입니다. 부활의 몸을 증언한다는 말은 거리에 나아가 우리의 믿음을 행동으로 드러낸다는 뜻입니다. 예수님께서 십자가에 달려 돌아가실 때 성전의 휘장이 위에서 아래로 둘로 갈라졌다는 말은 야훼 하느님은 이제 성전 벽을 뚫고 삶의 현장의 거리에 계신다는 말을 증언한 것입니다. 함께 나갑시다. 야훼 하느님이 계시는 그곳으로, 부활의 주님이 거하시는 그 갈릴리로.

네가 서 있는 곳은 거룩한 땅이니(광화문 거리에서)

제1 성서에서 하느님의 역사는 출애굽과 함께 시작합니다. 모세에게 나타난 야훼 하느님은 산에 계셨습니다. 가서 애굽에서 고통당하는 히브리 백성들을 구하라고 명령하셨습니다. 그 이후 야훼 하느님은 광야에서 백성들과 함께하셨습니다. 구름기둥 불기둥이 되어 직접 그들의 앞길을 인도하셨고 뜨거운 태양 빛을 막아주셨습니다. 백성의 삶 중심에 항상 계셨습니다. 그리고 성전이 서고 성전 예배가 행하여질 때도 항상 예언자들을 통해 거리에서 당신의 말씀을 외치셨습니다.

제2 성서에서 하느님은 아들 예수를 통해 갈릴리에서 복음을 전파하셨습니다. 성전에서보다는 들에서 거리에서 민중들이 거하는 현장에 함께하였습니다. 그리고 '땅'끝까지 복음을 전파하라는 명령을 남기고 이 땅을 떠나셨습니다. 땅은 바로 현장이요 거리입니다. 제자들은 성령강림절에 거룩한 영을 받아 거리에서 외쳤습니다. 그러다가 수 없는 박해를 받았습니다. 만약에 교회가 처음부터 건물 안에만, 산속에만 머물렀다면 박해를 받을 필요는 하나도 없었을 것입니다. 하지만 교회가 거리에 나왔기 때문에, 사람들과 권력자들의 귀에 거슬리는 소리를 외쳤기 때문에 박해를 받은 것입니다. 세상의 권력자들은 오늘 우리의 모임을 싫어합니다. 종교의 기득권자들도 오늘 우리의 모임을 싫어합니다. 그러나 우리는 하느님이 명하셔서 이 자리에 섰습니다.

지금 이 자리는 특별한 자리입니다. 2년 전 효순-미순이를 위한 촛불을 켠 이래 이 자리는 하느님의 평화와 정의를 위한 민족의 성전이 되어 왔습니다. 지금까지 수백만 개의 촛불이 타올랐던 곳이며 앞으로도 헤아릴 수 없는 수많은 촛불이 타오를 것입니다. 눈을 바로 뜨고 보면 우리의 앞과 뒤 그리고 옆에는 수백 만개의 촛불이 함께 타고 있습니다. 더 크게 뜨면 평화와 자유를 염원하는 수억 인구들의 촛불이 함께 타오르고 있습니다. 이곳은 단순한 광화문이 아닙니다. 여러분이 서 있는 이 자리는 거룩한 자리입니다. 모세를 불러 당신이 지시하는 곳으로 가라고 명하셨던 거룩한 곳입니다. 이 자리는 고통받는 백성에게로 가라 명하셨던 호렙산의 정상입니다. 저 나무들은 수많은 촛불과 함께하는 타지 않는 떨기나무입니다. 여러분, 이 자리는 엘리야 예언자가 아합왕과 이세벨 왕후를 물리쳤던 갈멜산의 정상입니다. 여러분, 이 자리는 세례 요한이 '회개하라 천국이 가까웠느니라.'라고 외쳤던 요단강가 입니다. 여러분, 이 자리는 예수께서 가난한 자에게 복음을, 묶인 자에게 해방을, 눈먼 자는 보게 하고 억눌린 자에게는 자유를 주라고 외치셨던 나사렛 회당입니다. 여러분, 이 자리는 베드로와 안드레를 부르신 갈릴리의 해변입니다. 여러분, 이 자리는 사도 바울을 부르신 다메섹의 길목입니다. 여러분, 이 자리는 38년 된 병자를 고치신 베데스다 못가입니다. 여러분, 이 자리는 나면서부터 눈먼 소경을 고치신 실로

암 연못입니다. 여러분, 이 자리는 채찍을 들어 장사치들을 몰아내신 예루살렘 성전 뜰입니다. 여러분, 이 자리는 예수께서 붙잡혀 심문당하신 빌라도의 법정입니다. 여러분, 이 자리는 우리 주님께서 십자가에 달리신 골고다의 언덕입니다. 여러분, 이 자리는 부활하신 주님이 나타나신 엠마오입니다. 여러분 이곳은 광화문이 아닌 하느님이 거하시는 거룩한 곳입니다.

팽성은 오늘의 갈릴리*

아모스 5:21-24

> 너희의 순례절이 싫어 나는 얼굴을 돌린다. 축제 때마다 바치는 분향제 냄새가 역겹구나. 너희가 바치는 번제물과 곡식 제물이 나는 조금도 달갑지 않다. 친교 제물로 바치는 살진 제물은 보기도 싫다. 거들떠보기도 싫다. 그 시끄러운 노랫소리를 집어치워라. 거문고 가락도 귀찮다. 다만 정의를 강물처럼 흐르게 하여라. 서로 위하는 마음 개울같이 넘쳐 흐르게 하여라(암 5:21-24).

사랑하는 향린 공동체 교우 여러분, 오늘 우리는 교회의 문을 열고 나와 이곳 팽성 대추리 초등학교에 섰습니다. 왜냐하면, 하느님께서 우리에게 이렇게 하도록 명령하셨기 때문입니다. 작년에도 우리는 이라크파병반대를 위한 예배를 광화문 사거리에서 드린 바 있

---

* 2005년 4월 24일, 팽성 대추리에서

습니다.

일찍이 3천 년 전 하느님께서는 아모스 예언자를 통해 우리에게 이렇게 말씀하셨습니다. '나는 너희가 벌이는 절기 행사들이 싫다. 역겹다. 너희가 성회로 모여 예배를 드린다 하여도 도무지 기쁘지 않다. 너희들이 십일조의 헌금이나 주일 헌금을 드린다 하여도 나는 그 제물을 받지 않겠다. 너희들이 감사헌금 선교헌금을 드린다 해도 난 거들떠보지 않겠다. 찬송의 소리와 성가대의 찬양을 내 앞에서 집어치워라. 피아노와 파이프 오르간과 거문고의 소리도 난 듣지 않겠다.' 무엇 때문입니까?

왜 하느님은 우리의 정성 어린 헌금과 찬양을 받지 않고 외면하시겠다는 것입니까? 우리의 하느님은 공의의 하느님이시기 때문입니다. 누군가가 억울한 일을 당해 기도하면 그 기도 때문에 잠 못 이루는 분이시기 때문입니다. 우리 하느님은 사랑의 하느님이기 때문입니다. 한 자녀가 아파하고 괴로워하면 함께 아파하고 괴로워하시는 분이기 때문입니다.

그리하여 우리가 믿는 야훼 하느님은 말씀하십니다. '너희는 다만 공의가 물처럼 흐르게 하고 정의가 마르지 않는 강처럼 흐르게 하여라.' 공의를 물처럼 정의를 강처럼 막힘없이 흐르게 할 때에야 비로소 하느님은 우리의 드리는 제사와 예배를 받으시고 우리에게 축복을 주신다는 것입니다.

여러분, 이곳 팽성에 정의가 있습니까? 여러분, 이곳에 공의가 있습니까?

우리가 믿는 예수님은 예루살렘 성전에 올라오시더니 다짜고짜 채찍을 휘두르시고 상을 뒤집어엎으셨습니다. 왜 그렇게 하셨습니까? 지금 성전 밖에서는 가난하고 힘없는 민중들의 억울함이 하늘을 찌르는데, 제사장이라는 작자들은 어떻게 하면 제 배를 채울까만 염려하고 있었기 때문입니다. 어떻게 하면 더 많은 사람이 이 성전에 와서 제사를 드리게 할까만을 고민하고 있었기 때문입니다. 장사하는 사람들이 이권만을 생각하듯이 제사장들도 그들의 이권만을 생각하고 있었기 때문입니다.

그러기에 주님은 말씀하십니다. '이 성전을 허물어라. 그러면 내가 사흘 만에 다시 세우겠다.' 이 새 성전은 부활의 주님을 말씀하는 것입니다. 이권이 아닌 인권을 관심하는 주님의 몸을 말씀하시는 것입니다.

마가복음 마지막에서 무덤가를 찾아온 여인들에게 천사를 통해 말씀하셨습니다. '가서 전하라 주님은 먼저 갈릴리로 가셨다.' 부활하신 주님은 제자들에게 그 몸을 보이시지도 않고 먼저 갈릴리로 가신 것입니다. 새로운 성전을 세우시기 위해 갈릴리로 가셨습니다. 갈릴리는 힘없는 민중들이 모여 사는 곳입니다. 가난하지만 마음씨 착한 사람들이 사는 곳입니다. 그러나 대대로 예루살렘 지주들과 로마의 군대로부터 끊임없이 착취와 박해를 받아왔던 곳입니다. 주님은 그들의 억울함과 한을 풀기 위해 갈릴리에서 활동을 시작하셨고, 그러다가 십자가에 달려 죽임을 당하셨습니다. 그러나 하느님께서 다시금 예수를 살리셨습니다. 그러자 우리 주님은 또다시 갈릴리로 먼저 가셨습니다.

그리고는 우리에게 말씀하십니다. '갈릴리에서 만나자.' 팽성은 우리 민족의 아픔의 현장인 갈릴리입니다. 오늘 우리는 주님을 만나기 위해 왔습니다. 억압당하는 농민들 사이에 계시는 주님을 만나기 위해 왔습니다.

여러분 저기에 미군들이 들어와 있습니다. 1952년부터 들어왔습니다. 그전에는 그곳에 대추리 주민들이 살고 있었습니다. 지금도 살아계시는 할아버지 할머니들의 집이 있었고 가축들의 축사와 논밭이 있었습니다. 그런데 어느 날 무조건 나가라고 했습니다. 그래서 말 한마디 못하고 쫓겨났습니다. 그때는 겨울이 시작하는 때였습니다. 그래서 수많은 사람이 추위와 배고픔으로 산과 들에서 그냥 죽어갔습니다. 지금도 그때의 억울한 혼들이 이곳을 떠돌아다니고 있습니다. 살아남은 사람들은 죽을 고생 다 하면서 다시금 이 땅을 개간했습니다. 그런데 이제 또 나가라는 것입니다. 50년 넘게 가꿔온 이 생명의 땅을, 내 집을 내놓으라는 것입니다.

여러분, 농부에게 땅은 자식입니다. 자기의 핏줄입니다.

대추리에 사시는 올해 70세 정태화 할아버지께서 이렇게 말씀하십니다. "13세 되던 1939년 일본 강점기에는 일본기지로 쓰인다고 해서 강제로 이주당하고, 1952년 미군 주둔하면서 또 이전 당하고, 이번이 세 번째 강제로 이주당하게 되는 꼴인데 이제는 물러설 수 없다. 검게 찌든 땅을 삽 하나, 괭이 하나 들고 손수레 끌면서 개간한 땅이다. 노도와 같았던 청소년기의 땅을 중년기의 기름진 땅으로 가꾸어 꽃피워 놓았다. 내 평생의 땀과 피가 들어간 땅을 빼앗길 수 없다."

여러분이 조금 있다 가서 보면 아시겠지만, 이 땅은 매우 비옥합니다. 그리고 300만 평이라는 땅은 여의도의 두 배가 되는 곳으로 여러분의 눈에 보이는 저 끝까지 전부 다입니다. 그걸 어떻게 미군에게 내어 줄 수 있다는 말입니까?

이곳은 우리 민족의 아픔의 현장입니다. 처음 미군이 왔을 때는 전시였고, 또 그 당시에는 우리가 힘이 없어서 그렇게 빼앗겼다고 하지만, 지금에 와서 또다시 그런 일을 당한다고 하는 것은 단지 대추리 도두리 주민만의 문제가 아닙니다. 팽성 주민 평택 시민만의 문제가 아닙니다. 이는 대한민국 전 국민의 문제이자 민족적인 수치입니다.

우리 남한의 국력은 현재 세계 10위권 안팎에 달합니다. 이제는 우리 힘으로 우리의 국토를 지킬 힘이 있습니다. 그런데도 왜 우리가 미국의 하수인이 되어야 합니까? 지금 미국은 세계화 전략에 따라 군사를 재배치하고 있습니다. 이제는 북조선을 선제공격하고 중국을 대상으로 동아시아 전체를 지배하기 위해 영구주둔용으로 이곳 기지를 확장하고자 하는 것입니다. 미군이 주둔하는 나라가 100개국이 넘는데, 이 평택기지가 세계적으로 제일 큰 미군기지입니다.

여기에 우리가 힘없이 또다시 끌려가서는 안 됩니다. 지난 60년 전 우리 민족은 약소국가의 아픔을 안고 해방과 동시에 분단이 되었습니다. 북쪽은 소련군이 남쪽은 미군이 점령했습니다. 그리고 나서 우리는 미소의 대리전쟁 6.25를 치렀습니다. 이제 잘못하여 이곳을 전부 미군 기지로 내어주게 되면 우리는 제2의 6.25를 겪을지도 모릅니다. 미국과 중국의 대리전쟁을 또다시 겪을지도 모릅니다. 미국과 중국이 싸우려면 지 나라로 가서 싸워야지, 왜 남의 나라에 와서 싸우느냐는 것입니다. 우리가 이를 묵과하면 우리는 후손 앞에 영원한 죄인으로 남을 수밖에 없습니다.

지금은 미군이 기지를 확대하는 전쟁의 시기가 아니라 그 기지를 축소해야 하는 평화의 시기입니다. 세계는 평화를 원하고 있습니다. 그러나 미국은 어떻게든 긴장을 촉발해 전쟁하고자 하는 나라입니다. 왜냐하면, 그래야만 미국 경제가 돌아가기 때문입니다. 미국 공장의 3분지 1은 무기를 만드는 군수공장입니다. 군수공장이 돌아가지 않으면 미국은 실업자들로 넘쳐나게 됩니다. 그러므로 어떻게 하든지 군사적 긴장을 부추깁니다. 자기 말을 안 들으면 '악의 축이니 깡패 나라'니 하면서 세계를 전쟁공포의 도가니로 위협으로 몰아넣고 있습니다. 없는 무기도 있다고 거짓말합니다. 이라크의 대량살상무기가 있다고 해서 쳐들어갔습니다. 그런데 하나도 나오지 않았습니다.

미국이 기독교 국가라고 착각하지 맙시다. 미국도 돈 되는 일이라면 살인도 마다하지 않는 추잡한 장사치 나라이지 힘없고 가난한 사람들의 인권을 생각하는 나라가 아닙니다. 미국은 불과 250년 전 그곳에 평화롭게 살던 원주민 인디언 수백만을 죽이고 세운 야만의 나라요, 150년 전 아프리카에 평화롭게 살던 흑인들을 마구 끌고 와 노예로 삼아 그들의 피와 땀 위에 세운 불한당의 나라입니다.

이제 또다시 이곳에 평화롭게 사는 대추리 도두리 농민들의 땅과 집을 빼앗으려고 하고 있습니다. 우리 정부도 나쁩니다. 노무현 대통령은 이 땅을 저들에게 줄 것이 아니라 군 통수권을 미군 사령관으로부터 회수하고 기지를 축소하고 철수하도록 해야 합니다. 군

통수권도 없으면서 우리 대한민국은 자주 독립국가라고 말하면 세계사람이 웃습니다.

지난 4개월 전 한겨울에 이곳에서는 시인들의 항거 노랫소리가 있었습니다. 몇 구절을 들어보시기 바랍니다.

윤재걸 시인이 소리합니다. "누가 우리 삶의 안방에 금줄을 치려 드는가/ 누가 우리 터전의 앞가슴을 능욕하려 드는가… 배반의 역사를 뚫고/ 오늘 민족의 마을 대추리에 솟구치는/ 자주와 해방의 활화산을 보라"

평택에서 고교 시절을 보냈다는 박남수 시인은 이렇게 소리합니다. "뜨건 목젖을 태우듯 오늘 여기서/ 내 청춘의 들녘이 탄다/ 숨막힌 들녘의 아들딸들이 탄다… 제 나라 제 땅을 고이 간직하지 못하는/ 힘없는 권부를 향해 주먹 총을 날리며… / 아아 마침내 내 청춘의 땅, 대추리여/ 내 고향 팽성 대추리는 어디로 떠나가나."

이곳 주민들이 말합니다.

내 죽을 날 몇 년 남지 않았는데, 나의 최대 소망은 내 고향 언덕에 묻히는 것이야. 그래서 지금 고향을 잊어버릴까 촛불시위에 참여하고 있어. 내 죽어 하늘나라 가서 우리 조상들께 고향 땅 빼앗겼다고 말할 수 없어. 우리 아이들에게 철조망 쳐진 마을 물려 줄 수 없어. 여기 모두 13개 부락이 있는데 직접 당사자는 대추리, 도두리 주민들로 천 명이 된다. 떠나지도 않겠지만 만약 우리가 강제로 이주당한다면 나머지 팽성 사람 2만여 명은 매일 철조망 보고 각종 환경오염, 소음, 미군범죄에 시달리게 될 텐데, 그

때 가서 어떻게 할 거야. 난 내가 평생 살아온 이 땅에서 농사만 지으면 된다. 농사만 짓게 해주오. 그 외에 원하는 것 하나도 없어.

우리 또한 마찬가지입니다. 우리가 원하는 것은 하나밖에 없습니다. 그것은 평화입니다. 공의와 물처럼 정의가 강처럼 흘러내리는 평화입니다. 단지 힘이 없다는 이유로, 가난하다는 이유로, 배경이 없다는 이유로, 배우지 못했다는 이유 하나만으로 억울한 일 당하는 사람이 하나도 없는 평화입니다. 한 맺힌 사람들의 한이 풀어지는 평화입니다.

우리는 믿습니다. 우리는 고백합니다. 그리고 우리는 선포합니다. 노예로 살던 이스라엘 민족을 해방한 우리 야훼 하느님은 지금도 살아계시고 그분의 능력은 영원하십니다. 인간이 아무리 힘으로 총으로 미사일로 핵무기로 평화를 지키려고 해도 하느님이 주인 되시지 않는 그 평화는 거짓의 평화입니다.

역사는 말합니다. 군대에 의한 힘의 평화는 잠시뿐이라는 사실을. 과거 애굽이 그러했고, 아시리아가 그러했고 바빌론이 그러했고 페르시아가 그러했고 로마가 그러했습니다. 미국 또한 당장 회개하지 않으면 이들과 같은 나라가 될 것입니다.

대추리 도두리 주민 여러분 힘을 내시기 바랍니다. 야훼 하느님은 여러분을 지켜 보고 있습니다. 예수그리스도는 여러분을 앞서서 걸어가고 계십니다. 성령님은 여러분과 함께 걸어가고 계십니다.

평화의 씨앗을 심는 사람들*

안녕하세요.

제가 교회 대표 몇 사람과 함께 여러분을 처음 뵌 것이 2005년 1월 중순쯤이었습니다. 추운 겨울날 대두리 마을 감리교회 앞 길가에 비닐 천막을 칠 때였습니다.

전 그때 130일째 이어오는 여러분들의 끈기와 항거에 조금 놀라고 있었습니다. 당시는 평통사를 제외하곤 외부의 별다른 관심도 없었을 때입니다. 국민 대부분은 우리 땅을 지키러 온 미군이 필요로 하면 땅은 줘야지 그렇게 쉽게 생각하고 있었고 여러분의 투쟁은 얼마 가지 않아 저절로 사그라지리라고 생각하였습니다. 그리고 여러분 또한 그 투쟁이 그리 오래갈 것으로 생각하지는 않았던 것 같습니다. 왜냐하면, 그때는 난로도 준비하지 않았습니다.

그러나 점차 여러분의 투쟁 소식이 알려지면서 이 땅에 평화를

---

* 2007년 3월 18일, 평택 대추리 천막 교회(촛불집회 929일째)

사랑하는 사람들의 관심과 지원이 높아지고 미군이 이곳에 기지를 확장하는 이유가 우리 남한을 보호하기 위해서가 아니라 중국과 러시아의 남하 정책을 견제하고 동북아시아에서의 군사적 패권을 장악하기 위한 것이라는 사실을 알게 되면서부터 이 투쟁은 점점 강력해지기 시작했습니다.

우리가 미군과 국방부가 발표하는 전략의 유연성이라고 하는 것, 전략이니 유연이니 하는 말은 국민을 속이는 속임수에 불과하다는 것을 알게 된 것입니다. 아직도 국민 대다수는 이 말의 뜻이 무엇인지 잘 모르고 있습니다. 이곳에 미군기지가 확장되어 이곳에 미군이 많아지고 미사일이 많아지면 한강토에 평화가 오는 것이 아니라 도리어 전쟁의 위험성이 더 높아진다는 사실을 아직도 모르고 있습니다.

그러나 우리 대추리, 도두리 주민들은 이 사실을 알고 있습니다. 그래서 여러분들은 단지 보상을 더 많이 받겠다는 것이 아니라 진정한 평화를 지켜내기 위해 투쟁했던 것입니다. 우리가 살면 얼마나 더 산다고, 돈 얼마 더 받자고 이런 고생을 하겠습니까? 그런데도 정부나 언론은 그렇게 우리를 그러한 파렴치한 사람으로 만들어 갔습니다. 그래서 우리는 분통이 더 터진 것입니다. 인터뷰해도 말을 바꿉니다. 이제는 우리도 압니다. 정부도 믿을 수가 없고 언론도 믿을 수가 없다는 사실을. 그렇지요?

제가 듣자 하니 보상을 빨리 받아 나간 어떤 사람은 아파트에 재투자를 잘 해서 그 아파트가 값이 올랐다고 하는데, 잘못 생각하면 '아 나도 진즉에 그렇게 할 것 그랬다. 뭐 싸워봤자 남은 게 뭐 있나?

남은 건 상한 몸과 마음뿐이구나…' 혹 이렇게 생각하실 분이 계실지 모르겠습니다. 그러나 여러분 인생을 오래 사셨으니까 새옹지마란 말을 다 아실 것입니다. 그런 것들이 지금은 복인 것 같아도 사실 그게 복이 될지 화가 될지는 두고 봐야 합니다. 여러분이 보상금을 일찍 받아 아파트에 투자해서 그 아파트가 올랐다고 합시다. 그러면 그 아파트 죽을 때 지고 갈 것입니까? 아니지요. 대부분 아들딸에게 주고 갈 것입니다. 제가 50년 넘게 살고 오랫동안 목회를 하면서 보니까 얼마 되지도 않는 부모들의 그 알량한 재산 때문에 자식들의 좋은 관계가 다 상하더라고요. 그래서 저는 교회에서 교인들에게 자주 말합니다. 자식들에게 유산 남겨 줄 생각하지 말고 있는 대로 다 쓰고 가라. 먹고 싶은 것 있으면 실컷 사 먹고 해외여행도 다니고 쓰고 싶은 대로 다 써라. 그래도 남으면 사회에 기부하고 가라고 합니다.

공자 선생이 그런 말을 했습니다. 아침에 도를 깨달으면 저녁에 죽어도 좋다. 불교 또한 진리 하나를 깨닫기 위해 출가를 하여 가족을 버리지 않습니까? 예수께서도 비슷한 말씀 하셨습니다. '나를 따르려거든 자기를 버리고 자기 십자가를 지고 나를 따르라.' 전 여러분들을 다르게 봅니다. 3년 전 제대로 보상받겠다고 시작한 이 투쟁이 이 땅의 평화를 지키려는 평화운동으로 변하지 않았습니까? 여러분들은 모두 평화의 투사가 되었고 평화의 지킴이가 되었습니다. 그러느라 몸도 마음도 상한 것은 사실이지만, 여러분은 평화의 동지를 얻지 않았습니까? 인간이라고 하는 게 제 혼자 먹고 입는 것만 생각한다면 그건 짐승과 별반 다를 게 없지요. 그러나 여러분은 함께 살아간다고 하는 것 마을공동체라는 그 깊은 의미가 무엇인지, 이웃이 무엇인지, 평화가 무엇인지 깨닫게 된 것입니다. 돈 주고 살 수 없는 인생의 깊은 진리를 깨달은 것입니다.

여러분은 돈과 권력에 굴복하지 않은 의로운 승리자들입니다. 인생에 있어 이보다 더 큰 성공은 없습니다. 이보다 더 큰 승리는 없습니다. 여러분이 이곳을 지켜내지 못했다고 해서 실패했다고 생각하지 마십시오. 여러분이 처음 촛불을 켜신 그날부터 여러분은 이미 승리하신 것입니다.

물론 몇 년 후면 이곳에 미군들이 사는 막사가 세워지겠지만, 그렇다고 미군들이 영원히 이곳에 머물 수는 없습니다. 20년이 걸릴지 30년이 걸릴지는 모르지만, 언젠가는 떠날 때가 올 것입니다. 또 미국이란 나라도 지금은 세계 최강이라고 우쭐대지만, 그것도 영원할 수는 없습니다. 인간 역사는 말합니다. 인간이 세운 것은 모두 다 때가 되면 무너지게 되어있다고 하는 것을. 그리고 무엇보다도 이미 그 땅에 사는 사람들을 힘으로 내어 쫓은 불의한 세력들에게는 그 고통이 돌아간다는 사실을.

이 모든 불의한 것들은 지금은 승리한 것 같지만 곧 사라집니다. 그러나 영원한 것 하나 있습니다. 그것은 평화를 지키기 위해 여러분이 태운 촛불입니다. 이곳의 평화집회에 참여하고 촛불 집회에 참석한 수천수만의 사람들 마음속에 심어진 평화의 기도는 영원합니다. 이곳 농협 창고에서의 촛불은 꺼질지 몰라도 여러분의 촛불은 이곳저곳에 퍼져나갔습니다. 광화문에 시청 앞에 대학로에 곳곳마다 여러분의 촛불은 이어지고 있습니다. 여러분은 이 촛불을 켜심으로 이 땅에 영원히 기억되는 사람이 되었습니다.

대추리 도두리는 평화의 상징이 되었고 여러분은 최후의 승리자가 된 것입니다. 이 땅에 살아가는 많은 사람에게 평화가 무엇인지 그리고 평화를 어떻게 이루어 갈 수 있는지에 대해 여러분은 선생님이 되셨습니다. 말로 가르치지는 않으셨지만, 몸으로 가르치셨습니다. 여러분은 육신의 자식들만 낳으신 것이 아니라, 평화의 지킴이라는 수많은 젊은이를 낳으셨습니다. 겉으로 보면 잃어버린 것이 많지만, 실상 속으로 보면 많은 것을 얻었습니다. 땅도 집도 잃었지만, 여러분은 사람을 얻었고 진리를 얻었습니다. 바르게 산다는 것이 무엇인지를 몸소 터득했습니다. 이것보다 인생에서 더 중요한 것은 없습니다.

실상은 대추분교도 그냥 서 있을 때보다 국가의 공권력에 의해 포크레인에 의해 무너졌을 때 더 큰 힘을 발휘하게 되었습니다. 지금 국민이 가장 많이 기억하는 남한의 초등학교가 어디일까요? 서울에 있는 남대문 초등학교입니까? 부산에 있는 해운대초등학교입니까? 전 사실 제가 졸업한 초등학교 이름을 잊어버렸습니다. 을지로 동대문 운동장 옆에 있어 차를 타면 가끔 정문 앞으로 지나가긴 하는데 아직도 그 이름을 알지 못하고 있고 굳이 알려고 하지도 않습니다. 그게 뭐 그리 중요한 게 아니니까요. 그래서 하는 말입니다만, 앞으로는 누가 어느 초등학교 졸업했느냐고 물으면 대추분교라고 대답할 예정입니다. 여러분이 허락하시겠지요. 대추분교는 어쩌면 가장 적은 졸업생을 배출한 학교 중 하나이고 지금은 그 건물도 부서져 없어졌지만, 남한 땅에서 가장 많이 알려진 학교가 되었고 가장 많은 사람이 찾아준 학교가 되었고 앞으로도 영원토록 그 이름이 남아 있을 것입니다.

호랑이는 죽어 가죽을 남기고 사람은 죽어 이름을 남긴다고 했습니다. 여러분의 투쟁은 영원히 기억에 남을 것이고 여러분의 이름과 이 대추리 도두리의 이름은 영원히 남아있을 것입니다. 그런 의미에서 여러분은 승리한 것입니다. 게다가 여러분은 수많은 평화의 동지들을 만들었고 여러분의 뜻을 이어갈 수많은 젊은 평화의 일꾼들을 만들어 냈습니다. 마치 예수가 자신을 십자가에 죽여 수많은 예수 따르는 사람들을 만들어 냈듯이 말입니다.

이제 여러분이 이곳을 떠날 때 내 다시 돌아오마, 육신으로 걸어오지 못한다면 평화의 혼이 되어 날아서라도 다시 돌아오마고 속으로 다짐할 것입니다. 여러분이 이 다짐을 지키기 위해서 이곳을 떠나서도 평화를 위해 계속 일하시기 바랍니다. 이런 일이 다시는 일어나지 못하도록 앞장서시기 바랍니다. 그리고 우리 또한 여러분을 본받아 평화를 위해 힘껏 일하겠습니다. 오늘 밤으로 우리의 만남은 끝나지 않을 것입니다. 언제 어디서나 평화의 이름으로 우리는 계속 만날 것입니다. 믿으십니까? 약속하실 수 있습니까?

여러분이 만든 노랫말을 읽어드리면서 마칩니다.

<평화가 무엇이냐>

공장에서 쫓겨난 노동자가 원직 복직하는 것이 평화

두꺼비 맹꽁이 도롱뇽이 서식처 잃지 않는 것이 평화

가고 싶은 곳을 장애인도 갈 수 있게 하는 것이 평화

이 땅을 일궈 온 농민들이 더 이상 빼앗기지 않는 것이 평화

성매매 성폭력 성차별도 더 이상 존재하지 않는 세상

군대와 전쟁이 없는 세상 신나게 노래 부르는 것이 평화

배고픔이 없는 세상 서러움이 없는 세상

쫓겨나지 않는 세상 군림하지 않는 세상

빼앗긴 자 힘없는 자 마주 보고 손을 잡자

새 세상이 다가온다 노래하며 춤을 추자

세월호 참사와 국가폭력*

시편 30;10-12; 요한계시록 5:11-14

야훼여, 이 애원을 들으시고 불쌍히 여겨주소서.

야훼여, 부디 도와주소서.

당신은 나의 통곡하는 슬픔을 춤으로 바꿔주시고 베옷을 벗기시고 잔치옷으로 갈아 입히셨사옵니다. 내 영혼이 끊임없이 주를 찬미하라 하심이니 야훼, 나의 하느님, 이 고마우심을 노래에 담아 영원히 부르리이다(시 30:10-12).

나는 또 그 옥좌를 둘러선 많은 천사들과 생물들과 원로들을 보았고 그들의 음성도 들었습니다. 그들의 수효는 수천 수만이었습니다. 그들은 큰 소리로 "죽임을 당하신 어린양은 권능과 부귀와 지혜와 힘과 영예와 영광과 찬양을 받으실 자격이 있으십니다." 하고 외치고 있었습니다. 그리고 나는 하늘과 땅과 땅 아래와 바다에 있는 모든 피조물 곧 우주 안에 있는 만물이, "옥좌에 앉으신 분과 어린 양께서 찬양과 영예와 영광과 권능을 영원 무궁토록 받으소서!" 하고 외치는 소리를 들었습니다. 그러자 네 생물은 "아멘." 하고 화답했으며 원로들은 엎드려 경배했습니다(계 5:11-14).

---

* 2016년 4월 10일

세월호 임영애 님의 증언

2학년 5반 오준영 엄마 임영애입니다.

세월호 참사 당시 전원구조라는 오보와 현장에서는 실제 구조하지도 않고 있는데도 '사투를 벌이는 구조'라는 오보가 난무하는 등 4월 16일의 팽목항에는 구조하는 해경은 없었고 구경만 하는 해경과 현장을 왜곡 보도하는 언론만이 있었습니다. 아이들을 살리려는 어른은 아무도 없었습니다. 2주기가 되어도 정부와 책임질 사람들은 여전히 바뀐 것이 하나도 없고 오히려 감추고 숨기려 하며 국민을 회유하려는 언론 플레이도 서슴지 않고 자식이 왜? 죽었는지 진실을 알고 싶은 부모들을 방해하고 있습니다.

그러나 엄마이기에 포기할 수 없습니다. 구조하지 않아서 살 수 있는 304명을 수장시켰습니다. 아들의 마지막 모습이 눈에 박힌 저에게는 특별법은 목숨과 같은 법입니다. 자식의 죽음의 진실을 밝히는 마지막 희망이었습니다. 그러나 정부의 방해에 맞서야 했습니다. 삭발·단식·도보·피켓·삼보일배로 대응하면서 지금도 저희 부모는 죽은 언론 대신 간담회를 통해서 잊지 말고 알려서 함께 해주시길 바라며 먼 길 해외까지 간담회 발언을 마다하지 않고 하고 있습니다.

세월호 참사가 마지막이길 바라는 마음으로 교육을 바꾸고 안전을 깊이 새길 수 있는 교훈으로 교실존치 피켓팅을 교육청에서 매일 하고 있으며 매주 월요일 특조위 회의에서는 책임자 처벌을 위한 진실 규명을 위해 세월호 의혹을 밝혀내기 위한 노력을 하고 있습니다. 세월호 참사 진실을 전면 재수사해달라고 대검찰청 앞에서 아침 8시부터 피켓팅하고 청운동에서는 9명의 미수습자의 유실 없이 온전한 인양을 위한 피켓팅과 광화문에 아이들의 분향소를 찾아오시는 분들과 간담회와 특별법개정·교실존치 서명전을 하고 있습니다. 노란 리본 공작소에서는 세월호를 알리고 기억해 주시고 함께 해 달라는 마음으로 리본 나눔을 하고 있습니다.

6월이면 특조위도 끝나고 7월에 인양되니 이제 끝났다고 생각하시는 분들도 있으리라 생각됩니다. 아이들이, 모두 304명의 희생자가 왜? 죽었는지 진실을 밝히고 책임자가 처벌받고 안전한 나라가 건설되기까지는 지금 하는 활동을 멈출 수가 없으며 부모가 할 수 있는 행동은 뭐든지 해서 꼭 진실 규명할 것입니다. 지금까지 함께 해주시고 잊지 않고 기도해주시고 부모의 마음으로 아이들 사랑해 주시고 애도해주셔서 고맙습니다.

저희 부모는 진실이 왜곡되는 일이 제일 두렵습니다. 여러분이 언론이 되어 우리 아이들의 진실을 알려주십시오. 부족한 엄마이지만 돈보다 사람이 중시되는 안전한 나라를 세워 아이들이 믿을 수 있는 어른이 되고 싶습니다. 저희에게 힘내라고 희망 주셔서 감사드리고 진실 밝혀지는 그 날까지 끝까지 함께 해주십시오. 고맙습니다.

한 노동자의 죽음

지난 3월 17일 유성기업 노동자 한광호 씨가 자살했습니다. 그는 노조 활동을 했다는 이유로 회사 측으로부터 11차례 고소를 당했고, 8번 경찰 조사를 받았으며, 회사 측이 3차 징계를 위해 출석을 요구하자 집을 나간 후 주검으로 발견되었습니다. 결국, 회사와 경찰이 그를 죽인 것입니다. 그러자 그와 함께 활동했던 노동자 몇 분이 그의 영정사진을 들고 서울로 올라왔습니다. 시청광장에 분향소를 차려 그의 맺힌 한을 조금이나마 풀기를 원했습니다. 그러나 경찰은 이를 막았습니다. 그러자 그들은 시멘트 바닥에 주저앉았고 이 소식을 들은 향린교회 사회부는 바로 다음 날부터 저들과 함께 연대하기 시작했습니다. 종교집회 외에 다른 단체는 참가조차 허락되지 않았기에 향린 교우들과 예수살기 목사님들이 주관하여 기도회를 매일 가져왔습니다.

그런데 경찰은 곧 이 기도회마저 방해하기 시작하였고, 그런 과정에서 기도회 기물이 파손되었습니다. 한 청년 교우는 졸도하여 응급실로 실려 가고 김경호 목사님의 안경을 후려쳐서 박살 나는 일도 있었습니다. 그래서 향린 공동체 4개 교회는 지난주 일요일 오후 남대문경찰서 앞에서 경찰폭력을 규탄하는 거리 기도회를 갖고 이어서 시청광장까지 시가행진하였습니다.

그런데 다음 날 아침 우리가 전혀 생각하지 못한 일이 생겼습니다. 70여 개의 시민 인권단체와 종교기관들이 유성기업 범대위를 구성하는 기자회견을 한 다음 불교, 가톨릭, 개신교 3개 종단이 마련한 분향소 천막이 세워진 것입니다.

주일 오후 수백 명의 경찰이 우리를 둘러싸고 있는 가운데, 비를 맞고 있는 한광호 노동자의 영정 앞에 국화꽃을 놓았고 비를 피할 수 있는 천막이 언제 세워질지는 아무도 알 수가 없었습니다. 근처 국가인권위원회 광고탑 위에 올라가 있는 두 노동자처럼 300일을 넘길 것인지 아니면 쌍용자동차 마냥 4년을 갈 것인지 아니면 재능 교육노동자처럼 6년을 갈지 그 누구도 알 수가 없는 것입니다. 이런 생각을 하고 있는데, 저에게 파송사를 부탁하셔서 이런 말씀을 드렸습니다.

어둠이 빛을 이길 수 없다

당일 우리는 '어둠이 빛을 이길 수 없다.'라는 말씀이 새겨진 종이 피켓을 들고 걸었습니다. 그래서 저는 이 말씀과 '너희는 세상의 빛이다' 그리고 '등불을 켜서 됫박으로 덮어두는 사람은 없다'라는 예수님의 말씀을 언급하면서 빛이 어둠을 이기려면 어둠이 존재하는 세상 안으로 나와야지 교회 건물 안에만 있어서는 안 된다. 빛이 교회 안에 머물러 있으면 교회 안을 비추는 빛은 되겠지만, 세상의 빛은 될 수는 없다. 또한, 예수께서는 성전의 벽을 허물어라. 3일 만에 새 성전을 세우겠다고 말씀하신 적이 있는데, 이 3일 만에 세워지는 성전이란 민중과 함께하는 부활의 몸을 말하는 것이고 바로 오늘 우리는 그런 명령을 따라 유성기업 노동자들과 함께하는 부활의 몸을 세우고 있다는 말씀을 드렸습니다.

그런데 제가 이 얘기를 하면서도 당시 주위를 둘러싸고 있는 수백 명의 경찰 병력을 보면서 정말 저 어둠의 세력들이 물러날 것인가? 하는 것에 정말 자신이 없었습니다. 그런데 바로 다음 날 월요일 아침에 가보니 경찰이 한 명도 보이지 않았습니다. 너무 놀란 나머지 제 입에서 '할렐루야! 주님의 능력은 위대하십니다.'라는 찬양이 나왔습니다.

물론 이 배경에는 향린교회의 기도회만이 아니라, 기장총회의 시국기도회와 거리 행진으로 인한 고소와 고발이 있었기 때문입니다. 경찰은 말도 안 되는 이유로 기장총회의 거리 행진을 중간에 막았고 이로 인해 물리적 충돌과 교통 혼잡이 일어났습니다. 그런데 남대문경찰서장은 적반하장으로 기장 총회장에게 집시법 위반을 걸어 '출두 요구서'를 보냈습니다. 기장총회는 이를 종교 탄압으로 규정하고 남대문경찰서장 해임과 경찰청장의 사과를 요구하는 서신을 내무부장관 앞으로 보내고 지난 목요일 2차 시국 거리 기도회와 거리 행진을 했습니다. 그러자 권력의 주구(走狗) 노릇을 하던 남대문경찰서장이 잘못하면 출세는커녕 권력의 희생양이 되는 위험에 처하자 완전히 꼬리를 내리고 만 것입니다.

남한이 11년째 세계 제1의 자살률 국가라고 하는 얘기는 너무나도 많이 들어서 식상할 정도입니다. 최근 대통령소속 국민대통합위의 조사 결과를 보면 "우리 사회를 어떤 사회라고 생각하느냐"라는 질문에 대해 35%는 '경쟁 사회,' 18%는 '양극화 사회'라고 답을 했고, '평등사회,' '공정사회'라고 답한 사람은 1%에 지나지 않았습니다. 결국, 경쟁에 지친 자들의 분노와 좌절로 범벅이 된 집단 트라우마의 사회가 되었습니다.

그러다 보니 청년층의 투표 참가율이 OECD 국가 중 최하위가 되었습니다. 투표해 보았자 달라질 게 없다는 자조(自嘲)적인 생각을 하게 된 것입니다. 현 19대 국회의원 중 2조 원 이상의 재산을 가진 정몽준 의원을 뺀 299명의 평균 재산이 28억 5천만 원입니다. 그러니 이분들이 비정규 노동자의 비참한 현실, 쪽방에서 살아가는 노인들과 두세 개의 아르바이트를 뛰며 여섯 평짜리 고시원 1인실에서 살아가는 흙수저 청년들의 고달픈 신세를 알 수가 없습니다.

그럼에도 불구하고 우리는 투표에 적극적으로 참여해야 합니다. 그건 플라톤이 말했듯이 우리가 정치를 외면하면 저질스러운 인간들에게 지배당하기 때문입니다. 투표한다고 해서 당장 세상이 달라지지는 않을 것입니다. 그러나, 투표하지 않으면 변화 가능성 자체가 사라지는 것입니다. 어떻게 말하면 투표는 후보자를 위해서 하는 것이 아니라 나 자신을 위해서 하는 일입니다.

세월호와 국가폭력

지난주 트위터에 가장 크게 떠오른 이슈는 총선이 아닌 세월호였습니다. 지난주 진행된 2차 청문회를 통해 세월호 운영을 책임진 청해진해운과 국가정보원의 깊은 유착이 드러났습니다. 우리는 세월호의 진짜 주인이 국정원임을 알고 있습니다. 그러나 정부의 통제 아래에 있는 언론은 이런 사실을 얘기하지 않습니다. 제가 세월호 참사에 관련하여 한 가지 분명히 알고 있는 사실은 유가족 임영애 어머니께서 증언하신 대로 4월 16일 당일 배가 침몰하고 있었던 무려 두 시간 이상을, 4개의 모든 공영 TV 화면에 배가 바다 가운데 둥그러니 떠 있는 사진 한 장만 똑같이 보여주면서 전원구조라는 거짓된 얘기만을 반복했다는 것입니다.

목포 MBC 지방 방송은 배 안에 사람이 있다고 정정 보도를 계속 올렸는데, 누가 이를 차단했는가? 우리나라의 모든 언론과 TV 방송사를 일시에 제어할 수 있는 이 막대한 권력의 실체는 과연 무엇인가? 해외도 아닌 국내에서 일어난 재난 사고 그것도 당시 사고 주위에는 해경과 어선들, 더구나 헬기까지 떠 있었고, SNS상에는 다른 사진들도 돌아다니고 있었는데, 어떻게 해서 모든 TV 방송에는 단 하나의 사진 그것도 현장과는 전혀 무관한 세월호 등록 사진만 보여주었는가? 이렇게 언론이 철저하게 통제된 경우가 과연 박정희 군사독재 시절 이후 한 번이라도 있었는가?

제 기억에 딱 한 번 있었습니다. 그건 1980년 5월 18일 광주민중항쟁 때입니다. 모든 언론은 국정원이 제공하는 같은 사진과 광주사태는 북조선 간첩들과 이에 동조한 빨갱이 불순분자들의 짓이라는 똑같은 허위 내용이 보도되었습니다. 오죽하면 당시 전남매일신문은 이런 기사를 썼을까요? "우리는 보았다. 사람이 개 끌리듯 끌려가 죽어가는 것을 두 눈으로 똑똑히 보았다. 그러나 신문에는 단한 줄도 싣지 못했다. 이에 우리는 부끄러워 붓을 놓는다. 1980년 5월 20일 전남매일신문 기자 일동" 그리고 광주의 참 진실을 국민이 알기까지는 거의 10년이 걸렸습니다.

당시 광주에 거주했던 선교사들의 보고와 피해 사진을 종합한 세계 언론은 희생자가 2천 명이 넘는다고 했지만, 정부는 공식적인 희생자 숫자는 163명이라고 발표했으며 25년이 지나 광주항쟁 유가족협회에서는 희생자 숫자를 606명이라고 발표했습니다. 목요일 광화문 촛불 기도회에서 세월호 유가족 한 분이 이런 말씀을 하시더군요. 세월호의 진실이 밝혀지려면 지금의 권력자들이 자리에서 내려오는 20년 후에나 가능할 것 같다고요. 여러분, 세월호의 진실을 20년 후에 알기를 원하십니까? 그렇게 국가권력의 노예가 되어 눈 감고 입 닫고 귀 막고 살아가시겠습니까?

지난주에 『세월호, 그날의 기록』, 『진실의 힘』이라는 책이 출간되었습니다. 방대한 재판 기록과 증언 등 모든 사실을 토대로 시간대별로 사건을 재구성하고 있는데, 마지막 세 장의 반복되는 결론은 '구할 수 있었다'라는 것입니다. 거기에 이런 구절이 나옵니다. "이런 염병 해경이 뭔 소용이여, 눈앞에 사람이 가라 앉는디. 일단 막 갖다 대서 살리고 보는 게 이상적이제. 지시 들었다가는 다 죽이는디." 세월호에 배를 무조건 들이대고 승객들을 잡아내려 20여 명을 구한 어선의 선장이 내뱉은 말입니다.

지금 '잊지 맙시다. 행동합시다'라는 세월호의 참사를 기억하고 진실 규명을 위해 힘쓰자는 구호는 야당이 사용했던 구호라는 이유로 선관위로부터 사용 불허 상태입니다. 이게 말이 되는 얘기입니까? 교육부는 수업 중에 세월호 참사 교재 사용을 금지하고 있습니다. 어느 보수우익단체는 '세월호 교재로 수업하는 교사를 신고하면 상품권을 주겠다'라는 황당한 일까지 생겨나고 있습니다. 정부 권력과 이에 동조하는 기관들은 세월호를 기억 속에서 지우려고 하고 있고, 시민들은 이를 기억하려고 하고 있습니다. 304명의 목사님은 내일 광화문광장에서 잃어버린 7시간을 기억하기 위한 기도회를 합니다.

또한, 오늘 오후 3시에는 세월호의 진실을 알아내고 권력에 의한 더 이상의 무고한 죽음을 막아내기 위한 국민청문회가 국정원 앞에서 진행됩니다. 공동위원장의 자격으로 저도 갈 것입니다. 지난주제 전화번호 통신자료 제공기록을 요청했더니 작년 5월부터 서울지방경찰청에서 5번, 경찰청에서 2번 그리고 국정원에서 2번 있었더군요. 오늘 국정원에 가서 도대체 무슨 이유로 목사인 저의 통신자료를 요청했느냐고 따지고자 합니다. 추측건대 얼마 전 도저히 이해할 수 없는 이상한 행태를 보인 국회의 누구처럼 뒷조사해서 비리가 나오면 이를 통해 제 입을 막아 보려고 했던 것 같습니다.

진실이 밝혀지는 그 날까지

오늘 사도행전 말씀은 사울이 바울로 변화되는 순간 곧 부활 예수를 만남으로 예수를 핍박하는 사람으로부터 예수를 전파하는 복음의 사도로 변화되는 순간을 그리고 있습니다. 교회는 이를 단지 한 개인의 신앙이 변화하는 중생의 경험(born again)이라는 말로 설명합니다만, 이 변화는 보다 깊은 상징적 의미가 있습니다. 첫째, 사울은 로마의 정치 권력을 대신했던 예루살렘 성전권력의 우두머리였던 대제사장의 수하에 있던 일종의 정부 관리였습니다. 따라서 그가 부활 예수를 만나 보여준 변화는 그러한 권력의 자리를 포기하고 오히려 로마의 권력에 의해 수탈당하는 사람들의 편에 서는 정치 권력 포기의 변화를 말해 주고 있습니다.

두 번째, 예루살렘과 다메섹이라는 도시에 기초한 상징성입니다. 예루살렘은 유대민족 전통의 상징이고 다메섹은 새로운 문명 곧 개혁의 상징입니다. 기원전 175년경의 헬레니즘 문화에 동조했던 야손이라는 유대 지도자는 "예루살렘 주민을 안디옥의 시민으로 등록할 수 있는 권한을 준다면 백오십 달란트의 세금을 더 바치겠다고 약속을 하기"도 하였습니다(리차드 호슬리, 『서기관들의 반란』, 한국기독교연구소, 2016, 61쪽).

결국, 안디옥에 거주하고 있었던 아나니아를 통해 바울의 감겼던 눈이 뜨여졌다는 얘기는 야훼 하느님이 유대와 모세 율법에 갇혀 있던 편협성을 깨고 모든 민족의 신으로 나가고 있음을 말해 주고 있으며, 이는 다른 말로 갈릴리의 오흘로스라는 세계 곳곳에 흩어진 모든 억압받는 민중들이 예수의 복음을 통해 연대함으로 로마 제국이라는 불의한 세상 권력에 저항하게 되는 과정을 암시하는 것입니다.

그동안 요한묵시록을 비롯한 묵시문학의 말씀들은 세상 종말에 대한 말씀으로 해석했지만, 최근의 신학자들은 이는 제국의 종말에 관한 이야기임을 말하고 있습니다(『서기관들의 반란』, 12쪽). 오늘 본문 말씀에서 죽임을 당하신 어린 양들을 찬양하는 네 생물, 곧 사자와 송아지와 사람의 얼굴 형상과 독수리는 당시 세계를 지배했던 로마와 헬라, 페르시아와 바빌론의 제국들을 상징하는 것입니다.

시편 30편의 마지막 구절은 이렇게 노래합니다. "당신은 나의 통곡하는 슬픔을 춤으로 바꿔주시고 베옷을 벗기시고 잔치옷으로 갈아 입히셨사옵니다." 이는 야훼 하느님께서 인간 역사에 직접 개입하여 불의의 역사를 정의의 역사로 바꾸셨다는 찬양의 노래이지만,

동시에 이는 그런 정의의 역사가 보다 빨리 이 땅에 실현되게 하려고 노력하겠다는 결단과 다짐의 노래이기도 합니다. 바라기는 세월호 유가족들이 통곡하는 베옷을 벗고 기쁨의 잔치옷으로 갈아입는 날이 속히 오기를 기도합니다. 그날은 9명의 시신이 가족들 품으로 돌아오고 진실이 밝혀지는 날일 것이며, 우리 향린 교우들은 그날이 속히 오도록 하기 위한 십자가의 행진을 계속해야 하겠습니다.

우리 그리스도인들에게 맡겨진 세상의 빛 된 사회적 책임을 다시 한번 다짐하며 다 함께 침묵으로 기도하겠습니다.

소성리의 평화를 깨는 사드 무기*

이사야 9:1-5; 마태복음 5:9-16

평화를 위하여 일하는 사람은 행복하다. 그들은 하느님의 자녀가 될 것이다. 옳은 일을 하다가 박해를 받는 사람은 행복하다. 하늘나라가 그들의 것이다. 나 때문에 모욕을 당하고 박해를 받으며 터무니없는 말로 갖은 비난을 다 받게 되면 너희는 행복하다. 기뻐하고 즐거워하여라. 너희가 받을 큰 상이 하늘에 마련되어 있다. 옛 예언자들도 너희에 앞서 같은 박해를 받았다. "너희는 세상의 소금이다." 만일 소금이 짠맛을 잃으면 무엇으로 다시 짜게 만들겠느냐? 그런 소금은 아무 데에도 쓸데없어 밖에 내버려져 사람들에게 짓밟힐 따름이다. 너희는 세상의 빛이다. 산 위에 있는 마을은 드러나게 마련이다. 등불을 켜서 됫박으로 덮어두는 사람은 없다. 누구나 등경 위에 얹어둔다. 그래야 집 안에 있는 사람들을 다 밝게 비출 수 있지 않겠느냐? 너희도 이와 같이 너희의 빛을 사람들 앞에 비추어 그들이 너희의 착한 행실을 보고 하늘에 계신 아버지를 찬양하게 하여라(마 5:9-16).

---

* 2017년 4월 30일, 성주 소성리에서

부활하신 예수께서 제자들에게 나타나셔서 처음 하신 말씀은 "너희에게 평화가 있으라!"였습니다. 평화는 성서 안에 감추어진 하느님의 세계를 여는 열쇠 말입니다. 중동 지방의 인사말은 샬롬 곧 평화입니다. 요즘은 별로 들어보지 못하지만, 제가 어렸을 땐, 동네 어르신들을 만나면 "밤새 평안하셨습니까?"라고 인사했습니다. 이 아침 인사말에 우리 민족의 슬픈 고난의 역사가 숨어 있습니다.

망할 것들!

지금 이곳 성주 소성리 마을 분들은 눈만 뜨면 "밤새 평안하셨습니까?"라는 인사말을 하며 살아가고 있습니다. 마을 분들 모두 합쳐봐야 겨우 160명, 그것도 평생을 농사꾼으로 살아온 주로 나이 많으신 어르신들, 이분들이 곤히 잠자고 있는 이 마을에 지난 수요일 미군들이 전투경찰 8천 명을 앞세우고 사드 무기 반입을 위해 미사 중에 있는 신부님들과 기도 중인 원불교 교무님들과 마을 사람들을 강제로 끌어내고 성찬기와 제대를 끌어내리는 폭거를 저질렀습니다. 오늘 새벽에도 우리가 이곳을 향해 오고 있는 시간에 또 다시 유조트럭을 들여보내기 위해 전투경찰들을 투입하였습니다. 심지어는 엄마와 아이가 타고 있는 차의 유리창을 망치로 깨고 억지로 끌어내는 폭력을 저질렀습니다.

이천오백 년 전 미가 선지자는 이렇게 외쳤습니다. "망할 것들! 권력이나 쥐었다고 자리에 들면 못된 일만 꾸몄다가 아침 밝기가 무섭게 해치우고 마는 이 악당들아! 나 야훼가 선언한다. 너희들에게 재앙이 내리리라."

기독교 국가요, 세계의 경찰국가라고 자부하는 미국은 부동산 장사꾼 트럼프를 대통령으로 뽑으면서 이전에는 그나마 예의를 갖추어 거짓을 말하더니 이제는 아예 대놓고 거짓을 말하기 시작했습니다. 호주를 향해가고 있는 핵 항공모함이 한강토를 향해 오고 있다고 거짓말을 하고, 성차별 부통령 펜스는 사드도입은 대한민국 차기 정권에서 결정해야 할 일이라고 말하더니 열흘이 지나지 않아 우리의 뒤통수를 쳤습니다.

이것만이 아닙니다. 이제는 대통령이란 자가 공개적으로 사드 무깃값으로 10억 불을 요구하고 있습니다. 강도와 하등 다를 것이 없습니다. 그는 돈을 요구하는 근거로 이렇게 말했습니다. "미사일을 하늘에서 요격해 한국인들을 보호합니다." 그게 만약 중국이나 북에서 워싱턴을 향해 쏜 핵미사일이라면 핵 파편들은 어디로 떨어질까요? 모두 우리 머리 위로 떨어집니다. 그런데도 한국인들을 보호하는 일이라고 돈을 내놓으라고 하고 있습니다. 도둑놈이 오히려 큰소리친다는 적반하장(賊反荷杖)은 바로 이런 짓을 두고 한 말입니다.

사드 무기가 남한을 향해 쏘는 북조선의 미사일을 막기 위한 것이라는 얘기는 새빨간 거짓말입니다. 우선 철책선 가까이에서 쏘는 북의 미사일은 3, 4분 이내에 남한 대부분 지역에 도달합니다. 사드 레이다가 이를 감지하고 컴퓨터에 재원을 넣고 미사일 발사 스위치를 누르기까지 최소 7분이 걸립니다. 시간상으로 불가능합니다. 두 번째 사드는 사정거리 1,000킬로를 넘어가는 고고도의 미사일을 막는 무기이지 남한과 같이 500킬로 이내의 저고도 미사일에는 사용할 수가 없습니다. 사드(THAAD)라는 말 자체가 고고도미사일 방어 체제라는 영어 단어의 줄임말입니다.

미국놈한테 속지 말자

전두환 일당이 군사 쿠데타를 정당화하려고 의도적으로 일으킨 80년 광주 민중학살 시기에 워컴이란 주한 미군 사령관은 이렇게 말했습니다. "한국민들은 들쥐와 같아 누가 지도자가 되든지 따를 것이다." 물론 우리는 박근혜를 몰아냄으로 이것이 옳지 않음을 증명했지만, 여전히 그들은 우리를 그렇게 평가하고 있음이 분명합니다.

일본에 사드 무기를 들어올 때는 11번의 주민설명회와 4번의 환경평가를 했는데, 우리에게는 이런 절차들을 깡그리 무시했습니다. 그 이유가 무엇이라 생각하십니까? 이 땅을 자신들의 군사 식민지로 여기지 않고서는 불가능한 일입니다. 그런데도 우리가 미국을 동맹이니 혈맹이니 하면서 서울 한복판에 미국 국기를 꽂아놓고 살아가야 할까요? 이 민족적인 수치와 울분을 어떻게 해야 할까요? 예전부터 겪어온 약소 민족의 설움으로 여기고 그냥 지나쳐야 할까요? 아니면 우리의 자녀들에게 진정한 자주독립국에서 살아갈 수 있도록 미군은 자기 나라로 돌아가라고 외쳐야 마땅하지 않을까요?

지금 겉으로는 시진핑과 트럼프가 매일 통화를 하면서 평화로운 관계를 유지하는 듯이 보이지만, 물밑으로는 엄청난 패권 싸움을 벌이고 있습니다. 예나 지금이나 패권 국가들은 직접 싸우지 않습니다. 힘이 약한 나라를 앞세워 싸웁니다. 130년 전 청나라와 일제는 우리 땅에서 전쟁했고, 60년 전 소련과 미국 또한 우리 민족을 둘로 쪼개어 대리전쟁을 했습니다. 지금 시리아에서는 6년 이상 이 미국과 러시아 두 나라의 대리전쟁이 계속되고 있습니다. 총을 쏘고 죽는 사람들은 다 시리아 국민이지만, 무기는 모두 미제와 러시아제입니다. 50만 명 이상이 죽었고, 백만 명 이상이 국경 밖에서 인간 이하의 생활을 하고 있습니다.

6년 전 시리아 국민이 이런 참담한 현실을 상상이나 했을까요? 1950년 6월 25일 이전 남과 북의 백성들은 그날 이후 일어날 전쟁의 참혹함을 상상이나 했을까요? 자신의 아들딸들이 총탄에 쓰러지고 살던 집이 무너지고 살아남은 이들은 봇짐 하나 짊어지고 피난길에 나서는 그런 참담함을 과연 상상이나 했을까요? 만약 했더라면 남쪽 정부는 아침은 서울에서 점심은 평양에서 저녁은 신의주에서라는 허풍을 떨지 않았을 것이고, 북쪽 또한 온 도시가 미군 폭격기 때문에 돌 위에 돌 하나도 남지 않을 만큼 그렇게 처참히 파괴될 줄 알았더라면 전면전을 시작하지 않았을 것입니다.

그런데 전쟁의 참화에서 벗어나서 이제 겨우 먹고살 만한데, 남과 북은 또다시 같은 환상에 빠져 있습니다. 남은 세계 최강 미군이 주둔하고 있어 전쟁이 일어났다 하면 쉽게 북을 물리치고 남북통일이 될 것이라는 환상에 빠져 있고, 북 또한 핵무기와 장사정포를 비롯한 수많은 무기로 무장하고 있어 전쟁에서 이길 수 있다는 환상에 빠져 있습니다. 그러나 우리는 알고 있습니다. 한국전쟁 때에는 400만이 죽는 것으로 끝났지만 이번에 다시 남북 전쟁이 일어나면

4천만 명 이상이 죽을 수 있다는 사실을. 전쟁에 승자는 없습니다. 오직 패자만 있을 따름입니다.

미신(迷信)

전쟁이 일어나면 스펙도 집문서도 학교도 직장도 교회도 아무 소용이 없습니다. 죽고 난 다음에 그런 것들이 무슨 소용이 되겠습니까? 사정이 이런데도 대통령 후보자 5명 중 세 명은 사드 무기 도입에 찬성하고 있습니다. 하나만 알고 둘은 모르는 천치요 바보들입니다. 오늘 남한 전국적으로 교회에 나가 예배드리는 신도 숫자가 대충 잡아 6만 개 교회에 약 800만 명입니다. 이들 중 거의 대다수는 전쟁이 일어나도 하느님께서 이 나라를 지켜 줄 것이라고 그리고 다른 사람은 죽을지 몰라도 자기와 자기 가족들은 살아날 것이라고 믿고 있습니다. 총알이 기독교인과 비기독교인을 구별하기라도 한다는 말입니까?

미신이 별것아닙니다. 이단이 별것 아닙니다. 우상이 별것 아닙니다. 제발 깨어나야 합니다. 교회가 노아의 방주라는 것은 신앙의 상징 언어이지 현실 언어가 아닙니다.

사도 바울이 믿음 소망 사랑 이 세 가지는 영원하지만, 그중 제일은 사랑이라고 했지만, 이는 평화가 유지되는 상황 속에서 유효한 말씀입니다. 죽은 다음에 '믿음으로 의롭다 함을 받는다.'라는 말씀은 무슨 의미가 있으며 세상이 사라진 다음에 소망은 무슨 소용이 있으며 사랑할 대상이 없는 사랑은 어느 짝에 쓰겠다는 말인가요?

지금 수백 대의 전투기를 실은 세 척의 미 항공모함과 150개 이상의 토마호크 미사일을 장착한 핵잠수함이 한강토 주변에 몰려 있고 북은 전군에 비상 명령을 내려놓았습니다. 죽느냐 사느냐 하는 일촉즉발(一觸卽發)의 대결상태에서 믿음 소망 사랑의 얘기는 허공을 울리는 메아리일 따름입니다. 그래서 저는 말합니다. 믿음 소망 사랑 평화 이 네 가지는 영원히 있을 것이지만, 그중 제일은 평화라고.

평화는 그냥 교회 건물 안에서 무릎 꿇고 두 손 모아 간절히 기도한다고 저절로 오는 것이 아닙니다. 만약 그랬다면 예루살렘이 무너지지 않았을 것입니다. 만약 그랬다면 이사야를 비롯한 수많은 예언자가 정치종교 지도자들을 향해 심판을 선포하지 않았을 것입니다. 만약 그랬다면 예수께서 성전 탁자를 뒤집어엎지도 않았을 것이며 채찍을 들어 사람들을 내어 쫓지도 않았을 것이며, 만약 그랬다면 제사장들을 향해 이 성전을 허물어라! 내가 사흘 만에 다시 세우겠다고 외치지도 않았을 것입니다. 예수에게는 성전보다 더 소중한 것이 있었습니다. 그건 성전 밖 세상 안에 정의를 세우고 평화를 만들어가는 일이었습니다. 그래서 예수께서는 말씀하셨습니다. 옳은 일을 위해 핍박을 받는 자는 하늘의 상을 받을 것이다. 평화를 위해 일하는 자들은 하느님의 딸과 아들이라 불릴 것이다.

그런데 우리가 평화를 위해 열심히 일하는데도 왜 평화가 오지 않는 것입니까? 누군가 이렇게 말했습니다. 전쟁하는 자들은 목숨을 내놓고 하는 데 반해 평화를 위해 일하는 자들은 그렇게 하지 않고 있기 때문이라고. 우리 향린 공동체는 지난 20년 동안 미군들이 이 땅을 전쟁터로 만들려고 하는 화성 매향리에서 평택 대추리에서

파주 무건리에서 그리고 오늘 소성리에서 평화현장예배를 드려오고 있습니다. 그건 바로 그 자리가 에스겔 선지자가 본 마른 뼈가 일어나는 그발 강가요, 부활 예수님을 만나는 갈릴리라고 믿기 때문입니다. 우리가 이 세상에 소금이 되고 빛이 되는 길이 바로 이 길이라고 믿기 때문입니다.

지금 사드 무기가 놓인 저곳은 원불교 2대 정법사이신 정산종사께서 태어나신 성지입니다. 성지를 더럽히는 저들에게 분명히 하늘의 화가 임할 것입니다. 마구 짓밟던 군화, 피투성이 된 군복들은 모두 불에 타 사라질 것입니다.

너희가 먼저 평화가 되라

지금 광화문광장에는 두 분의 원불교 교무님들께서 무기한 단식 투쟁에 돌입했고 개신교 목사님들은 이에 동조하는 연대 단식에 참여하고 있는데, 거기에 놓인 기도문을 소개하며 마치겠습니다.

한숨의 공기처럼 호흡하며,
대해 장강의 물처럼 흘렀던 광화문의 촛불이여!
그 평화의 함성이여!
그날 그 미완의 함성은 오늘 우리에게 명령합니다.
땅 기운이 뻗쳐올라 하늘을 찌르면 하늘은 비를 내려 땅을 어루만져
그 은덕으로 만물이 생하는 자연의 이치처럼
너희가 먼저 평화가 되라

북핵은 두려움의 소산이요,

열강의 패권주의는 탐욕의 어리석음일 뿐이니

살기를 어루만져준 하늘의 기운처럼

전쟁과 살육과 갈취와 폭압으로 극렬하게 뻗쳐왔던

상극의 기운을 녹여내는

너희가 먼저 평화가 되라!

평화가 나약하고 무기력한 것이 아니라

진리와 정의를 위해 죽지 못한 인간의 이기심이 나약한 것이니

우리의 가슴에서 그리스도께서 다시 나실 수 있도록

너희가 먼저 평화가 되라!

삼천리 방방곡곡 흰 물결 넘치고 평화의 나비 봄꽃 실어 나르는

평화의 성지 소성리에 세계 평화공원이 건설되기를 염원하고

무력으로 전쟁을 조장하고 평화를 위협하는 탐욕과 거짓을 물리치고

상생의 기운을 모아 오늘도 평화의 백배 올리오니.

평화의 바람이여!

불꽃처럼 타올라라!

천만의 촛불이여!

너희가 먼저 평화가 되라!

예수 사건은 정치변혁의 사건*

창세기 9:8-17; 마가복음 1:9-15

내가 구름 사이에 무지개를 둘 터이니, 이것이 나와 땅 사이에 세워진 계약의 표가 될 것이다. 내가 구름으로 땅을 덮을 때, 구름 사이에 무지개가 나타나면, 나는 너뿐 아니라 숨 쉬는 모든 짐승과 나 사이에 세워진 내 계약을 기억하고 다시는 물이 홍수가 되어 모든 동물을 쓸어버리지 못하게 하리라. 무지개가 구름 사이에 나타나면, 나는 그것을 보고 하느님과 땅에 살고 있는 모든 동물 사이에 세워진 영원한 계약을 기억할 것이다 (창 9:13-16).

그 무렵에 예수께서는 갈릴리 나사렛에서 요단강으로 요한을 찾아와 세례를 받으셨다. 그리고 물에서 올라오실 때 하늘이 갈라지며 성령이 비둘기 모양으로 당신에게 내려오시는 것을 보셨다. 그때 하늘에서 "너는 내 사랑하는 아들, 내 마음에 드는 아들이다" 하는 소리가 들려왔다(막 1: 9-11).

---

* 2018년 2월 18일, 소성리 현장 예배(대구 마가교회)

예수의 하느님 나라 운동의 핵심 사건

저는 향린교회에서 14년의 임기를 마치고 아직 나이가 차지 않아 은퇴는 하지 못한 채 비정규직으로 일하고 있는데, 부산의 믿음교회 10여 명의 교우와 함께 예배를 드리고 있습니다. 제가 향린교회에 부임하고 나서 얼마 후, 평택 대추리에 대규모 미군기지가 조성되면서 농부들이 평생을 일궈온 땅에서 쫓겨나게 되었습니다. 그래서 향린교회도 여러 평화운동 단체와 함께 이 땅을 전쟁 군사기지로 만들어가는 일에 반대하는 일에 힘을 쏟게 되었습니다. 이 과정에서 일요일 예배를 이곳에 드리게 되었고, 그 이후 현장 예배라는 이름으로 온 교우들이 일 년에 한 번은 아픔의 현장에 가서 예배를 드려왔습니다. 그런데 여러분은 매월 이를 행하고 있다고 하니 참으로 자랑스럽습니다.

복음서에 예수님께서 하신 일이 상당히 많은데, 그중 가장 핵심적인 일 혹은 사건은 무엇일까요? 병자를 고치기도 하시고 폭풍을 잠재우게도 하셨고, 물로 포도주를 만들기도 하셨고, 물고기 두 마리와 보리떡 5개로 5천 명 — 이건 성인 남성만 포함한 숫자이니 여성 어린이들을 포함하면 수만 명을 한꺼번에 먹이시기도 하셨지요. 그런데 이 수많은 일 중에서 가장 핵심적인 일은 무엇이었을까요? 이게 없었다면 예수님께서 죽지 않았을 수도 있었던 사건입니다. 네, 그건 생애 마지막 주간에 일어난 예루살렘 성전 숙청 사건입니다.

당시 예루살렘 성전에 들어가려면 두 가지를 준비해야 했습니다. 하나는 성전세를 내야 했고, 두 번째는 희생제물을 갖고 가야 했습니다. 이때 제물은 흠이 없는 비둘기나 양을 바쳐야 했는데, 이를 증명하는 제사장의 도장이 있어야 했습니다. 그런데 순례자들로서 멀리서 걸어오기 때문에 성전에 와서 이를 구입하였는데, 이 과정에서 부정이 행해졌던 것입니다. 흠이 있는 동물을 흠이 없는 것으로 만들어 많은 이익을 남겼던 것입니다. 그러다 보니 하루 끼니를 이어갈 수 없었던 가난한 민중들은 아예 성전을 들어갈 수조차 없게 된 것입니다.

분이 치민 예수께서는 채찍을 들어 못된 성전 장사꾼들을 쫓아내고 상을 뒤집어엎으며 "만민이 기도하는 집을 강도의 소굴"로 만들었다고 비난을 하신 것입니다. 마가복음은 이때의 상황을 이렇게 말합니다. "그리고 누구든 성전을 가로질러 제사용 그릇을 들고 다니지 못하도록 하였다." 그런데 이 성전에는 성전종사자 레위인들, 성전 경비대, 상주하는 제사장들만도 200명이 넘었을뿐더러, 성전 뜰의 크기가 요즘 대형교회 크기 정도가 아니라, 축구장 5개 크기만큼 넓은 장소였으니 이는 민중 폭동이 아니고서는 가능한 얘기가 아닙니다. 그래서 마태와 누가는 이 구절을 빼버렸고, 누가는 채찍을 휘두르고 상을 둘러 엎었다는 얘기까지 빼고 기록하였습니다. 마가복음이 가장 먼저 쓰였기에 신빙성이 제일 높지만, 세 복음서의 얘기가 조금씩 다르니 구체적으로 무슨 일이 일어났는지는 확신할 수 없습니다. 그러나 중요한 것은 세 복음서 모두 성전숙청을 언급하고 있고 이 사건으로 인해 예수는 '신성 모독죄'와 '민중 소요죄'의 죄목으로 고발을 당하고 결국에는 빌라도 로마 총독에 의해 로마 정부를 적대시하는 정치 게릴라들에게만 시행하던 십자가 처형을 당하게 되었다는 사실입니다. 성전숙청 사건은 예수를 십자가 죽음으로 이끄는 직접적인 원인이 된 예수의 하느님 나라 운동에 있어 가장 핵심적인 사건이었습니다.

그래서 세 복음서 보다 늦게 기록된 요한복음은 성전숙청 사건의 중요성을 보다 강조하기 위해 예수 생애 마지막에 두지 않고, 예수 생애 초기에 두었습니다. 그리고 예수는 단순히 성전을 깨끗하게 하는 일에서 그치지 않고, 이를 항의하는 유대인들에게 이렇게 말합니다. "이 성전을 허물어라. 내가 사흘 만에 다시 세우겠다." 그러자 그들이 반문하지요. "아니, 우리 조상들이 46년을 걸려 지은 성전을 어떻게 사흘 만에 다시 세운다는 말이냐?" 이에 요한복음 기자는 이는 눈에 보이는 건물로서의 성전이 아닌, 보이지 않는 성전 곧 예수 부활의 몸을 의미한다고 해석을 덧붙이고 있습니다.

교회는 예수의 말씀을 기억하고 이를 실천해 나가는 사람들이 모인 예수 부활의 몸입니다. 예수의 하느님 나라 운동은 성전 안의 운동이 아니었습니다. 성전 밖 특히 갈릴리의 가난하고 억눌린 사람들과 함께하는 해방의 신앙 운동이었습니다. 예루살렘에 있는 권력자들과 부자들이 역사의 주인이 아니라 저들이 바로 역사의 주인이요 하느님의 참 자녀임을 깨닫도록 하신 것입니다. 예수님의 부활은 성전 안에서 일어나지 않았습니다. 죽음의 땅, 해골이 즐비한 골고다 언덕 근처 무덤에서 일어난 사건입니다. 오늘날 예수 부활 또한 마찬가지입니다. 교회당 안에서 이루어지는 신비 사건이 아닙니다. 교회 밖에서 억눌리고 배척당하고 억울한 일로 슬픔을 겪고 있는 사람들 속에서 일어나는 민중해방사건입니다. 오늘 여러분은 그러한 민중해방운동으로서의 예수 부활을 경험하기 위해 한강토 아픔의 현장 소성리에 오신 것입니다.

사순절과 광야

부활주일을 앞둔 40일을 사순(四旬)절이라 부르고 이를 다른 말로는 Lent 수난절이라고도 부릅니다. 성서에서 40이라는 숫자는 여러 번 등장합니다. 노아 홍수 기간이 40일이고, 이스라엘 민족이 광야에서 머문 기간이 40년이고 엘리야가 광야에서 머문 기간, 예수께서 광야에서 단식하시며 기도하신 기간이 40일입니다. 이외에도 곳곳에서 나타나는데, 이 40은 언제나 광야와 함께 등장하고 이 광야 40일 혹은 40년을 통해 저들은 하느님의 말씀으로 새롭게 거듭나게 됩니다. 성서에서 40은 단지 시간의 길이를 말하는 것이 아니라, 하느님의 임재를 뜻하는 신앙 숫자입니다. 그래서 이 40일 기간에 우리 믿는 사람들은 신앙훈련을 강화하는데, 일주일에 하루를 금식하기도 하고, 기호식품을 절제하고 기도와 성서 읽기에 더 열심을 내기도 합니다. 그래서 저 또한 그러한 신앙훈련을 겸해 이곳 소성리 기도처에서 한 주간을 머무는 것입니다.

성서에서 광야는 성이나 도시와는 다른 사람이 살 수 없는 곳 곧 건물이 있느냐 없느냐로 판단이 되는 장소가 아닌 세계관의 근본적인 차이를 말합니다. 도시는 사람들이 집단으로 모여 사는 곳으로 부와 출세의 경쟁이 존재합니다. 도시인들은 굴리는 차종, 아파트의 크기와 사는 동네에 따라 존재가치가 달라집니다. 반면 광야는 자신의 존재가치를 증명해 줄 수 있는 물건은 하나도 없습니다. 매일같이 목초지를 따라 양과 같이 이동을 해야 하는 유목민들에게 있어 물건을 소유한다고 하는 것은 이동에 걸림돌이 될 따름입니다. 저들에게는 가진 물건이 적을수록 좋습니다. 저들에게는 낮에는 풀포기, 밤하늘에 빛나는 별들만이 유일한 친구이며 세계와 역사를 바라보는 눈은 공간이 아닌 시간입니다. 광야에서는 내면을 향한 자기 존재 의식이 깊어지게 되고 신과의 대화가 중요해집니다.

무지개와 비둘기

오늘 사순절 첫 번째 주일 본문 말씀은 노아 홍수 얘기와 예수께서 세례를 받으시고 광야로 나가 기도하시는 이야기입니다. 노아 이야기는 이렇게 시작합니다. "야훼께서는 세상이 사람의 죄악으로 가득 차고 사람마다 못된 생각만 하는 것을 보시고 왜 사람을 만드셨는가 싶으시어 마음이 아프셨다. 내가 지어낸 사람이지만, 땅 위에서 쓸어버리리라." 그런데 이 사람들의 죄악에 대해 이상한 논리를 전개합니다. 그건 하느님의 아들과 사람의 딸들 사이에 태어난 네피림이라는 거인족속 때문이라는 것입니다. 여기서 하느님의 아들은 지금 우리가 말하는 '하느님의 아들'과는 다른 의미인데, 이는 고대시대 제국의 통치자들을 칭하는 말이었습니다. 저들이 거대하다는 말은 힘이 세다는 말이고 힘이 세다는 말은 군사력에 직결됩니다. 곧 홍수 심판의 이야기는 약한 이웃 민족들을 침략하여 죽이고 강간하고 노예로 삼는 제국에 대한 비판입니다. 광야에 대립하는 도시 바빌론 제국을 상징하는 바벨탑에 대한 언어 혼란의 심판도 같은 맥락입니다. 여기에 노아 홍수 이야기에 담긴 깊은 신학적인 의미가 있습니다.

오늘 본문은 다시는 이러한 심판이 없을 것이라는 하느님의 선언과 함께 그 증거의 표시로 무지개를 남깁니다. 무지개의 상징은 무엇인가요? 이는 단순히 자연의 현상이 아닌 활의 모습입니다. 영어에서 무지개를 뜻하는 레인보우(rainbow)에서 보우(bow)는 활입니다. 무지개는 폭풍우 후에 오는 평화의 상징입니다. 노아 홍수는 전쟁 귀신을 쫓아내고 평화를 심겠다는 하느님의 의지를 보여주신 것입니다.

오늘 제2성서의 말씀은 예수께서 세례 요한으로부터 세례를 받으신 후 광야에 나가 40일을 기도하시는 이야기입니다. 세례는 단지 교회의 일원이 되는 하나의 종교적 예식이 아닙니다. 예수께서 세례를 받으실 때 비둘기 모양의 영이 내려왔다는 의미는 무슨 뜻인가요? 지금 제가 비둘기 모양의 목걸이를 하고 있습니다. 흔히 비둘기를 평화를 상징하는 새로 말합니다만, 비둘기가 다른 새들보다 평화로운 새는 아닙니다. 저들도 다른 새들과 같이 서로 다투기도 하고 영역싸움도 합니다. 다만 비둘기는 자기방어 수단이 없다 보니 사람 가까이에 머무는 습성이 있고 또 자기 집으로 돌아가는 본능적인 습성이 매우 강합니다. 그래서 옛날에는 통신수단으로 사용되었습니다.

하늘에서 비둘기와 같은 모양의 영이 내려왔다는 말은 곧 하느님의 뜻이 세례를 통해 직접 내려왔다는 의미입니다. 여러분도 모두 세례를 받으셨을 것입니다. 형식적으로는 어느 목사님으로부터 받았겠지만, 참뜻은 하늘로부터 직접 하느님의 음성을 들었다는 것입니다. 그 음성은 "너는 나의 사랑하는 아들이다." "너는 나의 사랑하는 딸이다."

예수는 요한으로부터 세례를 받은 후 광야로 나가 40일을 금식하며 기도하십니다. 이 이야기는 마태 마가 누가 세 개의 공관복음서에 다 나옵니다. 다만 오늘 우리가 읽은 마가복음에서는 사탄에게 시험받았다는 얘기만 나오지 어떤 시험을 받으셨는지는 나오지 않습니다. 마태복음과 누가복음에는 세 가지 시험으로 더욱 자세히 기록되어 있습니다. 돌로 떡을 만들어 먹으라는 굶주림의 시험, 성전 꼭대기에서 뛰어내리는 신기를 통한 인기와 명예의 유혹 그리고 사탄을 숭배함으로 얻어지는 세상 권력의 시험입니다. 예수께서는 이 시험을 다 물리치시는데, 이는 우리가 겪는 세상 유혹을 이겨내는 길을 가르쳐주시는 말씀입니다.

그런데 사실 마가복음이 마태복음, 누가복음과 다른 것은 그 시작입니다. 마태와 누가는 '예수께서 성령의 인도를 받아 광야로 나아갔다'라고 예수의 자유의지가 반영되어 있습니다. 그런데 마가복음은 이렇게 말합니다. "그 뒤에 곧 성령이 예수를 광야로 내보내셨다." 이는 표준새번역과 공동번역입니다. 그러나 먼저 번역된 개역개정판에는 "성령이 곧 예수를 몰아내신지라." 그리스어 원어 성서로 보면 '몰아내셨다'가 더 정확한 번역입니다. 34절에서는 같은 그리스어 ekballo가 나오는데, 여기서는 '내어 쫓았다'로 번역했습니다. '예수께서는 온갖 병자들을 고쳐 주시고 많은 마귀를 내어 쫓아내셨다.' 곧 '성령이 예수를 광야로 내어 쫓으셨다'라는 것입니다. 가기 싫은 것을 억지로 내쫓았다는 말이 됩니다. 저는 마가복음이 보다 인간적인 예수를 그리고 있어서 더 좋습니다.

므드바르

그런데 예수가 쫓겨가다시피 간 광야는 그냥 허허벌판이 아니라 들짐승들과 천사가 함께 있었다고 말합니다. 천사는 하느님의 보호를 뜻한다면 들짐승은 무엇을 상징하는 것일까요? 예수의 생명을 위협하는 동물인가요? 아닙니다. 여기서는 그런 의미로 쓰이지 않았습니다. 여기에서는 길들지 않는 거친 야성(野性)을 상징합니다. 예수가 광야에서 머문다는 것은 세상과 타협하지 않고, 보다 원초적인 의미에서 자연 들판의 생명력을 회복한다는 뜻입니다.

광야는 히브리어로 '므드바르'인데, '므'는 장소를 뜻하는 접두사이고 '드바르'는 작은 공간을 뜻합니다. 예루살렘 성전의 깊은 공간, 지성소를 지칭하는 단어이기도 합니다. 곧 광야는 지성소로 번역이 될 수도 있습니다. 모세 율법서인 민수기는 히브리어로 '뻬 미드바르'('광야에서')입니다. 그리고 드바르와 같은 어근을 가진 단어가 '다바르'입니다. 히브리어 다바르는 문맥에 따라 '말'도 되고 '사건'도 됩니다. 창세기 1장에 하느님께서 '말씀'으로 세상을 창조하셨을 때의 '말씀'이 곧 '다바르'입니다. '다바르'는 무에서 존재를 창조해 내는 하느님의 권세, 힘입니다. 더 정확하게 번역한다면 하느님께서 말씀(다바르)으로 세상을 창조하셨다고 말하기보다는 '하느님께서 '말씀의 힘'으로 세상을 창조하셨다고 번역을 하는 것이 옳은 것입니다. 곧 광야는 히브리어의 본래 뜻으로 이해하면 이는 하느님의 말씀 권세가 임하는 장소입니다. 이제부터 여러분은 성서를 읽을 때 40이라는 숫자를 보면 이는 하느님이 주재하는 시간, 광야라는 단어를 보면 하느님이 임하는 장소라고 이해하시면 틀림이 없을 것입니다.

예수 복음과 사회 정치와의 함수관계

예수께서는 세례 요한의 세례를 통해 하늘의 직접 명령을 받은 후 광야에 나가 하느님의 말씀과 권세로 야성의 힘을 얻으신 다음 세상으로 나아갑니다. 그런데 마가는 예수께서 세상에 나아가는 때를 오늘 본문에서 이렇게 말합니다. "요한이 잡힌 후에 갈릴리로 가서" 누가복음은 예수가 서른 살 즈음이 되자 세상에 나왔다고 얘기했지만, 마가는 예수가 세상에 나오게 된 목적을 분명하게 밝히고 있습니다.

'요한이 잡힌 후에'라는 말은 요한의 일을 승계한다는 의미가 숨어 있습니다. 헤롯왕이 배다른 남동생의 아내 헤로디아를 빼앗아 아내로 삼았는데, 요한이 이를 공개적으로 비난을 했습니다. 그래서 헤롯왕과 헤로디아로부터 미움을 받아 감옥에 갇히고 후에는 참수형을 당합니다. 그렇다면 '요한이 잡힌 후에' 무슨 일이 생겼을까요? 요한이 잡히자 그만 헤롯왕을 비판하는 사람들의 목소리가 잠잠해진 것입니다. 마치 박정희가 유신을 공포하고 자신을 비판하는 사람들을 무자비로 잡아 가두고 간첩으로 만들어 고문하고 죽이고 청년들은 군대로 끌어갔던 것과 같습니다. 그러자 비판의 목소리가 잦아지기 시작했습니다.

예수께서는 바로 이러할 때 세상에 나왔다는 것입니다. 예수께서 요한이 정치범으로 옥에 갇힌 후에 그를 대신해서 하느님 나라 복음을 외치시기 시작했다는 말은 예수의 행동이 정치적이었음을 분명히 밝혀주고 있습니다. 그리고 당시 어둠의 땅이라고 멸시받던 변두리의 땅 갈릴리로 가서 말씀을 선포하기 시작하셨습니다. 아마 여러분 주위에 있는 다른 교회 교인들은 여러분이 성주 소성리에 와서 주일예배를 드린다고 하면 아마 반대하는 얘기를 할 것입니다. 교회가 그런 사회정치적인 일에 관여하면 안 되고 개인의 영혼 구원에만 관계해야 한다고 말할 것입니다. 이게 바로 지난 시기에 서구 기독교가 잘못한 일입니다.

서구 기독교 국가들은 하느님 나라 선교의 이름으로 예수 복음을 선포한다는 미명하에 아프리카와 아시아와 아메리카를 침략하여 금은보화를 약탈하고 원주민들을 죽이고 노예로 삼았습니다. 그리고 저들은 하늘만 처다보게 했습니다. 남아프리카의 노벨평화상을 받은 투투 주교가 이런 말을 했습니다. 어느 날 얼굴 하얀 백인 친구들이 와서 성서를 손에 들고 와서 함께 기도하자고 해서 눈을 감고 기도하고 나서 눈을 떠 보았더니 자기들 손에는 저들이 가져온 성경책이 놓여 있고, 자기들 손에 있었던 땅문서는 백인들 손에 놓여 있더라고…

미국은 기독교 선교사와 함께 복음을 들고 이 땅에 들어왔습니다. 종교적으로는 학교와 병원을 세워 우리에게 큰 도움을 주기도 했지만, 정치적으로는 일본이 우리 땅을 식민지로 삼을 때 비밀협약을 맺어 이에 동의하고 1910년 8월 27일 한일강제합병식에 미국 대통령이 축하 꽃다발을 보냈습니다. 이후 1945년 8월 일제가 항복을 준비하는 때에 소련군대가 한강토로 밀려 내려오자 이를 저지하기 위해 북위 38도선을 따라 한강토를 둘로 나눠 점령하자고 제안을 했습니다. 그리고는 미군이 계속 주둔하면서 한국군 지휘통제권을 쥐고 미국산 무기만을 구입할 것을 요구하고 있습니다. 그래서 남한은 미국으로부터 군수 무기를 수입하는 제일의 나라가 되었습니다. OECD 국가 중 가장 많은 노동시간을 들여 힘들게 돈 벌어서 별 쓸모도 없는 비싼 무기를 수입하고 있습니다. 이 좁은 땅에 무슨 공중급유기가 필요합니까? 우리가 저 시베리아나 태평양에 가서 전쟁하지 않을 바에는 수천 킬로미터를 날아가는 F35 신예 전투기도 필요 없습니다. 심지어는 사용기한이 지난 군사 무기들을 네바다 사막의 쓰레기장에 처넣어두는데, 이곳에 버려진 헬기를 색칠만 새로 하여 수입하여 말썽을 빚기도 했습니다. 물론 이 과정에서 엄청난 뇌물이 오갑니다.

남한은 지난 70년 동안 엄청난 비용을 군사비로 지출하고 젊은 이들은 군대에 나가서 아까운 젊음을 탕진하고 남한은 세계에서 자살률이 가장 높은 나라가 되었습니다. 말 그대로 헬조선이 되고 말았습니다. 미국 또한 마찬가지입니다. 헬미국이 되어가고 있습니다. 저들은 지금까지 나라 밖에서 수많은 전쟁을 치렀습니다. 그런데 실상 보이지 않는 전쟁이 나라 안에서도 일어나고 있었습니다.

심심하면 총기 학살이 일어납니다. 학교에서조차 이런 일이 벌어진다는 것은 그 사회가 얼마나 미쳐 돌아가는지를 보여주는 여실한 증거입니다. 며칠 전 플로리다의 19살 고등학생이 학교에 가서 학생들과 선생을 총으로 쏘아 17명을 죽였습니다. 이 친구는 트럼프의 선거 구호 '아메리카 퍼스트'가 새겨진 모자를 쓰고 다니고 백인 우월집단에 가입했습니다. 그 가입기념 선물로 총을 선물 받았고 결국은 이런 범죄를 저질렀습니다. 지금 미국 내에서 한해 총으로 죽어가는 사람이 3만 명 이상으로 시리아에서 전쟁으로 죽어가는 시리아 사람보다 더 많습니다. 집안에서 부모들이 무심코 놓아둔 총을 들고 장난을 하다 죽어가는 5살 미만의 아이들이 일 년에 5천 명이나 됩니다. 이것이 미국이라는 나라의 실상입니다. 미국사람들도 이제는 정신을 차려야 합니다. 진정한 평화나 안보는 무기로 절대 얻어지지 않는다는 사실을, 오히려 무기는 오히려 생명을 그것도 자기 생명을 앗아간다는 사실을 깨달아야 합니다.

사순절은 예수와 더불어 광야로 나아가 하느님 말씀의 힘을 얻는 절기입니다. 전쟁 무기 폭력에 저항하는 하느님 나라의 야성을 키우는 시간입니다. 기도와 말씀을 통해 하느님 말씀의 힘 곧 '다바르'의 창조 사건을 경험하는 시간입니다. 욕망 절제를 통해 자기 성찰을 하는 시간입니다. 소성리는 오늘의 갈릴리입니다. 예수께서 이 땅에 다시 오신다면 분명코 이곳에 제일 먼저 찾아오실 것입니다.

뼈들이여 일어서십시오*

에스겔 37:1-7

> 야훼께서 손으로 나를 잡으시자 야훼의 기운이 나를 밖으로 이끌어 내셨다. 그래서 들 한가운데 이끌려 나가보니 거기에 뼈들이 가득히 널려있는 것이었다. 그분이 나를 그리로 두루 돌아다니게 하셨다. 그 들 바닥에는 뼈들이 굉장히 많았는데 그것들은 모두 말라 있었다. 그분이 나에게 말씀하셨다. "너 사람아, 이 뼈들이 살아날 것 같으냐?" 내가 "주 야훼여, 당신께서 아시옵니다." 하고 아뢰니, 그분이 또 나에게 말씀하셨다. "이 뼈들에게 내 말을 전하여라. '마른 뼈들아, 이 야훼의 말을 들어라. 뼈들에게 주 야훼가 말한다. 내가 너희 속에 숨을 불어넣어 너희를 살리리라. 너희에게 힘줄을 이어놓고 살을 붙이고 가죽을 씌우고 숨을 불어넣어 너희를 살리면, 그제야 너희는 내가 야훼임을 알게 되리라.'" 나는 분부하신 대로 말씀을 전하였다. 내가 말씀을 전하는 동안 뼈들이 움직이며 서로 붙는 소리가 났다(겔 37:1-7).

---

* 2010년 5월 16일, 5.18광주민중항쟁 30주년 기념 전국예수살기 연합 예배

김준태 시인의 '오월 광주'는 이렇게 첫머리를 시작합니다.

아아, 광주여 무등산이여
죽음과 죽음 사이에
피눈물을 흘리는 우리들의 영원한 청춘의 도시여
우리들의 아버지는 어디로 갔나
우리들의 어머니는 어디서 쓰러졌나
우리들의 아들은
어디에서 죽어 어디에 파묻혔나
우리들의 귀여운 딸은
또 어디에서 입을 벌린 채 누워 있나
우리들의 혼백은 또 어디에서
찢어져 산산이 조각나 버렸나

광주여 무등산이여
아아, 우리들의 영원한 깃발이여

제가 광주 5.18 민주항쟁의 소식을 들은 것은 미국에 있을 때였습니다. 70년대 박정희 유신독재 시절 한국신학대학을 다니면서 데모로 구류를 살긴 하였지만, 8, 90년대 숨 막히던 시절 고국을 떠나 있었던 사람으로서 이 자리에 서기가 매우 부끄럽습니다. 지금 이 자리에는 민주화 통일 운동을 위해 더욱 치열하게 살아오신 선배 목사님도 계시고 30년 전 투쟁의 현장을 지켜온 분들도 계시리라 여겨지기에 송구스러운 마음을 금할 길이 없습니다. 다만 한 가지 위안이 있다면 그간 해외에서 민주화와 통일 운동을 위해 노력해왔다는 것과 광주는 저의 어린 시절의 추억들이 남아있는 고향이라는 사실입니다.

당시 국내에서는 볼 수 없었던 〈오! 광주〉의 붉은빛 세 글자로 시작하던 기록영화의 장면 장면들은 저의 젊은 피를 끓어오르게 했습니다. 소꿉놀이 친구들과 한가롭게 거닐던 금남로와 도청의 거리가 핏빛으로 물들어가고 탱크와 군홧발로 짓이겨지는 모습을 보면서 히틀러의 아우슈비츠는 언제 어디서나 재현될 수 있는 오늘의 사건임을 깨달았고, 박정희의 죽음에 안도의 한숨을 내쉬며 자유와 민주, 통일이 곧 오리라 믿었던 우리의 바람이 얼마나 허망한 일인지를 깨달았습니다.

결국, 광주의 피는 1987년 6월 항쟁을 통해 전두환, 노태우 도당으로 이어지는 군부정권을 막 내리게 했고, 이후 만족스럽지는 않았지만 우리는 김대중, 노무현의 정부 아래에서 자유와 통일에 대한 광주의 꿈을 노래할 수 있었습니다. 과거사 진상조사위원회와 진실 화해조사위원회 등의 활동을 통해 과거 군사정권 아래에서 얼마나 악랄하고 추잡한 일들이 꾸며지고 억압과 거짓이 우리 사회를 지배하여 왔는지를 깨달았고 이제 다시는 그런 어둠의 역사가 오지 않으리라 자신했습니다.

그러나 오늘 우리 사회의 모습은 어떠합니까? 불과 이명박 정권이 출발한 지 2년여, 우리는 땅 투기와 강바닥뒤집기에 기초한 경제 숫자놀이와 용산 참사로 대변되는 빈익빈 부익부의 모순 속에서 또

다른 독재 시대를 살아가고 있습니다.

예수를 따르고 예수 살아내기를 다짐하는 소수의 우리 그리스도인들은 이러한 현실을 인정할 수 없어 예수의 명령을 따라 예수 이름으로 민족의 성지인 5·18 광주 민주묘역에 모였습니다.

80년대 초, 고국 방문 시 지금은 하늘나라에 가 있는 저의 유일한 사촌 남동생과 함께 예전의 망월동 묘지를 찾은 적이 있었습니다. 그 남동생은 광주항쟁 마지막 날 도청을 떠난 자신의 비겁함을 저주하며 술로 삶을 마감한 사람입니다. 때는 11월, 을씨년스러운 바람이 부는 오후였습니다. 여기저기 죽은 자를 그리워하고 그날을 잊지 말자는 문구들이 새겨진 하얀 천들이 바람에 펄럭이고 있었습니다. 몇 사람의 청년들은 운동가를 부르고 있었고 저와 사촌 동생은 아무 말 없이 소주잔을 기울이고 있었습니다. 그 날 이후 저는 그 자리에서 만났던 소복을 입은 50대 후반의 어머니를 잊지 못합니다. 그 어머니는 5·18 때 집을 나가 돌아오지 않은 아들을 찾고 있었습니다. 우리를 향해 아들의 이름을 말하면서 그를 찾아달라고 간청하는 것이었습니다. 주위 사람들의 말인즉 지난 3년 동안을 하루도 빠짐없이 그 자리에 나와 아들을 찾고 있다는 것입니다.

부족하지만, 제가 예수 이름으로 살아가려고 애를 쓰는 것은 바로 그러한 민중들의 한과 아픔들이 계속 저의 주위를 맴돌고 있기 때문입니다. 동학혁명의 자유혼들, 백 년 전 오늘 일제 강제 늑약에 죽음으로 맞선 애국지사들, 기미년에 독립 만세를 부르다 죽어간 수많은 학생과 농부들 그리고 장백산, 하얼빈에서 직접 총칼을 들었던 안중근을 비롯한 수많은 독립투사, 일본군 강제위안부와 징병

징용으로 끌려가 전쟁의 총알받이로 죽어간 무수한 우리의 조상들, 해방의 기쁨도 잠시 미소의 농간으로 인한 제주 4·3항쟁을 비롯한 수많은 이념의 희생자들, 70년 전 3년간이나 지속된 강대국을 대신한 동족상쟁 그리고 이 전쟁은 아직도 끝나지 않아 이름도 요상한 키리졸브 전쟁 연습을 하다 이유 없이 죽어간 천안함 장병들과 이를 돕다가 희생당한 어부들, 죽음 죽음 죽음! 우리 민족 수난의 아픔은 아직도 계속되고 있습니다.

그런데 이 죽음보다 더 무서운 죽음이 우리 한강토를 뒤덮고 있으니 그건 민족의 죽음입니다. 같은 어머니 배에서 나온 형제자매를 끊임없이 우리를 침략해 온 이웃 나라 백성들보다 더 미워하고 있으니 이보다 더 큰 죽음이 어디에 있겠습니까? 그것도 예수를 믿는 사람들이 앞장서고 있으니 이를 어찌하면 좋다는 말입니까? 세상이 모두 손가락질하며 돌아서서 상종 못 할 민족이라고 침을 뱉고 있는데 돈에 환장한 우리는 그저 핸드폰 하나, 자동차 한 대 더 팔아서 좋다며 희희낙락입니다. 어찌 보면 온몸에 암 덩어리가 번져가고 있으니 굳이 총에 맞지 않아도 죽을 날이 얼마 남지 않았습니다.

함석헌 선생은 우리 민족의 역사는 고난의 역사요, 마치 세계사의 하수구 같아 모든 썩은 물이 한강토를 통과하여 가지만, 바로 이 고난을 통해 세계의 운명을 바꿔나갈 새 생명이 나타날 것이라고 말씀하셨습니다. 그러나 우리의 믿음은 아직 거기에 가 있지 못합니다. 그저 어쩌다가 이 나라가 이렇게 되었는지 억울하고 분할 따름입니다.

바빌론의 포로로 붙잡혀가 있던 에스겔 선지자 또한 어떻게 하다가 이스라엘 민족이 이런 꼴이 되었는가 하여 억울함과 분함을 떨쳐버리지 못하고 하느님께 항의를 일삼고 있었습니다. 언제까지입니까? 하느님! 과연 당신은 살아계시는 것입니까? 항의하던 에스겔 선지자에게 어느 날 야훼 하느님의 음성이 들립니다. 밖으로 나가 들 한가운데 서라. 그래서 그곳으로 갔습니다. 거기에는 마른 뼈들이 가득 널려 있었습니다. 하느님이 묻습니다. 이 뼈들이 살아날 것 같으냐? 주께서 아십니다. 이 뼈들에게 내 말을 전하여라. 내가 너희 속에 숨을 불어 넣어 너희를 살리리라. 그러자 뼈들이 붙고 힘줄이 이뤄지고 살이 붙어 커다란 무리가 되었습니다.

오늘 우리는 바로 이 억울하고 한 많은 비극의 역사 현장 한가운데에 서 있습니다. 지금 우리 주위에는 마른 뼈들이 널려 있습니다. 지금 야훼 하느님은 우리에게 말씀하십니다. 이 뼈들에게 내 말을 전하여라. 주님께서 숨을 불어 넣어 이 뼈들을 살릴 것이라고 말씀하십니다. 이들이 어떻게 살아납니까? 이들이 어떻게 무덤 문을 열고 나옵니까?

마가복음을 보면 부활하신 예수께서는 무덤을 찾아온 여인들에게 직접 그 몸을 나타내시지 않고 한 젊은이를 시켜 이렇게 말씀하십니다. "자, 가서 제자들과 베드로에게 예수께서는 전에 말씀하신 대로 그들보다 먼저 갈릴리로 가실 터이니 거기서 그분을 만나게 될 것이라고 전하여라." 그러나 여자들은 겁에 질려 덜덜 떨면서 무덤 밖으로 나와 도망쳐 버렸습니다. 그리고 너무도 무서워서 아무에게도 말을 하지 못하였다고 성서는 증언합니다. 왜 여자들은 겁에 질려 덜덜 떨었을까요? 예수가 부활했다는 소식 때문에 덜덜 떨었을까요? 아니면 갈릴리에서 만나자는 얘기에 덜덜 떨었을까요? 제가 이해하기로는 후자입니다. 갈릴리에서 만나자고 하는 것은 예수께서 다 이루지 못했던 하느님 나라 운동을 계속 이어가라는 말씀이기 때문이고 그 끝은 또 다른 십자가를 의미하기 때문입니다.

그리스어로 부활은 ana-stasis입니다. ana는 다시 혹은 위라고 하는 의미가 있는 부사이고 stasis는 일어서다라는 뜻입니다. 그러니까 부활은 다시 일어선다 혹은 위를 향해 일어선다는 뜻입니다. 곧 부활의 증인이 된다는 것은 위를 향해 일어선다는 말입니다.

우리 그리스도인들이란 예수의 부활을 믿고 증언하는 사람들입니다. 곧 갈릴리의 현장에 가서 위를 향해 일어서는 삶을 말합니다. 이 자리는 평화와 평등의 하느님 나라를 꿈꾸었던 민주열사들이 누워 있는 자리입니다. 겉으로 보면 이 자리는 죽음의 뼈가 묻힌 곳입니다. 그러나 믿음의 눈으로 보면 이 자리는 에스겔 선지자가 경험했던 민중 부활의 현장이요, 하느님 나라 복음 운동이 새롭게 시작되는 갈릴리의 현장입니다.

김준태 시인의 '5월 그날'은 이렇게 끝을 맺습니다.

하느님도 새떼들도
떠나가 버린 광주여
그러나 사람다운 사람들만이
아침저녁으로 살아남아
쓰러지고, 엎어지고, 다시 일어서는
우리들의 피투성이 도시여

죽음으로써 죽음을 물리치고
죽음으로써 삶을 찾으려 했던
아아 통곡뿐인 남도의
불사조여 불사조여 불사조여

해와 달이 곤두박질치고
이 시대의 모든 산맥이
엉터리로 우뚝 솟아 있을 때
그러나 그 누구도 찢을 수 없고
빼앗을 수 없는

아아, 자유의 깃발이여
살과 뼈로 뭉어리진 깃발이여
아아 광주여! 우리나라의 십자가여!

향린교회 소개

1953년 5월 17일 안병무, 이영환, 홍창의 등 십여 명의 30대 초반의 신앙 동지들이 뜻을 모아 세운 교회이다. 이들은 아직 전쟁이 채 끝나기도 전에 교권 분쟁이 일어나는 것을 보고 다음의 네 가지 창립목적을 세우고 교회를 시작하였다. 함께 기도하며 살아가는 수도공동체, 교단에 가입하지 않는 독립교회, 담임목사 없는 평신도교회, 개인의 일상적인 삶이 곧 하느님의 나라 선교활동임을 고백하는 사회입체적선교이다. 수도공동체 활동은 창립 2년이 지나면서 외부 교인들이 참여하고 몇몇이 가정을 이루어 나가게 되면서 자연히 무산되었고, 독립교회 또한 창립 7년 후 교회 건물을 소지하게 되었는데, 국가의 세금을 감당하기 힘들어 한국기독교장로교단에 가입하면서 중지되었다. 평신도교회의 목표는 계속 증가하는 교인들의 목회적 요청으로 인해 26년 만에 담임목사를 청빙하면서 이 또한 중단되었다. 그러나 이러한 네 가지 창립이념은 이후 향린교회의 보이지 않는 목표가 되어왔으며 이로 인해 진보교회의 상징교회가 되어왔다. 특히 1987년 5월 24일 [민주주의쟁취국민운동비상본부]가 향린교회에서 결성되었으며 이는 남한의 대통령 직접선거제를 쟁취하는 6월항쟁의 기폭점이 되었다. 분가 공동체교회로는 강남향린교회, 들꽃교회 그리고 섬돌향린교회가 있다.

뒤표지 그림 설명

2017년 독일 종교 문화청 산하 베를린박물관에서는 루터 기독교 개혁 500주년을 맞아 개신교의 발전과 성장의 역사를 정리하여 *The Luther Effect*라는 제목으로 상당한 부피의 책을 출판하고, 이와 관련한 역사적 유물과 자료들을 6개월간 전시하였다. 책의 전반부는 16세기 유럽에서의 개신교 태동과 성장, 갈등의 역사를 다루고 있고, 후  반부는 오늘날 세계 개신교의 현황을 다루고 있다. 그런데 200개 이상인 나라에 있는 개신교 각각의 모든 역사를 담을 수가 없기에 시대별/대륙별로 4개의 나라만을 선택하여 소개하고 있다. 17세기 유럽을 대표하여 스웨덴이 선택되었는데, 이는 왕이 루터교를 국교로 채택하였기 때문이다. 18, 19세기 아메리카 대륙을 대표하여 미국이 선택되었다. 이는 청교도운동을 비롯한 감리교, 침례교, UCC, 장로교, 안식교, 퀘이커 등등의 매우 다양한 교파들이 발전하였을뿐더러 세계 선교에 많은 공헌을 하였기 때문이다. 그리고 20세기 아프리카를 대표하여 탄자니아, 아시아를 대표하여 남한이 선택되었다. 탄자니아는 루터교가 일찍이 자리를 잡았을 뿐만 아니라 아프리카의 다른 나라에 비해 교회의 재정 자립이 이루어졌다.

남한은 세계 개신교 선교 역사상 가장 빠른 시기에 크게 성장한 교회로 선택되었다. 책에서 초기 선교 역사는 주로 토착화신학의 관점에서 기술되었다. 그런데 현재의 남한 개신교회를 소개하는 데 있어 세계적인 초대형 교회만 해도 30여 개에 이르고 여러 교파와 교단들이 존재하는 상황에서 이를 일일이 소개할 수 없다 보니 "Divided Land"라는 소제목으로 국토와 민족이 분단되었듯이 교회 또한 둘로 분열되어 있음을 명시하고 딱 두 교회만 선택하여 소개하고 있다. 하나는 성장·번영 신학을 대표하여 세계 최대 교회인 여의도순복음교회(당시 등록 교인 50만 명)이고, 다른 하나는 정의·평화·생명이라는 하느님 나라 가치 실현에 힘쓰는 향린교회(당시 등록 교인 오백 명)이다. 책에는 향린교회를 소개함에 있어 몇 가지 상징물을 사진으로 싣고 박물관에 실제 전시를 하였다. 국악 예배와 교회 외벽에 붙어 있던 커다란 현수막 3개("정의를 심어 평화의 열매를", "국가보안법을 철폐하라", "정전협정을 평화협정으로")와 고 홍근수 목사께서 국가보안법으로 감옥에 갇혔을 때, 교인들의 기도문이 새겨진 큰 보라색 천과 필자가 평화통일 주일에 사용했던 십자가(이 책 뒤표지에 있는 그림)이다.